英検®赤本シリーズ

2021年度版

英検®準2級 過去問集

英検®は、公益財団法人 日本英語検定協会の登録商標です。

教学社

CONTENTS

解答編

問題編は別冊

執筆協力：秋山 平八郎，山中 明浩，世良 和永
イラスト：山本 篤
録音スタジオ：一般財団法人 英語教育協議会（ELEC）

※本書の内容は，2021年1月時点の情報に基づいています。

竹岡広信先生に聞く！

英検®のススメ

竹岡先生の紹介

竹岡広信（たけおか・ひろのぶ）
駿台予備学校講師，学研プライムゼミ特任講師，竹岡塾主宰。
英語教育に並々ならぬ情熱を注ぐカリスマ講師。
英検指導歴 30 年以上。英検の問題に惚れ込み，試験が実施されるたびに，「解答・解説速報」を自主的に作成したり，高校生で 1 級合格を目指す生徒をサポートしたりするなど，教鞭をとる学校や塾で積極的に指導。その根底には「英語を好きになってほしい」「英語教育をよくしたい」という熱い思いがこもっている。
教学社より自身初の英検参考書「竹岡の英検マスター」を刊行中。

英検って何ですか？

正式名称は**「実用英語技能検定」**と言い，公益財団法人 日本英語検定協会により実施されている英語検定試験の略称です。「技能検定」なんてカッコいいと思いませんか？　職人になった気分になりますね。記念すべき第 1 回の検定試験は，1963 年（昭和 38 年：竹岡が 2 歳の可愛い盛りのとき）に行われました。日本では，東京オリンピックに向け，高速道路が整備され，東海道新幹線が着々と建設されていた時期ですね。それから 50 年以上が経過し，今では**年間で 350 万人もの受験者数を有する国内最大規模の試験**となりました。竹岡が中学生の頃は，準 2 級や準 1 級など存在せず，中学 1 年生で 4 級，2 年生で 3 級，高校で 2 級に挑戦するのが普通でした。今では受験者層も低年齢化して，2 級を取得している小学生も珍しくなくなり，全体での 1 級取得者もかなりいるようです。

TOEICなどの試験とどのように違いますか？

一番大きな違いは，試験が級別になっていることです。現在は5級，4級，3級，準2級，2級，準1級，1級があります。これは日本の他の文化，「柔道」「剣道」「碁」「将棋」「華道」などにならったものと思われます。「受かった」「落ちた」という白黒をはっきりさせるところが日本人の気質にぴったり合ったわけですね。

「級別」には大きな利点があります。それは，級別の試験を作ることで，それぞれの実力に見合った試験を受けることができる点です。世界で行われているTOEICやTOEFLなどの試験は，点数表示が普通です。つまり「できない人」も「非常によくできる人」も同じ試験を受けるわけです。まだattitude「態度」という単語すら知らない人が，最上級の人と同じ試験を受けなければならないのです。ですから，英検ならそれぞれの級に見合った過去問を解くことが最高の対策になりますが，TOEICなどの試験では，初級者は過去問をやるのは得策ではないということになります。

また，点数表示のTOEICなどは，点数を向上させるために何度も何度も受験する人がほとんどですが，「級別」の英検の場合は，受かってしまえば「おしまい」ということになります。しかし最近では，英検も技能ごとにスコアが表示されるようになりました。今後は，スコアを上げるために何度も受験する人が増えるかもしれませんね。

英検の良さってなんですか？

問題が素晴らしいところです。漏れ聞こえてくる話によると，相当多くの英語圏の人々が作問に関わっているようです。年々質が向上しているような気さえします。語彙・文法問題1つにしても本当によく練られています。たった3～4行の英文で，その単語が使われる典型的な状況を設定し，作問されています。つまり，その単語を覚えるための例文として最適なものなのです。よくもまあ，こんないい例文が出てくるものだなと，本当に感心しています。

私は，そうした問題に惚れ込んで，単語の問題集を作った際に東京の神楽坂にある英検の本社ビルまでお願いに行きました。「是非，単語集のすべての問題に英検の問題を使わせてください。私の本の印税は要りません。頼むから使わせてください」とお願いしたのです。残念ながら規定の例外は認められないということで，数年分しか使えませんでした。これぐらい，惚れているわけです。

高校の非常勤講師になった時には，「英検委員会委員長」を名乗り（委員会のメンバーは竹岡と田平先生という先輩の計２名のみ），英検が学校で実施されるたびに「解答・解説速報」を作成し，それを大慌てで生徒が帰る前に印刷して配るということをボランティアでやっていました。若気の至りで，解答を間違ってしまったことがあり，その時は大恥をかきました。

読解問題は小説が出題されないのが残念ですが，評論もなかなか面白い話が多いですね。一体，どこからあんなネタを探してくるのか，非常に興味深いですね。きっと作る方はご苦労が多いのだと思います。

過去問ってどう使ったらいいですか？

これはどの検定試験にも言えることなのですが，「問題を解く勘所」や「正解のにおい」というのがあります。うまく口に出して言えませんが，**過去問を解いて解いて解きまくると，その「勘所」や「正解のにおい」というのがわかってきます。**たとえば英検準１級の語彙問題なら，英検準１級レベルの語彙より上の語彙が正解の場合には，他の３つの選択肢が英検準１級レベルの語彙になっていて消去法で解けるとか，１級のリスニングでは，難しい熟語の入った箇所は特に重要ではないが，その前後に注意する必要があるとかが「なんとなく」わかってきます。読解問題の選択肢も「正解が見えてくる」レベルになれば大したものです。テレビゲームでも同じですね。**「自然に身体が反応する」というレベルになるまで解いてください。**

ちなみに，竹岡は，英検の過去問題はすべて欲しいと思いました。こつこつと集め，今では英検１級，準１級はリスニング音源も含めほぼ集め尽くしました。最近の英検のリスニング問題の中に，10 年ぐらい前に出題されたものを見つけた時には，幸せ一杯になります。マニア冥利に尽きますね。

竹岡のようにマニアでなかったとしても，受験を決めたなら，過去問はとにかくできるだけやりたいですね。１回でも多く。ですから「１回でもたくさんの問題が入っている過去問題集」をお薦めします。そして，何度も何度も解いてみてください。「一度終わったからもういいや」ではなくて，同じ問題でもひたすらしみじみ解いてください。

過去問にチャレンジしましたがまったく歯が立ちません。どうすればいいですか？

「歯が立ちません」のレベルによって対応は変わると思います。まず，**①「10 問中２問ぐらいしか合いません」「解説を読んでもわかりません」「解くのも苦痛です」というレベルの場合は，受験級そのものを見直した方がいい**と思います。準２

級の問題がさっぱりわからない場合でも，３級だと「サクサク解けるので楽しい」ということにもなります。そして３級で90％以上得点できるようになってから準２級に進むとよいでしょう。

②「歯が立ちませんが，解説を読めば何とかわかります」というレベルの場合は，最初は，試験時間を気にせず，辞書や単語集を使ってもいいことにして80％を目指します。リスニングは「聞き取れるまで何度も何度も聞き返す」という勉強が効果的です。

また，少しでも上の級を目指すことは大切です。たとえば英検３級のリスニングの得点率が８割の人が継続して３級の勉強だけをしてもなかなか伸びないものですが，準２級のリスニングの勉強に着手すると３級でコンスタントに満点近くとれるようになります。とはいえ，自分の実力とかけ離れた級に手を出して「英語が嫌いになってしまった」というのは避けたいですね。自分のレベルを冷静に見極めることも重要です。

過去問を何度も解きました。次はどうすればいいですか？

過去問の勉強を続けてください。たとえば，「３級のリスニングなんてもう簡単だよ」と言うなら，リスニングの問題文をすべて書き取る訓練をしてみてください。意外と難しく感じるでしょう。でも，それによってリスニング力が飛躍的に向上することは間違いありません。短文の空所補充問題は，解答の日本文を見て，文全体を元の英文に復元できるか挑戦してみてください。これはライティングやスピーキングの訓練にもなります。読解問題は，本当にすべての語彙を理解し，さらに英文の意味もすべて理解しているか確認してみてください。こうした使い方こそが，「真の実力を向上させる」方法なのです。

英検の問題はどの級でも，そのレベルに応じた素晴らしい問題です。ですから，「合格」したけれど得点がそれほど高くなかったという人も，上記のようなやり方で，その級の過去問の学習を継続してもらいたいです。

つまり「過去問集」は「合格するまでの，受験対策のための過去問題集」ではなくて，「力を伸ばすための問題集」だと認識してもらいたいと思います。

ある人が次のように言っておられました。
「私は失敗しない。成功するまで繰り返すからだ」
皆さんも，「なにくそ！　負けるものか！」という気持ちでがんばってください。

これが合格の秘訣！

受験体験記

英検受験経験者に，攻略法や合格の秘訣を聞きました。実体験に基づく貴重なアドバイスを参考に，あなたも自分なりの攻略ポイントを見つけ出してください！

Q 効果的な学習方法や対策を教えてください。

リーディング編

過去問をたくさん解きました。私の課題は長文の読解と時間配分だったので，繰り返し解くことで克服できました。本番は時間が余るほどになっていて力がついたと感じました。

Y. M. さん　2018 年度 2 級受験　当時高校 3 年生

過去問を解く際，知らない単語に出会った時はすぐに辞書で調べて，ルーズリーフにメモしました。そして，2 回目をやる時に和訳がすぐできるかを試しました。また，学校の休み時間や登下校中に英単語帳を欠かさず見ることにして，時間を有効活用することを心がけました。

K. C. さん　2019 年度準 2 級受験　当時高校 1 年生

ライティング編

ライティングは模範解答を参考にしつつ，内容が自分にとって難しい場合は幼稚な内容でも自力で考え出した答えが一番だと思います。あらかじめいろいろな例題に対して自分なりの解答を作っておくと良いと思います。

近藤沙希さん　2019 年度準 2 級受験

過去問のライティング問題を解くだけでなく，二次試験の No. 4，No. 5 の質問もライティングと同じ条件で意見と理由を書くように練習しました。面接の設問も使えば多くの問題を練習することができます。出題の雰囲気もつかめるし，たくさんの量を書くことが力につながりました。

A. M. さん　2019 年度準 2 級受験　当時高校 2 年生

リスニング編

まずは選択肢を見てある程度の和訳をしておく。音声を聞いてキーセンテンスをメモする。間違った問題は繰り返しその音声を聞く。この3つを守って勉強しました。

白石莉世さん　2019年度準2級受験　当時中学1年生

リスニングの音声を流して，スクリプトを見ながら同じ速さで一緒に喋りました。発音と見ている英文が一致すると，次に聞いた時には何も見なくても耳に英文がすんなり入ってきます！

A. M. さん　2019年度準2級受験　当時高校2年生

スピーキング編

過去問集や練習教材で面接の問題をカード何枚分もこなしたおかげで，本番では緊張せず二次試験に臨めました。

中村恭太郎さん　2019年度3級受験　当時中学3年生

Q 失敗談があれば教えてください。

当日，ライティングの問題を見て，過去問での出題と雰囲気が全然違った問題でとても焦りました。頭が真っ白になって，ライティングの点数は最悪でした。結果的に合格できてよかったのですが，どんな問題でも対応できるように，過去問に限らずもっと対策しておくべきだったと思います。

K. C. さん　2019年度準2級受験　当時高校1年生

Q 過去問集の使い方を教えてください。

英検赤本に掲載の9回分をすべてやりました。単語力があまりなかったのですが，隅々まで読んで，準2級の勉強の中で単語力をつけられたと思います。

U. S. さん　2018年度準2級受験　当時高校1年生

Q 今後受験される方へのアドバイスや応援メッセージをお願いします。

過去問を繰り返し勉強すると，問題の特徴がつかめます！　英語に関わった分だけそれは確実に自分のものになると思います。もし結果がついてこなくても，一心に頑張った分，成長していることは確かだと思います。頑張りましょう!!　　A. M. さん　2019 年度準 2 級受験　当時高校 2 年生

準 2 級は 3 級と比べて，単語量が増えたり，英作文の語数が増えたり，難しくて挫折しそうになります。でも，その苦労の先には合格がきっと待ってるはずです！　私も 2 回落ちて，諦めかけました。しかし今では，合格できてよかった，諦めなくてよかった，と達成感でいっぱいです！　これから受験される方も決して挫折せずに，合格をつかみ取ってください。

白石莉世さん　2019 年度準 2 級受験　当時中学 1 年生

受験体験記 募集

英検準 1 級・2 級・準 2 級・3 級の受験体験記を募集します。お寄せいただいた体験記は，編集部で選考の上，本シリーズまたはウェブサイトに掲載いたします。

採用された方には小社規定の謝礼を進呈!　ふるってご応募ください。

応募方法　教学社の英検® 対策書特設サイトからご応募ください。

http://akahon.net/eiken/

「受験体験記募集中！」のボタンを押すと，応募用のGoogleフォームに移動します。

募集対象　2017 年度以降に受験された方

受験案内

最新の試験情報や詳細については，必ず英検ウェブサイト（www.eiken.or.jp/eiken/）や英検サービスセンター（03-3266-8311）でご確認ください。

試験方式

（2021年1月現在）

●英検®（従来型）

3級以上は，一次試験（Reading・Writing・Listening）と二次試験（Speaking）に分かれています。二次試験は一次試験に合格した人のみが受験できます。

試験日程	年3回（第1回：5月頃，第2回：10月頃，第3回：翌年1月頃） ※二次試験は一次試験の翌月に実施されることが多い。
検定料※ （個人申込）	1級：10,300円　準1級：8,400円　2級：7,400円 準2級：6,900円　3級：5,900円　4級：3,600円　5級：3,000円

●英検S-CBT／英検CBT®

コンピュータを使用して受験する方式で，4技能を1日で受験できます。準1級・2級・準2級・3級で実施され，**問題形式・難易度は従来型の英検と同一**です。合否は従来型と同様に判定されますが，合否にかかわらず4技能のCSEスコアを取得できます。

ご自身の都合に合わせて日程や会場を選択できます。英検（従来型）の日程ではご都合が合わない方，従来型と合わせて併願したい方におすすめです。

試験日程	原則毎週土日，一部エリアは平日も実施 （第1回：4～7月，第2回：8～11月，第3回：12～3月） ※同じ級を受験できるのは検定回ごとに1回のみ。
検定料※	準1級：7,400円　2級：6,400円　準2級：5,900円　3級：4,900円

※2020年度の検定料です。最新の情報は英検ウェブサイトにて必ずご確認ください。

準 2 級　概要

出題目安　　高校中級程度

準 2 級では，「日常生活に必要な英語を理解し，また使用することができる」ことが求められています。

出題形式

● 一次試験（2020 年度第 1・2 回検定より）

測定技能	問題	形式		問題数	解答形式	試験時間	満点スコア
リーディング	1	短文の語句空所補充		20	4 肢選択	75 分	600 点
	2	会話文の文空所補充		5			
	3	長文の語句空所補充	［A］物語文	2			
			［B］説明文	3			
	4	長文の内容一致選択	［A］Eメール	3			
			［B］説明文	4			
ライティング	5	英作文		1	記述式		600 点
リスニング	第 1 部	会話の応答文選択	放送は 1 回のみ	10	3 肢選択	約 25 分	600 点
	第 2 部	会話の内容一致選択		10	4 肢選択		
	第 3 部	文の内容一致選択		10			

● 二次試験（2020 年度第 1・2 回検定より）

測定技能	問題	形式	試験時間	満点スコア
スピーキング	音読	50 語程度のパッセージを読む	約 6 分	600 点
	No. 1	音読したパッセージの内容についての質問に答える		
	No. 2	イラスト中の人物の行動を描写する		
	No. 3	イラスト中の人物の状況を説明する		
	No. 4	カードのトピックに関連した内容についての質問に答える		
	No. 5	日常生活の身近な事柄についての質問に答える（カードのトピックに直接関連しない内容も含む）		

※最新の問題形式は公益財団法人 日本英語検定協会のウェブサイトにてご確認ください。

合格基準スコア　　一次試験：1322　　二次試験：406

一次試験の合否はリーディング・リスニング・ライティングの技能別に算出されたCSEスコアの合計で判定され，二次試験は，スピーキングのスコアのみで判定されます。各技能の問題数は異なりますが，いずれも600点満点と均等に配分されています。かつては，特定の技能の点数が低い場合でも，ほかの技能の点数が高ければ合格する可能性がありましたが，現在の合否判定方法では，各技能でバランスよく得点することが求められています。日本英語検定協会によると，2016年度第1回一次試験では，2級以下は各技能6割程度の正答率の受験者が多く合格しているとのことです。

● 一次試験　成績表の例

英検CSEスコア　※（　）内は満点スコア				
Reading	Listening	Writing	一次合計	合格基準
463（600）	428（600）	433（600）	1324（1800）	1322

英検CSEスコアについて

級ごとにそれぞれ技能別の満点が設定され，英語4技能（リーディング・リスニング・ライティング・スピーキング）の各スコアとトータルスコアが表示されます。このスコアは語学力のレベルを示す国際標準規格CEFR（セファール）にも対応しています。

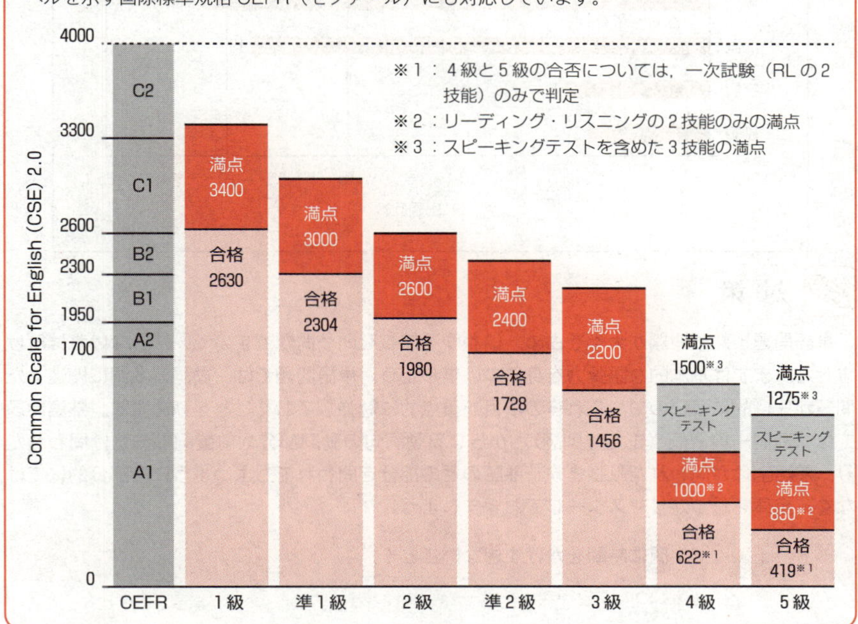

準2級　傾向分析

問題番号と形式は2020年度のものです。

一次試験　筆記

1　短文の語句空所補充　設問数 20問　解答時間の目安 12分

短文の空所に適切な語句を補う問題です。問題文は短文のほか，会話文の場合もあります。

特 徴

- 単語問題10問（50%），熟語問題7問（35%），文法問題3問（15%）の割合で出題されることが多い。
- 単語問題は，動詞4問，名詞4問，形容詞・副詞2問という構成が多い。
- 熟語問題は，動詞句，前置詞句が中心。慣用句や会話表現が出題されることもある。
- 文法問題は，動詞の活用形（時制，分詞，動名詞，不定詞など）や前置詞がよく問われる。

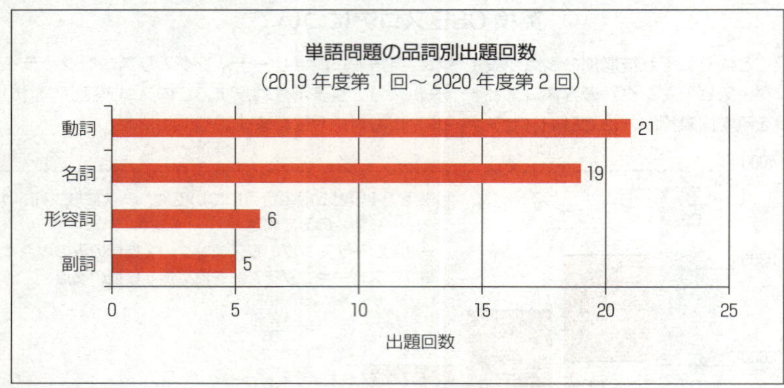

対 策

単語問題と熟語問題が大半を占め，いわゆる知識を問う問題ですので，知らなければ解けません。まずは基本的な語彙力を身につけましょう。単語問題では，動詞と名詞に関連した問題が圧倒的に多いので，これらの項目を重点的に勉強しておくことを勧めます。熟語問題では〈動詞＋前置詞（または副詞）〉からなる動詞句の動詞部分や前置詞部分だけ問われたり，熟語全体が問われたりします。熟語のどの部分を問われてもよいように，部分的にではなく，全体をしっかりマスターしておきましょう。

アドバイス　1問に時間をかけすぎないこと！

2　会話文の文空所補充

設問数 5 問　解答時間の目安 10 分

会話文の空所に適切な文や節（S＋V を含む）などを補う問題です。会話は 2 人によるやり取りで 4 種類出題されます。4 つ目の会話はやや長く，空所が 2 カ所設けられています。

特 徴

- 会話はいずれも日常的なもので，話者の関係性は友人や家族同士，店員・係員と客といったものが多い。
- 会話の流れから正解を見つける問題がほとんどであるが，文法的知識で答えられるものが含まれる場合もある。

対 策

特に，直前の相手の質問や問いかけの内容，直後の相手の反応などに注意し，会話が成立する選択肢を選びましょう。ただし，空所の前後を読むだけでは，判断できないことがありますので，必ず全文を読んで，選択肢 1 つ 1 つを検討する習慣を身につけましょう。時制や代名詞などがヒントになることもあるので見逃さないように。

アドバイス　**正答を判断しにくい場合は消去法も有効！**

3　長文の語句空所補充

設問数 5 問　解答時間の目安 15 分

英文の空所に，文脈に合う適切な語句を補う問題です。英文の種類は[A]物語文と[B]説明文の 2 種類です。[A]は 2 段落構成で 150 語程度，[B]は 3 段落構成で 250 語程度となっています。

特 徴

- [A]は，学校生活や家庭生活などの日常的な話題。
- [B]は，人物や出来事に関する説明。文化や社会，歴史などのテーマが大半。
- [A][B]とも，各段落に 1 カ所空所が設けられている。

対 策

次の 4 [B]でも言えることですが，タイトルと第 1 段第 1 文を見れば，英文の内容を予測できるので，タイトルを読み飛ばさないようにしてください。空所は各段落に 1 つずつですので，段落ごとに区切って解答していきましょう。順番に空所を埋めていくことで，英文の内容がより明確に理解できるようになります。

また，長文を読むときは，英文の構造に沿って読んでいきましょう。つまり，まず主語と動詞「何／だれが～する」をつかんで，その後「何を？」「いつ？」「どうやって？」など，動詞に続く部分を自問しながら読んでいくという方法です。英文では後置修飾が多用されるので，この読み方を身につけると格段に理解しやすくなります。

アドバイス　意味を取れない文があっても，立ち止まらず推測すること！

4　長文の内容一致選択

設問数 7問　解答時間の目安 20分

英文の内容に関する質問に答える問題です。英文の種類は[A]Eメールと[B]説明文の2種類です。[A]は3段落構成で200語程度，[B]は4段落構成で300語程度となっています。

特 徴

- [A]のEメールは，学校や家庭や会社などの日常生活に関する話題。
- [B]は，人物や出来事などに関する説明文。文化や社会，歴史などのテーマが多い。
- [A][B]とも，それぞれの段落に対して1問ずつ設問がある。
- 英語の質問に対する答えを選ぶ設問と，本文の内容に合うように，与えられた出だしに続けて文を完成させる設問がある。

対 策

[A]のEメールに関しては，文書のスタイルに慣れておくことがコツです。特に冒頭の部分では送信者（From）と受信者（To），メールの件名（Subject）などが書かれており，ここでまずメールの概要をつかんでから本文を読んでいきましょう。

また，[A][B]とも，本文で使われている単語や表現が，各設問の選択肢では，同じ意味を持つほかの単語や表現に言い換えられている場合が多いので注意が必要です。解答するときは，「同様の意味になっていれば正解」という気持ちで取り組みましょう。

アドバイス　設問と選択肢に先に目を通しておくと本文を読むときの助けになる！

5　英作文

設問数 1問　解答時間の目安 18分

質問に対する意見とその理由2つを50〜60語の英文で書く問題です。

●あなたは，外国人の知り合いから以下の **QUESTION** をされました。
● **QUESTION** について，あなたの意見とその理由を2つ英文で書きなさい。
●語数の目安は 50語〜60語です。
●解答は，解答用紙のB面にあるライティング解答欄に書きなさい。なお，解答欄の外に書かれたものは採点されません。
●解答が **QUESTION** に対応していないと判断された場合は，0点と採点されることがあります。**QUESTION** をよく読んでから答えてください。

QUESTION
Do you think students should take part in club activities at school?

（公益財団法人 日本英語検定協会のウェブサイト　問題例より）

特 徴

●テーマは家庭や学校，社会生活での日常的な話題が多い。
●以下のような聞き方をされることが多い。

Do you think it is important〔good〕for people〔children〕to *do* 〜?
「人々〔子ども〕が〜するのは重要〔良い〕と思うか？」
Do you think people〔parents〕should *do* 〜?
「人々〔親〕は〜すべきだと思うか？」
Do you think it is better for people〔children〕to do_A or do_B?
「人々〔子ども〕は*A*した方が良いと思うか，それとも*B*した方が良いと思うか？」

対 策

✔ 4つの観点

まずは，英検の英作文がどのような観点で採点されるのかを知っておきましょう。

(1) 内容　課題で求められている内容（意見とそれに沿った理由2つ）が含まれているかどうか
(2) 構成　英文の構成や流れがわかりやすく論理的であるか
(3) 語彙　課題に相応しい語彙を正しく使えているか
(4) 文法　文構造のバリエーションやそれらを正しく使えているか

（公益財団法人 日本英語検定協会のウェブサイトより）

上記の点に注意しながら解答を作成します。また，自分で作成した解答について，先生に添削をしてもらう前に，この４つの観点から自己採点するとよいでしょう。

(1)と(2)については，具体的には以下の点に注意しましょう。

(1) **内容について**：問われている内容（意見とその理由２つ）にきちんと答えているか。また，２つの理由に対して，その理由を支持する説明が述べられているか。

「理由を支持する説明」とは，それぞれの理由の裏付けとなる自分の経験や具体例のことで，説得力のあるライティングにするためには必要不可欠な要素である。

(2) **構成について**：以下のような基本的な「型」に基づいた構成になっているか。

意見 → 理由① → 理由①を支持する説明 → 結論
　　　 理由② → 理由②を支持する説明

✔ 解答作成の手順

1．方針を決める

まず，賛成か反対かなどの自分の意見を決めます。純粋に自分の気持ちに正直に考えてもよいですが，「英語で文を書く」という趣旨を踏まえると，以下のような方法が有効です。

①賛成（=「クラブ活動に参加すべき」）の理由を，思いつく限り日本語で書いてみる（キーワードだけでも可）。

②反対（=「参加しなくてもよい」）の理由を，思いつく限り日本語で書いてみる。

③説得力のある理由を多く思いついた方，または理由を英語にしやすい方を選ぶ。

2．自分の意見を述べる

Do you think ～？という形で問われているので，最もシンプルな答え方は Yes. か No. になりますが，このようなライティング問題に適した別の言い方があります。

[使える表現]

●I agree.「賛成です」／ I disagree.「反対です」

●I think〔I don't think〕(that)～　※ think のほかに believe でもよい。

3．理由とそれを支持する説明を述べる

手順１で書き出した理由について，「だってこんなことがあるから」「実際にこんな体験をした」という観点から具体例を発想してみましょう。最終的に具体例を含めて英語で表現できる理由を２つ選びます。なお，逆の意見を支持する理由などは書かないようにしましょう。

[使える表現]

●I have two reasons. / There are two reasons.「理由が２つあります」

●First〔Firstly〕, ～「第一に～」

●Second〔Secondly〕, …「第二に…」

4．結論を述べる

自分の意見を繰り返せばよいですが，なるべく第１文とは異なる表現を使いましょう。たとえば，take part in ～「～に参加する」を結論では join にするなどです。なお，「意見」「理由」「説明」で語数が十分に足りていれば，結論は省略可能です。

[使える表現]

●Therefore, I think〔I don't think〕 ～「したがって，～」

●That is why I think〔I don't think〕 ～「そういう理由で～」

5．書き上げた文章を見直す

最後に，時制・複数形・冠詞・三単現のs，そしてつづりなどのミスがないか確認しましょう。目標時間のうち，目安として構想と見直しにそれぞれ3分，残りの時間を文章作成に使うことを勧めます。

解答例

I think that students should take part in club activities. I have two reasons. First, students can make friends. For example, I met many nice people when I joined the art club. Second, they can become healthier. If they join a sports team, they will exercise every day. That is why I think they should join club activities.

（公益財団法人 日本英語検定協会　満点解答例より）

訳　生徒は部活動に参加すべきです。理由は2つです。第一に，友だちができます。たとえば，私は美術部ですてきな人にたくさん会いました。第二に，より健康になれます。運動部なら毎日運動するからです。そういう理由で部活動に参加すべきだと考えます。

練習問題

●あなたは，外国人の知り合いから以下の**QUESTION**をされました。

● **QUESTION**について，あなたの意見とその理由を2つ英文で書きなさい。

●語数の目安は50語～60語です。

●解答は，解答用紙のB面にあるライティング解答欄に書きなさい。なお，解答欄の外に書かれたものは採点されません。

●解答が**QUESTION**に対応していないと判断された場合は，0点と採点されることがあります。**QUESTION**をよく読んでから答えてください。

QUESTION

Do you think it is important for students to work part-time?

解答例および解説は，竹岡広信先生による講義動画を参照！

➡http://akahon.net/eiken/kougi/index.html

※配信は予告なく終了する場合がございます。

竹岡先生の講義でワンランク上のライティングを目指しましょう！

一次試験　リスニング

第1部 会話の応答文選択

設問数 10問　解答時間 1問あたり10秒

会話の最後の発話に対する応答として最も適切なものを補う（「Aの発言→Bの発言→Aの発言」に続くBの発言を答える）問題です。放送回数は1回のみです。選択肢はそれぞれ3つありますが，問題冊子には印刷されておらず，読み上げられます。

なお，第1部のみ例題が放送されます。

例題　　☆＝女性　★＝男性

☆ Would you like to play tennis with me after school, Peter?
「ピーター，放課後にわたしとテニスをしない？」

★ I can't, Jane. I have to go straight home.
「できないんだ，ジェーン。真っ直ぐ家に帰らないと」

☆ How about tomorrow, then?「じゃあ，明日はどう？」

★1　We can go today after school.「今日，学校のあとに行けるよ」
★2　I don't have time today.「今日は時間がないんだ」
★3　That will be fine.「それなら大丈夫だよ」　　（正解は**3**）

特 徴

- 発言者が明確に区別できるように，AとBは異性の組み合わせになっている。
- 話者の関係は，家族や友人同士の親しい関係のものと，店員・係員と客という関係のもので大半を占める。
- 2問程度，電話での会話というパターンがある。

対 策

リスニングテストでは放送の内容を正しく聞き取ることが大前提となります。普段からCDなどの音声教材を利用して，ネイティブの発音に慣れておく練習が重要です。

また，過去問を有効活用しましょう。多くの過去問を解くことで問題形式に慣れることができます。さらに，過去問は解いて終わりにするのではなく，スクリプトを見ながら音声に合わせて何度も読んでみましょう。その際，音の連結なども聞こえた通りに真似をしてください。その後でもう一度音声を聞くと，よりはっきりと聞き取れるはずです。リスニング力をつけるには，毎日少しずつトレーニングを続けることが重要です。

解答する際には，直前の「Aの第2発言」の内容が最大のヒントとなるのでここを聞き逃さないよう集中してください。

アドバイス　何の話題についての会話かを素早く見抜くこと！

第2部 会話の内容一致選択 設問数 10問 解答時間 1問あたり10秒

会話の内容に関する質問に答える問題です。放送回数は1回のみです。男性と女性の会話の後に質問が読まれます。選択肢はすべて問題冊子に印刷されています。

特 徴

- 話者の関係は，家族や友人同士または同僚といった親しい関係のものが大半で，次いで店員・係員と客という関係のものが出題される。
- 1，2問，電話での会話というパターンがある。
- 「男性／女性は何をしたいのか」「男性／女性は何をしたのか」「～についてわかることの一つは何か」などの設問がよく出題される。

対 策

質問は問題冊子に印刷されていないので，ポイントを絞って聞くことはできません。そのため，すべての情報を覚えておく必要がありますが，「男性は何をしたいのか」「女性は何をしたのか」などがよく出題されるので，男性，女性がそれぞれ何を言い，何をしようとしているのかを区別しながら聞くようにしましょう。

なお，この問題では選択肢が問題冊子に載っているので，筆記試験が早めに終わった場合は先に選択肢に目を通しておくことが可能です。質問内容は聞くまではわかりませんが，選択肢の情報から放送文の内容をある程度予想することができます。放送が1回だけなので，事前に選択肢を読んでおくことも有効な対策となるでしょう。

アドバイス　選択肢を先に読めるような時間配分を！

第3部 文の内容一致選択 設問数 10問 解答時間 1問あたり10秒

3～5文程度の文章の内容に関する質問に答える問題です。ナレーションの後に質問が読まれます。放送回数は1回のみです。選択肢はすべて問題冊子に印刷されています。

特 徴

- 男性のナレーションの問題の後は女性のナレーションの問題，という構成になっている。
- 内容は日常生活の描写，地理や生物についての説明，館内放送による案内などである。

対 策

正解でない選択肢も，その多くが放送で流れた語を含んでおり，誤答しないよう注意が必要です。この問題でも先に選択肢に目を通しておくことが効果的です。

アドバイス　何が問われているかを聞き逃さないように！

二次試験　面接

英文と２種類のイラストが印刷された問題カードが１枚渡されます。英文の音読と５つの質問に答えることが求められます。

受験者用問題カードA

Enjoying New Foods

Today, many people enjoy cooking food from other countries. As a result, there are now many websites about foreign dishes. Some websites offer videos about preparing foreign foods, and by doing so they help people learn to make new meals. Foreign dishes can teach people about important parts of other cultures.

A

B

※実際の問題カードはカラーで印刷されています。

Questions

No. 1　According to the passage, how do some websites help people learn to make new meals?

No. 2　Now, please look at the people in Picture A. They are doing different things. Tell me as much as you can about what they are doing.

No. 3　Now, look at the woman in Picture B. Please describe the situation.

No. 4　Do you think it is a good idea to live near a large shopping mall?　Yes. → Why?　/　No. → Why not?

No. 5　Today, a lot of students go to foreign countries on homestays. Would you like to go on a homestay in a foreign country?　Yes. → Please tell me more. /　No. → Why not?

※質問英文は問題カードには印刷されていません。

（2020年度第１回より　解答例は2020年度第１回 P. 38・39 参照）

面接の流れ

① 入室・着席

係員の指示に従って面接室に入ります。次に面接委員に面接カードを手渡し，面接委員の指示で着席します。

やり取りの例

=Examiner「面接委員」　=Examinee「受験者」

【ドア越しに】（*Knock-knock.*）May I come in？
（コンコン〈ノックする音〉）入室してよろしいですか？

Please come in.　どうぞお入りください。

【入室して】Hello.　こんにちは。

Hello. Can I have your card, please？
こんにちは。カードをいただいてもいいですか？

Yes. Here it is.　はい。これです。

Thank you. Please have a seat.
ありがとうございます。どうぞおかけになってください。

Thank you.　ありがとうございます。

② 氏名・受験級の確認と挨拶

面接委員と受験者がお互いの氏名を伝え合ってから受験級の確認が行われます。その後，簡単な挨拶をします。

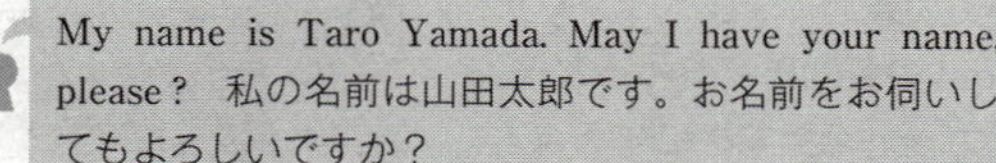
My name is Taro Yamada. May I have your name, please？　私の名前は山田太郎です。お名前をお伺いしてもよろしいですか？

Yes. My name is Keiko Tanaka.
はい。私の名前は田中けいこです。

Ms. Tanaka, this is the Grade Pre-2 test, OK？
田中さん，これは英検準2級の試験です。間違いないですか？

OK.　大丈夫です。

How are you today？　今日はいかがですか？

I'm fine, thank you.　元気です。ありがとうございます。

OK. Now let's start the test.
わかりました。では試験を始めましょう。

③ 問題カードの黙読と音読

面接委員から問題カードが手渡され，20 秒間，問題カードのパッセージを黙読するように指示されます。その後，指示に従い音読を開始します。

Here's your card.　問題カードです。

Thank you.　ありがとうございます。

Please read the passage silently for 20 seconds.
本文を 20 秒間黙読してください。

【面接委員がタイマーをセット。20 秒後にタイマーが鳴る】

Please read it aloud.
では本文を音読してください。

【音読開始】

④ 5 つの質問

音読が終わると質問のやり取りが始まります。

面接委員からの 5 つの質問があります。No. 1 は問題カードのパッセージについて，No. 2 と No. 3 はイラストについての質問です。

No. 3 の質問まで終わると，問題カードを裏向きにするように指示があります。そして，No. 4・5 の受験者自身の意見などを問う質問に移ります。

Now, I'll ask you five questions. Question No. 1. ….
では 5 つの質問をします。質問 1 です。…。

【質問に答える】

Question No. 2. Now, please look at the people in Picture A. They are doing different things. Tell me as much as you can about what they are doing.　質問 2 です。イラスト A の人々を見てください。それぞれ色々なことをしています。彼らがしていることをできるだけたくさん私に伝えてください。

【人物描写を行う】

Question No. 3. Now, look at the … in Picture B. Please describe the situation.　質問 3 です。イラスト B の…を見てください。状況を説明してください。

【イラストを説明する】

Now, Ms. Tanaka, please turn over the card and put it down. Question No. 4. Do you think …?　では田中さん，カードを裏向きにして下に置いてください。質問 4 です。あなたは…と思いますか？

Yes. / No.　はい。／いいえ。

Why? / Why not?
なぜですか？／なぜそうではないのですか？

【質問に答える】

【No. 5 も同様に進む】

5 問題カードの返却と退室

面接委員から試験が終了したことが告げられます。指示に従って問題カードを返却し，挨拶をして退出します。

All right, Ms. Tanaka, this is the end of the test. Could I have the card back, please?
では田中さん，これで本日の試験を終了します。カードを返していただけますか？

OK. Here it is.　わかりました。お返しします。

Thank you. You may go now.
ありがとうございます。もう退出してもいいですよ。

Good-bye.　失礼します。

Good-bye. Have a good day.
さようなら。良い一日をお過ごしください。

Thank you.　ありがとうございます。

アティチュードについて

面接試験の評価項目の中に，アティチュード（attitude）というものがあります。これは「積極的にコミュニケーションを図ろうとする意欲や態度」のことです。英検では，質問に正しく答えることや発音はもちろん大切ですが，面接委員の目を見て，時には身振りや手振りを交えて，自分の意思や意見をしっかりと面接委員に伝えようとする積極性が評価されるのです。また，音声の明瞭さや声の大きさ，反応の自然さなども大切なポイントです。

音読

面接委員
Please read the passage silently for 20 seconds.（20 秒後）Please read it aloud.
訳　本文を 20 秒間黙読してください。（20 秒後）では本文を音読してください。

黙読のポイント

●まずはタイトルと本文 1 文目を読み，文全体の意味をつかむよう心がけましょう。
●自分の知らない単語や発音に気をつけるべき箇所をチェックするようにしましょう。

音読のポイント

●タイトルから読み始めましょう。
●大きな声で読みましょう。
●意味のかたまりに注意しながら，ゆっくりと抑揚をつけて読むことが大切です。音声専用サイト（本書の CONTENTS の前にある袋とじ参照）で聞ける音読例（モデルリーディング）を参考に練習しましょう。聞こえた通りに，まねをして読むことがポイントです。
●以下のポイントにも気をつけて練習してください。
- 単語のアクセントに注意しましょう。アクセントのある音節は強く，その他は弱く発音するとよいでしょう。
- 前置詞，代名詞，be 動詞，助動詞，接続詞，関係代名詞などは，一般に弱く発音されます。
- 名詞，動詞，形容詞，副詞，疑問詞などは，一般に強く発音されます。
- like to，want to，be going to，Will you などは，ひとまとまりのものとして，間をおかずに続けて読みましょう。
- どう発音してよいかわからない単語が出てきた場合も，あわてず，ローマ字を頼りに音読するようにしましょう。沈黙したり，読まずに次の単語に移ったりしては良い評価は得られません。

No. 1　音読した英文の内容について質問に答える

面接委員
Question No. 1. According to the passage, how do some websites help people learn to make new meals?
訳　本文によれば，いくつかのウェブサイトはどのようにして新しい料理が作れるようになる手助けをしてくれますか？

特 徴

●英文の内容について，how もしくは why のいずれかで問われる。

解答のポイント

●how「どのように」と聞かれたら，本文中よく出てくる，in this way「このようにして」や by doing so「そうすることで」の直前の英文に着目しましょう。
●why「なぜ」と聞かれたら，本文中の so「それで」の直前の英文に着目しましょう。
●質問中に出てきた名詞は，必ず代名詞に置き換えて答えるよう心がけましょう。

具体的な解答手順
①質問文と同じ内容の箇所を見つけ（以下，灰色の部分），その直前にある **by doing so**「そうすることで」という表現に着目します。それらの表現のさらに直前の文（赤色の部分）が解答のベースとなります。
②解答のベース（赤色の部分）の主語を代名詞に置き換えます（Some websites→They）。または，解答文のベースの主語を取り，述語動詞の部分を By *doing* ～に換えて，By offering videos about preparing foreign foods. と答えます。

Enjoying New Foods

Today, many people enjoy cooking food from other countries. As a result, there are now many websites about foreign dishes. Some websites offer videos about preparing foreign foods, and by doing so they help people learn to make new meals. Foreign dishes can teach people about important parts of other cultures.

アドバイス　質問が聞き取れなかったら，質問を繰り返してもらおう！

（例）Excuse me, I beg your pardon？

「すみませんが，もう一度繰り返していただけませんか？」

ただし，２回続けたり，不自然な間があきすぎたりすると，減点の対象となりますから，注意してください。

No. 2・3　イラストの描写

A

B

面接委員

Question No. 2. Now, please look at the people in Picture A. They are doing different things. Tell me as much as you can about what they are doing.

訳　イラストＡの人々を見てください。それぞれ色々なことをしています。彼らがしていることをできるだけたくさん私に伝えてください。

特徴

●イラストＡの中には５～６人の人物が描かれている。

解答のポイント

●説明しやすいものから順番に全員について説明するようにしましょう。人物が６人の場合は，うち２人がペアになっており，４人と１組について説明します。

●質問文は They are doing different things. と進行形で表現されているので，説明の際にも基本的に現在進行形で答えましょう。

●難しい描写も，自分が知っている単語や使える表現に置き換えて答える姿勢が大切です。

面接委員

Question No. 3. Now, look at the woman in Picture B. Please describe the situation.

訳　イラストBの女性を見てください。状況を説明してください。

特徴

●イラストBでは，ある人物が困っている状況が描かれていることが多い。

●吹き出しの中には，「したくてもできないこと」や「これからしようと思っていること」「心配事」などが描かれている。

解答のポイント

●イラスト中の人物が困っている様子を，理由を含めて説明しましょう。

●S can't … because ～.「Sは～なので…できない」や，S wants to … but ～.「Sは…したいが，～である」などの表現が使えます。

No. 4・5　意見を述べる

No. 4とNo. 5は，問題カードを裏返しにしてから始まります。

面接委員

Question No. 4. Do you think it is a good idea to live near a large shopping mall?

（Yes. と答えた場合）Why?

（No. と答えた場合）Why not?

訳　あなたは，大きなショッピングモールの近くに住むことが良い考えだと思いますか？

（Yes. と答えた場合）なぜですか？

（No. と答えた場合）なぜそう思わないのですか？

特徴

●時事問題など一般的な事柄に対して客観的な意見を述べる問題。

●まずは，Yes. / No. で賛成か反対かなどの自分の意見を答え，そのあと自分の意見を裏付ける根拠を述べることが求められる。

解答のポイント

●根拠を述べる際には客観的であること。たとえば，例題に対して，Yes. と答えて，その理由としてIを主語にして，「私はショッピングモールが好きだから」「私は毎週末ショッピングモールに行く」などの個人の思いや経験を語るだけでは根拠として認められません。

●根拠はできる限り2つは答えましょう。

面接委員

Question No. 5. Today, a lot of students go to foreign countries on homestays. Would you like to go on a homestay in a foreign country?

（Yes. と答えた場合）Please tell me more.

（No. と答えた場合）Why not?

訳　今日では，たくさんの生徒がホームステイで外国に行きます。あなたは外国にホームステイに行きたいですか？

（Yes. と答えた場合）詳しく説明してください。

（No. と答えた場合）なぜですか？

特 徴

●No. 4 とは異なり No. 5 では主観的な個人の意見が求められる。

●まずは質問に対して，Yes. / No. で返答をし，Yes. と答えた場合には，その行動や習慣について，さらに具体的に述べることが求められる。No. と答えた場合には，なぜそうしないのか／そう思わないのかについて述べることが求められる。

解答のポイント

●Yes. と答えた後の具体的な説明や，No. と答えた後のその理由は，1文で終わるのではなく，2文で述べましょう。たとえば例題で Yes. と答えた後は，「異文化体験ができる。さらに日本をよりよく理解できるようになるかもしれない」など。

2020 年度 第 2 回

Grade Pre-2

一次試験 解答一覧

● 筆記

1	(1)	(2)	(3)	(4)	(5)	(6)	(7)	(8)	(9)	(10)
	1	1	3	2	4	3	4	3	3	2
	(11)	(12)	(13)	(14)	(15)	(16)	(17)	(18)	(19)	(20)
	3	1	2	1	1	4	1	1	4	2

2	(21)	(22)	(23)	(24)	(25)
	4	2	2	3	1

3				
A	(26)	(27)		
	1	3		
B	(28)	(29)	(30)	
	4	3	2	

4				
A	(31)	(32)	(33)	
	2	1	2	
B	(34)	(35)	(36)	(37)
	4	1	3	4

5（ライティング）の解答例は P. 14 を参照。

● リスニング

第 1 部	No. 1	No. 2	No. 3	No. 4	No. 5	No. 6	No. 7	No. 8	No. 9	No. 10
	3	2	2	3	3	1	2	1	1	3

第 2 部	No. 11	No. 12	No. 13	No. 14	No. 15	No. 16	No. 17	No. 18	No. 19	No. 20
	4	2	4	1	2	3	2	3	1	4

第 3 部	No. 21	No. 22	No. 23	No. 24	No. 25	No. 26	No. 27	No. 28	No. 29	No. 30
	2	1	4	1	3	4	2	1	3	4

一次試験　筆記　1

(1)　**解答**　**1**

訳　A：その芝居はもっと面白いと思っていたよ。もう少しで寝てしまうところだった。
B：そうだね。本当に退屈だったよね。

Aの「もっと面白いと思っていた」は「実際には面白くなかった」という意味である。これに対してBも「そうだね」と返しているので，空所には「面白くない」と同様の意味の語が入る。よって **1 dull「面白くない，退屈な」** が正解。 **2** dramatic「劇的な，印象的な」 **3** natural「自然な」 **4** brave「勇敢な」

(2)　**解答**　**1**

訳　ケイスケは3カ月間ずっとスペイン語の小説を読んでいる。彼は今その本の最終章に到達していて，あとほんの数ページ残っているだけである。

第2文の後半に「あと数ページしか残っていない」とあり，ケイスケがあともう少しで読み終わる段階であることがわかる。よって chapter「章」を修飾する形容詞として適切なのは **1 final「最終の」** である。**2** common「共通の，普通の」 **3** foreign「外国の」 **4** national「国民の，国営の」

(3)　**解答**　**3**

訳　トーマスがスキーの事故でひざをケガしたあと，医師は彼に少なくとも2カ月間はスポーツをするのを避けるように言った。

ひざをケガしているトーマスに対して医師がどのような指示をするかを考えると，**3 avoid「～を避ける」** が最も適切である。また，avoid は動名詞を目的語にとるという用法からもこれが正解であるとわかる。**1** protect「～を保護する」 **2** admit「～を認める」 **4** master「～に熟達する」

(4)　**解答**　**2**

訳　スーザンは最近車のトラブルが多いので，友人たちはその車を売って新しいのを買うよう彼女に助言している。

トラブルの多い現在の車を売って新車を買うというのは，明らかにアドバイスであるから，advise「助言する，勧める」の現在分詞 **2 advising「助言している」** が正解である。**1** selecting「選んでいる」 **3** measuring「測定している」 **4** threatening「おどしている」

(5)　**解答**　**4**

訳　A：ジュリー，午後から嵐になりそうだから，レインコートを学校に持って行くんだよ。
B：わかったわ，パパ。でも猛烈な雨なら，パパに車で迎えに来てもらう必要があるかもしれないわ。

Aの発言中の raincoat「レインコート」やBの発言中の rains too hard「あまりにも激しく雨が降る」などの表現から，単なる雨降り以上の天候を話題にしているのだとわかる。よっ

て **4 storm「嵐」**が最も適切である。**1** mirror「鏡」 **2** drop「しずく，下落」 **3** border「境界」

(6) **解答** **3**

訳 A：すみませんが，この2つのステレオの違いを教えていただけませんか？
B：基本的には同じですが，こちらの方がスピーカーがほんの少し大きいです。

「同じ」という意味の形容詞 same を修飾している副詞なので，意味が通るものを考えると，**3 basically「基本的に」**が最も適切である。**1** especially「特に，とりわけ」 **2** sharply「鋭く，はっきりと」 **4** easily「容易に，楽に」

(7) **解答** **4**

訳 A：ママ，僕のカメラが壊れたみたい。修理してくれない？
B：うーん。いいえ，無理ね。でも今日の夕方カメラ屋に持って行ってあげるわ。

直前の「(自分の) カメラが壊れていると思う」という表現から，修理をお願いしているのだと考えられる。よって**4 fix「～を修理する」**が正解。**1** pour「～を注ぐ，つぐ」 **2** discover「～を発見する」 **3** cause「～の原因となる，～をもたらす」

(8) **解答** **3**

訳 アンドリュース先生はジョンの両親に，彼の授業中の振る舞いを心配していると伝えた。彼女は彼が勉強しないで友だちとしゃべり過ぎであると言ったのである。

直後の文に「勉強しないで友だちとしゃべり過ぎである」と具体的な内容を語っていることから，ジョンの行動について注意しているのだと考えられる。よって**3 behavior「振る舞い，行動」**が最も適切である。**1** reason「理由，理屈」 **2** design「構想，計画」 **4** convenience「便利，便宜」

(9) **解答** **3**

訳 ヘレンはある男が駐車場から自転車を盗もうとしているのを見た。彼女はすぐに警察に電話した。

第2文の「警察に電話した (通報した)」から，男は違法なことをしようとしていたのだと推測できる。目的語が「自転車」であることからも，**3 steal「～を盗む」**が最も適切である。なお，try to *do* は「～しようと試みる (努力する)」という意味である。**1** solve「～を解決する」 **2** waste「～を浪費する」 **4** wrap「～を包む」

(10) **解答** **2**

訳 医学生はたくさんの種類の疾病について勉強しなければならない。彼らは病人の世話の仕方を学ばなければならないのだ。

医学生が勉強すべきことは何であるかを考える。正解は**2 diseases「病気，疾病」**である。take care of ～「～の世話をする」 **1** matches「試合，競争相手」 **3** engines「エンジン」 **4** reasons「理由，根拠」

(11) 解答　3

訳　A：デイブ，セーターを取ってくれない？　少し寒いわ。
　B：いいよ，ジャン，君が寒いのも当たり前だよ。窓が開いているからね。

直後の文の「窓が開いている」ことが寒さの理由であり，何の不思議もないという意味の発言である。it's no wonder that … で「…なのは当たり前だ」という意味になるので，正解は **3 no wonder** である。**1** some help「何らかの援助」 **2** with luck「運が良ければ」 **4** one thing「1つのこと」

(12) 解答　1

訳　A：ローランド先生，明日の博物館訪問には何を持って行ったらいいですか？
　B：メモを取るための鉛筆と紙のほかに，昼食用のサンドイッチを持って行ってください。

直後の「鉛筆と紙」が持って行くべきアイテムであり，それに昼食のサンドイッチも加えている。よって **1 Along with「～のほかに，～に加えて」** が正解。**2** Because of「～のために」 **3** Near to「～に近い」 **4** Less than「～よりも少ない」

(13) 解答　2

訳　ケンは毎日午後に，野球の練習の準備をするために，自分のチームのユニフォームと帽子を身につける。

直前の to は副詞的用法の不定詞を作り，「～するために」という意味になる。つまり，ユニフォームを着て帽子を被ることが何を目的として行われるのかを考えればよい。よって **2 get ready (for ～)「(～の) 準備をする」** が最も適切である。**1** speak up「大声で話す」 **3** stand out「目立つ，きわだつ」 **4** feel sorry「残念に思う」

(14) 解答　1

訳　ビルは最初は空港までタクシーを利用する計画であったが，その後考え直してやめた。時間はたっぷりあるのだからバスの方がずっと安いと気づいたのだ。

直後の文から，ビルはタクシーの利用をやめてバスを使うつもりなのだと考えられる。thought という語が与えられているので，ここで考えられる表現は think better of ～「～を考え直してやめる」が最も適切である。よって **1 better** が正解。

(15) 解答　1

訳　消防士たちは町に被害が及ぶ前に森林火災を消火するため，一晩中働いた。

消防士が働くのは何のためかは容易に想像できる。あとは「(火を) 消す」という表現を知っているかどうかがカギとなる。正解は **1 put out「(火を) 消す」** である。**2** fall off「減少する，衰える」 **3** set up「～を建設する，設置する」 **4** attach to「～に付着する」

⒃ 解答 4

訳 A：ジョイスはどこかしら。8時にここに来るって言ってたんだけど。
B：彼女はいつも遅刻するから心配いらないわ。きっとあと数分で**現れる**わ。

「遅刻しているジョイスがあと数分で…」という内容なので，「現れる，やって来る」などの表現がふさわしいことがわかる。よって最も適切なのは**4 show up「現れる」**である。**1** carry out「～を遂行する」 **2** turn on「(テレビ・明かりなど）をつける」 **3** go down「下りる，落ちる」

⒄ 解答 1

訳 レイカの祖母が駅で倒れた時，レイカは大声で助けを求めた。幸い，駅員が彼女の声を聞いてすぐにやって来た。

直後の文に「駅員が彼女の声を聞いた」とあるので，レイカは声を出したのだと考えられる。call for help で「大声で助けを求める」という意味になるので，**1 for** が正解。この表現を知らなくても，前置詞 for は動詞の後で「**～を求めて**」の意味で用いられるので正解可能である。

⒅ 解答 1

訳 ゲリーは自分の家に誰も入ってほしくないので，玄関のドアをいつも**鍵を掛けた**ままにしている。

動詞 keep を用いた SVOC（第5文型）の文で，「O を C（の状態）のままにしておく」という意味になる。補語が分詞で表される場合，目的語との関係が能動態なら現在分詞，受動態なら過去分詞となる。この文の目的語は his front door「玄関のドア」なので補語との関係は「施錠される」と受動態になる。よって **1 locked** が正解。

⒆ 解答 4

訳 A：リンダ，借りた映画を観ましょうよ。
B：ごめんなさい，今夜はとても眠いので観られないわ。明日ではどうかしら？

直前の too sleepy に注目する。too ～ to *do* で「とても～なので…できない，…するには～過ぎる」という意味になる。この表現であれば Sorry と謝っている点とも矛盾しない。よって **4 to watch** が正解。

⒇ 解答 2

訳 ジミーは甘い食べ物よりも塩辛い食べ物の方を好む。学校から帰ってくると，彼はよくポテトチップスを食べる。

動詞 prefer の用法に注意する。prefer *A* to *B* で「*B* よりも *A* を好む」という意味になる。よって正解は **2 to** である。**1** about，**3** at，**4** into はどれも prefer とともに用いて特別な意味を表すことはない。

一次試験　筆記　2

⑵1 **解答**　**4**

訳
A：リディア，やせたみたいだね。ダイエットをしているのかい？
B：いいえ。週に3回キックボクシングをしているの。
A：すごいな。そんなにたくさんレッスンを受けているのなら，きっととてもお金がかかるね。
B：実はそうじゃないの。練習は家でやってるのよ。いつも無料のオンラインレッスンを見てるの。

Aがキックボクシングのレッスンはお金がかかるだろうと言ったのに対し，Bは実はそうではないと答え，オンラインレッスンを見ているのだとつけ加えている。つまり，ジムに通っているのではなく，自宅でレッスンを受けているのである。よって**4**「家で練習している」が正解。**1**「週に100ドル支払っている」　**2**「先週やめた」　**3**「体重を増やしたかった」

⑵2 **解答**　**2**

訳
A：近いうちにミュージカルを見に行きたいわ。トム，今週末は何をする予定なの？
B：グリーンビル・レイクにキャンプに行くつもりだよ。
A：そうなの？　じゃあ，2日とも忙しいわね。
B：そうなんだ，でも，火曜日の仕事の後は時間があるよ。その時に行こうよ。

Aの2回目の発言のon both days「2日とも」に注意する。これは**1**や**4**のように1日だけの予定を尋ねているのではないとわかる。つまりweekend「週末」＝土曜日と日曜日で2日間なのである。よって**2**「あなたは今週末何をする予定ですか」が最も適切である。**1**「月曜日は暇ですか」　**3**「仕事は順調ですか」　**4**「火曜日はどこへ行く予定ですか」

⑵3 **解答**　**2**

訳
A：シンディ，明日友だちと行くピクニックがとても楽しみだわ。あなたは何を持って行くつもり？
B：チーズケーキを焼こうと思っているの。
A：あら，すばらしいわ。あなたはとても料理が上手だから，きっとおいしいでしょうね。
B：ありがとう。頑張るわ。

直後のAの「あなたはとても料理が上手です」という表現から，シンディは何か食べ物を作るつもりであると考えられる。よって**2**「チーズケーキを焼く」が正解。**1**の「フライドチキンを買う」も食べ物ではあるが，「買う」と言っているので不適。**3**「バドミントンセットを持って行く」　**4**「みんなが座れるマットを手に入れる」

⑵4 **解答**　**3**　⑵5 **解答**　**1**

訳
A：サリーの衣料品店へようこそ。何になさいますか，奥様？
B：靴を試着したいのです。壁のあのポスターの靴がとても気に入っているの。

A：右側の黒い靴のことでしょうか？
B：いいえ，私が気に入っているのは赤い靴なの。新しいドレスに似合うだろうと思って。
A：申し訳ありませんが，最後の一足がちょうど売れてしまいました。
B：あら，なんてことでしょう。本当に素敵なのに。
A：当社の別の店に在庫があるかどうか問い合わせできますよ。もし在庫があれば，2週間で届きます。
B：ありがとう，でも来週の結婚式に必要なのよ。もっと早く買えるかどうかネットで調べてみるわ。

語句・構文

□ try on 「(合うかどうか) 着て (はいて，かぶって) みる」
□ if (they have a pair) 「～かどうか」 間接疑問の if。
□ If (they do) 「もし～なら」 条件節の if。

(24) Aが直前で「右側の黒い靴のことでしょうか」と確認しているのに対して，Bが「いいえ」と答えているので，別の靴が気に入っているのだと考えられる。その内容になっているのは **3**「(私は) 赤い靴を気に入っている」である。**1**「写真ではその靴は見えなかった」 **2**「それはサイズが合わないと思う」 **4**「黒いドレスが欲しい」

(25) 直後でBが「来週の結婚式に必要なの」「もっと早く手に入れられるかどうか」と答えていることから，Aは来週には間に合わないようなことを述べたのだとわかる。よって **1**「2週間で届きます」が正解。**2**「送料が余分に5ドルかかります」 **3**「その靴のサイズは24になります」 **4**「あなたのお宅までお届けします」

一次試験　筆記　3 A

訳

地域の活動

サラの町では毎年大規模なボランティア行事が開かれる。その町に住んでいるあらゆる世代の人々が集まって，地元の公園を掃除するのである。今年，サラはその行事に参加した。土曜日の朝早く，サラは他のボランティアの人たちとともにメモリアルパークに集合した。彼女は他の5人とともに，あるチームの一員となった。そのチームの仕事は公園の周りの柵にペンキを塗ることだった。

ボランティアの1人と話している間に，彼女は自分の町には楽しい行事がたくさんあることを知った。たとえば，夏には公園でコンサートがあり，冬にはファッションショーが行われる。町にバスケットボールのチームがあり，毎月地元の体育館で試合を行っていることも知った。サラはこれらの活動に興味を持つようになった。今では，彼女は自分の地域の活動にもっと参加するつもりである。

語句・構文

(第1段) □ hold「(会・式など) を催す，開催する」
□ clean up ～「(場所・物) を掃除する，きれいにする」
(第2段) □ find out ～「～を発見する」 □ plan on *doing*「～するつもりである」

各段落の要旨

第1段　サラは毎年恒例のボランティア清掃に参加した。

第2段　サラは地元に楽しい行事が数多くあることを知り，もっと参加しようと思っている。

(26)　**解答**　**1**

選択肢の訳　**1**　その行事に参加した　**2**　友だちと遊んだ

3　町の公会堂を訪れた　**4**　天気を調べた

後続の3文（Early on Saturday … around the park.）で，サラが公園に集合し，チームで柵のペンキ塗りを行ったことが述べられている。つまり，サラはボランティアの清掃行事に参加したのだと読み取れる。よって **1 joined the event「その行事に参加した」** が正解。

(27)　**解答**　**3**

選択肢の訳　**1**　～に関するニュースを見た　**2**　～を計画して楽しんだ

3　～に興味を持つようになった　**4**　～にお金を支払った

直後の文（Now, she is …）で「もっとたくさんの活動に参加するつもりである」と述べられているので，この内容につながるものを選べばよい。サラは地元に楽しい行事がたくさんあることを知り，それに参加したくなったので，関心が高まったのだと考えられる。よって，**3 became interested in「～に興味を持つようになった」** が最も適切である。

一次試験　筆記　3 B

訳

より長く働くこと

人は年をとるにつれ，長時間働くことがだんだん難しくなっていく。その結果，多くの人たちが年齢が60歳から65歳の間に会社で働くことをやめる。これは退職と呼ばれている。しかし，最近では，人々が退職し始める年齢が変わりつつある。たとえば，合衆国政府のある調査によると，65歳から69歳の間の年齢で働き続けている人はますます増えている。1984年には，その年齢でまだ働いている人はわずか18パーセントほどであった。ところが，2014年にはこの割合が32パーセント近くになっていたのである。

年配の人の多くは働くことが楽しく，お金を稼ぎ続けたいと思っている。また，家族ともっと多くの時間を過ごしたり，趣味に興じたり，医師の診察を受けたりしたいとも思っている。社員を幸せにするために，「段階的退職」と呼ばれる新しい働き方を始めた企業もある。そういった企業では，社員は労働時間をより短くすることや自分独自のスケジュールを選ぶことができる。こうすることで，年配の社員は楽に働くことができ，他のこともできるのである。

段階的退職は，企業にとってもプラスになり得る。ハンドバッグの製造会社であるエルダは，自社の段階的退職プランに参加する年配の社員が多数いる。これらの社員がより長く会社に留まることで，彼らは自らの知識を若い社員と共有することができる。オーナーの１人であるスーザン・ノルドマンは，この制度で自社の製品がより高品質になり，販売数も増えていると話している。これは，段階的退職は企業がより多くの収益を上げ，同時に社員をより幸福にするのに役立っていることを示している。

語句・構文

（第１段）□ more and more ～（比較級＋and＋比較級の表現）「ますます～，だんだん～」

□ as a result「その結果」

□ the age when S V「S が V する年齢」 when は関係副詞。

□ such people＝people between 65 and 69 years old

（第２段）□ keep *doing*「～し続ける」

□ called：call の過去分詞「～と呼ばれる」の意味で，直前の a new style of working を修飾する。

（第３段）□ participate in ～「～に参加する」

□ share O with *A*「O（情報・考えなど）を *A*（人）と分け合う，共有する」

□ help O *do*「O が～するのを手伝う，～するのに役立つ」

各段落の要旨

第１段　最近では 65 歳を過ぎても働き続ける人が増えている。

第２段　段階的退職制度の導入とその利点。

第３段　段階的退職制度のさらなる利点。

(28) 解答 4

選択肢の訳　**1** 会社の近くに住んでいる　**2** 困難な仕事をさがしている

3 退職について尋ねている　**4** 働き続けている

直後の２文（In 1984, … almost 32 percent.）で説明されているのは，65～69 歳で働き続けている人の割合が，1984 年の 18 パーセントから 2014 年の 32 パーセントへと増加していることである。この説明は，当該文の内容を裏付けるために述べられているので，最も適切なものは **4 continuing to work「働き続けている」**である。

(29) 解答 3

選択肢の訳　**1** 新入社員にすばやく会う　**2** 会社により長時間留まる

3 他のことも行う　**4** 仕事を家族と分け合う

第２段第１・２文（Many older people … see their doctors.）に注目する。ここで述べられているのは，年配の人々の多くが楽しく働きたいと考えている一方で，家族と過ごしたり趣味に興じたり健康管理したりすることも望んでいるという点である。よって **3 do other things as well「他のことも行う」**が最も適切である。

(30) 解答 2

選択肢の訳　**1** 新入社員をさがす　**2** より多くの収益を上げる

3 幾分時間を節約する　**4** より多くの備品を買う

第3段第1文（Phased-in retirement …）で「段階的退職制度は会社にとってもプラスになり得る」と述べられており，その例として，ある企業では製品がより多く売れていると説明されている。製品が多く売れればそれは利益につながるので，**2 make more money「より多くの収益を上げる」**が正解。

一次試験　筆記　4 A

訳

発信元：アン・シャトラー〈a-shutler9@pmail.com〉
宛先：ピート・シャトラー〈pshutler135@umail.edu〉
日付：10月3日
件名：冬休み

こんにちは，ピート。
大学はどうですか？ 先月あなたが家に帰ってきたとき，あなたに会えてみんなうれしかったわ。それと，家にいる間に理科の研究課題を手伝ってくれてありがとうって，あなたの妹が言ってたわよ。今日，学校の理科の発表会で，彼女の研究が1位になったの！ それに，彼女はあなたが冬休みに3週間帰ってくることをとても喜んでいるわ。
それはそうと，あなたに伝えたかったのは，クリスマスの家族の計画のことよ。今年はおばあちゃんとおじいちゃんがクリスマス休暇にうちに滞在してくれるの。ふたりはいつもポーラおばさんの所に行くのだけれど，今年おばさんはハワイの息子さんを訪ねることになっているからね。おばあちゃんとおじいちゃんは，あなたの部屋に数日間泊まる予定なので，あなたは妹と部屋を共用してちょうだいね。
大みそかはうちで大きなパーティーをするつもりよ。みんなを招待してるのだけど，おばあちゃんとおじいちゃんは12月27日にオハイオに戻ることになっているの。おばあちゃんが12月28日に病院の予約をしているから。おじいちゃんは少し悲しがっているけど，いずれにしても真夜中まで起きてはいられないと言っているわ！ 学校の試験頑張ってね。返事を楽しみにしているわ。
愛をこめて
ママより

語句・構文

(第1段) □ thank you for *doing*「～してくれてありがとう」
(第2段) □ will be *doing*「(近い未来の予定で)～することになっている」
(第3段) □ New Year's Eve「大みそか」

各段落の要旨

第1段　妹の研究課題を手伝ってくれたことのお礼と報告。
第2段　今年のクリスマスの計画の説明。
第3段　大みそかのパーティーの計画について。

(31) 解答 2

質問の訳 ピートが先月したことは何か？

選択肢の訳 **1** 数週間妹の学校を訪問した。
2 妹が学校の研究課題をするのを手伝った。
3 学校の休みを３週間とった。
4 理科の研究課題で賞を取った。

第１段第２文（Everyone was happy …）に when you（＝Pete）came home last month とあるので，ピートは先月実家に帰っていたのだとわかる。さらに，第３文（Also, your sister …）に thank you for helping her（＝Pete's sister）with her science project while you were home「家にいる間に妹の研究課題を手伝ってくれてありがとう」とあるので，この２点を総合すると **2 He helped his sister with a project for school.** が正解となる。**1** については記述がなく，**3** は冬休みの予定であって先月の出来事ではないので不適。また，**4** はピートの妹の話であって彼自身のことではない。

(32) 解答 1

質問の訳 クリスマスのために，ピートの祖父母は（　　）つもりである。

選択肢の訳 **1** ピートの家族の家に泊まる
2 ハワイにいるポーラおばさんの息子を訪ねる
3 ポーラおばさんの所に行く
4 ピートの妹と部屋を共用する

第２段第２文（This year …）に Grandma and Grandpa will be staying at our house for the holiday「おばあちゃんとおじいちゃんはその休日にうちに泊まることになっている」とあり，同段第１文（Anyway, …）からこれはクリスマスの予定であることがわかる。よって **1 stay at Pete's family's house.** が正解。**2** はポーラおばさんの予定なので不適。**3** は祖父母の例年の予定だが今年は違うので不適。**4** は祖父母の滞在中にピートがすることなので不適。

(33) 解答 2

質問の訳 12 月 27 日に起こるであろうことは何か？

選択肢の訳 **1** ピートの祖母が医者の所へ行く。
2 ピートの祖父母がオハイオに戻る。
3 ピートの家族がパーティーを開く。
4 ピートの大学が試験を行う。

第３段第２文（Everyone is invited, …）に Grandma and Grandpa will be going home to Ohio on December 27「おばあちゃんとおじいちゃんは 12 月 27 日にオハイオの家に帰る予定である」とあるので，**2 Pete's grandparents will go back to Ohio.** が正解。**1** は祖母がオハイオに戻った翌日（12 月 28 日）の予定なので不適。**3** はピートの家の大みそかの予定なので不適。**4** については明確な記述はないが，冬休みが始まる前のことだと推測できるのでこれも不適。

一次試験　筆記　4 B

訳

オーストラリアの成功談

1900 年代，オーストラリアの人口は急速に増加し始めた。他の国々から大勢の人が移住してきたからだ。彼らは子をもうけ，新しい家を建てた。ほとんどの家庭が自分たちで洗濯をしていたので，家で濡れた衣服を吊るす場所が必要になった。その解決策は，それぞれの家の庭に，洗濯物を吊るして乾かせるように，ロープを使って物干し綱と呼ばれる長い綱を作ることであった。

最初の物干し綱はまっすぐで，動かすことができなかった。それらは広い場所を占拠したので，人々は自分たちが植えた植物や花を眺めることができなくなった。物干し綱が庭にあったのでは見栄えが悪いと多くの人が感じていた。さらに，人々は重くて濡れた衣服を持ったまま物干し綱を行ったり来たりしなければならず，これは重労働であった。その後，衣服を吊るすための，回転可能でより小さな装置が作られた。この新しい種類の物干し綱はより使い勝手がよく，庭でも場所をとる割合が小さくなった。

最も人気のある回転式の物干し綱はヒルズ・ホイストと呼ばれる。それは 1945 年に，ランスロット・レナード・ヒルという名の自動車修理工によって作られた。ヒルのデザインは大成功だった。ヒルズ・ホイストは使いやすかったので，庭の小さな家庭はどこもそれを欲しがった。1994 年には，ヒルズ・ホイストの販売数は 500 万に達し，オーストラリアで最も人気のある物干し綱となった。

ヒルズ・ホイストはオーストラリアで非常に人気を博したので，2009 年にはそれが郵便切手に印刷された。最近のオーストラリアでは，庭のないアパートに暮らす家庭が増えている。その結果，現代の都市部ではヒルズ・ホイストの利用数は少なくなっている。しかし，多くのオーストラリア人は，そのような物干し綱を目にすると，子どものころの記憶が今もよみがえってくる。そして多くの人々が日々の生活の中でいまだにヒルズ・ホイストを使っているのである。

語句・構文

(第 1 段) □ start a family「(最初の) 子をもうける」　□ clothesline「物干し綱」
(第 2 段) □ take up ～「(時間・場所など) をとる」
□ in addition「さらに加えて」　□ up and down「行ったり来たり」
(第 4 段) □ so ～ that …「とても～なので…」　□ as a result「その結果」
□ bring back ～「～を思い出させる」

各段落の要旨

第 1 段　オーストラリアでは人口が増えるにつれて，物干し綱が使われ始めた。
第 2 段　初期の物干し綱は不便だったので，より小型で回転式のものが作られた。
第 3 段　ヒルズ・ホイストという名前の物干し綱が最も人気を博した。
第 4 段　ヒルズ・ホイストはオーストラリア人に昔の思い出を呼び起こし，今も多くの人がそれを使っている。

⑶4 **解答** **4**

質問の訳 人々は（　　　）ために物干し綱を使った。

選択肢の訳 **1** 大きな庭を作るためのより広い空間を維持する

2 自分がどこの国の出身かを人々に示す

3 自分たちの庭をきれいに保つのを助ける

4 自分たちが洗った洗濯物を乾かす

第1段最終文（The solution was …）に a long line with rope called a clothesline … on which laundry could be hung to dry「洗濯物を吊るして乾かすことができる，物干し綱と呼ばれる長い綱」とあり，**4 dry the laundry that they have washed.** と一致する。**1** は庭の建設とは無関係なので不適。**2**・**3** は本文に記述がない。

⑶5 **解答** **1**

質問の訳 最初の物干し綱に関する問題は何であったか？

選択肢の訳 **1** 見栄えが悪く使いにくかった。 **2** 庭の植物によく被害を与えた。

3 人が運べるほど軽くはなかった。 **4** 素早く回転して人にケガをさせた。

第2段第3文（Many people felt …）に the clotheslines did not look good in their gardens「物干し綱は庭では見栄えが良くなかった」とあり，これは **1** の前半と一致する。また，同段第1文（The first clotheslines …）の「動かすことができなかった」，第2文（They took up …）の「場所をとった」，第4文（In addition, …）の「重労働だった」は **1** の後半の「使いにくかった」の具体例と考えられる。よって **1 They did not look good and were not easy to use.** が正解。**2**・**3**・**4** については，本文に記述がない。

⑶6 **解答** **3**

質問の訳 ヒルズ・ホイストに関して正しいものはどれか？

選択肢の訳 **1** ランスロット・レナード・ヒルは庭でそれらを売ることで裕福になった。

2 ランスロット・レナード・ヒルは1994年にそれらを500万台売った。

3 それらはオーストラリアの他のどの物干し綱よりも人気を博した。

4 それらは最初自動車を修理する人たちを助けるために作られた。

第3段最終文（By 1994, …）参照。making it the most popular clothesline in the country「それ（＝ヒルズ・ホイスト）をその国（＝オーストラリア）で最も人気のある物干し綱にした」とあり，この内容は **3 They were more popular than any other clothesline in Australia.** と一致する。よって **3** が正解。**1** についてはその記述が本文中にないので不適。**2** はヒル自身が売ったとは述べられていないので不適。**4** は自動車を修理する人は発明者のヒルのことであって対象となる人たちではないので不適。

⑶7 **解答** **4**

質問の訳 ヒルズ・ホイストに起こったことは何か？

選択肢の訳 **1** 人々が都市部に住むようになった後，それらを売るのがより容易になった。

2 ほとんどのオーストラリア人は，それらがどのような物なのかを忘れてしまった。

3　それらは郵便切手１枚と同じ値段で売られた。

4　人々はアパートに住み始めると，それらを使うのをやめた。

最終段第２文（These days, …）では more Australian families are living in apartments that do not have gardens「オーストラリアでは，庭のないアパートに住む家族が増えている」とあり，その結果が第３文（As a result, …）で fewer Hills Hoists are used in modern cities「都市部ではヒルズ・ホイストの利用が少なくなっている」と述べられている。この２つの内容を総合すると，**4 People stopped using them when they started living in apartments.** と一致する。**1**・**2**・**3**については本文に記述がないので不適。

一次試験　筆記　5

解答例　**I think so because it will be a good experience for their children. Parents can show children that there are many interesting things in museums. In addition, if parents take their children to museums, they can teach their children to be quiet in those places. It is a good chance for children to learn manners.（50～60 語）**

訳　連れて行くべきだと思う。子どもたちにとって良い経験になるからだ。親は博物館には興味深いものがたくさんあるということを子どもたちに示すことができる。さらに，親が子どもたちを博物館に連れて行けば，そういう場所では静かにしなければならないと教えることもできる。子どもたちがマナーを学ぶ良い機会となる。

質問の訳　**親は子どもを博物館に連れて行くべきだと思うか？**

▶最初に，自分の考えを明確に示す。Do you think ～？という形の質問なので，Yes / No で始めることも可能だが，〔解答例〕のように I think so / I don't think so などの書き出しでもよい。語数に余裕があれば think の後に質問文の parents 以下を続けてもよい。

▶続いて理由を２つ提示するが，I have two reasons. などの前置きを加えてもよい。あるいは１文目の末尾に for the following reasons などの表現をつけ加える方法もある。理由を述べる場合，〔解答例〕の最終文のように，その理由を補足・補強できるような１文を続けると説得力が増す。

▶〔解答例〕の文の構成は「①自分の意見→②１つ目の理由→③１つ目の理由の補足→④２つ目の理由→⑤２つ目の理由の補足」である。語数を考えながら，「②の前に理由が２つあることの告知をする（あるいはしない）」，「補足をする（あるいはしない）」，「最後に結論を述べる（あるいは述べない）」などを決定していく。

▶連れて行くべきではないという意見の場合の理由としては，For young children, exhibitions in museums are difficult to understand, so they might find them boring.「小さな子どもにとって博物館の展示物は理解するのが難しく，退屈だと思うかもしれない」や，Visiting museums doesn't work well for children when they don't want to go but parents force them.「行きたくないのに，親に強制されて博物館を訪れても，子どもたちにとって有効に機能しない」などが考えられる。

一次試験　リスニング　第１部

No. 1　解答　3

★＝男性　☆＝女性　（以下同）
★ Welcome to Strings and Things. What can I do for you today?
☆ I'm looking for a guitar for my son. He'll start taking lessons soon.
★ What kind of music is he interested in?

☆ **1**　Well, he practices every day.
☆ **2**　Well, he has two guitars already.
☆ **3**　Well, he wants to play rock and roll.

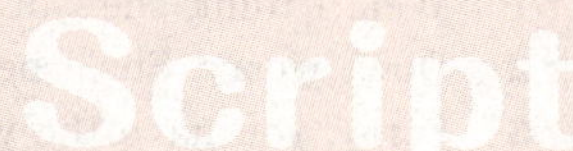

訳　★ストリングス・アンド・シングスにようこそ。今日はどういったご用件でしょうか？
☆息子が使うギターをさがしているんです。もうすぐレッスンを始めるので。
★息子さんはどんな種類の音楽に興味をお持ちですか？

☆ **1**　ああ，彼は毎日練習しています。
☆ **2**　うーん，彼はギターをすでに２つ持っているんです。
☆ **3**　えーと，彼はロックンロールを演奏したがっています。

楽器店を訪れた客と店員との会話。どんな種類の音楽に興味があるかと聞かれているので，その返答として適切なのは**3「えーと，ロックンロールを演奏したがっています」**である。質問された形とは違う答え方をしているので注意が必要である。

No. 2　解答　2

☆ Andy, where is your art project? I gave you a week to do it.
★ Sorry, Ms. Kennedy. It's taking longer than I expected.
☆ Well, when can you finish it?

★ **1**　I've been working on it every day.
★ **2**　I'll give it to you by tomorrow.
★ **3**　It's almost 10 pages long.

訳　☆アンディ，あなたの美術の課題はどこなの？　それをするのに１週間あげたはずよ。
★ごめんなさい，ケネディ先生。思ったよりも時間がかかっているんです。
☆それで，いつ完成できるの？

★ **1**　毎日ずっとそれに取り組んでいます。
★ **2**　明日にはお渡しできます。
★ **3**　ほぼ 10 ページ分の長さです。

教師と生徒との会話。課題の提出が遅れているようである。いつ終えられるのかと聞かれているので，具体的に明日という期日を答えている**2「明日にはお渡しできます」**が最も適切である。比較級＋than I expected「私が予想していたよりも～」

No. 3　解答　2

★ Helen, have you seen the boss today ?
☆ No, Ms. Henderson is out of the office. She's at a conference.
★ Oh no. I need her to sign this before Friday.

☆ **1**　Well, I think she's in her office.
☆ **2**　Don't worry. She'll be here tomorrow.
☆ **3**　Sorry, you have the wrong office.

訳　★ヘレン，今日社長を見たかい？
☆いいえ，ヘンダーソン社長は社外に出ておられます。会議中です。
★困ったな。金曜日前にこれにサインしてもらう必要があるのだが。

☆ **1**　えーと，社長は自室にいらっしゃると思います。
☆ **2**　心配いりませんよ。社長は明日こちらにいらっしゃいますから。
☆ **3**　申し訳ありませんが，会社をお間違えのようです。

会社の従業員同士の会話。社長のサインが必要なのに社長が不在であるという場面。女性はすでに社長が外出している点を伝えているので，**1**や**3**は不自然である。**2「心配いりませんよ。社長は明日こちらにいらっしゃいますから」**ならば，「(だから明日には) サインがもらえる」という意味になって話がつながる。

No. 4　解答　3

☆ Farmington Public Library.
★ Hello. I'm looking for a copy of the magazine *Sports Life*. I'd like to read the one from last month.
☆ I'll see if we have it. Please hold.

★ **1**　Well, I have one at home.
★ **2**　No. I haven't been there.
★ **3**　Sure. I'll wait.

訳　☆ファーミントン公立図書館です。
★もしもし，『スポーツ・ライフ』という雑誌をさがしているんです。先月号を読みたくて。
☆あるかどうか調べますのでそのままお待ちください。

★1　あの，家に1冊あります。
★2　いえ，そこへは行ったことがありません。
★3　わかりました。待ちます。

図書館に電話がかかってきている場面である。電話を切らずにそのまま待つように言われた後の返答なので，**3「わかりました。待ちます」**が最も適切である。see if ～「～かどうか調べる」 hold「電話を切らずに待つ」

No. 5　解答　3

☆ What are you holding, John?
★ This? It's a Japanese-language textbook. I've been trying to teach myself to speak Japanese this year.
☆ Japanese? Wow, that sounds really difficult.

★1　Actually, I'll go there for two weeks.
★2　Well, I haven't even started yet.
★3　Not really, it's interesting.

Script

訳
☆何を持っているの，ジョン？
★これかい？　日本語の教科書だよ。今年になって，日本語を話すことを自学自習しているんだ。
☆日本語？　うわあ，とっても難しそうね。

★1　実はそこへ2週間行くつもりなんだ。
★2　ああ，まだ始めてさえいないよ。
★3　実際は難しくなくっておもしろいよ。

男性が日本語を勉強していると聞いて，難しそうだと女性が答えた場面。具体的な場所が登場していないので**1**の there は不自然。男性はすでに勉強を始めていると述べているので**2**もおかしい。**3**の Not really は Japanese is not really difficult の略であると考えられるので，**3「実際は難しくなくっておもしろいよ」**が正解。

No. 6　解答　1

★ Sylvia, how did your job interview at the restaurant go yesterday?
☆ It went well, but I don't think I want to work there.
★ Why? Was the pay not very good?

☆1　No, I would have to work late every night.
☆2　No, I didn't do well on the interview.
☆3　No, I thought the location was convenient.

訳 ★シルビア，昨日のレストランの就職面接はどうだった？
☆うまくいったけれど，あそこで働きたくないわ。
★なぜだい？　給料があまり良くなかったのかい？

☆**1**　理由はそうじゃないの。毎晩遅くまで働かなくてはならないからよ。
☆**2**　理由はそうじゃないの。面接がうまくいかなかったの。
☆**3**　理由はそうじゃないの。立地が便利だと思ったの。

面接がうまくいったにもかかわらず，女性はそこでは働きたくないと言っている。その理由を尋ねている場面である。面接はうまくいったので**2**は不適。**3**も働きたくない理由としてはおかしい。よって**1**「いいえ（理由はそうじゃないの），毎晩遅くまで働かなくてはならないからよ」を選ぶ。

No. 7　解答　2

☆ Hello. Amy Gibson speaking.
★ Hi, Ms. Gibson. It's Chris. Is Angela home ?
☆ She's here, but she's doing her homework right now. And she's not allowed to take calls after 10 at night.

★ **1**　OK. I'll call her when she gets back.
★ **2**　Oh. I'll talk to her at school tomorrow, then.
★ **3**　Well, I'll see if she's still there.

Script

訳 ☆もしもし，こちらはエイミー・ギブソンです。
★こんにちは，ギブソンさん。こちらはクリスです。アンジェラはいますか？
☆いますけれど，今ちょうど宿題をしているところなの。それに夜の10時以降は電話に出てはいけないの。

★**1**　わかりました。彼女が戻ったら電話します。
★**2**　ああ，では明日学校で彼女と話します。
★**3**　では，彼女がまだそこにいるか調べてみます。

男性（クリス）が女性（アンジェラ）に電話したのだが，母親（エイミー）が電話に出た，という場面である。「夜の10時以降は電話に出てはいけない」という対応から，アンジェラに取り次いでもらえないことがわかる。よって自然な反応となるのは**2**「ああ，では明日学校で彼女と話します」である。

No. 8　解答　1

☆ Excuse me. Does this bus go to the airport?
★ No, it doesn't. This bus only goes to the downtown area.
☆ Oh no! What's the quickest way to the airport from here, then?

★ 1　Well, you can get a train at Central Station.
★ 2　Well, the airport is on the west side of the city.
★ 3　Well, this bus isn't very crowded today.

Script

訳
☆すみませんが，このバスは空港まで行きますか？
★いいえ。このバスは商業地区にしか行きません。
☆あら，いやだわ！　じゃあ，ここから空港に行くのに一番速い方法は何かしら？

★ 1　ええと，中央駅で電車に乗ったらいいですよ。
★ 2　ええと，空港は市の西側にあります。
★ 3　ええと，このバスは今日はあまり混んでいません。

直前で女性が尋ねているのは，空港まで最も速く行く方法である。電車を使うという方法を答えている **1**「ええと，中央駅で電車に乗ったらいいですよ」が正解。**2** は空港の場所を答えているので不適。**3** で話題にしているバスは空港まで行かないので不適。

No. 9　解答　1

★ Mom, my teacher asked me to read my essay in history class today.
☆ Oh, really? What was it about?
★ The history of soccer. Would you like to see it?

☆ 1　Yes. Please show it to me after dinner.
☆ 2　Yes. Please cancel the study group for me.
☆ 3　Yes. Please take it to your teacher.

Script

訳
★ママ，先生が今日の歴史の授業で僕のレポートを読んでと言ったんだ。
☆あら，本当？　どんなレポートだったの？
★サッカーの歴史だよ。見てみたい？

☆ 1　ええ。夕食の後で見せてちょうだい。
☆ 2　ええ。私の代わりに研究グループをキャンセルしてちょうだい。
☆ 3　ええ。先生の所へ持って行ってちょうだい。

息子にレポートを見てみたいかと尋ねられた母親が答えている場面。どの選択肢も Yes で始まっているので，後にはレポートを見ることに関する言葉が続くと予想できる。よって **1**「ええ。夕食の後で見せてちょうだい」が最も適切である。

No. 10　解答　3

★ Welcome to SuperStar Sportswear. How may I help you?
☆ Hi. I was wondering if you sell basketball shorts.
★ We do, ma'am, but we're sold out right now.

☆ **1**　I see. I'll buy the cheaper ones, then.
☆ **2**　I see. I'll take a pair in white, then.
☆ **3**　I see. I'll try somewhere else, then.

訳
★スーパースター・スポーツウェアにようこそ。何かお探しですか？
☆バスケットボールの短パンはあるかしら？
★奥様，お取り扱いはしておりますが，現在売り切れでございます。

☆ **1**　わかったわ。じゃあ，もっと安いのを買うわ。
☆ **2**　わかったわ。じゃあ，白いのをもらうわ。
☆ **3**　わかったわ。じゃあ，どこか別の店に行くわ。

女性がスポーツウェアの販売店を訪れたのだが，目的の品が売り切れだと言われた場面。**1**と**2**は購入するつもりなので，この場面にはそぐわない。自然な流れとなるのは，**3「わかったわ。じゃあ，どこか別の店に行くわ」**である。wonder if ～「～か（どうか）なと思う」

一次試験　リスニング　第2部

No. 11　解答　4

★＝男性　☆＝女性　（以下同）
☆ Ben, you got the highest score again. Why are you so good at Spanish? Did you study in Spain, or did you have a tutor?
★ Actually, I watch lots of TV shows on Spanish television. Then, I look up the words I don't understand in a dictionary.
☆ I should try that.
★ Yeah. Just find a program that interests you. That way, it doesn't even feel like studying.

Question : How did the boy get good at Spanish?

Script

訳
☆ベン，またあなたが最高点だったわ。なぜそんなにスペイン語が得意なの？　スペインで勉強したの，それとも家庭教師がいるの？
★実は，スペインのテレビ放送でたくさんの番組を見ているんだ。そのあと，わからない単語を辞書で調べているんだよ。

☆私もそれをやってみるべきね。
★そうだね。君が興味を持てる番組を見つけることだよ。そうすれば，勉強している気分にさえならないからね。

質問：男の子はどうやってスペイン語が得意になったのか？

選択肢の訳
1 家庭教師と一緒にスペイン語を勉強した。
2 スペインに留学した。
3 辞書を暗記した。
4 スペインのテレビ番組を見た。

女の子が男の子にスペイン語の勉強の仕方を尋ねている場面。質問も同じことを尋ねているので，会話の中での男の子の返事が解答になる。男の子は「スペインのテレビ放送でたくさんの番組を見ている」と答えているので，**4「スペインのテレビ番組を見た」**が正解。会話では TV shows on Spanish television となっているが，これは **4** の Spanish TV shows とほぼ同じ意味である。**1** と **2** は女の子が質問した内容で，事実ではない。男の子はわからない単語を辞書で調べていると答えているが，辞書を1冊暗記したわけではないので **3** も不適。

No. 12 解答 2

Script

☆ Hello.
★ Janice, it's Greg. I'm inviting some friends to my house on Friday night. Do you want to come?
☆ I'd love to! Should I bring anything?
★ No, that's OK. I'm making dinner, and another friend is bringing dessert and drinks. After we eat, we might watch a DVD.
☆ Sounds great.

Question : Why did the man call the woman?

訳
☆もしもし。
★ジャニス，グレッグだよ。金曜日の夜に友達を何人か家に招待するんだ。君も来ない？
☆ぜひそうしたいわ！　何か持って行きましょうか？
★いや，大丈夫。夕食は僕が作るし，別の友達がデザートと飲み物を持ってきてくれるから。食べた後はDVDを見ようかな。
☆いいわね。

質問：男性が女性に電話したのはなぜか？

選択肢の訳
1 レストランのことで質問するため。
2 ディナーパーティーに招待するため。
3 DVDを何枚か借りるため。
4 デザートのレシピをもらうため。

男性の最初の発言で女性を招待し，２回目の発言からそれがディナーパーティーだとわかる。**2「ディナーパーティーに招待するため」**が正解。**1**は話題に出てこない。**3**のDVDは当日見る予定だが貸し借りの話はしていない。**4**のデザートは別の友達が持ってくる。

No. 13　解答　4

★ Do you want to rent a movie tonight, Carrie?
☆ Sure. I really want to see *Moon City*. I've heard it's exciting.
★ OK. That's the one about monsters who live in a secret city on the moon, right?
☆ Yeah. And Lucas Gates is in it. He's my favorite actor.

Question：What will the boy and girl do tonight?

Script

訳
★キャリー，今夜映画を借りたいと思う？
☆ええ。『ムーンシティー』がとても観たいの。ワクワクする映画らしいわよ。
★わかった。それって月面の秘密の都市にすむ怪物の映画だよね？
☆そうよ。それに，ルーカス・ゲイツが出てるの。大好きな俳優なのよ。

質問：この少年と少女は今夜何をするだろうか？

選択肢の訳
1　怪物に関する話を読む。
2　お互いに秘密を打ち明けあう。
3　俳優に会う。
4　映画を観る。

最初のやりとりから，今夜２人は『ムーンシティー』という映画のDVDを借りることになったのだとわかる。当然観るために借りるのであろうから，**4「映画を観る」**が最も適切である。「読む」のではなく「観る」のであるから**1**は不適。**2**のsecretという語は「秘密の都市」として出てくる。**3**の俳優は映画に出てくるだけで会うのではない。

No. 14　解答　1

☆ Welcome to the Paddington Zoo. Can I help you?
★ Hello. My daughter and I just walked around the zoo, but we didn't see the penguins. Have they moved to a new location?
☆ Actually, sir, the Penguin House is closed for repairs until next week.
★ Oh. That's too bad. They're our favorite animal.

Question：Why is the man disappointed?

Script

訳
☆ようこそ，パディントン動物園へ。どういったご用件でしょうか？
★こんにちは。娘と私とで動物園を歩いて回ってきたところなのですが，ペンギンが見当たりませんでした。新しい場所に移動したのですか？
☆実は，ペンギンハウスは改修のため来週まで閉まっているんです。
★ああ，それは困ったな。私達が大好きな動物なのに。

■ 質問：男性ががっかりしているのはなぜか？

選択肢の訳　**1**　ペンギンハウスが開いていない。　**2**　ペンギンハウスが退屈だった。
3　動物園が来週閉園の予定である。　**4**　動物園の動物が多くない。

男性ががっかりしたのは，女性の2つ目の発言「ペンギンハウスは来週まで閉まっている」を聞いたからである。よって **1「ペンギンハウスが開いていない」** が正解。放送では is closed と流れるが，選択肢は is not open となっているので要注意。ペンギンハウスは閉まっているのだから，**2** の感想はあり得ない。**3** は closed や next week などの表現が含まれているので注意が必要。**4** は話題にされていないので不適。

No. 15　解答　2

Script

☆ Dad, what clothes will I need for our hiking trip? I want to start getting ready.
★ The weather forecast said that it'll be cold all weekend.
☆ So I guess I should bring some warm hiking clothes and a jacket.
★ You might want to bring your raincoat, too, just in case.

Question：What is the girl doing?

訳
☆パパ，私たちのハイキング旅行にはどんな服が必要かしら？　準備を始めたいの。
★天気予報では，週末はずっと寒いらしいよ。
☆じゃあ，暖かいハイキング用の服と上着を持って行かなきゃね。
★もしもの時のために，レインコートも持って行く方がいいよ。

質問：女の子は何をしているか？

選択肢の訳　**1**　上着を試着している。　**2**　旅行の準備をしている。
3　レインコートを買いに来ている。　**4**　ハイキング用の服を洗っている。

女の子の最初の発言に「（ハイキング旅行の）準備を始めたい」とあるので，**2「旅行の準備をしている」** が最も適切である。**1** の上着は，試着ではなくハイキング旅行に持って行く候補である。**3** のレインコートも持って行く候補であって買い物の対象ではない。**4** の Washing「洗う」という語は放送されていない。

No. 16　解答　3

Script

★ Mom, can I have a friend over after lunch?
☆ Who do you want to invite?
★ Billy. We want to play some video games.
☆ OK. Let me call his mother. Maybe she can drive him here, and I can take him home.

Question：What does the boy want to do?

訳 ★ママ，お昼ご飯の後にお友達を呼んでもいいかな？
☆誰を招待したいの？
★ビリーだよ。テレビゲームをしたいんだ。
☆いいわよ。ビリーのお母さんに電話するわ。たぶん彼女が車で送って来てくれるでしょうから，帰りは私が送って行くわ。

質問：男の子は何をしたいと思っているか？

選択肢の訳 **1** ビリーと昼食を食べたい。 **2** ビデオ店に行きたい。
3 ビリーを家に招待したい。 **4** 母親とテレビゲームをしたい。

会話の内容から考えると，答えとしては「友達を招待したい」と「友達とテレビゲームをしたい」の2つが候補になるが，選択肢では **4** が「母親と」となっているので不適であり，**3「ビリーを家に招待したい」**が正解。have O over「O を家に招く」の表現がわからない場合でも，直後で母親が invite と言い換えているので類推可能である。**1** は，昼食後ビリーを招待したいのであって昼食を一緒に食べたいのではない。**2** は，家でテレビゲームをするのであり，レンタルビデオ店に行くのではない。

No. 17 解答 2

☆ Excuse me. I've been waiting for my food for nearly 30 minutes now. Is there a problem?
★ I'm very sorry, ma'am. What did you order?
☆ A steak. Can you check with the chef, please?
★ Certainly. I'll be right back.

Question : What is the woman's problem?

Script

訳 ☆すみません。もう30分近く料理を待っているのですが。何かあったのですか？
★誠に申し訳ありません，奥様。何を注文されましたか？
☆ステーキです。料理長に問い合わせてくれませんか？
★かしこまりました。すぐに戻ります。

質問：女性が困っていることは何か？

選択肢の訳 **1** ステーキの味が悪い。
2 料理がまだ届いていない。
3 ウェイターが持ってくる飲み物を間違えた。
4 料理の値段が高すぎる。

女性の最初の発言で，自分が注文した料理を長時間待っていることがわかる。それに気づけば，放送とはまったく表現が違うが **2「料理がまだ届いていない」**が正解であることがわかる。**1** のステーキは，女性が注文してまだ届いていないので味は未知である。**3** と **4** については話題に上っておらず，誤答を誘うような表現も含まれていない。check with ～「～に問い合わせる」

No. 18 解答 3

☆ Excuse me, sir. Could you help me buy a train ticket? I'm an exchange student from Canada, and I've never bought one before.
★ Sure, no problem. Where do you need to go to?
☆ I'm trying to get to Ikebukuro Station.
★ OK. Well, first you find Ikebukuro on the map. See, it's right there, 240 yen. Now, put your money in the machine here, and your ticket will come out.

Question : What is the man doing for the girl?

Script

訳 ☆すみませんが，電車の切符を買うのを手伝ってくださいませんか？　私はカナダからの交換留学生で，今まで切符を買ったことがないんです。
★もちろんいいですとも。どこまで行かれるのですか？
☆池袋駅まで行こうとしています。
★わかりました。まず地図で池袋を探してください。ほら，そこです。240円ですね。ではこちらの機械にお金を入れてください。切符が出てきますから。

質問：男性は女の子のために何をしているか？

選択肢の訳
1 彼女にお金を借りさせようとしている。
2 池袋のレストランについて彼女に話している。
3 彼女が電車の切符を買うのを手伝っている。
4 彼女を駅の事務所に連れて行っている。

女の子の最初の発言で，電車の切符を買うのを手伝ってくださいとあるので，これに該当する選択肢は **3「彼女が電車の切符を買うのを手伝っている」**である。放送とほぼ同じ表現なのでわかりやすいだろう。**1** の money「お金」が出てくるのは券売機に入れるお金のことである。**2** の池袋は彼女の目的地であってレストランは無関係である。**4** で出てくる駅も池袋駅のことだが，事務所に行く必要は特にない。

No. 19 解答 1

★ Let's try this noodle shop, Jen.
☆ Why? Look at all the people. I don't want to wait a long time to eat.
★ Yeah, but if there are so many people waiting, that means the noodles must be really good. Plus, the line is moving quickly. It won't take long.
☆ Oh, OK. I guess you're right.

Question : What is one thing the woman says?

Script

訳 ★ジェン，このラーメン店を試してみようよ。

☆なぜ？　あの人だかりを見てよ。長時間待ってまで食べたくはないわ。

★ああ，でもあんなにたくさんの人が待っているんなら，ラーメンがとてもおいしいに違いないってことだよね。それに行列の動きははやいよ。そんなにかからないよ。

☆いいわ。あなたの言うとおりだと思うわ。

＊放送では noodle「めん類」としか表現されていないが，「めん類」では会話が不自然になるので敢えて「ラーメン」と訳している。

質問：女性が言っていることの１つは何か？

選択肢の訳　**1**　長時間待ちたくない。
2　ラーメンを食べたくない。
3　長時間ずっと並んで立っている。
4　そのラーメン店で食べようとずっと計画していた。

女性の最初の発言で，食べるために長時間待ちたくないとあるので，これに該当するのは **1**「長時間待ちたくない」である。実際には列に並ぶことになったようだが，彼女がそう言ったのは間違いないのでこれが正解。待ちたくないのであって食べたくないとは言っていないので **2** は不適。これから並ぶことになるので **3** も不適。**4** については触れられていない。

No. 20　解答　4

☆ Good afternoon. Eastlake Tennis Club.

★ Hi. I'd like some information about your tennis lessons.

☆ Sure. We offer one-hour tennis lessons for all levels every day. We also have tennis rackets and balls for rent.

★ I have a racket already, but I'd like to reserve a lesson for next Tuesday.

Question：What does the man want to do？

Script

訳 ☆こんにちは。イーストレイク・テニスクラブです。

★こんにちは。そちらのテニスのレッスンについて知りたいことがあるのですが。

☆かしこまりました。こちらでは毎日すべてのレベル向けに１時間のテニスレッスンを提供しています。ラケットやボールの貸し出しもしております。

★ラケットはもう持っているのですが，来週の火曜日のレッスンを予約したいです。

質問：男性がしたいと思っていることは何か？

選択肢の訳　**1**　テニスラケットを借りたい。　**2**　テニスを教えたい。
3　テニスボールを買いたい。　**4**　テニスのレッスンを受けたい。

男性の２番目の発言で，彼がテニスのレッスンを予約したいと申し出ていることから，**4**「テニスのレッスンを受けたい」が最も適切である。**1** のラケットはすでに持っている。teach「教える」という表現は放送では流れないので **2** は不適。**3** のテニスボールは借りることができると述べられている。

一次試験　リスニング　第3部

No. 21　解答　2

Maribel plays games on her computer every day, and her parents are worried that she is playing them too much. Her father said that she must study for her classes for two hours before using her computer. Maribel is not happy, but her father hopes she will start studying harder.

Question：What must Maribel do to use the computer?

Script

訳　マリベルは毎日コンピュータでゲームをしていて，両親はゲームのやりすぎではないかと心配している。父親は彼女に，コンピュータを使う前に２時間は授業のための勉強をしなければならないと言った。マリベルは嬉しくなかったが，父親は彼女がもっと熱心に勉強し始めるだろうと思っている。

質問：マリベルはコンピュータを使うために何をしなければならないか？

選択肢の訳　**1**　父親の手伝いをする。　**2**　学校の勉強をする。
3　２時間運動する。　**4**　両親と一緒に時間を過ごす。

父親は，第２文（Her father said …）で，コンピュータを使う前に勉強しなければならないと彼女に言っている。よって **2**「学校の勉強をする」が正解。help もしくはそれに類する語は出てこないので **1** は不適。for two hours「２時間」は勉強時間であって運動時間ではないので **3** も不適。第１文（Maribel plays games …）で her parents「彼女の両親」という表現が出てくるが，一緒に時間を過ごすとは述べられていないので **4** も不適。

No. 22　解答　1

Tonia wanted to buy a new bicycle. Last year, she tried to save money by keeping some of the money her parents gave her each month. However, it was not enough. Luckily, her uncle said that she could work in his garden every weekend. In return, he gave her enough money to buy the new bicycle.

Question：How did Tonia get a bicycle?

Script

訳　トニアは新しい自転車を買いたいと思っていた。去年，彼女は毎月両親がくれるお金をいくらかとっておいてお金を貯めようとした。しかし，それでは十分ではなかった。幸運なことに，彼女のおじさんが毎週末自分の庭で働いていいと言ってくれた。お礼として，彼は新しい自転車が買えるだけのお金をくれた。

質問：トニアはどのようにして自転車を手に入れたか？

選択肢の訳　**1**　おじさんのところで働いた。　**2**　ガーデニング店の仕事を得た。
3　おじさんが古い自転車をくれた。　**4**　両親がもっとお金をくれた。

最終文（In return, he …）にあるように，トニアが自転車を買えたのはおじさんがお金をくれたからであるが，それは彼女がおじさんの庭で働いたからである。よって**1**「おじさんのところで働いた」が適切。トニアが仕事をしたのはおじさんの庭（garden）であって，ガーデニング店ではないので**2**は不適。おじさんがくれたのはお金であって自転車ではないので**3**も不適。両親がくれたのは毎月の小遣いのみなので**4**も不適。in return「お返しに」

No. 23　解答　4

This is the BEXR radio traffic report. Today, Bayside Street is closed for the Bay City Marathon. Please use Coast Avenue instead. If you are going to watch the marathon, take a train to Bay City Station instead of driving. There will be a lot more traffic than usual, and parking is limited.

Question : How should people go to watch the Bay City Marathon ?

Script

訳　こちらはBEXRラジオの交通情報です。今日はベイシティマラソンのためにベイサイド通りは閉鎖されています。代わりにコーストアベニューを利用してください。マラソンをご覧になりたい場合は，車を運転するのではなくベイシティ駅まで電車を使ってください。交通量は通常よりもかなり多くなる予定で，駐車は規制されます。

質問：人々はどうやってベイシティマラソンを見に行くべきか？

選択肢の訳　**1**　バスに乗って。　**2**　ベイサイド通りを車で。
3　コーストアベニューを利用して。　**4**　電車を利用して。

第4文（If you are …）で，マラソンを見たいなら電車を利用してくださいと伝えている。よって**4**「電車を利用して」が正解。bus「バス」という語は放送されないので**1**は不適。ベイサイド通りやコーストアベニューの利用は，通常の運転の場合の注意事項であってマラソン観戦のためのアドバイスではないので**2**と**3**も不適。特に**2**については，driving という語が放送されるが，「車を運転する代わりに」という表現になっているので注意すること。instead「その代わりに」 instead of *doing*「～する代わりに」

No. 24　解答　1

Miki will visit her uncle in Australia next month. She was looking forward to going to the beach with him for a weekend, but she was worried about her skin being damaged in the sun. Miki's uncle said that she will be all right because he will give her a big umbrella to use on the beach.

Question : What was Miki worried about ?

Script

訳　ミキは来月，オーストラリアに住むおじさんを訪ねるつもりである。彼女は週末におじさんと一緒に浜辺に行くのを楽しみにしていたが，日光で肌が傷むのが心配だった。ミキのおじさんは，浜辺で使える大きな傘をあげるから大丈夫だと言った。

質問：ミキは何を心配していたか？

選択肢の訳
1 太陽のせいで肌が傷むかもしれない。
2 おじさんの傘がなくなるかもしれない。
3 週末ずっと雨が降るかもしれない。
4 オーストラリアに行くのに費用がかかりすぎるかもしれない。

第2文（She was looking …）後半で，日光で肌が傷むのを心配していたと放送される。これは**1**「太陽のせいで肌が傷むかもしれない」とほぼ同じ内容であると考えられるので，これが正解。**2**の umbrella「傘」という語は出てくるが，なくなるとは述べられていないので不適。**3**の the weekend「週末」という語は出てくるが，雨が降るとは述べられていないので不適。**4**の費用についても述べられていないので不適。look forward to *doing*「～するのを楽しみにする」

No. 25　解答　3

A famous food in the country of Azerbaijan is called shah pilaf. Shah pilaf is a rice dish cooked with fruits and nuts. All these ingredients are wrapped in a thin bread. The name means "king pilaf," because the dish looks like a crown that a king from Azerbaijan put on his head.

Question：What is one thing we learn about the shah pilaf?

Script

訳　アゼルバイジャンという国の有名な食べ物は，シャーピラフと呼ばれる。シャーピラフは米を果物や木の実と一緒に調理したものである。これらの材料をすべて1枚の薄いパンで包む。名前の意味は「王のピラフ」で，この料理がアゼルバイジャン出身の王が頭にかぶった王冠に似ているからである。

質問：シャーピラフについてわかることの1つは何か？

選択肢の訳
1 長いパンで作られる。
2 ある種の果物にちなんで名づけられている。
3 王がかぶる冠に似ている。
4 ある王によって作り出された。

第4文（The name means …）後半に，王が頭にかぶる王冠に似ているという説明があるので，**3**「王がかぶる冠に似ている」が最も適切である。**1**のパンは長いものではなく薄いものが使われるので不適。第4文で名前の由来が王冠であると述べられているので**2**も不適。シャーピラフを誰が生み出したかは放送されていないので**4**も不適。

No. 26　解答　4

Yoshio likes learning English. He is the best student in his class. Recently, he has become interested in South America. He learned that many people speak Spanish there, so he decided to study it, too. Yoshio enjoys learning it, but sometimes he confuses Spanish and English words.

Question：What did Yoshio decide to do？

Script

訳　ヨシオは英語を学ぶのが好きである。彼はクラス一の優等生である。最近，彼は南米に興味を持つようになった。そこでは多くの人々がスペイン語を話すと知り，彼はスペイン語も勉強しようと決めた。ヨシオはスペイン語の学習を楽しんでいるが，スペイン語の単語と英語の単語を混同してしまうことがある。

質問：ヨシオは何をしようと決めたか？

選択肢の訳　**1**　アメリカ人に話しかける。　**2**　南米を旅行する。
3　英語の学習をやめる。　**4**　スペイン語を学ぶ。

decided to *do*「～しようと決めた」という表現が登場するのは第4文（He learned that …）の後半部分で，「彼はそれも勉強しようと決めた」と述べられている。それが指し示すものは前半部分のスペイン語であると考えられるので，**4「スペイン語を学ぶ」**が正解。South America「南米」という表現は出てくるが Americans「アメリカ人」は登場しないので**1**は不適。また，Travel「旅行する」という表現も出てこないので**2**も不適。learning English「英語の学習」については述べられているが，Stop「やめる」とは言っていないので**3**も不適。

No. 27　解答　2

Hello, everyone. Welcome to Superland Park. There are two kinds of tickets. With the Silver Ticket, you can enjoy all the rides in the amusement park. With the Gold Ticket, however, you do not have to wait to get on rides, and you get 10 percent off when you buy lunch. Thank you and have fun.

Question：What is one thing the announcement says about the Gold Ticket？

Script

訳　みなさん，こんにちは。スーパーランドパークにようこそ。チケットは2種類ございます。シルバーチケットを使うと，遊園地内の全ての乗り物をお楽しみいただけます。しかし，ゴールドチケットを使うと，乗り物に乗るのにお待ちいただく必要がありませんし，昼食が10パーセントオフになります。どうかお楽しみください。

質問：放送でゴールドチケットについて言っていることの1つは何か？

選択肢の訳　**1**　それを使えば園内の全ての食べ物が無料になる。
2　それを使えば早く乗り物に乗れる。
3　シルバーチケットよりも10パーセント余計にかかる。
4　それを使えば1年間入園可能である。

第5文（With the Gold …）で，ゴールドチケットに関して説明されている。前半部分に乗り物に乗るのを待つ必要がないとあり，待たずに早く乗れるということを意味している。よって**2「それを使えば早く乗り物に乗れる」**が正解。**1**はfree「無料」という語が出てこないので不適。**3**の10パーセントという表現は食べ物の割引の数字なので不適。**4**のfor one year「1年間」やenter「入場する」という表現も放送されないので不適。

No. 28　解答　1

Pablo will finish high school soon. At first, he thought of going to college with his friends to study computer programming. However, Pablo likes being outdoors more than being in front of a computer, so he has decided to go to a different college. He plans to become an engineer who designs roads so that he can work outdoors in many different places.

Question : Why will Pablo not go to the same college as his friends?

Script

訳　パブロは間もなく高校を卒業する。初め，彼はコンピュータ・プログラミングを勉強するために，友人たちと一緒に大学に行こうと考えていた。しかし，パブロはコンピュータの前にいるよりも，屋外にいる方が好きなので，別の大学に行こうと決めた。彼はいろいろな場所の屋外で働けるように，道路を設計する技師になろうと計画している。

質問：パブロが友人たちと同じ大学に行かないのはなぜか？

選択肢の訳　**1**　屋外で働きたい。
2　コンピュータ・プログラミングを勉強できなかった。
3　友人たちが彼と同じ大学に入れなかった。
4　友人たちの大学が別の町にある。

質問の解答に関わる内容を含むのは第3文（However, Pablo likes …）である。彼は友人たちとは別の大学に行こう（＝友人たちと同じ大学へは行かない）と決めたのだが，前半部分でその理由が述べられている。コンピュータの前にいるよりも屋外にいる方が好きであると述べられているので，**1「屋外で働きたい」**が正解。**2**のcomputer programming「コンピュータ・プログラミング」は大学で学ぶ内容の一つで，高校で勉強できなかったとは述べられていないので不適。**3**と**4**については特に触れられていないのでやはり不適。so that S can *do*「Sが～できるように」

No. 29 解答 3

The mongoose is a strong animal. It is about the size of a cat, and it is well known because it is not afraid of poisonous snakes. Mongooses can move very quickly, and they are not easily caught. Some mongooses hunt and kill snakes to eat them, so these mongooses and snakes are natural enemies.

Question：What is one thing we learn about the mongoose？

Script

訳　マングースは力の強い動物である。ネコほどの大きさで，毒ヘビをこわがらないことで有名である。マングースは非常に速く動くことができるので，容易に捕らえることができない。ヘビを狩って殺し，食べてしまうマングースもいるので，これらのマングースとヘビは天敵どうしである。

質問：マングースについてわかることの１つは何か？

選択肢の訳　**1**　動きが速くない。　**2**　捕まえるのが簡単である。
3　ヘビをこわがらない。　**4**　人間が動物を狩るのを手伝う。

第２文（It is about …）で，マングースは毒ヘビをこわがらないと述べられるので，正解は**3**「ヘビをこわがらない」である。第３文（Mongooses can move …）にマングースは非常に速く動くことができるので容易には捕らえられないとあることから，**1**と**2**はともに不適。**4**については触れられていないので不適。

No. 30 解答 4

Selena works at a restaurant in New York. Last week, when she was working at the cash register, she saw a friend from college named Roger. She had not seen him in many years. They talked for a while and made plans to meet at a café next week.

Question：What happened to Selena last week？

Script

訳　セレナはニューヨークのレストランで働いている。先週，彼女がレジで仕事をしているとき，ロジャーという名前の大学時代の友人に会った。彼女は何年も彼に会っていなかった。２人はしばらくの間話をして，翌週にカフェで会う計画を立てた。

質問：先週セレナに何が起こったか？

選択肢の訳　**1**　新しいレストランで食事をした。　**2**　新しい仕事を始めた。
3　お金をいくらか手に入れた。　**4**　知り合いに会った。

第２文（Last week, …）後半に友人に会ったとあるので，**4**「知り合いに会った」が正解。new「新しい」も ate「食べた」も started「始めた」も出てこないので**1**と**2**は不適。第２文に cash「現金」という語が出てくるが，セレナが手に入れたわけではないので**3**も不適。

二次試験　面接　問題カードA

訳

人々の買い物の手助け

最近では，新鮮な食料を新しい方法で販売し始めている企業があります。これらの企業は，「移動式スーパーマーケット」と呼ばれるトラックを利用します。移動式スーパーマーケットは町中の様々な地域に止まり，このようにしてそれらは人々が日々の買い物をより簡単に行う手助けをしています。将来，移動式スーパーマーケットはおそらくもっと当たり前になるでしょう。

語句・構文

□ mobile［móubl］「移動式の」　□ daily「日常の，毎日の」
□ easily「たやすく，楽に」　□ probably［prábəbli］「おそらく，たぶん」
□ common［kámən］「一般的な，ありふれた」

質問の訳

No. 1　本文によれば，移動式スーパーマーケットはどのようにして人々がより簡単に日々の買い物をする手助けをしていますか？

No. 2　イラストAの人々を見てください。それぞれ色々なことをしています。彼らがしていることをできるだけたくさん私に伝えてください。

No. 3　イラストBの眼鏡をかけた女性を見てください。状況を説明してください。

No. 4　あなたは現代の若者はもっと野菜を食べるべきだと思いますか？

No. 5　最近では，多くの日本人が外国で働いています。あなたは外国で働きたいですか？

No. 1　解答例　By stopping in different areas (around towns).

訳（町中の）色々な地域に止まることによって。

第3文（Mobile supermarkets stop …）後半に，and in this way「(そして) このようにして」に続けて they (＝mobile supermarkets) help people do their daily shopping more easily とあるので，this way の内容は同文前半で述べられていることがわかる。問われているのは how「どのようにして」なので，文中の表現を使って They (＝Mobile supermarkets) stop ～ とするか，「～することによってである」という意味になるように By stopping ～ とすればよい。文で答える場合は，質問文中に mobile supermarkets が含まれているので，解答では代名詞 they に置き換えるべきである。

No. 2　解答例　A woman is collecting garbage〔trash / rubbish〕. / A woman is counting money. / A man is putting on a coat. / A man is painting a wall. / A woman is planting (some) flowers.

訳　女性がゴミを集めている。／女性がお金を数えている。／男性がコートを着ようとしている。／男性が壁にペンキを塗っている。／女性が花を植えている。

イラストの中には5人の人物が描かれている。説明しやすいものから順番に5人すべて説明するようにしよう。質問文には They are doing different things. とあるので，説明の際には基本的に現在進行形を用いること。また，個々の人物には解答の中で初めて触れることになるので，A woman，A man など，不定冠詞を用いるのが基本である。garbage「ゴミ」は trash または rubbish でもよい。count「～を数える」 put on ～「～を身につける」 wear は「着用している」の意味で状態を表すのでここでは不適。paint「(壁など) にペンキを塗る」 plant「(種など) を植える」

No. 3 解答例 **She can't eat at the restaurant because it's crowded.**

訳 レストランが混雑しているので彼女はそこで食事できない。

2つの内容を盛り込むことが必要。つまり，A「レストランで食事ができない」とB「レストランが混雑している」の2点である。表現方法としては，A because B とするか，Since B, A，または B, so A などとする。

No. 4 解答例 (Yes. → Why ?) **Most young people eat too much fast food. They need to eat many kinds of vegetables.**

(No. → Why not ?) **They already eat enough vegetables every day. They know that eating vegetables is good for their health.**

訳 **(Yes. の場合)** ほとんどの若者がファストフードの食べ過ぎである。彼らはたくさんの種類の野菜を食べる必要がある。

(No. の場合) 彼らはすでに毎日十分な野菜を食べている。野菜を食べることが健康に良いとわかっているのだ。

まず，Yes. / No. で賛成か反対かを明確にする。そのあと，自分の意見を裏付ける根拠について述べる。根拠はできる限り2つは答えるようにしたい。Also, ～「また，～」などとして1つ目の文とは異なる根拠を挙げてもよいし，For example, ～「例えば，～」などとして1つ目の文をさらに裏付ける例を述べてもよいだろう。この質問の場合，Yes の理由なら他に「野菜を嫌いな若者が多い」，「外食では十分な野菜を補えない」などでもよいし，No の場合なら他に「野菜の代わりにサプリメントを摂取している」なども考えられる。

No. 5 解答例 (Yes. → Please tell me more.) **I want to work for a company in Canada. My father used to work at a company there.**

(No. → Why not ?) **I want to start my own company in Japan. It would be difficult to do this abroad.**

訳 **(Yes. の場合)** 私はカナダの会社で働きたい。父がかつてカナダの会社で働いていたからだ。

(No. の場合) 私は日本で自分自身の会社を興したい。海外でこれをするのは難しいだろうから。

ここでも，2文程度述べることが望ましい。Yes の場合は具体的にどこでどんな仕事をしたいかを説明すればよい。No の理由はいくつか考えられるが，日本で働きたいという点とその理由を述べればよい。あるいは，「外国ではコミュニケーションが難しい」，「言葉を使える自信がない」などの理由でもよいだろう。うまく答えようとすると沈黙の時間が長くなってしまう。短くてもいいので即答できるよう心がけたい。

二次試験　面接　問題カードD

訳

外国の子どもたちの支援

最近では，外国人の家族が多数日本で生活しています。これらの家族の子どもたちは，たいていは地元の学校に通います。しかし，彼らが学校に通い始めると，言葉の問題が生じることがあります。日本語の授業を提供している市もあり，そうすることで外国人の子どもたちが日本の学校でもっとうまくいくよう支援しているのです。

語句・構文

□ foreign［fɔ́:rin］「外国の」　□ local［lóukl］「地元の」
□ language［lǽŋgwidʒ］「言語，言葉」　□ problem「問題，困難な事情」
□ offer［ɔ́:fər］「～を（人に）提供する」

質問の訳

No. 1　本文によれば，いくつかの市はどのようにして外国人の子どもたちが日本の学校でもっとうまくいくように支援していますか？

No. 2　イラストAの人々を見てください。それぞれ色々なことをしています。彼らがしていることをできるだけたくさん私に伝えてください。

No. 3　イラストBの男の子を見てください。状況を説明してください。

No. 4　あなたは学校が修学旅行で生徒を外国に連れていくことを良い考えだと思いますか？

No. 5　最近では，ペットと一緒に旅行したいと思う人たちもいます。あなたはペットと一緒に旅行をしたいですか？

No. 1　解答例　By offering Japanese language classes.

訳 日本語の授業を提供することによって。

第4文（Some cities offer …）後半に，and in this way「（そして）このようにして」に続けて they（＝some cities）help foreign children do better in Japanese schools とあり，this way の内容は同文前半で述べられている。問われているのは how「どのようにして」なので，文中の表現を使って They（＝some cities）offer ～ とするか，「～することによってである」という意味になるように By offering ～ とすればよい。文で答える場合，質問文中に some cities が含まれているので，解答では代名詞 they に置き換えるべきである。

No. 2　解答例　A woman is writing (something) on the whiteboard. / A boy is taking a book from the shelf. / A man is lifting a box. / Two girls are waving (at each other). / A girl is using a copy machine〔copying something〕.

訳 女性がホワイトボードに（何かを）書いている。／男の子が本棚から本を取っている。／男性が箱を持ち上げている。／2人の女の子が（互いに）手を振っている。／女の子がコピー機を使っている〔何かをコピーしている〕。

イラストの中には6人の人物が描かれている。説明しやすいものから順番にすべて説明するようにしよう。質問文にはThey are doing different things.とあるので，説明の際には基本的に現在進行形を用いること。lift「～を持ち上げる」 carry「～を運ぶ」ではイラストの男性を正確に描写したことにならないので不適。wave「手を振ってあいさつする」waveを他動詞として使ってwaving their handsとしてもよいだろう。copy machine「コピー機」copyを動詞として用いてもよい。

No. 3 解答例 **He wants to close the window because the room is cold.**

訳 部屋が寒いので窓を閉めたいと思っている。

2つの内容を盛り込むことが必要。つまり，A「窓を閉めたい」とB「部屋（の中）が寒い」の2点である。表現方法としては，A because Bとするか，B, so Aとする。「寒い」の表現は〔解答例〕のほかにit is cold / he feels cold / he is cold (in the room) でもよい。it is coldのitは「寒暖を表す主語のit」である。

No. 4 解答例 (Yes. → Why?) **Students can learn about another culture. Also, they can practice speaking a foreign language.**

(No. → Why not?) **Going abroad is too expensive for many students. Also, students should learn about their own country first.**

訳 **(Yes. の場合)** 生徒は別の文化について学ぶことができる。また，外国語を話す練習もできる。

(No. の場合) 多くの生徒にとって，外国へ行くのは費用がかかりすぎる。また，生徒たちはまず自分自身の国について学ぶべきである。

まず，Yes. / No. で賛成か反対かを明確にする。そのあと，自分の意見を裏付ける根拠について述べる。根拠はできる限り2つは答えるようにしたい。〔解答例〕以外の理由としては，Yesの場合に「戻ってからの英語の勉強の励みになる」，「海外旅行はできるだけ若いうちに体験したほうがよい」など，Noの場合は「パスポートの取得など，面倒が多い」，「現地で病気になったりケガをしたりすると大変である」などが考えられる。

No. 5 解答例 (Yes. → Please tell me more.) **I think that my dog is a member of the family. I always want to be with him.**

(No. → Why not?) **It's difficult to take care of a pet during a trip. Also, some animals don't like leaving their homes.**

訳 **(Yes. の場合)** 私は自分の家の犬を家族の一員だと思っている。いつでも彼（ペットの犬）と一緒にいたい。

(No. の場合) 旅行中ペットの世話をするのは難しい。また，自分の家を離れたがらない動物もいる。

ここでも，2文程度述べることが望ましい。〔解答例〕以外の答えとしては，Yesの場合は「車にペットを乗せて旅行したい」，「ペットにも旅行を楽しませたい」など，Noの場合は，「ペットを飼っていない」，「ペットが体調を崩すかもしれない」などが考えられる。

2020年度 第1回

Grade Pre-2

一次試験　解答一覧

● 筆記

1

(1)	(2)	(3)	(4)	(5)	(6)	(7)	(8)	(9)	(10)
1	1	4	1	2	2	4	1	3	3
(11)	(12)	(13)	(14)	(15)	(16)	(17)	(18)	(19)	(20)
2	3	4	1	1	3	2	4	1	4

2

(21)	(22)	(23)	(24)	(25)
3	2	1	3	2

3

	(26)	(27)	
A	1	3	
	(28)	(29)	(30)
B	2	3	3

4

	(31)	(32)	(33)	
A	2	2	1	
	(34)	(35)	(36)	(37)
B	3	1	1	4

5（ライティング）の解答例は P. 15 を参照。

● リスニング

第1部	No. 1	No. 2	No. 3	No. 4	No. 5	No. 6	No. 7	No. 8	No. 9	No. 10
	3	2	2	3	1	3	1	2	1	2

第2部	No. 11	No. 12	No. 13	No. 14	No. 15	No. 16	No. 17	No. 18	No. 19	No. 20
	2	2	3	4	4	1	4	3	1	3

第3部	No. 21	No. 22	No. 23	No. 24	No. 25	No. 26	No. 27	No. 28	No. 29	No. 30
	4	3	1	4	2	3	1	3	4	2

一次試験　筆記　1

(1)　解答　1

訳　毎年，ブラッドレー高校の生徒は生徒会長を投票で選ぶ。今年は，サリー・バートンという名の女子を選んだ。

空所の後に，for a student president「生徒会長のために」とあり，次の文に chose a girl named …「…という名の女子を選んだ」とある。以上から，vote for ～ で「～を選ぶために投票する，～を投票で選ぶ」となる **1 vote「投票する」**を正解とする。**2** pack「荷造りする」　**3** save「節約する」　**4** arrange「取り決める，整理する」

(2)　解答　1

訳　ジェイソンは新しいコンピュータのために 700 ドル払った。別の店では，同じコンピュータが 900 ドルだった。だから，彼は安い買い物をしたと思っている。

別の店では 900 ドルするコンピュータを 700 ドルで買った，という文脈から a good deal で「よい取引，安い買い物」となる **1 deal「取引」**を正解とする。**2** track「足跡，軌道」　**3** wish「望み」　**4** sink「（台所などの）流し」

(3)　解答　4

訳　そのサッカーの試合では，日本から来たたくさんのファンが日の丸の旗を高々と振った。スタジアムのいたる所に紅白の色があった。

サッカーの試合での光景である。空所は文の述語動詞で，「日本から来たたくさんのファン」が主語，flags「旗」が目的語となっている。以上から，**4 waved「振った」**を正解とする。in the air「空中に」　**1** trade「取引する」　**2** step「（歩み）を進める」　**3** explain「説明する」

(4)　解答　1

訳　宝石店から盗まれたネックレスはとても高価なものだった。それは 7 万ドルの価値があった。

空所は文の述語動詞 was の補語で，主語は necklace である。空所に続く第 2 文の主語 It はこの necklace を指している。「それは 7 万ドルの価値があった」とあることから，**1 valuable「価値の高い，高価な」**を正解とする。worth「～の価値がある」　**2** innocent「無実の」　**3** private「私的な」　**4** familiar「慣れ親しんでいる」

(5)　解答　2

訳　A：リサがドイツに住んで何年になるの？
B：およそ 10 年で，ドイツに家を買ったところだよ。ずっとそこに留まるつもりだと思うね。

空所は stay を修飾する副詞である。前の文に「ドイツに家を買ったところ」とあるので，**2 forever「永久に，ずっと」**を選んで，stay there forever で「ずっとそこに留まる」とする。**1** separately「離れて」 **3** loudly「大声で」 **4** outdoors「屋外で」

(6) 解答 2

訳 ティミーはとても人なつっこくて，電車やバスで隣に座っている人に話しかけることもある。でも，彼のお母さんは，見ず知らずの人に話しかけるのをやめるように彼に言った。

talking to (　　) が最初の文の talks to people sitting next to him on the train or bus の言い換えとなっている。したがって，people sitting next to him on the train or bus を1語で言い表す語を選択肢から探して，**2 strangers「見ず知らずの人」**を選ぶ。**1** humans「人間」 **3** rulers「支配者」 **4** patients「患者」

(7) 解答 4

訳 A：キム，その足，どうしたの？
B：スキーをしていて折ったの。それで，先週，病院で手術をしたのよ。

空所を含む文の前半に「足を折った」とあることから，**4 operation「手術」**を選んで，had an operation at the hospital「病院で手術をした」とする。**1** escalator「エスカレーター」 **2** entrance「玄関」 **3** origin「起源」

(8) 解答 1

訳 A：今年の授業で一番好きなのは何，エリー？
B：地理が大好き。世界中の様々な国と都市の名前を覚えているところよ。

「一番好きな授業」を聞かれていることから，空所には教科の名前が入る。空所に続く文に「世界中の様々な国と都市の名前を覚えている」とあることから，**1 geography「地理」**を正解とする。**2** chemistry「化学」 **3** literature「文学」 **4** economics「経済学」

(9) 解答 3

訳 シャーロットはマラソン大会でボランティアを買って出た。彼女の仕事はカップに水を注いでそれをランナーに渡すことだった。

空所以下は，Her job「彼女の仕事」の補語であるから，マラソン大会でボランティアとして行った活動内容である。したがって，**3 pour「(液体) を注ぐ」**を選んで，to pour water into cups で「水をカップに注ぐこと」とする。**1** lock「～にカギをかける」 **2** steal「～を盗む」 **4** fail「～に失敗する」

(10) 解答 3

訳 ジェニファーは市内の新しいアパートに引っ越すことを考えた。けれども，結局，同じアパートに住み続けることに決めた。

第2文に「けれども，結局，同じアパートに住み続けることに決めた」とあることから，**3 considered** を選んで considered moving to a new apartment in the city で「市内の新しいアパートに引っ越すことを考えた」とする。**1** released「解放した」 **2** solved「解決した」 **4** promoted「奨励した」

⑾ **解答**　**2**

訳　ピートは，結婚することを職場の誰にも言わないようにジャンに頼んだが，彼女はこのニュースを秘密にしておけなかった。彼女が1人に話したら，すぐに皆が知ることになった。

Pete asked Jan … とある前半と she could not … とある後半が接続詞 but でつながれている。したがって，前半に「誰にも言わないように頼んだ」とあることから，**2 keep** を選んで，could not keep the news secret で「（ジャンは）このニュースを秘密にしておくことができなかった」とする。ask *A* not to ***do***「*A*（人）に～しないように頼む」

⑿ **解答**　**3**

訳　ブレンダの会社は，2人の大学新卒生を採用したところである。ブレンダは，もはや会社の最年少社員ではないので，喜んでいる。

第1文に「会社が大学新卒生を採用した」とあること，空所の後に the youngest employee in the company とあることから，**3 no longer** を選んで，「もはや会社の最年少社員ではない」とする。hire「～を雇う」 graduate「卒業生」 employee「被雇用者，社員」 **1** at once「すぐに」 **2** if possible「可能なら」 **4** with ease「簡単に」

⒀ **解答**　**4**

訳　トニーは姉に10ドル貸してくれるように頼んだ。お金が足りなかったからである。

空所のある because 節には，トニーがお金を借りようとした理由が書かれている。したがって，be short of ～ で「～が不足している」となる **4 short** を正解とする。

⒁ **解答**　**1**

訳　ダイアンは，1日長い時間働いたあと家に帰ると，映画を見ようと思った。彼女は大変疲れていたので，映画の途中で眠ってしまった。

空所の文は「大変～なので…だ」と程度を表す so ～ that … の構文で書かれている。ダイアンが非常に疲れていた，という文脈に合致する選択肢は **1 fell asleep「眠ってしまった」** のみである。**2** took turns「交代した」 **3** stood out「目立った」 **4** hung up「電話を切った」

⒂ **解答**　**1**

訳　デイビッドは，犬が突然死んだ時，そのショックから立ち直るのに長い時間かかった。やっと，彼は気分が落ち着き始めた。

when 節に「犬が突然死んだ」とあること，次の文に「気分が落ち着き始めた」とあることから，get over で「～から立ち直る，克服する」となる **1 over** を選んで，get over the shock で「そのショックから立ち直る」とする。It takes *A*＋時間＋to ***do***「*A* が～するのに（時間）がかかる」

(16) 解答　3

訳　A：デリックは遅いね。
B：そうだね。今頃はもうここに着いているはずなんだ。彼の携帯電話に電話してみるよ。

デリックの到着が遅れていることを指摘されて，「そうだね」と応答している。I know は相手に同意する表現。空所の発言は，そう述べた理由となる。したがって，**3 by now**「今頃はもう」を選んで，He should have been here by now で「今頃はもうここに着いているはずだ（なのにまだ着いていない）」とする。should ＋完了形は「～したはずなのに」と，その状況や行為が実現していないことを表す。**1** under control「制御下にある」　**2** at times「時々」　**4** in return「お返しに」

(17) 解答　2

訳　箱はクッキーでいっぱいだった。それで，キャロルはいくつか取った。彼女はお母さんがクッキーが減っていることに気づかないようにと願った。

「キャロルが（クッキーを）いくつか取った」こと，「お母さんがクッキーが減っていることに気づかないようにと願った」ことから，**2 full of** を選んで，「箱はクッキーでいっぱいだった」とする。**1** pleased with「～でうれしい」　**3** absent from「～を欠席する」　**4** based on「～に基づく」

(18) 解答　4

訳　A：ブライアン，今夜いっしょにジムに行きたくないかい？
B：悪いけど，行けない。歴史のレポートを書くのに忙しいんだ。

4 writing を選んで，be busy writing で「書くのに忙しい」とする。

(19) 解答　1

訳　グループで勉強するのが好きな生徒もいれば，１人で勉強する方が好きな生徒もいた。

Some ～, while others ….「～もいれば，…もいる」の構文である。したがって，**1 others** を正解とする。非文となるのは **2** other だけであるが，**3** the other とすると preferred … に該当する生徒が１人だけになる。**4** such others は such「そのような」で示される記述がない。prefer to *do*「～する方を好む」

(20) 解答　4

訳　A：どうもありがとう，スチュアートさん。家まで車で送ってくださるなんて。
B：どういたしまして。あなたのアパートの前に車を停めますよ。

空所の文は，it is kind of *A* to *do*「～してくれるとは *A* は親切だ」の構文である。したがって，**4 to drive** が正解。no problem は「どういたしまして，お安いご用です」に当たる会話表現。drive *A* home「*A*（人）を車で家まで送る」

一次試験　筆記　2

(21)　解答　3

訳
A：すみません。コンピュータゲームを売りたいのですが。このお店は古いゲームを買ってくれると聞いたので。

B：コンピュータで価格を調べさせてください。いいですよ。あなたのコンピュータゲームに5ドルお支払いできます。

A：えっ？　それだけですか？　このゲームが出た時には75ドルも払ったんですよ。

B：申し訳ありませんが，古いゲームです。もう人気がありませんので，それに高額を払う人はいません。

コンピュータゲームを売りたいAと店員Bの会話である。Bの5ドルという価格提示に対してAはReally？と応答している。reallyはここでは，驚き・不満を表す間投詞である。次のIs that all？もこの価格に不満であることを表している。空所はI'm sorry, butから続くBの応答であり，ゲームの買い取り価格がAの期待より安い理由が入るとわかる。直後に「もう人気がない」とあることから**3**「(それは) 古いゲームです」を正解とする。**1**「ここではゲームは買いません」 **2**「このゲームは壊れています」 **4**「あなたに割引券を送ることはできません」

(22)　解答　2

訳
A：ようこそカウボーイズ・グレート・ステーキへ。ご注文をお伺いしてよろしいですか？

B：グレート・ステーキ・セットを1つお願いします。妻も私もあまりお腹が空いていないので，2人で分けて食べます。

A：恐れ入りますが，テーブルのお客様お1人につき最低1つはお食事を注文していただかなくてはなりません。

B：ああ，それでしたら，チキン・セットも注文します。

レストラン店員Aと食事客Bとの会話である。空所の発言の前までのところで，夫婦で料理1つを分けたいというBに対して，Aは1人が最低1つ注文しなければならないとのやりとりがある。空所の発言はそれに対するBの応答である。以上の文脈から，**2**「チキン・セットも注文します」を正解とする。**3**「彼女は紅茶も1杯いただきます」と間違えないこと。Aの2番目の発言で「お1人につき最低1つはmeal (食事) を…」と言っているので不適当である。in that case「それなら」 **1**「ソースを少しほしい」 **4**「彼女は私のフライを少し食べます」

(23)　解答　1

訳
A：ジョン，高校生になったら，新しいチームに入るつもりだと聞いたけど。どのスポーツにするつもり？

B：まだ決めていないんだ。プレーしたいスポーツがいろいろあるから。

A：ラグビーをやってみたら？

B：ケガをするのが心配だけど，確かにおもしろそうだね。

AがBに高校入学後のチームについて尋ねている。最初のAの発言のjoin a new teamは，日本語で言えば，「(中学校とは) 違う（運動）クラブに入る」に当たる。この文脈から**1「どのスポーツにするつもりですか」**を正解とすれば，Bの発言There are many different ones … のonesはsportsの言い換えとわかる。differentは「いろいろな」の意味。**2**「今日はどのゲームをするつもりですか」 **3**「今，どのスポーツを見ていますか」 **4**「どの試合に行きたいですか」

(24) 解答 3 **(25) 解答 2**

訳
A：ねえ，明日のニュージーランド旅行の準備はできた？
B：まだだよ。何を持って行くか，決めているところなんだ。あちらの天気はどんな様子なんだろう？
A：調べてみるわ。スマートフォンによれば，とても寒くて雪になるらしいわ。
B：わかった。**セーターを持って行かないといけないね**。でも，すごく大きいから場所を取るね。
A：バッグの大きさは大丈夫？
B：だめみたい。**君のバッグにいくつか入れても**いいかい？
A：ごめん，私のバッグももういっぱい。バッグをもう1つ持って行った方がいいかもしれないわね。
B：わかった。リュックを持って行くよ。

語句・構文

□ honeyは親しい男女間での呼びかけ。 □ Not yetはI'm not ready yetの略。
□ what to take「何を持って行くか」
□ What *A* is like?「*A*はどのような様子か」
□ take up「(物が場所) をふさぐ，占める」

(24) 明日からニュージーランド旅行に出かける2人の会話である。Bの最初の発言から，持ち物を決めているところであること，持って行く服を考えていることがわかる。空所は，Aの「(ニュージーランドは) とても寒くて雪になるらしい」を受けての応答である。以上から，**3「セーターを持って行かないといけないね」**を正解とする。**1**「Tシャツをもう1枚見つけないといけない」 **2**「携帯電話の充電器を持って行く必要がある」 **4**「エアコンのスイッチを入れる必要がある」

(25) (24)の空所のある発言で，Bがセーターを持って行こうとしていること，それが場所を取ることが問題になっている。空所があるBの発言の第1文I don't think so.は，直前のAのIs your bag big enough?を受けて，I don't think it's big enough.の意味である。以上から，**2**を選んで，Can I **put some things in your bag**?で「**君のバッグにいくつか入れても**いいかい？」とする。**3**「新しいスーツケースを買う」は，空所の発言を受けてAが「ごめん，私のバッグももういっぱい」と応答しているので文脈に合わない。**1**「君のコートを借りる」 **4**「あちらで君の車を運転する」

一次試験　筆記　3 A

訳

ペットを手に入れる

ミシェルは2年前から小さな家に一人で暮らしている。時々，少しさびしくなることがあり，それで，ペットを飼うことをずっと考えていた。昨年，隣人の犬が子犬を5匹産んで，飼い主となってくれる人を探していた。ミシェルは，隣人の家に行って子犬たちを見た。小さい茶色の子犬がとても気に入って，アルバートと名前をつけることにした。2，3週間経って，アルバートが十分大きくなると，ミシェルは彼を家に連れて帰った。それ以後，アルバートを散歩に連れて行ったり，週末に公園で遊んだりするのがとても楽しくなった。

けれども，あとになって，ミシェルはペットの世話をすることがどれだけ大変かわかった。しばしば，何をしたらいいのか，どうしたらアルバートの助けになれるのかわからなかった。やがて，彼女はペット雑誌を読み始めた。ペット雑誌はとても役に立つと思っている。必要な情報がたくさん載っているからだ。ミシェルは，ペット雑誌を読むことで犬のよい飼い主になれるといいと願っている。

語句・構文

（第1段）☐ by *oneself*「一人で」　☐ had been *doing*「ずっと～し続けていた」
☐ neighbor「隣人」　☐ puppy「子犬」　☐ look for ～「～を探す」
☐ give *A* home「*A* に家庭を与える」 ここでは「飼い主になる」こと。

（第2段）☐ what to *do*「何を～すべきか」
☐ how to *do*「どのようにして～すべきか」　☐ helpful「役に立つ」
☐ information「情報」 この語の後に関係代名詞 that / which が省略されている。
☐ owner「所有者，飼い主」

各段落の要旨

第1段　ミシェルは一人暮らしがさびしくなって，子犬を飼うことにした。
第2段　ペットを飼うことは大変だったが，ペット雑誌が役に立った。

(26)　**解答**　**1**

選択肢の訳　1　彼を家に連れて帰った　　2　彼女の隣人に会った
3　彼について書いた　　4　買い物に行った

空所の節を修飾する従属節 when Albert was old enough の old enough が，何をするのに「十分大きい」のかを考えて選択肢を探る。**1 brought him home**「彼を家に連れて帰った」を選ぶと「（ミシェルが）自分の家に連れて帰れるほど大きい」の意味となり適当である。空所の後で，アルバートを散歩に連れて行ったり，公園で遊んだりしていることとも整合する。

(27) 解答 3

選択肢の訳 1 彼におもちゃをたくさん与えること
2 犬小屋を建てること
3 ペット雑誌を読むこと
4 彼を毎日洗ってやること

空所は，ペットを飼うことの大変さがわかってからのことで，started の後ろに続いている。空所の後の文の because 節に they have a lot of information とある。この they は空所内の複数名詞を受けていると考えられる。以上から，**3 reading pet magazines「ペット雑誌を読むこと」**を正解とする。

一次試験 筆記 3 B

訳

水中国立公園

合衆国には，ドライ・トートゥガス国立公園と呼ばれる特別な公園がある。公園内には小さな島が 2，3 あるが，262 平方キロメートルの公園の 99 パーセントは海の中にある。世界最大のサンゴ礁の一つがあり，たくさんの珍しい種類のサメ，カメなどの動物が住み，そこで出産している。国立公園として，ドライ・トートゥガス国立公園は 3 つの目標を持っている。第一は，ユニークな環境を見る機会を人に提供することである。第二は，その海域の動植物を保護することであり，第三は，それらの動植物を研究する場を科学者に提供することである。

毎年，約 63,000 人がこの公園を訪れる。けれども，この公園は行き着くのが大変である。道路がないので，交通手段は飛行機かフェリーか船しかない。フェリーと船は，重い錨を海底に降ろす際に，サンゴや海中の環境を傷めることがある。それで，公園は，その代わりに，船をゆわえておける特殊な木製デッキを設けている。いったん公園に入れば，訪問客は，水泳，シュノーケリング，スキューバダイビングといった活動を楽しむことができる。

公園に住んでいる人間は，公園の環境を守り研究する監視員だけである。彼らは，不適切な区域での釣りや，動物の殺害を防いでいる。また，科学者が環境を研究する手助けも行う。監視員は，鳥や魚に認識票を付けて生態を見たり，サンゴ礁に関する多くの情報を記録したりしている。こういったことに関してさらに学ぶことによって，監視員や科学者はこのユニークな環境を未来のために守ることを願っている。

語句・構文

(第 1 段) □ square-kilometer「平方キロメートル」 □ rare「珍しい」
□ turtle「カメ」 □ environment「環境」 □ protect「保護する」

(第 2 段) □ access「(動)～に接近する」 □ damage「(動)～を傷める」
□ platform「乗降場，デッキ」 □ instead「その代わりに」
□ activity「活動」

(第 3 段) □ ranger「(森林・公園などの) 監視員」 □ wrong「不適切な」
□ tag「札」

各段落の要旨

第１段　ドライ・トートゥガス国立公園の特徴と目標。

第２段　公園への交通の便。

第３段　公園での監視員の働き。

⑵8　**解答**　**2**

選択肢の訳　**1**　３種類の人々の支援をする　**2**　３つの目標を持っている
3　多くの地元の動物を助ける　**4**　多くの金を必要とする

空所の後の２文中の語，first，second，third に注目して **2 has three goals「３つの目標を持っている」**を選ぶ。すると，２文が「３つの目標」の具体的提示となり適当である。

⑵9　**解答**　**3**

選択肢の訳　**1**　海から遠く離れて　**2**　大都市の近くに
3　行き着くのが大変で　**4**　見るのが簡単で

空所の後の文に，公園への交通の便が「飛行機かフェリーか船しかない」と書かれているところから，**3 hard to get to「行き着くのが大変で」**を選ぶ。すると，空所の後の文が空所で述べたことの理由となり適当である。

⑶0　**解答**　**3**

選択肢の訳　**1**　どこで旅行客を見つけるべきか
2　どのように釣りをすべきか
3　こういったことに関してさらに
4　訪問客についてより少なく

空所は直前の learning の目的語であり，learning の意味上の主語は文の主語の rangers and scientists である。ここから，**3 more about these things「こういったことに関してさらに（多くのこと）」**を選ぶ。すると「こういったこと」が前の文の how they（＝birds and fish）live と the coral reef を指すことになり適当である。

一次試験　筆記　４Ａ

訳　差出人：ケリー・ネルソン〈k-nelson@housemail.com〉
宛先：フミコ・コバヤシ〈f-kobayashi@readmail.co.jp〉
日付：５月 31 日
件名：ありがとうございました！

こんにちは，コバヤシさん。
去年の夏は，ホストマザーになってくださってありがとうございました。日本旅行はとても楽しかったです。お嬢さんのアヤさんと京都を訪れたことも，とても楽しかったです。京都はとても美しい都市ですね。また，活け花の展覧会に連れて行ってくださったこともありがとうございました。今年の夏は，アヤさんがニューヨークの私の所に滞在してくださって英語の勉強ができることを願っています！
日本のことがとても懐かしく，日本で過ごした素晴らしい時のことを自分のウェブサイトに書き続けています。実は，私の高校の日本語の先生に，日本での滞在についてクラスで話すように頼まれています。先生は，来週の金曜日にプレゼンテーションをして，クラスの皆に写真を見せてほしいと言っています。私が着物を着ている写真を皆に見せるつもりです。
あなたをクラスに紹介させていただけないでしょうか。プレゼンテーションの最初に，私のクラスの皆と5分間，ビデオチャットをしていただけませんか？　授業はここニューヨークの午前9時からです。ですから，日本では夕方早々になります。可能かどうかお知らせください。できなくても大丈夫です。近くお話しできることを願っています！
お元気で。
ケリー

語句・構文

(第1段) □ have so much fun *doing*「～してとても楽しい」
□ Japanese flower arrangement「活け花」
(第2段) □ miss「～が懐かしい」　□ in fact「実は」
□ ask *A* to *do*「*A*（人）に～するように頼む」
□ presentation「発表，プレゼンテーション」　□ share「～を分かち合う」
(第3段) □ all the best「お元気で，草々（手紙の結びの言葉）」

各段落の要旨

第1段　ホームステイでお世話になったコバヤシさんへのお礼。
第2段　授業で日本滞在経験を発表することになったことの報告。
第3段　発表の協力依頼。

(31)　解答　2

質問の訳　ケリーは去年の夏に何をしたか？

選択肢の訳　**1**　コバヤシさんと一緒に京都に行った。
2　日本でホームステイした。
3　活け花の授業を受けた。
4　アヤが英語を勉強するのを助けた。

第1段第1・2文（Thank you for …）から，メールの相手がホストマザーであることと滞在先が日本であったことがわかる。したがって，**2 She stayed with a host family in Japan.** が正解。

(32)　解答　2

質問の訳　ケリーの先生は彼女に何をしてほしいと頼んだか？

選択肢の訳　**1**　クラスに何か贈り物をする。

2020-1 ● 筆記　Grade Pre-2

2 旅行のプレゼンテーションをする。
3 写真をクラスのウェブサイトに載せる。
4 日本語の授業のために着物を着る。

第2段第2文（In fact, my …）に，my Japanese teacher at my high school has asked me … とあり，続く第3文に She wants me to give a presentation … とある。したがって，**2 Give a presentation about her trip.** が正解。

(33) **解答** **1**

質問の訳 ケリーはコバヤシさんに（　　）を頼んでいる／尋ねている。

選択肢の訳 1 日本語のクラスの皆と話すこと
2 スピーチの練習を手伝うこと
3 プレゼンテーションをどのように始めたらいいのか
4 いつニューヨークに来られるのか

第3段第1文（I was wondering …）からがコバヤシさんへの協力依頼となっており，続く第2文に Could you do a five-minute video chat with my class … とある。したがって，**1 to talk to her Japanese class.** が正解。video chat はインターネットを介してお互いの映像を見ながら行う通話のこと。

一次試験　筆記　4B

訳

女性の航空機パイロット

飛行機の操縦は困難だがやりがいのある仕事である。仕事が長時間に及ぶこととストレスのせいで，パイロットになることを望む人は多くない。特に，女性のパイロットを見つけるのは困難だ。今日，働く女性の数はほとんどの分野で増加しているが，女性パイロットの数は少ない。事実，2016年では，世界の航空会社のパイロットのうち，わずか約5パーセントしか女性がいなかった。現在，多くの航空会社が女性パイロットの数を増やそうとしている。

調査によれば，飛行機で移動する人の数は，毎年増加している。近い将来，毎年約70億の人が飛行機で移動することが確実視されている。したがって，航空会社はパイロットの採用を増やそうとしている。しかし，新しいパイロットを見つけることは簡単ではない。訓練には多くの費用がかかるし，パイロットは，通常，長時間労働なのでしばしば家を留守にする。そのために，パイロットになることに関心を持つ人はあまりいないのである。

パイロットの数を増やす一つの方法は，もっと多くの女性を採用することである。この仕事に応募する女性が増えることを願って，イギリスのある大手航空会社はパイロット募集のウェブサイトに掲載する女性の写真を増やしている。また，あるベトナムの航空会社に柔軟な勤務表を作ろうとしたり，子どものいる女性パイロットには保育を提供したりしている。このような会社は，仕事も家庭も持ちたいと思う女性を支援できればと願っている。

しかし，女性パイロットにはもう一つ課題がある。女性パイロットを信用しない乗客がいることである。ということは，女性パイロットにはもう一つ重要な役割があるということだ――人々の考え方を変えることである。例えば，台湾のパイロット，ソフィア・クオは言う。乗客は女性が自分たちのパイロットだということにしばしば驚くようだが，徐々に私を見ることに慣れつつある，と。アメリカ人パイロット，キム・ノークスは言う。幼い女の子が私の飛行機に乗ると，自分たちもパイロットになれると気づく，と。彼女は，パイロットになることを夢見る女の子が，いつの日かもっと増えることを願っている。

語句・構文

（第１段）□ challenging「（形）難しいがやりがいのある」　□ in particular「特に」
□ female「女性の」　□ even though ～「（接）～であるけれども」
□ field「分野」　□ airline「航空会社」

（第２段）□ according to ～「～によれば」　□ research「調査」
□ more and more「ますます多くの」　□ billion「10 億」
□ hire「～を雇う」　□ train「（動）訓練する」
□ cost「（費用）がかかる」

（第３段）□ apply for ～「～に応募する」　□ major「（規模の）大きな，一流の」
□ create「～を創造する，生み出す」　□ flexible「柔軟な」
□ schedule「スケジュール」　□ offer「～を提供する」
□ childcare「育児，保育」　□ support「～を支援する」

（第４段）□ challenge「（名）課題，難問」　□ though「（副）けれども」
□ passenger「乗客」　□ trust「～を信頼する」　□ role「役割」
□ view「見方，見解」　□ get used to ～「～に慣れる」

各段落の要旨

第１段　女性パイロットの少なさ。
第２段　航空機利用者の増加と，重労働ゆえのパイロット不足。
第３段　女性パイロットを雇用するための航空会社の対策例。
第４段　女性パイロットに特有の困難と，そこから派生する重要な役割。

(34)　解答　3

質問の訳　飛行機の操縦を職業とすることについて正しいのはどれか？

選択肢の訳　**1**　それをすることに関心を持つ男性がますます増えている。
2　それをする技術を持つ人は約５パーセントしかいない。
3　それをすることに関心を持つ人はあまりいない。
4　それをしたいと思う女性の数は，2016 年には増加した。

第２段最終文（Because of this, …）に，few people are interested in becoming a pilot「パイロットになることに関心を持つ人はあまりいない」とある。したがって，**3 There are not many people who are interested in doing it.** が本文に一致。few が選択肢では not many と言い換えられている。選択肢の doing it は，質問の文にある flying planes as a job を指しており，本文の becoming a pilot を書き換えたものである。

(35) 解答 1

質問の訳 航空会社が抱えている一つの問題は何か？

選択肢の訳 **1** 飛行機で移動する人が増えているので，もっと多くのパイロットを必要としている。

2 新しい顧客を見つける簡単な方法を持っていない。

3 パイロットが乗る飛行機をより多く製造するには多くの時間を要する。

4 経験豊富なパイロットを雇うには費用がかかりすぎる。

第 2 段第 1 文に，every year more and more people are traveling by plane「飛行機で移動する人の数は，毎年増加している」とある。また，同段第 3 文（Therefore, airlines are …）に，airlines are trying to hire more pilots「航空会社はパイロットの採用を増やそうとしている」とある。したがって，**1 They need more pilots because more people travel by plane.** が本文に一致。第 1 文が because 節に，第 3 文が主節に書き換えられている。customer「顧客」 experience「経験」

(36) 解答 1

質問の訳 ベトナムのある航空会社は（　　）

選択肢の訳 **1** 子どもを持つ女性がパイロットとして働きやすくなるように努めている。

2 女性パイロットを雇うために，女性パイロットの写真をウェブサイトに用いている。

3 子どものある家族が飛行機で移動しやすくなるようにした。

4 パイロットになりたい女性に対して給料を少なくしている。

ベトナムの会社については，第 3 段第 3 文（Also, an airline …）に記述があり，そこに，an airline in Vietnam is trying to create flexible work schedules and offering childcare for female pilots who have children「あるベトナムの航空会社は柔軟な勤務表を作ろうとしたり，子どものいる女性パイロットには保育を提供したりしている」とある。ここから，**1 is trying to make it easier for women with children to work as pilots.** を正解とする。make it easier for *A* to ***do*** は仮目的語の構文で，「*A* が～するのをたやすくする」の意味。

(37) 解答 4

質問の訳 女性パイロットが持つ一つの役割とは何か？

選択肢の訳 **1** 乗客と新しい情報を分かち合う。

2 幼い女子に飛行機の操縦を教える。

3 乗客に飛行機からの眺めを見せる。

4 女性がパイロットになれることを乗客が実感する手助けをする。

質問の文にある「女性パイロットが持つ役割」については，最終段第 3 文に，That means that female pilots have another important role—changing people's views.「ということは，女性パイロットにはもう一つ重要な役割があるということだ――人々の考え方を変えることである」とあるので，この後に続く部分を参照すればよい。2 つ具体例が書かれている。

その２つ目（第５文：Kim Noakes, …）を書き換えたものが **4 They help passengers to see that women can be pilots.** である。本文の realize が選択肢では see に書き換えられている。help *A*（to）*do*「*A*（人）が～する手助けをする」

一次試験　筆記　5

解答例 **I think it is important for people to eat breakfast every day. First, people can study or work better if they eat breakfast. Without breakfast, they often feel too tired to do anything in the morning. Second, breakfast can be a good chance for people to communicate. They can share information at the beginning of each day.（50～60 語）**

訳 毎日朝食を食べることが大事だと思います。第一に，朝食を食べると，よりよく勉強したり働いたりできます。朝食なしでは，午前中は疲労感が強くて何もできないことがよくあります。第二に，朝食はコミュニケーションするためのよい機会です。毎日の始まりに情報を共有することができます。

質問の訳 **毎日，朝食を食べることは大事だと思いますか？**

▶最初に設問に対する自分の答えを示す。Do you think ～？の問いに応じた書き出しとする。〔解答例〕では，I think で始めて設問の文を利用している。語数を考慮して，Yes, I think so. などでもよい。この設問では「大事だとは思わない」という意見は成立しにくいだろう。

▶続いて理由を２つ説明する。I have two reasons（for this）. などの前置きを付けるのもよいだろう。〔解答例〕では語数を考慮して，副詞の first と second を用いて直接に列挙している。second を用いるとさらに列挙が続くと受け取られる可能性があるので，代わりに Also を使うとよりよいだろう。いずれにしても，複数述べることを明らかにしておくのがよい。単に理由を１文述べるだけでなく，述べた理由の裏付けとなる文を添えるのが望ましい。〔解答例〕では Without breakfast, … と They can share … がそれに当たる。

▶結びの１文を添えるのもよい。その場合は，語数を考慮して，書き出しを Yes, I think so. などにし，結文で，That's why や So の後に問いの文を続ければよい。

▶〔解答例〕の文の構成は「①問いに対する答え→②１つ目の理由→③１つ目の理由の補足（根拠，具体例）→④２つ目の理由→⑤２つ目の理由の補足」となっている。語数を考慮しながら，②の前に理由が２つあることを告知する，⑤の後に結文を加える，があってもよい。

▶〔解答例〕では第２文以降の主語は，people を受けて they を用いているが，you や we を用いても「一般の人々（特定されない複数の人）」を表すことができる。賛成の理由として，他に「午前中の活動のために十分なエネルギーが必要」（They〔You / We〕need enough energy to work actively in the morning.）や「朝食をとることによって，ゆったりした気分で一日を始められる」（By having breakfast, they〔you / we〕can start their〔your / our〕day feeling relaxed.）なども考えられる。

一次試験　リスニング　第1部

No. 1　解答　3

★＝男性　☆＝女性　（以下同）

★ Hello. Can I help you ?

☆ Yes, sir. I've got the pizza that you ordered. You're Mr. Sanders, right ?

★ No. Mr. Sanders lives next door in the red house over there.

☆ **1**　Oh ! Sorry, sir. I couldn't find your house.

☆ **2**　Oh ! Sorry, sir. I'll bring you your pizza.

☆ **3**　Oh ! Sorry, sir. I'll go there, then.

訳

★はい，何かご用ですか？

☆はい，ご注文のピザをお届けに上がりました。サンダース様でいらっしゃいますね？

★いいえ。サンダースさんはお隣で，あそこの赤い屋根の家にお住まいです。

☆**1**　まあ！　どうもすみません。あなたの家が見つからなかったんです。

☆**2**　まあ！　どうもすみません。ご注文のピザをお持ちします。

☆**3**　まあ！　どうもすみません。それでは，そちらに行きます。

男性の最初の発言のCan I help you？は「いらっしゃいませ」に当たる店員の常套句としてよく用いられるが，そこから会話の男性をお店の店員と勘違いしないこと。男性に応答する女性のI've got the pizza that you ordered. から，女性が宅配ピザの配達員で，男性が届け先（と勘違いされた）の家の住人であることを理解する。男性の2番目の発言で「サンダースさん」の住居を教えられているので，**3「まあ！　どうもすみません。それでは，そちらに行きます」**が正解。

No. 2　解答　2

☆ I didn't know you could sing so well !

★ Thanks. I love singing. I go to singing lessons twice a week.

☆ Wow ! You could be a famous singer someday !

★ **1**　OK. you can sing the next song.

★ **2**　No, I just like singing for fun.

★ **3**　Well, I don't like music.

Script

訳

☆あなたがこんなに歌が上手だって知らなかったわ！

★ありがとう。歌が大好きなんだ。週2回，歌のレッスンに通っている。

☆うわー！　いつか有名な歌手になれるわよ！

★ 1　わかった。次の歌は君が歌えばいいよ。
★ 2　いや，楽しみで歌うのが好きなだけだよ。
★ 3　まあね，僕は音楽が嫌いなんだ。

最初の女性の発言 I didn't know you could sing so well! の didn't の n't はあいまいにしか発音されないが，did から否定文であることを理解する。女性の 2 番目の発言 You could be a famous singer someday! の could は仮定法過去形で現実の過去ではなく「未来に対する推量」を表す。「いつか有名な歌手になれる」に対する応答であるから，**2「いや，楽しみで歌うのが好きなだけだよ」**が正解。for fun「楽しみのために，遊びで」

No. 3　解答　2

Script

★ Thanks for using FastTaxi. Where can I take you?
☆ I have a meeting at the State Tower, downtown.
★ Well, there's a lot of traffic, so it might take a while.

☆ 1　That's all right. I'll try the bus, then.
☆ 2　That's all right. I'm not in a hurry.
☆ 3　That's all right. Here's $10.

訳
★ファースト・タクシーのご利用をありがとうございます。どちらまでお乗せしますか？
☆ダウンタウンのステイト・タワーで会議があるんです。
★そうですね，道路が混んでいますので，少し時間がかかるかもしれませんよ。

☆ 1　大丈夫です。それならバスを試してみます。
☆ 2　大丈夫です。急いではいませんので。
☆ 3　大丈夫です。はい，10 ドルです。

最初の発言から男性がタクシーの乗務員であることを理解する。FastTaxi の社名が完全には聞き取れなくても，会話全体から推測できることが必要である。男性の 2 番目の発言の there's a lot of traffic の traffic は「交通量」の意味で，全体で「道路が混んでいる」となる。while はここでは名詞で「少しの時間」の意味。take は「(時間) を要する」の意味。タクシーに乗車した直後の会話であること，道路が混んでいることから，**2「大丈夫です。急いではいませんので」**が正解。be in a hurry「急いでいる」

No. 4　解答　3

☆ Mr. Taylor. Could you check what I wrote for the speech contest ?
★ Sure, Yuka. But I'll have to check it later—I have to teach a class now.
☆ OK. When should I come back ?

★ 1　Well, I'm free right now.
★ 2　I've already finished checking it.
★ 3　I can meet you here at two o'clock.

訳　☆テイラー先生，スピーチコンテストのために書いたものをチェックしてもらえますか？
★いいとも，ユカ。でも，チェックするのは後になるよ――今から授業があるから。
☆わかりました。いつ戻って来ればいいですか？

★ 1　ええっと，今は時間が空いているよ。
★ 2　もうチェックは終わっているよ。
★ 3　2時にここで会うことができるよ。

最初の女性の発言の Could you check what I wrote for the speech contest ? の what I wrote が聞き取りにくいかもしれないが，Could you ～ ? から女性が何かを依頼していることを理解し，check と for the speech contest から状況を推測して，以下に集中すれば解答できる。問題の最後となる発言 When should I come back ? を聞き取ることが重要である。男性の最初の発言の I'll have to check it later と整合するのは，3「2時にここで会うことができるよ」である。have to は［hǽftə］のように1語として発音されるので注意。同様に，has to は［hǽstə］となる。

No. 5　解答　1

☆ Can I help you make dinner, Dad ?
★ Sure. Could you cut those carrots for me ?
☆ OK. How should I cut them ?

★ 1　Into long, thin pieces, please.
★ 2　Heat them in the oven, please.
★ 3　Before dinner, please.

Script

訳　☆夕飯作りのお手伝いをしてあげようか，パパ？
★頼むよ。そのニンジンを切ってくれるかい？
☆わかったわ。どんなふうに切ればいい？

★ 1　千切りにして。
★ 2　オーブンで温めて。

■ ★3　夕食の前に頼むよ。

父親と娘の会話である。最初の娘の発言 Can I help you make dinner, Dad? の Can I help you ～? から女性をお店の店員と混同しないこと。問題の最後となる発言 How should I cut them? を聞き取ることが重要である。この応答として適当なのは 1「千切り（細長く切ること）にして」である。cut them は2つの t がリエゾン（重なって発音される）されて1語のように聞こえるので注意。help *A do*「*A*（人）が～するのを手伝う」 thin「薄い，細い」

No. 6　解答　3

Script

☆ Dave? Dave Chandler? I haven't seen you in years!
★ Oh, hi! Julie Evans! It has been a long time.
☆ Yes. How long has it been?

★1　OK. Let's meet at 12 p.m.
★2　Yeah. It was nice seeing you yesterday.
★3　Hmm. I don't think we've met since high school.

訳
☆デイブ？　デイブ・チャンドラーなの？　長い間見なかったわね！
★いやー，こんにちは！　ジュリー・エバンス！　久しぶりだね。
☆本当にそうね。どれくらいになるかしら？

★1　わかった。昼の12時に待ち合わせしよう。
★2　うん。昨日，会えてよかったよ。
★3　うーん。高校以来会っていないと思うよ。

最初の発言の I haven't seen you in years! と次の発言の It has been a long time. から，旧友再会という状況を理解する。問題の最後となる発言 How long has it been? の been がネイティブの発音に慣れていないと違和感があるかもしれないが，How long を聞き取ることが重要である。この応答として適当なのは 3「うーん。高校以来会っていないと思うよ」である。I don't think ～ と，「会う」を否定せず，「思う」を否定していることに注意。in years「長い間」

No. 7　解答　1

☆ Hello, XYZ Corporation. This is Joan speaking.
★ Hi Joan. It's Ed. I can't get into the office. I forgot my key card.
☆ Do you want me to come down and open the door?

★ 1　Yeah. I'm standing outside.
★ 2　Well, I can give him the message.
★ 3　Hmm, I'll be going home early today.

訳　☆はい，XYZ株式会社，ジョーンでございます。
★やあ，ジョーン。エドだよ。オフィスに入れないんだ。カードキーを忘れてきたんだよ。
☆降りていって，ドアを開けましょうか？

★ 1　うん。外に立っているよ。
★ 2　そうだね，僕が彼に伝言しよう。
★ 3　うーん，今日は早めに家に帰るつもりだよ。

会話は企業の受付の女性が電話を取ったところから始まるが，次の男性の応答で，ニックネームで名乗っているところから，親しい者同士の会話であることがわかる。会話中のkey cardが慣れていないと聞き取れないかもしれないが，問題の最後となる発言Do you want me to come down and open the door?が聞き取れれば，解答はできる。この問いかけに整合するのは，**1「うん。外に立っているよ」**である。This is ~ speaking.は電話での応答に用いられる常套句で，「(こちらは)~です」に当たる表現。

No. 8　解答　2

☆ Oh no, it's raining. I thought it was going to be sunny today.
★ I know. The weather report was wrong again.
☆ Well, I really don't want to cancel our picnic.

★ 1　OK, at least it's not raining now.
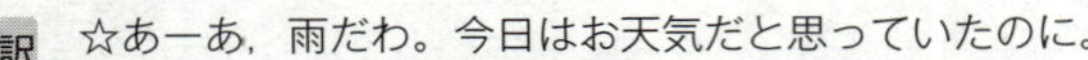
★ 2　OK. Let's wait and see if the weather changes.
★ 3　OK. I'll check yesterday's weather report.

Script

訳　☆あーあ，雨だわ。今日はお天気だと思っていたのに。
★そうだね。天気予報がまた間違えた。
☆やれやれ，ピクニックは絶対にキャンセルにしたくないわ。

★ 1　わかった。少なくとも，今は降ってないよ。
★ 2　わかった。天気が変わらないか様子を見てみよう。
★ 3　わかった。昨日の天気予報をチェックしてみよう。

最初の女性の発言から，期待に反して天気が雨であることを聞き取る。**1**「わかった。少なくとも，今は降ってないよ」が紛らわしいので，選択肢を3つとも聞き取ることが大切である。**2「わかった。天気が変わらないか様子を見てみよう」**が正解。wait and see if〔whether〕~は「~かどうか様子を見る」の意味でよく使われるセットフレーズ。

No. 9 **解答** **1**

☆ Welcome to Bob's Burger Shack. Are you ready to order?
★ Hi. Actually, I saw the sign in the window. I'm looking for a job.
☆ Oh, OK. Do you have any cooking experience?

★ **1** Well, I used to cook part time in high school.
★ **2** Yeah, I know some good waiters.
★ **3** No, hamburgers are my favorite.

Script

訳 ☆ボブズ・バーガー・シャックにようこそ。ご注文をお聞きしてもよろしいですか？
★こんにちは。実は，窓の貼り紙を見て来たんです。仕事を探しています。
☆わかりました。調理の経験はありますか？

★**1** えーっと，高校の時に調理のアルバイトをしたことがあります。
★**2** ええ，よいウェイターを何人か知っています。
★**3** いいえ，ハンバーガーは大好物です。

最初の発言からハンバーガーショップの店員（女性）と店に来た男性の会話であることがわかるが，男性の発言のActually「実は」は，相手にとって意外な内容を告げる際に用いる語である。そこから，男性はハンバーガーを食べに来たのではないと推測する。I'm looking for a job.を聞き取ることが大切である。これが聞き取れれば，次の女性のDo you have any cooking experience?の理解が容易になり，迷うことなく正答が得られる。**1「えーっと，高校の時に調理のアルバイトをしたことがあります」**が正解。店名のBob's Burger Shackにあるshackは「小屋」の意味だが，この語が聞き取れなくても，burgerが聞き取れれば状況を理解するのに問題はない。

No. 10　**解答**　**2**

★ Bridgeton Police Department.
☆ Hello. I found someone's wallet on the street this morning. What should I do?
★ Well, you can bring it to us at the police station. We'll try to contact the owner.

☆ **1**　Well, I think there's a few dollars in it.
☆ **2**　OK. I'll go there this afternoon.
☆ **3**　Yeah, it's brown with a red stripe.

Script

訳　★ブリジトン警察です。
☆もしもし。今朝，通りでどなたかの財布を見つけました。どうすればいいですか？
★そうですね，警察署まで届けていただけますか。持ち主に連絡をとるようにします。

☆ **1**　えーっと，中には２，３ドル入っていると思います。
☆ **2**　わかりました。今日の午後に伺います。
☆ **3**　ええ，赤い縞の入った茶色です。

最初の男性の発言の Police を聞き取り，以降の応答から状況を把握することに集中する。女性は What should I do? と尋ねている。これが聞き取れれば，正解はおのずと 2「わかりました。今日の午後に伺います」となる。

一次試験　リスニング　第２部

No. 11　**解答**　**2**

★＝男性　☆＝女性　（以下同）
★ I'm going shopping for a birthday present, Amy. Do you want to come?
☆ Sure. That sounds fun. Whose birthday is it?
★ My sister's. I still don't have any idea what to get for her.
☆ Well, let's go to the shopping mall and look around. Maybe we'll think of something once we're there.

Question：What are the boy and girl going to do today?

Script

訳　★誕生日のプレゼントを買いに行くところなんだ，エイミー。一緒に行きたいかい？
☆もちろんよ。楽しそうだわ。誰の誕生日？
★妹だよ。何を買ってあげたらいいのか，まだ思いつかないんだ。
☆じゃあ，ショッピングモールに行って，見てみましょうよ。行けば何か思いつくかもしれないわ。

質問：少年と少女は今日，何をするつもりか？

選択肢の訳　**1**　彼の誕生日を祝う。　**2**　プレゼントを探す。
3　モールで２人の友だちと会う。　**4**　サプライズパーティーを計画する。

あらかじめ選択肢に目を通しておくこと。少年の最初の発言から，少年は誕生日のプレゼントを買いに行こうとしていること，２番目の発言から，少年はまだ何をプレゼントするか思いついていないこと，この２つの状況を理解する。以上から選択肢を探ると**2「プレゼントを探す」**が正解だとわかる。質問は，確認のつもりで聞けばよい。don't have any idea what to *do*「何を～すればいいのかわからない」 once は接続詞で「いったん～すれば」の意味。

No. 12　解答　2

Script

☆ Hello?

★ Hi, Lisa. It's Jack. Would you like to go see that French movie on Saturday night?

☆ I'd like to, but I have my dance class on Saturday. How about Friday?

★ Friday's fine with me. I'll call you after work.

Question: Why can't they see the movie on Saturday?

訳

☆もしもし。

★こんにちは，リサ。ジャックだよ。土曜の夜にあのフランス映画を見に行かない？

☆行きたいけど，土曜日はダンス教室があるの。金曜日はどう？

★僕は金曜日で大丈夫だよ。仕事が終わったら電話するよ。

質問：なぜ２人は土曜日に映画を見ることができないのか？

選択肢の訳　**1**　リサは買い物に行くつもりである。
2　リサはダンス教室がある。
3　ジャックはフランス語を勉強中だろう。
4　ジャックは仕事中だろう。

あらかじめ選択肢に目を通しておくこと。男性の最初の発言と女性の応答がポイント。土曜の夜にフランス映画に誘っていることと，女性は土曜日にはダンス教室があること，を聞き取る。この段階で**2「リサはダンス教室がある」**が正解だとわかる。質問は，確認のつもりで聞けばよい。How about ～? は「～はどうですか」と提案したり，相手の意見を聞いたりする時の常套句。S be fine with *A*「S は *A*（人）にとって都合がよい」

No. 13　解答　3

☆ Welcome to the Silverton History Museum. Can I help you?
★ Yes. I'm here to see the special exhibit about the history of Silverton's trains, but I don't see any signs for the exhibit anywhere.
☆ Sorry, sir, you're a day late. The train exhibit finished yesterday.
★ Oh no! I was really looking forward to that exhibit.

Question : Why can't the man see the exhibit?

Script

訳 ☆シルバートン歴史博物館へようこそ。何かお困りですか？
★ええ。シルバートン鉄道の歴史についての特別展を見に来たんですが，その展示の案内がどこにも見当たらないものですから。
☆申し訳ございません，お客様，１日遅かったです。その鉄道展示は昨日終わりました。
★うわー！　あの展示をとても楽しみにしていたのに。

質問：なぜ男性は展示を見ることができないのか？

選択肢の訳　**1**　雨のため中止になった。　**2**　修理中である。
3　すでに終わっていた。　**4**　それは別の博物館で行われている。

あらかじめ選択肢に目を通しておくこと。女性の最初の発言 Welcome to the Silverton History Museum. の Welcome to ～と Museum を聞き取り，女性が博物館の案内係であることを理解する。女性の２番目の発言の you're a day late は慣れないと聞き取りにくいかもしれないが，次の The train exhibit finished yesterday. を聞き取ることができれば十分である。この段階で **3「すでに終わっていた」** が正解だとわかる。質問は，確認のつもりで聞けばよい。Can I help you? は「いらっしゃいませ，何にいたしましょうか，何かお困りですか」に当たる会話表現。exhibit「展示」 look forward to ～「～を楽しみに待つ」 cancel「中止する」 repair「修理する，修復する」

No. 14　解答　4

★ Honey, have you seen my gray suit? I want to wear it to the office tomorrow.
☆ Isn't it hanging in the closet?
★ No, it's not. Hmm. I wonder where it is?
☆ Oh, I remember. You spilled wine on it last weekend, so I took it to the dry cleaner's a few days ago. It should be ready today.

Question : Where is the man's suit?

Script

訳 ★ねえ，僕のグレーのスーツを見なかったかい？　明日，仕事に着て行きたいんだ。
☆クローゼットにかかってない？

★いや，かかってないよ。うーん。どこに行ったんだろう？
☆あー，思い出したわ。先週末，あなたがワインをこぼしたから，2，3日前にドライクリーニングに持って行ったの。今日にはできているはずよ。

質問：男性のスーツはどこにあるか？

選択肢の訳　**1**　妻の車の中。　**2**　クローゼットの中。
3　彼のオフィス。　**4**　ドライクリーニング店。

あらかじめ選択肢に目を通しておくこと。男性の最初の発言 have you seen my gray suit？から，質問を推測することができるだろう。男性の2番目の発言 I wonder where it is？の答えを探すつもりで以降の会話を聞き取る。**4「ドライクリーニング店」**が正解。honey は親しい男女間での呼びかけ。hang「ぶら下がる」 closet「クローゼット」 spill「(誤って液体など) をこぼす」 the dry cleaner's「ドライクリーニング店（後に shop が省略されている)」

No. 15　解答　4

☆ Coach Ebert, I'm thinking about playing volleyball this year.
★ That's great. Have you ever played before？
☆ No, I haven't. I'm not that tall, either. Can I still join the team？
★ Of course, Ann. We have players of all skill levels, and we're looking for more students to join us.

Question：What is one thing the man says about the volleyball team？

Script

訳
☆エバートコーチ，今年は私，バレーボールをすることを考えているんです。
★それはいいね。これまでにしたことはある？
☆いいえ，ありません。それに，それほど背が高くありません。それでもチームに入れますか？
★もちろんだよ，アン。いろんな技術レベルの選手がいるよ。それにチームは，より多くの生徒が入ってくれるのを待っているんだ。

質問：男性がバレーボールのチームについて言った一つのことは何か？

選択肢の訳　**1**　新しいコーチが来る。
2　もっと背の高い選手を必要としている。
3　選手が多すぎる。
4　新しい選手を求めている。

あらかじめ選択肢に目を通しておき，女性の最初の発言 Coach Ebert, I'm thinking about playing volleyball this year. がバレーボールのコーチへ向けられたものであることを押さえる。また，会話を聞き進めるにしたがって，**1**・**2** は会話と不一致であることがわかる。女性の Can I still join the team？に対して Of course, Ann. と答えているので **3**「選手が多すぎる」も不正解と推測できる。解答のカギとなるコーチの最後の発言 we're looking for more students to join us が難しいが，それまでのところで 4「新しい選手を求めている」が正解だと推測できるだろう。look for ～「～を期待する，予期する，待ち受ける」質問の What is one thing (that) ～？「～の一つのことは何か？」は，しばしば用いられるフレーズなので慣れておきたい。

No. 16　解答　1

☆ Hello, sir. Can I help you?
★ Yes. I'd like to visit Singapore next month.
☆ All right. Would you like to reserve plane tickets and a hotel room?
★ Yes. And I'd like to go as cheaply as possible.

Question：What is the man doing now?

Script

訳
☆いらっしゃいませ。ご用件を承りましょうか？
★ええ。来月，シンガポールに行きたいのですが。
☆承知いたしました。飛行機のチケットとホテルの部屋の予約をご希望ですか？
★ええ。それと，できるだけ安く行きたいんです。

質問：男性は，今何をしているか？

選択肢の訳
1　旅行の予約をしている。
2　シンガポールに向かって飛行中である。
3　お金を両替している。
4　ホテルにチェックインしている。

最初の応答から旅行代理店の店員（女性）と客（男性）の会話であることを聞き取る。あらかじめ選択肢に目を通しておくことによって，この応答からほぼ，1「旅行の予約をしている」が正解であると推測がつくだろう。以降は，その確認のつもりで聞き進めていけばよい。Can I help you? は「いらっしゃいませ，ご用件を伺いましょうか」に当たる会話表現。reserve「予約する」 as ～ as possible「できるだけ～で」 cheaply「安く」 reservation「予約」 exchange「両替する，交換する」 check into ～「（ホテルなどに）チェックインする」

No. 17　解答　4

★ Excuse me. I noticed this scarf fall out of your backpack. Here you are.
☆ Oh, thank you so much. This was a present from my mother.
★ Your bag is wide open. I hope nothing else fell out.
☆ It seems to be OK. Luckily, everything else is still inside.

Question：What did the man do for the woman?

Script

訳 ★失礼ですが。このスカーフがあなたのリュックサックから落ちるのに気がつきました。はい，どうぞ。

☆うわー，どうもありがとうございます。これは母からもらったプレゼントなんです。

★カバンが大きく開いてますよ。ほかに何も落としていなければいいんですが。

☆大丈夫みたいです。幸い，ほかの物はまだみんな入っています。

質問：男性は女性のために何をしたのか？

選択肢の訳 **1** 女性の財布を見つけた。

2 彼女にリュックサックを貸してあげた。

3 彼女にプレゼントを買ってあげた。

4 彼女のスカーフを拾ってあげた。

男性の最初の発言 I noticed this scarf fall out of your backpack. が解答の参照箇所となっているが，全体を正確に聞き取り理解するのは難しいかもしれない。文頭の I noticed と続く Here you are. から大まかな状況を推測したい。Here you are. は日本語の「はい，どうぞ」に当たり，人に物を渡しながら言うときの常套句である。あらかじめ選択肢に目を通しておくことによって，最初の発言の scarf「スカーフ」の聞き取りが容易になり，wallet「財布」を含む **1** は正解の候補から除外できるだろう。**4「彼女のスカーフを拾ってあげた」**が正解。notice「気がつく」が原形不定詞 fall を伴う SVOC の文型で用いられている。backpack「リュックサック」 pick up「拾う」は，「選ぶ」の意味で日本語化しているので間違えないこと。

No. 18 解答 3

Script

★ How was your trip to England, Sue?

☆ Well, the weather wasn't so good, but everything else was great. We stayed in northern England, in a city called York. There are so many historical buildings and other cultural attractions there.

★ Oh, castles and churches, places like that?

☆ Yes. Many of the buildings are hundreds of years old. It was so interesting.

Question：What did the woman like most about her trip to York?

訳 ★イギリス旅行はどうだった，スー？

☆そうね，天気はあまり良くなかったけど，そのほかはとても良かったわ。北部イングランドのヨークという市に泊まったの。そこには歴史的な建造物や文化に関する観光名所がたくさんあるの。

★あー，お城や教会みたいな場所だね？

☆そう。建物の多くは何百年も前のものよ。とても興味深かったわ。

質問：ヨークへの旅行で，女性は何が一番気に入ったか？

選択肢の訳　**1**　そこの人々に会うこと。
2　その土地の食べ物を食べてみること。
3　古い建物を見ること。
4　良い天気を楽しむこと。

あらかじめ選択肢に目を通しておき，会話を聞き進めながら，内容と一致しているかどうか判断する。女性の最初の発言の第1文から**4**「良い天気を楽しむこと」が不一致であることがわかる。また第3文の There are so many historical buildings and other cultural attractions there. から，**3**「古い建物を見ること」が正解の候補となる。最後の発言でそれを確認する。attraction はここでは「観光客を引き付ける名所」のこと。castle「城」

No. 19　解答　1

★ Carrie, can you come into the living room for a minute?
☆ What's up, Dad? I have to go to my ice-skating lesson now.
★ Oh. I wanted to talk to you about our vacation next week. But we can talk after dinner.
☆ All right. I'll be home at about five.

Question: What will Carrie do next?

Script

訳
★キャリー，ちょっとリビングに来てくれるかい？
☆どうしたの，パパ？　今からアイススケートのレッスンに行かないといけないの。
★そうかい。来週の休暇のことを話したかったんだ。でも，晩ご飯の後でも話せるよ。
☆わかった。５時頃に帰るね。

質問：キャリーは次に何をするか？

選択肢の訳　**1**　アイススケートのレッスンに行く。
2　夕食を作り始める。
3　リビングの掃除をする。
4　両親と話をする。

父親と娘の会話である。あらかじめ選択肢に目を通しておくこと。娘の最初の発言 I have to go to my ice-skating lesson now. が聞き取れれば，**1**「アイススケートのレッスンに行く」が正解だと推測できるだろう。以降は，それを確認するつもりで聞き進めればよい。have to は［hǽftə］のように１語として発音されるので注意。また，最後の I'll be home at about five. の at about は at の t と about の a がつながって発音されて１語のように発音される。ネイティブの発音に慣れておきたい。

No. 20 解答 **3**

★ Perfect-Fit Shoes. How can I help you?
☆ Hello. May I speak to Greg, please? This is his wife.
★ Oh, hi, Carol. Sorry, Greg just went out for lunch. He should be back soon, though.
☆ Thanks. I'll call him on his cell phone, then.

Script

Question : What is Greg doing now?

訳
★パーフェクトフィット・シューズです。ご用件を伺いましょうか？
☆もしもし。グレッグをお願いします。私は彼の妻です。
★やあ，こんにちは，キャロル。ごめんなさい，グレッグは昼食に出たところです。けれど，すぐに戻るはずです。
☆ありがとうございます。それでは，彼の携帯に電話してみます。

質問：グレッグは今，何をしているか？

選択肢の訳　**1**　彼の妻と話している。　**2**　電話を使っている。
3　昼食中である。　**4**　靴を修理しているところである。

あらかじめ選択肢に目を通しておき，選択肢が誰に言及しているのかに注目して会話を聞き進める。最初の発言の Perfect-Fit Shoes が聞き取りにくいかもしれないが解答に問題はない。How can I help you? が状況を理解するために重要である。これは「いらっしゃいませ，ご用件を伺いましょうか，どのようなご用件でしょうか」に当たる店頭などでの常套句。次の May I speak to ～? は，「～さんをお願いします」に当たる電話での常套句。男性の 2 番目の発言 Sorry, Greg just went out for lunch. を聞いたところで **3「昼食中である」** に注目できるとよい。続く He should be back soon, though. の though は，ここでは「けれども」の意味の副詞で，普通，文末で用いられる。この語が飲み込むように発音されて聞き取りにくいと思われるが，状況の理解には問題ない。

一次試験　リスニング　第3部

No. 21　解答　4

Sarah is from Scotland, and she is enjoying life as an exchange student in Japan. She will take part in a Japanese speech contest next month. However, Sarah does not know what to talk about in her speech. She knows that she has to find an interesting topic soon, so tomorrow, she will meet with her teacher to discuss it.

Script

Question：What is Sarah's problem？

訳　サラはスコットランド出身で，交換留学生として日本での生活を満喫している。彼女は，来月，日本語のスピーチコンテストに参加することになっている。けれども，サラはスピーチで何を話せばよいのかわからない。早くおもしろいテーマを見つけなければならないことはわかっているので，明日，先生と会ってそのことについて話すつもりだ。

質問：サラの問題は何か？

選択肢の訳
1　彼女はスピーチコンテストのことを忘れていた。
2　彼女は日本語でうまく書けない。
3　彼女は先生の言うことを理解するのが難しい。
4　彼女はスピーチのテーマを持っていない。

第1文には全体のテーマが述べられることが多いので，特に慎重に聞き取ることが大切だ。この問題でも同様である。また，あらかじめ選択肢を読んでおき，それぞれの適否を確認するつもりで聞いていくとよい。すると，第3文の However, Sarah does not know what to talk about in her speech. を聞いたところで，**1** は本文と不一致で，**4**「彼女はスピーチのテーマを持っていない」が一致するとわかるだろう。**4** を正解の候補として残りの文と質問を聞けばよい。exchange student「交換留学生」 take part in ～「～に参加する」 what to *do*「何を～すべきか」 have trouble *doing*「～するのが困難である」 has to は［hǽstə］のように1語として発音されるので注意。

No. 22 解答 3

You are listening to Freedom Radio 88. Today, I want to talk about an Italian restaurant called Giovanni that opened last week. Giovanni has a wonderful menu, and the food is great. In fact, I was there last night and had some delicious carbonara pasta. The restaurant is open 24 hours a day, so guests can enjoy Italian food anytime.

Question：What is the radio announcer talking about？

Script

訳　こちらはフリーダムラジオ・88です。今日は，先週オープンしたイタリアンレストランのジョバンニをご紹介します。ジョバンニはメニューがすばらしく，料理も最高です。実は，私は昨夜おじゃまして，おいしいカルボナーラスパゲッティをいただきました。レストランは，1日24時間オープンしていますので，お客様はいつでもイタリア料理を楽しむことができます。

質問：ラジオのアナウンサーは何について話しているのか？

選択肢の訳
1 イタリア出身の有名な料理長。
2 パスタのよい料理法。
3 新しくオープンしたレストラン。
4 人気のあるイタリアのラジオ番組。

あらかじめ選択肢を読んでおき，それぞれの適否を確認するつもりで聞いていくとよい。第2文のI want to talk about an Italian restaurant called Giovanni that opened last week. を聞いたところで，3「新しくオープンしたレストラン」が正解だと推測できるだろう。以降は，それを確認するつもりで聞き進めていくとよい。第1文 You are listening to Freedom Radio 88. の88が聞き取りにくいかもしれないが，ラジオ番組の冒頭であることが理解できれば解答に問題はない。

No. 23 解答 1

Oliver wanted to see a movie with a friend. They both like horror movies, so they decided to see *Soul Destroyer*. However, Oliver's mother did not allow them to see it because the movie is very violent. Instead, they decided to see the movie *Ghost Hunts*, which was not violent. Oliver enjoyed it, but he wishes he could have seen *Soul Destroyer*.

Question：Why did Oliver not see the movie *Soul Destroyer*？

Script

訳　オリバーは友だちと映画を見たがっていた。2人ともホラー映画が好きで，『ソウル・デストロイヤー』を見ることに決めた。けれども，オリバーの母親は，2人にその映画を見ることを許さなかった。その映画がとても暴力的だったからだ。その代わりに，彼らは『ゴースト・ハント』という映画を見ることにした。これは暴力的ではなかった。オリバーはこの映画を楽しんだが，『ソウル・デストロイヤー』を見られたらよかったのにと思っている。

質問：なぜオリバーは『ソウル・デストロイヤー』を見なかったのか？

選択肢の訳　**1**　母親が許さなかった。
2　友だちがすでにそれを見ていた。
3　彼が他の映画を見たかった。
4　彼が暴力的な映画を好きではなかった。

第1文には全体のテーマが述べられることが多いので，特に慎重に聞き取ることが大切だ。この問題でも同様である。また，あらかじめ選択肢を読んでおき，それぞれの適否を確認するつもりで聞いていくとよい。すると，第2文のThey both like horror movies, so they decided to see *Soul Destroyer*. までを聞いたところで，**2**と**3**の可能性は低いと判断できる。そして第3文のOliver's mother did not allow them to see it（=*Soul Destroyer*）によって，**1**「母親が許さなかった」が一致することがわかる。したがって，**1**を正解として，以降はそれを確認するつもりで聞き進めていけばよい。本文のallow *A* to *do*「*A*が～することを許す」は選択肢ではlet *A* ***do***（***do***は省略）と言い換えられている。violent「暴力的な」 wish *A* could have ***done***「*A*が～できればよかったのにと思う」

No. 24　解答　4

Nicole got a dog, Max, last month. She is happy because when she comes home from school, he is always waiting for her by the door. Nicole enjoys taking him for walks in the park. However, at night, Max barks loudly and wakes her up. Nicole will take him to a dog training lesson so that he can learn to be quiet.

Question：What problem does Nicole have with her dog, Max？

Script

訳　ニコルは，先月から犬のマックスを飼い始めた。彼女が学校から家に帰るといつも玄関で待っていてくれるので，彼女はごきげんだ。ニコルはマックスを公園に散歩に連れて行くのを楽しんでいる。けれども，夜になると，マックスはうるさく吠えて，彼女を起こす。ニコルは，マックスが静かにしていられるように犬の訓練教室に連れて行くつもりである。

質問：ニコルは犬のマックスに関してどんな問題を持っているか？

選択肢の訳　**1**　玄関で彼女を待っていない。
2　散歩に行きたがらない。
3　学校まで彼女についてくる。
4　夜にうるさく吠える。

あらかじめ選択肢を読んでおき，それぞれの適否を確認するつもりで聞いていくとよい。すると，**4** He barks loudly at night. から，選択肢に共通する He は「犬」だろうと推測できる。また，正解の参照文となる第 4 文 However, at night, Max barks loudly and wakes her up. を聞き取るのにも役立つ。第 1 文を聞き取って，全体のテーマを掴み，続いて各選択肢の適否を判断しながら，聞き取っていく。すると，第 2 文 She is happy because when she comes home from school, he is always waiting for her by the door. によって，**1**・**3** は本文と不一致，次の Nicole enjoys taking him for walks in the park. で **2** も不一致であることがわかる。以上から，正解は **4「夜にうるさく吠える」**であることが確認できる。bark「吠える」 learn to *do*「～できるようになる」

No. 25 解答 2

There is a plant called the Joshua tree that grows in the Mojave Desert. Joshua trees grow only about 1 to 7 centimeters each year, so they usually take longer to grow than most trees in wet areas. Some Joshua trees take about 60 years to grow to their full size, and they can live for up to 1,000 years.

Script

Question : What is one thing that is special about Joshua trees ?

訳　モハーベ砂漠に生えるジョシュア・ツリーと呼ばれる植物がある。ジョシュア・ツリーは毎年約 1 ～ 7 センチしか生長しない。それで普通は，湿潤な地域のたいていの植物よりも生長するのに時間がかかる。ジョシュア・ツリーの中には通常の大きさに生長するのに 60 年ほどかかるものがあり，それらは最長で 1,000 年間生きることができる。

質問：ジョシュア・ツリーに関して特別な一つのことは何か？

選択肢の訳
1 砂漠では生きられない。
2 生長するのに長い時間がかかる。
3 世界中に生えている。
4 あまり日光を必要としない。

あらかじめ選択肢を読んでおく。すると，各選択肢に共通する They が植物を指していると推測できるだろう。それを念頭に第 1 文を聞き取る。この第 1 文 There is a plant called the Joshua tree that grows in the Mojave Desert. によって，**1** は本文に不一致，続く第 2 文 Joshua trees grow only about 1 to 7 centimeters each year, … によって，**2「生長するのに長い時間がかかる」**が一致するとわかる。他の選択肢には言及がない。desert「砂漠」 take *A* to *do*「～するのに *A*（時間など）かかる」 質問の What is one thing (that) ～?「～の一つのことは何か？」は，しばしば用いられるフレーズなので慣れておきたい。

No. 26　解答　3

Mindy found a clothing store in her town that was looking for new full-time salespeople. Last week, she went for an interview, and it went well. The store wanted her to work there. However, after the interview, Mindy realized that she wants to design and make clothes instead. Now, she is thinking of entering a college to become a designer.

Script

Question：What did Mindy do last week？

訳　ミンディーは街でフルタイムの販売員を新しく探している衣料品店を見つけた。先週，彼女は面接に出かけ，面接はうまくいった。お店は，彼女に働いてもらいたがった。けれども，面接の後でミンディーは，そうではなく，自分は洋服のデザインや製作をしたいのだと気が付いた。今は，デザイナーになるために大学に入ることを考えている。

質問：ミンディーは，先週，何をしたか？

選択肢の訳　**1**　洋服を何着か買った。
2　洋服を何着かデザインした。
3　就職の面接に行った。
4　お店でのそれまでの仕事をやめた。

あらかじめ選択肢を読んでおくこと。それによって，第１文の Mindy found a clothing store in her town … の clothing の聞き取りが容易になるだろう。この第１文の a clothing store に続く関係代名詞節 that was looking for new full-time salespeople が聞き取れれば，**1** は本文に不一致，**3「就職の面接に行った」**が一致すると推測できる。以降の文を聞きながら，残る選択肢の適否を判断し，質問を聞き取って，それを確認する。salespeople は，男女の言及を避けるために salesman と saleswoman の代わりに用いられるようになった語。interview「(就職の) 面接」 go well「(物事が) うまく行く」 design「デザインする」 instead「そうではなく」 quit「やめる」

No. 27　解答　1

Rachel wants to learn how to play the guitar. At first, she asked her brother to teach her, but he did not have time. Then, she found a website with information about music teachers. She sent an e-mail to one of them, and she will have her first lesson next week. Tomorrow, she will go to a guitar store and buy one.

Script

Question：How did Rachel find a guitar teacher？

訳　レイチェルは，ギターの弾き方を習いたがっている。最初，兄に教えてくれるように頼んだが，兄にはその時間がなかった。その後，彼女は，音楽の先生の情報が載っているウェブサイトを見つけた。彼女はその1人にメールを送り，来週，最初のレッスンを受ける予定である。明日，ギターショップに行って，ギターを買うつもりである。

質問：レイチェルはどうやってギターの先生を見つけたか？

選択肢の訳　**1**　インターネットで調べることによって。
2　地元の音楽スクールに行くことによって。
3　近所のギターショップで探すことによって。
4　音楽の先生に紹介してくれるよう兄に頼むことによって。

あらかじめ選択肢を読んでおき，テーマを探るつもりで聞き取りを始める。第2文の At first, she asked her brother to teach her, but he did not have time. を聞いたところで「レイチェルのギターの先生探し」がテーマであることが推測できる。at first「最初は」は，次に but later や then などが続くのが普通で，言いたいことの力点は後者にある。したがって，続く文に注目すると，第3文に Then, she found a website with information about music teachers. とあり，ここで正解が得られる。**1「インターネットで調べることによって」**が正解。第1文にある wants の ts が［s］のように聞こえることもあるので，ネイティブの発音に慣れておきたい。information「情報」 本文最後の one は a guitar の言い換え，**4** の one は質問の a guitar teacher の言い換えの代名詞。local「地元の」 search「探す」 *one's* area は，ここでは「近所」の意味。

No. 28　解答　**3**

Thank you for traveling on the Blackdale Express Train. We will arrive at Hayton Station in five minutes. This train will only stop at Hayton Station and City Park Station. Passengers who are planning on going to other stations between these stations, please get off at Hayton Station and take a local train.

Question：What is one thing the speaker says about the Blackdale Express Train?

Script

訳　ブラックデイル急行をご利用くださいましてありがとうございます。5分後にヘイトン駅に到着いたします。この列車はヘイトン駅と市立公園駅にしか止まりません。この両駅間の他の駅に行かれるおつもりのお客様方は，ヘイトン駅で下車していただき，普通列車をご利用ください。

質問：話し手がブラックデイル急行について話している一つのことは何か？

選択肢の訳　**1**　時間どおりには着かない。
2　ヘイトン駅には止まらない。
3　2つの駅しか止まらない。
4　いつもより乗客が多い。

あらかじめ選択肢を読んでおき，各選択肢に共通する It は，何かの列車を指すと推測を立てる。それを確認するつもりで第1文を聞き取る。この第1文によって，問題文が「ブラックデイル急行」の車内放送であることを理解する。あとは，各選択肢の適否を確認しながら放送を聞き進めていく。第3文に This train will only stop at Hayton Station and City Park Station. とあることから，**3「2つの駅しか止まらない」**が本文に一致するとわかる。第4文 Passengers who are planning … の who are はごく弱く発音されるので，ネイティブの発音に慣れておきたい。express「急行」 local train は，「普通列車」いわゆる「鈍行列車」のこと。passenger「乗客」

No. 29 解答 4

There is a traditional drink called *api blanco* in Bolivia, in South America. It is made by cooking corn in sugar, milk, and cinnamon. People can drink it hot or cold, and it is usually served in the morning with special pies. People in Peru drink something similar, but there they call it *chicha blanca.*

Script

Question : What is one thing that is true about *api blanco*?

訳 南アメリカのボリビアにアピ・ブランコと呼ばれる伝統的な飲み物がある。トウモロコシを砂糖，ミルク，シナモンで調理して作られる。ホットでもコールドでも飲まれる。また，普通，朝に特別なパイと一緒に出される。ペルーの人も同様なものを飲むが，ペルーではチーチャ・ブランカと呼ばれている。

質問：アピ・ブランコについて当てはまる一つのことは何か？

選択肢の訳
1 伝統的なパイである。
2 ホットでのみ出される。
3 ペルーだけで作られる。
4 トウモロコシから作られる飲み物である。

あらかじめ選択肢を読んでおき，各選択肢に共通する It が南米の飲み物か食べ物であると推測を立てる。それを確認するつもりで第1文を聞き取ると，It は第1文の *api blanco* を受けており，これが全体のテーマであるとわかる。この第1文 There is a traditional drink called *api blanco* in Bolivia, … から，**1** と **3** は本文と不一致で，続く第2文 It is made by cooking corn in sugar, milk, and cinnamon. から **4「トウモロコシから作られる飲み物である」**が一致するとわかる。残りの文でそれを確認する。traditional「伝統的な」 serve「（料理などを）出す，提供する」 similar「同様な」

No. 30 解答 **2**

Martin will finish college soon and has two job offers. One is as a store clerk in his town, but it does not pay much money. The other is as a marketing assistant in another city, which pays well. Martin did not want to move far away from his family and friends, so he has decided to become a store clerk.

Question : Why did Martin decide to become a store clerk ?

Script

訳 マーティンは間もなく大学を卒業するが，仕事の口が２つある。１つは住んでいる市の店員だが，あまり給料はよくない。もう１つは，別の市のマーケティングアシスタントで，これは給料がよい。マーティンは家族や友人たちと遠く離れたくなかったので，店員になることに決めた。

質問：なぜマーティンは店員になることに決めたのか？

選択肢の訳

1 その仕事がやりやすかった。
2 その仕事が地元の市にあった。
3 お金をたくさんもらえた。
4 働きながら旅行することができた。

あらかじめ選択肢を読んでおき，**1** と **2** にある The job と **3** He could get a lot of money. から就職がテーマだろうと推測して，第１文を聞き取る。Martin will finish college soon … の college が聞き取りにくいかもしれないが，続く and has two job offers を聞き取り，これがテーマだろうと推測する。第２文文頭の One から，あとに The other が続くと予測して聞く。第２文 One is as a store clerk in his town から，**2**「その仕事が地元の市にあった」を正解の候補として，以降は，もう１つの仕事とマーティンの判断を確認するつもりで聞いていけばよい。offer「（名）提供」 pay well「給料がよい」

二次試験　面接　問題カードA

訳

新しい食べ物を楽しむ

今日，外国産の食べ物を料理して楽しむ人は多い。その結果，今では外国料理のウェブサイトがたくさんある。外国料理を作ることに関する動画を提供するウェブサイトもあり，そうすることによって新しい料理が作れるようになる手助けをしているのである。外国料理は，外国の文化の重要な部分について教えてくれることもある。

語句・構文

□ other countries の other は，ここでは foreign「外国の」と同じ意味。
□ as a result「その結果（として）」　□ offer「提供する」
□ by ***doing***「～することによって」
□ help *A* (to) ***do***「*A*（人）が～するのを助ける」
□ learn to ***do***「～できるようになる」

質問の訳

No. 1　本文によれば，いくつかのウェブサイトはどのようにして新しい料理が作れるようになる手助けをしてくれますか？
No. 2　さて，イラストAの人々を見てください。それぞれ色々なことをしています。彼らがしていることをできるだけたくさん私に伝えてください。
No. 3　さて，イラストBの女性を見てください。状況を説明してください。
No. 4　あなたは，大きなショッピングモールの近くに住むことが良い考えだと思いますか？
No. 5　今日では，たくさんの生徒がホームステイで外国に行きます。あなたは外国にホームステイに行きたいですか？

No. 1　解答例　By offering videos about preparing foreign foods.

訳　外国料理を作ることに関する動画を提供することによって。

第3文（Some websites offer …）の後半に，and by doing so とあり，それに続く they（＝some websites）help people learn to make new meals が質問文で使われている。したがって，doing so を文前半の offer videos about preparing foreign foods を用いて置き換えて答えればよい。

No. 2　解答例　A woman is feeding fish. / A man is washing dishes. / A girl is playing the piano. / A man is fixing a chair. / A boy is brushing his teeth.

訳　女性が魚にエサをやっている。／男性が皿を洗っている。／少女がピアノを弾いている。／男性が椅子の修繕をしている。／少年が歯を磨いている。

イラストの中には5人の人物が描かれている。説明しやすいものから順番にすべて説明するようにしよう。質問文には They are doing different things. とあるので，説明の際には基本的に現在進行形を用いること。feed「～にエサを与える」 fix「～を修理する」 brush

「(動) ～を磨く」

No. 3 解答例 **She wants to open the door, but she can't find the key.**

訳 彼女はドアを開けたいのだが，カギを見つけることができない。

イラスト全体に大きく描かれている状況と，吹き出しの中に小さく描かれている女性が今考えているであろうことの２つの内容を盛り込むことが重要である。つまり，①「ドアを開けようとしている」ことと，②「カギを見つけることができない」ことの２点である。

No. 4 解答例 (Yes. → Why ?) **People can do their shopping very quickly. They can buy many different things in one place.**

(No. → Why not ?) **It's very noisy around large shopping malls. These places are usually crowded with cars and people.**

訳 **(Yes. の場合)** たいへん手早く買い物をすることができる。１箇所でいろいろな物を買うことができる。

(No. の場合) 大きなショッピングモールの近所はとてもうるさい。そのような場所はたいてい車や人で混雑している。

まず，Yes. / No. で賛成か反対かを明確にする。そのあと，自分の意見を裏付ける根拠について述べる。根拠はできる限り２つは答えるようにしたい。１つ目の文とは異なる根拠を示す場合は，Also, ～「また，～」としてもよいだろう。また，１つ目の文について，例を挙げてさらに裏付けとなる文を続ける場合は，For example, ～「例えば，～」とするのもよい。different「いろいろな」 be crowded with ～「～で混雑している」

No. 5 解答例 (Yes. → Please tell me more.) **It's a good way to learn a foreign language. Also, people can make a lot of new friends.**

(No. → Why not ?) **I want to be with my friends and family. Also, I don't want my parents to spend a lot of money.**

訳 **(Yes. の場合)** 外国語を学ぶよい方法である。また，新しい友だちをたくさん作ることができる。

(No. の場合) 私は友人や家族といっしょにいたい。また，親に大金を使わせたくない。

ここでも，理由は，できれば２つ述べることが望ましい。その際，Yes の場合は，We can experience a foreign〔different〕culture.「異文化を体験できる」，Also, we may get a better understanding of Japan.「さらに，日本をよりよく理解できるようになるかもしれない」などが，No の場合は，I'm very poor at English.「英語がとても苦手である」，I'm too shy to homestay with other people.「内気なので他人の家にホームステイできない」などが考えられるだろう。２つの理由は，〔解答例〕のように Also, ～「また，～」でつなげばよい。また，１つ目の文について，例を挙げてさらに裏付けとなる文を続ける場合は，For example, ～「例えば，～」とすればよいだろう。

二次試験　面接　問題カードD

訳

病院の動物たち

入院を怖がる子どもたちがいる。このために，病院は子どもたちに安心してもらえる方法をいつも探している。子どもたちの遊び相手となるペットを用意している病院もあり，そうすることで子どもたちがよりリラックスできるように努めているのだ。動物はいろいろなやり方で人の役に立ってくれる。

語句・構文

□ be afraid to *do*「～するのを怖がる」 □ because of ～「～のために」
□ look for ～「～を探す」 □ comfortable「くつろいだ，安心した」
□ … that children can play with の that は関係代名詞，あとの with の目的語になっている。
□ by *doing*「～することによって」
□ help *A* (to) *do*「*A*（人）が～するのを助ける」

質問の訳

No. 1　本文によれば，病院によってはどのようにして子どもたちがよりリラックスできるように努めていますか？

No. 2　さて，イラストAの人々を見てください。それぞれ色々なことをしています。彼らがしていることをできるだけたくさん私に伝えてください。

No. 3　さて，イラストBの女性を見てください。状況を説明してください。

No. 4　あなたは，市や町には子どもが遊べる公園がもっとあるべきだと思いますか？

No. 5　今日では，日本で100円ショップが普及しています。あなたはそのような店でよく買い物をしますか？

No. 1　解答例　**By having pets that children can play with.**

訳　子どもたちの遊び相手となるペットを用意することによって。

第3文（Some hospitals have pets …）の後半に，and by doing so とあり，それに続く they（＝some hospitals）try to help children to feel more relaxed が質問文で使われている。したがって，doing so を文前半の have pets that children can play with を用いて置き換えて答えればよい。

No. 2　解答例　**A man is pushing a cart. / A man is knocking on a door. / A woman is watering flowers. / A woman is talking on her phone. / A boy is choosing a drink.**

訳　男性が台車を押している。／男性がドアをノックしている。／女性が花に水をやっている。／女性が携帯電話で話をしている。／少年が飲み物を選んでいる。

イラストの中には5人の人物が描かれている。説明しやすいものから順番にすべて説明するようにしよう。質問文には They are doing different things. とあるので，説明の際には基本的に現在進行形を用いること。cart「台車」 water「(動)(花に)水をやる」

No. 3 解答例 **She can't throw away her cup because the trash can is full.**

訳 ごみ箱がいっぱいなので，彼女はカップを捨てることができない。

イラスト全体に大きく描かれている状況と，吹き出しの中に小さく描かれている女性が今考えているであろうことの2つの内容を盛り込むことが重要である。つまり，①「カップを捨てることができない」ことと，②「ごみ箱がいっぱいである」ことの2点である。throw away「～を捨てる」 trash can「ごみ容器，ごみ箱」

No. 4 解答例 (Yes. → Why ?) **It's important for children to have safe places to play in. It's not good for them to stay indoors all the time.**

(No. → Why not ?) **Most cities and towns already have enough parks. Also, it's expensive to build new parks for children.**

訳 **(Yes. の場合)** 子どもが遊べる安全な場所があることは大事である。子どもがいつも屋内にいることはよくない。

(No. の場合) たいていの市や町にはすでに十分な公園がある。また，子どものために新しい公園を作るには費用がかかる。

まず，Yes. / No. で賛成か反対かを明確にする。そのあと，自分の意見を裏付ける根拠について述べる。根拠はできる限り2つは答えるようにしたい。1つ目の文とは異なる根拠を示す場合は，No の〔解答例〕のように，Also, ～「また，～」でつなげばよい。また，1つ目の文について，例を挙げてさらに裏付けとなる文を続ける場合は，For example, ～「例えば，～」とするのもよいだろう。「子どもが遊べる安全な場所」に用いられている不定詞 to play の後の in は修飾先の places につながっている。したがって，厳密には必要だが，しばしば省略される。all the time「ずっと，常に」 expensive「高価な，費用が高くつく」

No. 5 解答例 (Yes. → Please tell me more.) **There are many kinds of goods at these shops. We can buy products more cheaply there.**

(No. → Why not ?) **The things at hundred-yen shops are not very good. I've heard these things often break easily.**

訳 **(Yes. の場合)** そのようなお店にはたくさんの種類の商品がある。そこ（＝100円ショップ）の方が商品を安く買える。

(No. の場合) 100円ショップの物はあまりよくない。そこ（＝100円ショップ）の物は壊れやすいと聞いたことがある。

ここでも，理由は，できれば2つ述べることが望ましい。その際，Yes の場合は，We find useful things we do not know about there.「そこでは，自分の知らない便利な物が見つかる」，Therefore, it is fun visiting the place.「だから，そこを訪れることは楽しい」などが，No の場合は，There are several exciting things at the place such that we are tempted to buy what we do not need.「そこには興味を引くものがいろいろあり，必要でないものをつい買ってしまう」，Some items contain two or more goods in the same package, which compels us to buy more than we expect.「1つのパッケージに2つ以上の品物が

入っている物があり，予想以上に買わざるをえない」などが考えられるだろう。2つの理由は，Moreover, ～「さらに，～」でつなげてもよい。また，1つ目の文について，例を挙げてさらに裏付けとなる文を続ける場合は，For example, ～「例えば，～」を用いてもよいだろう。goods「（通例複数扱いで）製品，商品」 product「製品，商品」 cheaply「安く」 item「品物」 contain「含む」

2019年度 第3回

Grade Pre-2

一次試験 解答一覧

● 筆記

1	(1)	(2)	(3)	(4)	(5)	(6)	(7)	(8)	(9)	(10)
	4	1	2	1	3	4	3	2	4	1
	(11)	(12)	(13)	(14)	(15)	(16)	(17)	(18)	(19)	(20)
	2	1	1	2	1	3	4	2	1	4

2	(21)	(22)	(23)	(24)	(25)
	1	2	4	1	3

3	A	(26)	(27)	
		2	1	
	B	(28)	(29)	(30)
		2	1	4

4	A	(31)	(32)	(33)	
		1	4	3	
	B	(34)	(35)	(36)	(37)
		1	2	4	2

5（ライティング）の解答例はP. 16を参照。

● リスニング

第1部	No. 1	No. 2	No. 3	No. 4	No. 5	No. 6	No. 7	No. 8	No. 9	No. 10
	2	3	1	2	3	3	1	2	1	2

第2部	No. 11	No. 12	No. 13	No. 14	No. 15	No. 16	No. 17	No. 18	No. 19	No. 20
	2	2	3	1	2	4	3	4	4	1

第3部	No. 21	No. 22	No. 23	No. 24	No. 25	No. 26	No. 27	No. 28	No. 29	No. 30
	1	1	2	3	4	1	4	3	2	2

一次試験　筆記　1

(1)　解答　4

訳　花は生きていくために昆虫が必要である。彼らは，昆虫の好きな匂いを出すといったような多くの方法で昆虫を引きつける。

第1文で「花は生きていくために昆虫が必要」とあり，第2文の前半で「多くの方法で昆虫を（　　）する」とあり，後半にその具体例として「昆虫の好きな匂いを出す」とあるので，正解は **4 attract「～を引きつける」**。**1** guard「～を守る」　**2** warn「～に警告する」　**3** combine「～を組み合わせる」

(2)　解答　1

訳　ダイアンは小説を書きたいと常に思っていた。3年後，彼女はついに自分の目標を達成した。それはこの春に出版される予定だ。

第1文に「ダイアンは小説を書きたいと思っていた」とあり，第3文に「それはこの春に出版される予定だ」とあるので，ダイアンの夢が叶ったことがわかる。よって，正解は **1 accomplished「～を達成した」**。**2** debated「～を議論した」　**3** confused「～を混乱させた」　**4** explored「～を探索した」

(3)　解答　2

訳　A：メリッサ，お祭りが行われているみたいだよ。どうやってこの人混みを抜けようか？

B：別の道を行きましょう。

Aの発言に「お祭りが行われている」とあるので，たくさんの人が集まっていることがわかる。また，空所の前には get through ～「～を通り抜ける」という動詞があり，Bが「別の道を行く」と答えているので，Aは「どうやって人混みを抜けるのか」を尋ねたことがわかる。よって，正解は **2 crowd「群衆，人混み」**。**1** total「全体」　**3** stick「棒，小枝」　**4** poem「詩」

(4)　解答　1

訳　A：500年前の生活ってどんなものだったか想像できる？

B：できないよ。現在私たちが持っている技術がなかったんだから，大きく異なっていたにちがいないと思うよ。

BはAの質問に対して，「できない」と答えているが，続く発言で「大きく異なっていたにちがいないと思う」と言っている。これはAの問に対してのBの考えを述べていることになる。Aの質問には what life was like「生活がどのようなものだったのか」という内容があり，先ほどのBの発言はこれに対しての答えになるので，Aは「生活がどのようなものだったのか想像できる？」と尋ねたと考えられる。よって，正解は **1 imagine「～を想像する」**。**2** skip「～を省略する，さぼる」　**3** complain「～と文句を言う」　**4** manage「～を管理する，うまくやる」

(5) **解答　3**

訳　多くの科学者が，気候は変化していて，地球の大気が暖かくなっていると言っている。これまでよりも暖かい空気は，たくさんの問題を引き起こすかもしれない。

空所を含む部分は「(　　　) が暖かくなっている」という意味。第2文に「これまでよりも暖かい空気」とあるので，暖かくなっているのは地球の大気だとわかる。よって，正解は **3 atmosphere「大気」**。**1** tournament「スポーツ競技大会」 **2** situation「状況」 **4** harmony「調和」

(6) **解答　4**

訳　ショーンは3年前にランニングを始めた。最初，それは彼にとって大変だったが，今では止まることなく楽に1時間走ることができる。

第2文前半に「最初，それは彼にとって大変だったが」とあるので，後半ではその反対の内容がくることが推測できる。よって，正解は **4 easily「楽に」**。なお，at first は普通，あとに but や however など逆接を表す言葉を伴い，「最初は～だったが，…」という意味を表す重要な表現。**1** deeply「深く」 **2** kindly「親切にも」 **3** softly「穏やかに」

(7) **解答　3**

訳　A：ダニエルズさんが結婚すると聞いたわ。
B：私もそのうわさを聞いたわ。でも，彼女にそれについて尋ねたら，それは本当ではないと彼女は言っていたの。

Aの発言に対してBが「私もその (　　　) を聞いた」と相槌を打っている場面。空所にはAの発言を表す名詞が入ることがわかる。Bの発言の後半に she said it wasn't true「それは本当ではないと彼女は言った」とあり，Aの発言内容が真実でないことが述べられている。ここからAの発言内容が単なるうわさであったことがわかる。よって，正解は **3 rumor「うわさ」**。**1** measure「基準，対策」 **2** custom「習慣」 **4** sketch「スケッチ」

(8) **解答　2**

訳　ロンの妹が木曜日に男の赤ちゃんを産んだ。彼は新しい甥に会うのを待ちきれなかった。

「ロンの妹の息子」はロンにとってはどのような存在にあたるのかを考える。正解は **2 nephew「甥」**。**1** cousin「いとこ」 **3** author「著者」 **4** mayor「市長」

(9) **解答　4**

訳　A：夏休みには何をするつもりなの，スティーヴ？
B：アルバイトをするつもりだよ。新しいコンピュータを買うための十分なお金を稼ぎたいんだよ。

BがAの問いに対して「アルバイトをするつもり」と答えており，空所の後には to buy a new computer「新しいコンピュータを買うため」という表現があるので，そのお金を稼ぐためにアルバイトをするとわかる。よって，正解は **4 earn「～を稼ぐ」**。**1** announce「～を発表する」 **2** rent「(お金を払って)～を借りる」 **3** ignore「～を無視する」

(10) **解答　1**

訳　トムが午前２時に仕事から帰宅した時，彼は妻がまだ起きていたので驚いた。彼のことが心配で眠れなかったと彼女は言った。

空所には妻の状態を説明する言葉が入る。第２文に she could not sleep「眠れなかった」という表現があり，そのためにトムが驚いたことがわかるので，正解は **1 awake「目を覚まして」**。**2** equal「等しい，平等な」 **3** personal「個人的な」 **4** correct「正しい」

(11) **解答　2**

訳　Ａ：天候が暖かくなり始めたね。今年はもうこれ以上スキーには行けないと思う。
Ｂ：そうだね。１年中スキーができたらいいのに。

スキーをめぐる２人の会話。Ｂの発言に I wish we could ski「スキーができたらいいのに」という内容があるので，ＢはＡの「今年はもうこれ以上スキーができない」という発言に対して，自分の気持ちを述べているのがわかる。よって，正解は **2 round**。all (the) year round で「１年中」という意味。なお，I wish は実現不可能な事柄に関して述べる仮定法の表現。他の選択肢はどれも表現として成立しない。

(12) **解答　1**

訳　Ａ：こんにちは，ジェシカ。あなたはカナダ人だって聞いたんだけど。カナダのどこ出身なの？
Ｂ：ええ。生まれたのはトロントだけど，バンクーバーで育ったの。

正解は **1 from**。come from ～ で「～出身」という意味。他の選択肢はどれも表現として成立しない。

(13) **解答　1**

訳　そのテニスの試合は来週末まで延期された。なぜならテニスチームのメンバーのうち５人が病気だからだ。

空所を含む部分は「テニスの試合が（　　　）された」という意味。後半に because five members of the tennis team are sick「テニスチームのメンバーのうち５人が病気だから」とあるので，試合が実施されなかったことがわかる。よって，正解は **1 put off「～を延期する」**。**2** bring out ～「～を引き出す」 **3** tear off ～「～を引きちぎる」 **4** give out ～「～を放出する」

(14) **解答　2**

訳　Ａ：私のプレゼンテーションに何か付け加えることはありますか？
Ｂ：いいえ，すべてをはっきりと説明してくれたと思います。

Ａが自分のプレゼンテーションに関してＢに尋ねている場面。Ｂが No と答えた後，you've explained everything clearly「すべてをはっきりと説明してくれた」と答えているので，ＡがＢにプレゼンテーションに関して何か補足することがないかを尋ねたことがわかる。よって，正解は **2 add to「～を加える」**。**1** break up「～を壊す，分解する」 **3** pick up「～を拾う，迎えに行く」 **4** hang on「しがみつく」

(15) 解答 1

訳 ドロシーは，弟がスーパーに行っている間，彼の赤ちゃんを見守っていた。彼女は確実に赤ちゃんを安全な状態にしていた。

空所を含む部分は「赤ちゃんを（　　）していた」という意味。第2文 She made sure that the baby was safe.「彼女は確実に赤ちゃんを安全な状態にしていた」から，彼女が赤ちゃんの面倒を見ていたということがわかる。このニュアンスに合うのは**1 an eye on**。keep an eye on ～で「～を注意深く見守る，監視する」。**2**（keep）a secret from「～に秘密にしておく」 **3**（keep）away from「～から離れておく」 **4**（keep）*one's* word to「～に対して約束を守る」

(16) 解答 3

訳 A：ロビン，あなたの犬は怖いわ。私に向かって吠えているわよ。

B：ごめんね。いつもこんなふうに吠えるというわけじゃないんだよ。初めて会う人に今は興奮しているんだよ。

Aが犬を怖がっているのに対してのBの返答。選択肢を見ると，空所には否定を含んだ表現が入ることがわかる。Bの発言の3文目に He's excited right now「彼は今興奮している」とあるので，普段と様子がちがうということがわかる。よって，正解は**3 not always「いつも～というわけではない」**。**1** no longer「もはや～ではない」 **2** no more「これ以上～ではない」 **4** nothing but「～にすぎない」

(17) 解答 4

訳 A：雨が降りそうだけど，傘を持っていないわ。

B：そうだね。急いで帰った方がいいね。

Aの we don't have an umbrella「傘を持っていない」およびBの We'd better hurry home「急いで帰った方がいい」という内容から，もうすぐ雨が降りそうな状況であるとわかる。よって，正解は**4 looks**。It looks like ～で「～のようである」という意味。他の選択肢はどれも表現として成立しない。

(18) 解答 2

訳 A：先週の日曜日，弟と僕は自転車でビーチまで行ったんだ。

B：すごいね！　遠いのに。そんなに遠くに自転車で行くには長い時間かかったにちがいないだろうね。

Bが That's a long way.「遠いのに」と言っているので，ビーチまでの距離は遠く，時間がかかることがわかる。よって，正解は**2 to ride**。It takes *A* to *do* で「～するのに *A*（時間）がかかる」という意味。他の選択肢は文法的に不可。

(19) 解答 1

訳 ロジャーは昨日の午後，地元の公園へ行った。彼は音楽を聴きながら公園を走った。

正解は**1 listening**。この listening は分詞構文で付帯状況「～しながら」を意味する。他の選択肢は文法的に不可。

(20) 解答　4

訳　人々は今ではほとんどのことをするのにコンピュータを使う。その結果，彼らは次第に紙を使わなくなってきている。

1文目でコンピュータの使用が多くなってきたことが言及されている。その結果として紙の使用がどうなったのかを考える。正解は**4 and**。less and less で「次第に少なく」という意味。他の選択肢は意味をなさない。

一次試験　筆記　2

(21) 解答　1

訳　A：ビリー，スマホを使うのを止めなさい。歴史のテストに向けて勉強するよう言ったでしょ。

B：ママ，勉強するために使っているんだよ。

A：嘘はつかないで。友達とお喋りしているのはわかっているのよ。

B：確かにそうだけど，教科書でわからない所があったから，友達にきいていたんだよ。

携帯電話（スマホ）を巡る親子の会話。空所はAがBを咎めているところ。AがBにスマホを使うのを止めるように言ったのに対し，BがI'm using my phone to study「勉強するために使っている」と答えているが，Aはそれを嘘だと言い，空所の発言をしている。Bの2番目の発言にI was asking them for help「彼らに助けを求めていた」という内容があるので，Bが誰かと話していたことがわかる。よって，正解は**1**「友達とお喋りしている」。**2**「オンラインでゲームをしている」　**3**「今日私に電話した」　**4**「昨日テストを受けた」

(22) 解答　2

訳　A：すみません。マドリード行きの切符が欲しいのですが。

B：申し訳ありません。本日はもうバスは運行していません。最終バスは15分前に出てしまいました。

A：そうなんですか。どうしても今夜そこに着く必要があるのです。

B：代わりに電車を利用することができます。駅はここからそれほど離れていませんし，最終電車の出発時刻は1時間後です。

バスのチケット売り場での客と係員の会話。空所はAの「今夜中にマドリードに着かないといけない」という発言に対してBが答えているところ。空所の後のBの発言にThe station is not far from here「駅はここからそれほど離れていない」，the last one leaves in an hour「最終は1時間後に出る」とあるので，空所には代替の交通手段を提案している内容がくるとわかる。よって，正解は**2**「代わりに電車を利用することができます」。**1**「ここで一晩過ごさなければならないでしょう」　**3**「私の友人がそこへ車で行きます」　**4**「バスの方が費用がかかります」

⑵3 **解答 4**

訳 A：こんにちは，ベリンダ。料理教室に通っているって聞いたわ。
B：そうよ。明日はアップルパイの焼き方を学ぶの。味見してみない？
A：素敵ね。水曜日のパーティーに持ってきてくれたら，デザートに食べられるわ。
B：いい考えね。温かい方が美味しいから，食べる前にオーブンで温めるわね。

友人同士の会話。ＡがＢに料理教室に通っているのかを確認しているのに対するＢの返答内容が空所になっている。選択肢を見ると何を作るかが解答のポイントになっていることがわかる。空所の後のＢの発言 Would you like to taste it？「味見してみない？」に対してＡが bring it to the party「パーティーに持ってきて」，we can have it for dessert「デザートに食べられる」と言っている。また，Ｂの２番目の発言に It'll taste better when it's hot「温かい方が美味しい」とある。ここからＢが作るのは「温かい状態でデザートになるもの」だとわかる。よって，正解は **4**「アップルパイの焼き方を学ぶ」。**1**「カレーを作るのに挑戦する」 **2**「アイスクリームを作るのに挑戦する」 **3**「パンの焼き方を学ぶ」

⑵4 **解答 1** ⑵5 **解答 3**

訳 A：すみません。このスーツを買いたいのですが。
B：かしこまりました，お客様。３週間でご用意できます。
A：それは時間がかかりすぎです。なぜ今日持って帰ることができないのですか？ 来週の就職の面接試験で必要なのです。
B：申し訳ありません。ですが，これは当店のオーダーメードスーツの一つでして。しかし，あちらのコーナーにあるスーツは本日お持ち帰りいただけます。
A：それの方がいいです。しかし，黒いスーツが見当たりませんが，黒色はありますか？
B：申し訳ありません。現在この店ではお取り扱いがありません。しかし，町に別の店がございます。
A：本当ですか？ それはどこにありますか？
B：バンクストリートの郵便局の向いにございます。

洋服屋で店員と客が会話している。

⑵4 空所はＡがスーツを買いたいと声をかけたのに対して，Ｂが対応している場面。空所の内容に対して，Ａが That's too long.「時間がかかりすぎ」と言い，続いて Why can't I get it today？「なぜ今日持って帰ることができないのですか」と尋ねている。ここからＢの空所の発言内容はスーツを手に入れるまでの時間に言及したものになるとわかる。よって，正解は **1**「３週間でご用意できます」。**2**「黒色のものは作られていません」 **3**「もうまもなく閉店いたします」 **4**「大きいサイズのスーツはお取り扱いがありません」

⑵5 空所はＡの「黒いスーツはないのか」という質問に対して，Ｂが返答している場面。空所の前でＢが we don't have any in this shop now「現在この店にはない」と言っている。また，空所の内容に対してＡが Where is it？「それはどこにありますか？」と質問し，Ｂが場所を答えているので，空所の発言内容は，黒いスーツを取り扱っている店に関するものだとわかる。よって，正解は **3**「町に別の店」。**1**「あなたのサイズは一つ残って」 **2**「茶色のスーツを数着」 **4**「会議のための新しい場所」

一次試験　筆記　3 A

訳

計画を変更すること

エリンと彼女の親友のハンナは高校生だ。彼女たちは毎月新しいことを一緒にしようとしていて，次に何をするべきかやどこに行くべきかを話すのに，たくさんの時間を費やしている。この夏，彼女たちは野外の音楽フェスティバルに行くことを計画していた。それより前には行ったことが一度もなかったのだ。それに向けて準備するためにインターネットでそれに関する情報をたくさん読み始めた。なぜならフェスティバルがどういったものか全くわからなかったからだ。

しかし，そのイベントの当日，雨が激しく降り，フェスティバルは中止になった。長い時間をかけて準備をしていたので，彼女たちはとても残念だった。そのイベント用の新しいＴシャツさえ買っていたのだ。彼女たちはそのＴシャツを着る機会がなくなることにがっかりした。代わりに何をすべきかについて考えた。結局，そのＴシャツを着て，映画を見に行った。それは音楽フェスティバルに行くほど特別なことではなかったが，彼女たちは楽しい時間を過ごした。

語句・構文

（第1段）
- □ try to *do*「～しようとする」
- □ spend time *doing*「～するのに時間を費やす」
- □ what to *do*「何を～するべきか」
- □ where to *do*「どこで～するべきか」
- □ plan to *do*「～することを計画する」　□ online「インターネットで」
- □ prepare for ～「～の準備をする」　□ have no idea「わからない」
- □ what *A* will be like「*A* がどのようなものか」

（第2段）
- □ however「しかしながら」　□ get ready for ～「～の用意ができる」
- □ upset「がっかりした」　□ instead「代わりに」
- □ in the end「結局は」　□ put on ～「～を身に付ける」
- □ have a good time「楽しむ」

各段落の要旨

第１段　野外音楽フェスティバルへの参加の決定と準備。

第２段　野外音楽フェスティバルの中止とその代わりに２人がしたこと。

⑵⑹ **解答** **2**

選択肢の訳 1 ギターを弾いた 2 以前にそれに行った
3 一緒に授業に出た 4 誰かを招待した

空所の直前に never「一度もない」とあり，第1段最終文（They started reading …）に because they had no idea what the festival would be like「なぜなら彼女たちはフェスティバルがどういったものか全くわからなかったからだ」とあるので，２人が一度も野外の音楽フェスティバルに行ったことがないとわかる。よって，正解は **2 been to one before**「以前にそれに行った」。

⑵⑺ **解答** **1**

選択肢の訳 1 そのＴシャツを着る 2 より多くのＴシャツを買う
3 ポスターをデザインする 4 お互いに電話をかける

空所の直前に would not have a chance to とあるので，空所を含む部分は「～する機会がない」という意味になる。第２段第３文に They had even bought new T-shirts for the event.「彼女たちはそのイベント用の新しいＴシャツさえ買っていた」とあるので，２人がフェスティバルのためのＴシャツを買っていたことがわかる。また，第２段第６文（In the end, …）に they put on the T-shirts and went to see a movie「彼女たちはそのＴシャツを着て，映画を見に行った」とあり，フェスティバルが中止になったが，代わりに映画にＴシャツを着て行ったことがわかる。ここから，２人はフェスティバルが中止になって，用意していたＴシャツを着る機会がなくなったと思ったが，代わりに映画に着ていくことにしたという流れがわかるので，正解は **1 wear the T-shirts**「そのＴシャツを着る」。

一次試験　筆記　3 B

訳

話をする動物

人間と他の動物の最も大きな違いの一つは，人間は言語を使用することができるということである。しかし，「話す」ことができる動物もいる。実際，多くの鳥は人間が発する音を真似するのが得意である。多くの人々がペットとして飼うオウムは，人間の言語を真似することができることで有名な鳥の一例である。また，まるで話しているかのような音を出すクジラやアザラシなどの海洋動物に関する話もある。それらと同じような技術を持つコシックという名前のゾウさえいる。コシックは韓国の動物園で暮らしているのだが，数語の韓国語を話し始めたのだ。

最初，専門家たちはゾウの口の形状からこの話を信じなかった。コシックについてさらに学ぶため，オーストリア人研究者のアンジェラ・ストーガーは韓国人のグループにコシックの声をよく聞くように頼んだ。そしてその人々は自分たちが聞いたことを書き留めた。ほとんどの人が同じ言葉を書き留めた。彼らは「こんにちは」，「座りなさい」，「良くできたね」というような言葉が聞こえたと言ったのだ。

韓国語を「話す」ために，コシックは音を生み出す時に他のゾウが決してしないことをする。彼は自分の鼻を口の中に入れるのだ。コシックが小さかった頃，彼は自分が暮らす動物園で唯一のゾウだった。ストーガーはコシックが音を生み出すためのこうした特殊な方法を見つけたのは，彼がとても孤独だったからだと考えている。それゆえに，コシックは彼の飼育員とコミュニケーションをとるための手段を見つけようと思ったのだ。こうした能力は動物が友達を作りたいと思っているから発達したのかもしれない，とストーガーは言う。

語句・構文

(第1段) □ one of ～「～のうちの一つ」　□ in fact「実際」
□ be good at *doing*「～するのが得意である」　□ copy「～を真似る」
□ be famous for ～「～で有名な」　□ such as ～「～のような」
□ named「～という名の」　□ a few「いくつかの」

(第2段) □ at first「最初は」　□ because of ～「～が原因で」　□ shape「形」
□ write down「書き留める」　□ most of ～「～のうちほとんど」

(第3段) □ in order to *do*「～するために」　□ therefore「それゆえに」
□ decide to *do*「～することを決める」
□ communicate with ～「～とコミュニケーションをとる」
□ develop「発達する」　□ make friends「友達になる」

各段落の要旨

第1段　人間の言葉を話す動物とコシックというゾウについて。
第2段　コシックが話す言葉の調査。
第3段　コシックが言葉を話すようになった理由。

(28) 解答 **2**

選択肢の訳 **1** ずっと大きい **2** 同じ技術を持つ
3 文字を書ける **4** 鳥の真似をする

第1段第2文（However, there are …）に there are some animals that can also "talk"「『話す』ことができる動物もいる」とあり，その後に具体例としてオウムが挙げられている。また，第1段第5文（There are also …）に stories about sea animals such as whales and seals that make sounds like they are talking「まるで話しているかのような音を出すクジラやアザラシなどの海洋動物に関する話」とあり，言葉を話すかのような動物についての言及が続いている。空所はその流れを受けて，さらに具体例を追加している部分である。空所を含む部分 There is even an elephant named Koshik who（　　）は「（　　）なコシックという名前のゾウさえいる」。先ほど述べたように言葉を話す動物の例として挙げられているので，空所にはその内容を表す表現が入るはずである。選択肢の中で最も適切なのは **2 has the same skill「同じ技術を持つ」**。よって，これが正解。**3** can write letters「文字を書ける」は本文中には言及がない。**1**・**4** は文意に合わない。

(29) 解答 **1**

選択肢の訳 **1** 彼らが聞いたこと **2** 彼らが目にしたこと
3 彼らが訪れた理由 **4** 彼らが去った理由

空所を含む部分は「そして人々は（　　）を書き留めた」という意味。第2段第2文（To learn more …）に To learn more about Koshik, Angela Stoeger, an Austrian researcher, asked a group of Korean people to listen to Koshik.「コシックについてさらに学ぶため，オーストリア人研究者のアンジェラ・ストーガーは韓国人のグループにコシックの声をよく聞くように頼んだ」とあり，コシックが言語を話すことに関する研究が行われていることがわかる。また，空所直後には Most of the people wrote down the same words「ほとんどの人が同じ言葉を書き留めた」とあるので，研究に参加した人たちはコシックの言葉を聞き，それを書き留めたことがわかる。よって，正解は **1 what they heard「彼らが聞いたこと」**。**2**・**3**・**4** はどれも本文に言及がない。

(30) 解答 **4**

選択肢の訳 **1** 動物園で暮らしていた **2** ゾウと話をする
3 彼の名前を知っている **4** とても孤独だった

空所を含む部分は「コシックが音を生み出すためのこうした特殊な方法を見つけたのは，彼が（　　）から」という意味。第3段第3文（When Koshik was …）に he was the only elephant at the zoo where he lived「彼は自分が暮らす動物園で唯一のゾウだった」とあり，コシック以外のゾウが動物園にいなかったことがわかる。また，空所の直後には Therefore, Koshik decided to find a way to communicate with his trainers.「それゆえに，コシックは彼の飼育員とコミュニケーションをとるための手段を見つけようと思った」とあり，コシックが誰かとコミュニケーションをとりたがっていたことがわかる。よって，正解は **4 was very lonely「とても孤独だった」**。**1**・**2**・**3** はどれも文脈に合わない。

一次試験　筆記　4 A

訳　差出人：アナ・カイザー〈a-keyser@hurra.com〉
宛先：メリッサ・フレッチャー〈mfletcher81@wnet.com〉
日付：1月26日
件名：ヘアカット

こんにちは，メリッサ。
聞きたいことがあるの。昨日ステイシーズ・サロンで髪をカットしてもらったんだけど，本当に気に入らないのよ。だからきちんと仕上げてくれるスタイリストを見つけたいの。あなたが，自分の行っている美容院が良いと言っていたのを思い出したの。名前を教えてくれない？　それと，お薦めの腕のいいスタイリストはいる？
ところで，いい知らせがあるの。友達のリズと夫のジョンにもうすぐ男の赤ちゃんが生まれるのよ！　とてもわくわくしているわ。でも，娘さんがあんまり嫉妬しないことを願っているわ。お姉ちゃんになるのをきっと喜ぶと思うけど，自分のものを新しくできた弟と一緒に使うのに慣れるにはいくらか時間がかかるかもしれないわね。
とにかく，リズのためにパーティーをする予定なの。私がそれを計画するつもりよ。家族はもちろん，彼女の友達も全員招待するわ。そしてみんなに赤ちゃんへのちょっとした贈り物を持ってきてもらうの。そうすれば，リズとジョンはすべてを自分たちで買う必要はなくなるわ。おもちゃとか，服とか，哺乳瓶とか，赤ちゃんはたくさんのものが必要だからね。すぐに郵便で招待状を送るわね。
あなたの友，
アナより

語句・構文

（第1段）□ get a haircut「髪をカットしてもらう」　□ fix「整える，調整する」
□ also「また」　□ recommend「薦める」
（第2段）□ by the way「ところで」　□ jealous「嫉妬した」
□ I'm sure ～「きっと～だと思う」　□ get used to ～「～に慣れる」
□ share *A* with *B*「*B* と *A* を共有する」
（第3段）□ anyway「ところで，とにかく」
□ *A* as well as *B*「*B* だけでなく *A* も」　□ that way「そうすれば」
□ by themselves「彼ら自身で」　□ invitation「招待状」

各段落の要旨

第1段　ヘアカットについて。
第2段　友人の赤ちゃんについて。
第3段　友人のためのパーティーについて。

(31) 解答 1

質問の訳 昨日アナに何が起こったか？

選択肢の訳
1 彼女は変な髪形にされた。
2 彼女は腕のいいスタイリストを見つけた。
3 彼女は大事なものを壊した。
4 彼女は美容院で働き始めた。

第1段第2文（I got a …）にI got a haircut yesterday at Staci's Salon.「昨日ステイシーズ・サロンで髪をカットしてもらった」，続く第3文にI really don't like it, …「それが本当に気に入らない」という内容があるので，「アナが気に入らない髪型にされた」ことがわかる。よって，正解は**1 She got a bad haircut**。第1段最終文 Also, is there a good stylist that you recommend は「また，あなたがお薦めする腕のいいスタイリストはいますか」という意味。アナがスタイリストを探していることがわかるので，**2**はおかしい。**3**・**4**は本文に言及がない。

(32) 解答 4

質問の訳 アナはメリッサに（　　　）と言っている。

選択肢の訳
1 赤ちゃんはリズのことを妬んでいる
2 ジョンは共有の仕方を学ぶ必要がある
3 彼女のお姉さんはずっと忙しい
4 彼女たちの友達に赤ちゃんが生まれる

第2段第1文（By the way, …）のI have some good news「良い知らせがある」に続いて，第2文（Our friend Liz …）にOur friend Liz and her husband John are going to have a baby boy!「友達のリズと夫のジョンにもうすぐ男の赤ちゃんが生まれるのよ」とあるので，newsの内容が「友達に赤ちゃんが生まれること」だとわかる。よって，正解は**4 their friend will have a baby**。第2段第4文（I hope that …）にtheir daughter doesn't get too jealous「娘さんがあんまり嫉妬しない」という内容があり，jealousという言葉が用いられているが，赤ちゃんのお姉ちゃんが赤ちゃんを妬むという意味なので，**1**は不正解。**2**・**3**は本文に言及がない。

(33) 解答 3

質問の訳 アナはすぐに何をするか？

選択肢の訳
1 家族に贈り物を買う。
2 メリッサのためにパーティーを開く。
3 メリッサに郵便で招待状を送る。
4 友人たちに服を送る。

第3段最終文I'll be sending you an invitation in the mail soon.は「すぐに郵便で招待状を送るわね」という意味なので，正解は**3 Mail an invitation to Melissa**。第3段第1文（Anyway, we are …）にwe are going to have a party for Liz「リズのためにパーティーをする予定だ」という内容があるが，パーティーを開くのはリズのためと述べられているので，**2**は不正解。**1**・**4**は本文に言及がない。

一次試験　筆記　4 B

訳

ペットボトルの学校

プラスチックごみは世界中で問題になっている。それを置いておく十分な空間はないし，それは自然環境にダメージを与える。リサイクルするのも難しいし，お金もかかる。中央アメリカのグアテマラでは，多くの町でごみを集めるのが困難で，多量のプラスチックごみが路上に放置されている。スザンヌ・ヘイシーという女性がこの問題を解決するアイディアを思いついた。

彼女のアイディアとは，ペットボトルの学校を作るために地域の人々が協力する手助けをすることだった。初めに，人々はペットボトルを集める，次にそのペットボトルをプラスチックごみでいっぱいにする。多量のごみをぎっしりとボトルに詰め込むことで，ボトルは強靭なものになる。そして，こうしたボトルが壁を作るのに使われる。最終的に，学校全体が建設される。

ハグ・イット・フォワードというグアテマラのある団体が，このアイディアを自分たちの計画で使い始めた。その地域の学生や他の人々がそれぞれの計画に参加し，大切な役割を果たしている。彼らはごみを集めて，ボトルに詰めることを求められる。多くの場合，それぞれのクラスは他のクラスよりも多くのペットボトルを準備することを競う。勝ったクラスはささやかな賞を与えられて，みんな学校の一部を建設する手助けをして幸せだ。

ハグ・イット・フォワードは，グアテマラのあちこちにある小さくて貧しい地域を助けて仕事をしている。2009 年から 2018 年までに，およそ 100 の地域で教室を作る手助けをした。ペットボトルの学校は伝統的な方法で建設される学校よりも費用が安いので，他の団体が世界中で同じような計画を始めている。今では，南アフリカ，カンボジア，そしてフィリピンといった地域でペットボトルの学校が見られる。こうした計画を通じて，ごみが役に立つものへと変えられているのだ。

語句・構文

(第 1 段) □ garbage「ごみ」　□ space「空間」
□ recycle「～をリサイクルする」
□ have trouble *doing*「～するのが困難だ」
□ large amounts of ～「多量の～」　□ come up with ～「～を思いつく」

(第 2 段) □ fill *A* with *B*「*B* で *A* をいっぱいにする」　□ By *doing*「～することで」
□ eventually「最終的に」　□ entire「全体の」

(第 3 段) □ join in「参加する」　□ an important part「大切な役割」
□ in many cases「多くの場合で」　□ compete「競う」
□ prize「賞，賞品」

(第 4 段) □ in the traditional way「伝統的な方法で」
□ similar「同じような，似た」
□ be turned into ～「～へと変えられる」

各段落の要旨

第1段 プラスチックごみの問題と，その解決に立ち上がったスザンヌ・ヘイシー。
第2段 ごみの問題を解決するための彼女のアイディア。
第3段 ハグ・イット・フォワードの実践。
第4段 ハグ・イット・フォワードの実践の世界中への広がり。

(34) 解答 1

質問の訳 グアテマラの多くの町はどんな問題を抱えているか？

選択肢の訳
1 それらは町のすべてのごみを集めることができない。
2 それらは学校を建てる十分な空間がない。
3 そこを訪れる人々が余りにも多くのごみを出す。
4 そこに住む人々はリサイクルにお金を払う必要がある。

第1段第4文（In Guatemala in …）に many towns have trouble collecting garbage「多くの町はごみを集めるのが困難だ」とあるので，正解は **1 They cannot collect all the garbage in the town.** である。第1段第2文 There is not enough space to keep it は「それを置いておく十分な空間はない」という意味。この文の it は plastic garbage を指すので，**2** は不正解。第1段第3文 It is also difficult and expensive to recycle. は「リサイクルするのも難しいし，お金もかかる」という意味。「リサイクルすること自体にお金がかかる」ということは述べられているが，「人々がお金を払わなければいけない」とは述べられていないので，**4** も不正解。**3** は本文に言及がない。

(35) 解答 2

質問の訳 ペットボトルの学校に関して特別なことは何か？

選択肢の訳
1 人々は学校を建てるためにペットボトルのリサイクルで得たお金を使う。
2 壁はごみが詰まったペットボトルで作られている。
3 学生たちが学校を飾るためにペットボトルを使っている。
4 建物がペットボトルと同じ形をしている。

第2段第2文（First, people collect …）に people collect plastic bottles, and then they fill the bottles with plastic garbage「人々はペットボトルを集めて，そのペットボトルをプラスチックごみでいっぱいにする」とあり，ごみが入ったペットボトルが使われていることがわかる。また，第2段第4文 These bottles are then used to make walls. は「そして，こうしたボトルが壁を作るのに使われる」という意味。These bottles は前述のごみが入ったペットボトルを指すので，正解は **2 Walls are made from plastic bottles that are filled with garbage.** である。**1**・**3**・**4** はどれも本文に言及がない。

(36) 解答 4

質問の訳 ハグ・イット・フォワード計画に参加した学校では，（　　　）

選択肢の訳 1 それぞれの教室が異なる地域共同体によって設計されている。

2 それぞれの教室が異なる種類のごみを使って建築されている。

3 町で一番の建物を造った学生たちが賞を受けられる。

4 自分のクラスが一番多くペットボトルを集めると，学生は賞を受けられる。

第3段第3文 They are asked to collect garbage and fill bottles. は「彼らはごみを集めて，ボトルに詰めることを求められる」という意味。They は第3段第2文（Students and other …）で述べられている「ハグ・イット・フォワード計画に参加している学生や人々」なので，この計画ではペットボトルを集めてごみを詰めることが必要であるとわかる。また，第3段第4文（In many cases, …）に each class competes to prepare more plastic bottles than the other classes「それぞれのクラスは他のクラスよりも多くのペットボトルを準備することを競う」とある。さらに続く第3段第5文（The class that …）に The class that wins gets a small prize「勝ったクラスはささやかな賞を与えられる」とあるので，「一番多くペットボトルを集めたクラスが賞をもらう」ということがわかる。よって，正解は **4 students can win a prize if their class prepares the most plastic bottles**。**3** は prize に言及しているが，賞を受ける理由は create the best building「最も良い建物を造る」ではないので不正解。**1**・**2** は本文に言及がない。

(37) 解答 2

質問の訳 なぜペットボトルの学校は世界中で見られるのか？

選択肢の訳 1 人々が出すごみの量が増えているから。

2 伝統的な学校よりも建設する費用が安く済むから。

3 ハグ・イット・フォワードが世界中で新しい計画を生み出す努力をしているから。

4 貧しい地域社会が様々な国で100の新しい教室を作ったから。

第4段第3文 Because plastic-bottle schools are cheaper than schools built in the traditional way, other groups have started similar projects around the world. は「ペットボトルの学校は伝統的な方法で建設される学校よりも費用が安いので，他の団体が世界中で同じような計画を始めている」という意味。よって，正解は **2 They cost less to build than traditional school buildings**。**1**・**3**・**4** はどれも本文に言及がない。

一次試験　筆記　5

解答例 **I think that watching TV is good for children. To begin with, they can learn many things. For example, they can learn about the world by watching the news. Also, children need time to rest. There are many interesting TV shows, and watching TV gives them a chance to relax. Therefore, I think watching TV is good for children.（50〜60 語）**

訳 私はテレビを見ることは子どもにとって良いと思う。まず初めに，彼らは多くのことを学べる。例えば，ニュースを見ることで世界について学べる。また，子どもは休憩する時間も必要だ。面白いテレビ番組がたくさんあるので，テレビを見ることで子どもはリラックスする機会が持てる。こういうわけで，私はテレビを見ることは子どもにとって良いと思う。

質問の訳 テレビを見るのは子どもにとって良いことだと思うか？

▶英文は Introduction（序論）→Body（本論）→Conclusion（結論）の構成が基本となる。自分の意見を Introduction で述べ，それに対するサポート（理由，具体例）を Body で行い，最後にもう一度自分の考えを Conclusion で述べるとよい。本問の〔解答例〕の場合は，第１文（I think that …）が Introduction に該当し，第２～５文（To begin with, …）が Body に該当し，第６文（Therefore, I think …）が Conclusion に該当している。ただし，語数に余裕がない場合は Introduction と Body が適切に書けていれば，Conclusion はなくても許容されるだろう。

▶１文目（Introduction）で良いと思うかどうかをはっきり示す必要がある。質問が Do you think ～？と Yes / No で答える疑問文になっているので，Yes, I think so. / No, I don't think so. と答えてもよいし，〔解答例〕のように I think that watching TV is good for children. というように，「私は～だと思う」と意見を述べる形で答えてもよいし，In my opinion, watching TV is good for children. と始めてもいいだろう。大切なのはまず自分の主張をはっきりと述べることである。

▶次に Body で自分の主張に対するサポートを述べていく。本問のように理由の数が指定されている場合は必ずその指定を守る。指定されていない場合でも，求められる語数にもよるが，最低でも２つくらいは理由を列挙しておきたい。理由を列挙する際には first, second, finally などの副詞を使って表すとわかりやすくなる。また，語数に余裕があれば，I have two reasons. と理由の数をはっきり述べる表現を入れてもよいだろう。

▶最後に Conclusion でもう一度自分の主張を述べる。その際には，For these reasons「こうした理由で」，That's why「そういうわけで」といった表現を用いればよいだろう。また，基本的には Introduction で述べた内容を繰り返せばよいが，表現を置き換えても構わない。

▶「良くない」と答えた場合の理由としては，「テレビは子どもの勉強時間を奪う」，「子どもが見るべきではない番組がたくさんある」などが考えられる。

〔解答例〕 No, I don't think so. First, it reduces children's study time. It is difficult for children to stop watching interesting TV programs. Then, they have less time to study. Second, children should not watch some TV programs. They are often violent. This is not good for children. Therefore, watching TV is not good for children.

一次試験　リスニング　第1部

No. 1　解答　2

★＝男性　☆＝女性　（以下同）
☆ Who is the girl next to you in this picture, Dean?
★ That's my older sister. Her name is Janet.
☆ Oh, really? What does she do?

★ **1**　She's 24 years old.
★ **2**　She works at a hospital.
★ **3**　She graduated from college last year.

訳　☆この写真であなたの隣にいる女の子は誰なの，ディーン？
★姉だよ。彼女の名前はジャネットだよ。
☆そうなんだ。彼女は何をしているの？

★ **1**　彼女は24歳だよ。
★ **2**　彼女は病院で働いているんだ。
★ **3**　彼女は去年大学を卒業したんだ。

友人同士の会話。女性が写真に写っている女性について男性に質問している。空所は女性が男性に姉が何をしているのかを尋ねているのに対する返答になる。正解は 2「彼女は病院で働いているんだ」。What does she do? は人の職業や身分を尋ねる表現。What is she doing?「彼女は今何をしていますか？」と区別すること。

No. 2　解答　3

★ Excuse me, waiter. Can you recommend any specials from the menu?
☆ Certainly. Tonight's special is the Texas steak.
★ Actually, I don't eat beef. I'd prefer chicken or fish.

☆ **1**　In that case, get a larger steak.
☆ **2**　In that case, I'll get your check.
☆ **3**　In that case, try the wild salmon.

Script

訳　★すみません，ウェイターさん。メニューで何かお薦めはありますか？
☆はい。今夜のお薦めはテキサスステーキです。
★実は，私は牛肉を食べないんです。鶏肉か魚の方がいいです。

☆ **1**　そうしましたら，より大きなステーキをお召し上がりください。
☆ **2**　そうしましたら，お勘定をお持ちします。

☆3　そうしましたら，天然のサケをお試しください。

レストランでの客とウェイターの会話。客がウェイターにお薦めを尋ねて，ウェイターがステーキを薦めたが，客は牛肉を食べないと言っている。それに対してのウェイターの応対が解答になる。正解は**3「そうしましたら，天然のサケをお試しください」**。

No. 3　解答　1

Script

★ Can I use the car tonight, Mom?

☆ Tonight? Kevin, you only got your driver's license last week, and it's snowing outside.

★ Please, Mom. I promise not to come home too late.

☆1　I'm sorry, but it's dangerous to drive in this weather.

☆2　I'm sorry, but you don't have a license yet.

☆3　I'm sorry, but I can't buy a car for you.

訳

★ママ，今夜車を使っていい？

☆今夜？　ケビン，先週免許をとったばかりでしょ。それに外は雪が降っているわ。

★頼むよ，ママ。遅くならないって約束するから。

☆1　ダメよ。この天気で運転するのは危ないわ。

☆2　ダメよ。でもあなたはまだ免許を持ってないでしょ。

☆3　ダメよ。あなたに車を買ってあげることはできないわ。

親子の会話。息子が母親に車を使わせてくれるように頼んでいる場面。「遅くならないように戻る」という息子に対する母親の発言が解答になる。母親は最初の発言で you only got your driver's license last week, and it's snowing outside「先週免許をとったばかりだし，外は雪が降っている」と言っているので，初心者であることと悪天候を理由に車を使わせたくないことがわかる。よって，正解は**1「ダメよ。この天気で運転するのは危ないわ」**。

No. 4　解答　2

Script

★ Hello. Adam Chow speaking.

☆ Hi, Adam. It's Cathy from across the street. I need a favor—could I borrow some sugar? I don't have any left.

★ Sure, no problem.

☆1　I see. I'll try someone else then.

☆2　Great. I'll come over in a minute.

☆3　Yeah. I need to go to the store, too.

訳 ★もしもし，アダム・チョウです。
☆もしもし，アダム。向かいのキャシーよ。お願いがあって，お砂糖を少し貸してくれないかしら？ なくなっちゃったのよ。
★もちろん，いいですよ。

☆1　わかったわ。別の人に頼んでみるわ。
☆2　よかった。すぐに取りに行くわね。
☆3　そうなのよ。私もお店に行かなきゃいけないの。

ご近所同士の電話での会話。女性が男性に砂糖を貸してくれるよう頼んでいる場面。男性が女性に「いいですよ」と答えているので，それに続く女性の発言は感謝や喜びを表す言葉になるはずである。正解は**2「よかった。すぐに取りに行くわね」**。Could I ～？は相手に丁寧に許可を求める表現。

No. 5 解答 3

Script

★ Excuse me, ma'am. Pets aren't allowed in this park.
☆ Really? I didn't see any signs.
★ There's one at the front gate.

☆ 1　Yeah, we come here every Wednesday.
☆ 2　Well, my dog's only a year old.
☆ 3　Oh. I'll take my dog home, then.

訳 ★すみません，奥様。この公園ではペットは禁止です。
☆そうなの？ 標識が一つも見当たらなかったわ。
★正面ゲートのところにございます。

☆1　そうなのよ。私たちは毎週水曜日にここへ来るの。
☆2　そうね，私の犬はまだ1歳なの。
☆3　そうなのね。じゃあ，犬を連れて帰るわ。

公園での管理人と散歩している人との会話。犬を連れている女性に管理人が注意をしている場面。標識が見えなかったという女性に対して，管理人が正面ゲートにあると指摘している。それに対する女性の返答が解答となる。正解は**3「そうなのね。じゃあ，犬を連れて帰るわ」**。

No. 6　解答　3

☆ Welcome to HomeWorld. Can I help you?
★ Hello. I have a fence around my garden that I'd like to paint.
☆ Let me show you where our paints are. What color do you need?

★ 1　It's made out of wood.
★ 2　I really love gardening.
★ 3　I want something bright.

訳
☆ホームワールドへようこそ。ご用件をお伺いいたします。
★こんにちは。庭の周りにフェンスがあって，それにペンキを塗りたいんだよ。
☆ペンキのある場所へご案内いたします。何色がご入用ですか？

★ 1　それは木製なんだ。
★ 2　僕は本当にガーデニングが好きなんだよ。
★ 3　明るい色が欲しいんだよ。

ホームセンターでの店員と客の会話。フェンスにペンキを塗りたいという客を店員が案内している場面。店員が必要な色を尋ねているのに対する男性の答えが解答となる。正解は 3「明るい色が欲しいんだよ」。Can I help you? は「いらっしゃいませ」という意味もあるが，ここでは「ご用件をお伺いいたします」という意味。

No. 7　解答　1

★ I'm leaving for work, honey.
☆ OK. Have a great day. What time are you coming home tonight?
★ I'm not sure. We have a meeting this evening.

☆ 1　Well, call me and let me know.
☆ 2　Well, it looks like you enjoyed it.
☆ 3　Well, let me introduce you.

訳
★じゃあ，仕事に行ってくるよ。
☆わかったわ。いい１日を。今夜は何時に帰って来るの？
★わからない。今晩会議があるんだ。

☆ 1　じゃあ，電話で知らせてね。
☆ 2　そうね，あなたは楽しかったみたいね。
☆ 3　じゃあ，あなたのことを紹介させて。

夫婦の会話。家を出ようとしている夫に妻が帰って来る時間を尋ねている。夫が「わからない」と答えたことに対する妻の返答が解答となる。正解は 1「じゃあ，電話で知らせてね」。

No. 8　解答　2

★ What should we do tonight, Barbara?
☆ Hmm. Do you want to go watch a movie?
★ That sounds nice. What do you want to watch?

☆ 1　Hmm, I've seen that movie already.
☆ 2　Well, I'd like to see something funny.
☆ 3　Yeah, maybe we should get some food.

訳
★バーバラ，今夜は何をしようか？
☆うーん。映画を見に行くのはどう？
★それはいいね。どんな映画が見たい？

☆ 1　うーん，その映画はすでに見たことがあるわ。
☆ 2　そうね。何か笑える映画がいいわ。
☆ 3　そうね。何か食べ物を買いましょう。

男性と女性の会話。女性が映画を見に行く提案をして，男性がそれに対して，どんな映画を見たいかを女性に尋ねている場面。それに対する女性の返答が解答となる。正解は **2「そうね。何か笑える映画がいいわ」**。That sounds nice は相手の提案に同意する表現。

No. 9　解答　1

☆ Liberty DVD Rental Shop.
★ Hello. I borrowed a DVD last month, but now I can't find it. How much will it cost if I return it late?
☆ The fee is one dollar per day.

★ 1　OK. I'll try to find it soon.
★ 2　Hmm. I paid that already.
★ 3　Well, I don't really like movies.

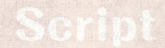

訳
☆リバティー DVD レンタルショップです。
★こんにちは。先月 DVD を借りたのですが，それが今見当たらないのです。延滞料金はいくらになりますか？
☆1日につき1ドルです。

★ 1　わかりました。すぐに見つけるよう努力します。
★ 2　そうなんですか。もうそれはすでに払いました。
★ 3　実は，あまり映画は好きではありません。

レンタルショップの店員と客の電話での会話。客が店員に延滞料金を確認している場面。店員が「1日につき1ドル」と伝えたのに対する客の返答が解答となる。正解は **1「わかりま**

した。すぐに見つけるよう努力します」。

No. 10 解答 **2**

★ How was school today, Jenny？
☆ Well, a woman from Silverton Library came and gave a talk to our class.
★ That sounds interesting. What did she talk about？

☆ **1** It was just after lunch.
☆ **2** The history of Silverton City.
☆ **3** Probably about 30 minutes.

訳 ★今日の学校はどうだった，ジェニー？
☆えーっと，シルバートン図書館から女の人が来て，私たちのクラスに話をしてくれたの。
★おもしろそうだね。どんなことについて話してくれたんだい？

☆ **1** ちょうど昼食後だったの。
☆ **2** シルバートン市の歴史についてよ。
☆ **3** おそらく30分くらいね。

親子の会話。父が娘に学校のことについて尋ねている場面。娘が図書館から来た女性が話をしてくれたと伝えたのに対して，父親がどんな話だったのかを尋ねており，それに対する娘の返答が解答となる。正解は **2**「シルバートン市の歴史についてよ」。

一次試験　リスニング　第2部

No. 11　解答　2

★＝男性　☆＝女性　（以下同）

☆ Do you want to go to lunch now? I'm really hungry.

★ Lunch already, Caroline? It's only eleven o'clock!

☆ I woke up late this morning, so I didn't have time to eat breakfast.

★ OK. Let's go to the Italian restaurant on the corner.

Question: What does the woman want to do?

Script

訳
☆そろそろ昼食に行かない？　とてもお腹が減ったわ。
★もう昼食に行くの，キャロライン？　まだ11時だよ！
☆今朝寝坊したから，朝食を食べる時間がなかったの。
★わかったよ。角のイタリアンレストランに行こう。

質問：女性は何をしたいのか？

選択肢の訳　**1**　朝食を作る。　**2**　昼食を食べる。　**3**　就寝する。　**4**　イタリアへ行く。

昼食を巡る友人同士の会話。質問の内容は，女性が何をしたいのかを尋ねている。女性の最初の発言にDo you want to go to lunch now? I'm really hungry.「そろそろ昼食に行かない？　とてもお腹が減ったわ」とあるので，正解は **2「昼食を食べる」**。

No. 12　解答　2

☆ Excuse me. I need a ticket to Seattle. I have to be there before two o'clock for a meeting.

★ Would you like a ticket for the express train? It'll get you there by twelve thirty.

☆ That's perfect.

★ All right. It's 30 dollars. Your seat is in the first car.

Question: What is the woman doing?

Script

訳
☆すみません，シアトル行きの切符が欲しいのですが。会議のために2時までにそこに着かないといけないんです。
★急行列車の切符はいかがでしょうか？　それに乗れば12時30分までに到着します。
☆ちょうどいいですね。
★わかりました。では30ドルになります。お席は一番前の車両です。

質問：女性は何をしているか？

選択肢の訳　1　シアトルを出発しようとしている。
2　電車の切符を買っている。
3　電車について文句を言っている。
4　友人に会っている。

駅員と客の会話。質問は女性が何をしているのかを尋ねている。女性の最初の発言に I need a ticket to Seattle.「シアトル行きの切符が必要だ」とあるので，正解は 2「電車の切符を買っている」。Would you like ～？は「～はいかがですか？」と相手に提案したり，ものを勧めたりする表現。

No. 13　解答　3

★ Reed City Police Department.

☆ Hello. My cat has climbed up a tree, and now he's too scared to come down. Can you help me ?

★ Well, just calm down, and give me your home address. We'll send someone right away.

☆ Oh, thank you so much. I live on 77 Honeybird Lane. I'll be waiting outside for you.

Question : Why did the woman call the Reed City Police Department ?

Script

訳
★リード市警です。

☆もしもし。私の猫が木に登ってしまい，怖がって降りてこられないんです。助けてくれませんか？

★わかりました，落ち着いてください。あなたの住所を教えてください。すぐに誰かを行かせます。

☆あぁ，どうもありがとう。ハニーバード通りの 77 番です。家の外で待っています。

質問：なぜ女性はリード市警に電話したのか？

選択肢の訳　1　駅の住所を手に入れるため。
2　外の不審な車を通報するため。
3　彼らにペットを救出してくれるよう頼むため。
4　彼らが彼女の猫を見ていないか尋ねるため。

警察への電話の場面。質問は女性が警察に電話した理由を尋ねている。女性の最初の発言に My cat has climbed up a tree, and now he's too scared to come down. Can you help me ?「私の猫が木に登ってしまい，怖がって降りてこられないんです。助けてくれませんか？」とあるので，女性が助けを求めていることがわかる。よって，正解は 3「彼らにペットを救出してくれるよう頼むため」。Can you〔Will you〕～？など，相手に依頼する表現が聞こえたら，その内容に注目することが大切である。

No. 14　解答　1

★ Grandma, it's so nice to see you again! How was your flight?
☆ It was fine, Greg. It's wonderful to see you, too.
★ Let me take your bag. My car is just outside.
☆ Thanks. The bag is pretty heavy, so be careful.

Question：Where is this conversation probably taking place?

Script

訳
★おばあちゃん，また会えて嬉しいよ！　飛行機はどうだった？
☆良かったわよ，グレッグ。あなたに会えて私も本当に嬉しいわ。
★カバン持つよ。車はすぐそこだよ。
☆ありがとう。カバンはとても重いから，気を付けてね。

質問：この会話はおそらくどこで行われているか？

選択肢の訳　**1**　空港で。　**2**　グレッグの家で。
3　飛行機の中で。　**4**　車の中で。

孫と祖母の会話。質問はこの会話が行われている場所を尋ねている。孫の最初の発言にHow was your flight?「飛行機はどうだった？」とある。また，孫の２番目の発言にMy car is just outside.「車はすぐそこだ」とあるので，２人が空港にいることがわかる。正解は**1「空港で」**。let me *do* は「～するよ」と相手に提案する言い方。

No. 15　解答　2

★ Anna, someone told me that your family keeps chickens in your backyard. Is that true?
☆ Yeah.
★ Wow—chickens in the city. Isn't it hard work to look after them?
☆ Yes, it is. But I like having them because the eggs are always fresh and delicious.

Question：Why does the girl like keeping chickens?

Script

訳
★アナ，君の家族が裏庭でニワトリを飼っているって聞いたけど，本当かい？
☆そうよ。
★すごいね。街中にニワトリがいるなんて。世話をするのは大変じゃないの？
☆大変よ。でも卵がいつも新鮮でおいしいから飼うのは好きよ。

質問：なぜ女の子はニワトリを飼うことを好むのか？

選択肢の訳　**1**　彼らの世話をするのは簡単だから。
2　新鮮な卵を食べるのは素敵なことだから。
3　彼らが遊ぶのを見るのは楽しいから。
4　彼女はチキンの味が好きだから。

友人同士の会話。男の子が女の子にニワトリのことについて話しかけている場面。質問は女の子がニワトリを飼っている理由を尋ねている。女の子の2番目の発言にI like having them because the eggs are always fresh and delicious「卵がいつも新鮮でおいしいから飼うのは好き」とあるので，正解は**2「新鮮な卵を食べるのは素敵なことだから」**。

No. 16　解答　4

Script

★ Mrs. Jones, would you mind if I took the afternoon off tomorrow?
☆ Why do you need to do that?
★ I just found out a friend of mine from Chicago is coming here on vacation for a couple of days. I want to pick him up at the train station.
☆ OK. That's no problem.

Question: Why is the man going to take the afternoon off tomorrow?

訳
★ジョーンズ夫人，明日の午後お休みをいただいてもよろしいでしょうか？
☆どうしてそうする必要があるのですか？
★シカゴから友人が休暇で数日来ることがわかったので，彼を列車の駅まで迎えに行きたいのです。
☆わかりました。問題ありません。

質問：なぜ男性は明日の午後休みをとるのか？

選択肢の訳　**1**　シカゴに行くため。　**2**　友人を駅まで送っていくため。
3　シカゴから来た親戚に会うため。　**4**　友人を迎えに行くため。

雇い主と従業員の会話。質問は男性が明日の午後休みをとる理由を尋ねている。男性の2番目の発言にa friend of mine from Chicago is coming here on vacation「シカゴから友人が休暇でここに来る」，I want to pick him up at the train station.「彼を列車の駅まで迎えに行きたい」とあるので，正解は**4「友人を迎えに行くため」**。Would you mind if I *do*?は「～してもよろしいでしょうか？」と丁寧に許可を求める表現。

No. 17 解答 3

★ Welcome to Barney's. May I help you find some books ?
☆ Yes. Do you have the new novel by Edward Johnson ?
★ I'm sorry, we just sold the last one. We'll get more on Tuesday, though.
☆ OK, I'll come back then.

Question : What will the woman do on Tuesday ?

Script

訳
★バーニーズへようこそ。どのような本をお探しでしょうか？
☆エドワード・ジョンソンの新しい小説はありますか？
★申し訳ありません。最後の１冊が今売れたところです。火曜日には入荷がございますが。
☆わかりました。その時にまた来ます。
質問：女性は火曜日に何をするか？

選択肢の訳
1 新しい小説を借りる。
2 違う小説を読む。
3 バーニーズに戻る。
4 別の本屋を見つける。

書店での客と店員の会話。女性が作家の新作を探している場面。質問は女性が火曜日に何をするかを尋ねている。男性の２番目の発言に We'll get more on Tuesday「火曜日には入荷がある」とあり，それに対して女性が I'll come back then「その時にまた来ます」と答えているので，正解は **3「バーニーズに戻る」**。

No. 18 解答 4

☆ Hello ?
★ Hi, Allison. It's Ben. I just missed my bus, so I'm going to be 10 minutes late getting to your house.
☆ OK. You're going to miss the beginning of the movie. But I'll tell you what happened.
★ Thanks. I'm bringing some snacks and drinks, by the way.

Question : What is one thing the boy says ?

Script

訳
☆もしもし。
★もしもし，アリソン。ベンだよ。バスに乗り損ねたから，君の家に着くのが 10 分遅れるよ。
☆わかったわ。映画の最初の部分が見られなくなるけど，何が起こったかを教えるわ。
★ありがとう。それはそうと，おやつと飲み物を持っていくからね。

■ **質問：男の子が言っていることの一つは何か？**

選択肢の訳 **1** 彼は女の子におやつを買ってほしい。
2 彼はわくわくする映画を見た。
3 彼はバスを乗り間違えた。
4 彼は遅刻する。

友人同士の会話。男の子の最初の発言に I just missed my bus「バスに乗り遅れた」とあるので **3** は不正解。同じ発言箇所に I'm going to be 10 minutes late getting to your house「君の家に着くのが 10 分遅れる」とあるので，正解は **4「彼は遅刻する」**。by the way「ところで，それはそうと」は話題を転換する時に使う表現。

No. 19 **解答** **4**

☆Good morning, Doug. Long time no see. I can't believe summer vacation is over.
★Yeah, I agree. It feels like it only just started. It's not long enough.
☆I know. And now we have a whole year to wait before next summer.
★Don't remind me. Well, we'd better get going. We're going to be late for class.

Question：What do the boy and girl say?

Script

訳 ☆おはよう，ダグ。久しぶりね。夏休みが終わったなんて信じられないわ。
★そうだね。まだ始まったばかりの気がするよ。短いね。
☆そうね。次の夏が来るまで丸 1 年待たないといけないのよ。
★そのことを思い出させないでよ。やっていくしかないよ。授業に遅れるよ。

質問：男の子と女の子は何を言っているか？

選択肢の訳 **1** 夏休みがすぐに始まる。
2 今日サマースクールは行われない。
3 彼らは休暇を楽しまなかった。
4 彼らは夏休みがもっと長ければいいのにと思っている。

学校での友人同士の会話。女の子の最初の発言に I can't believe summer vacation is over.「夏休みが終わったなんて信じられない」とあり，夏休みが終わったことがわかるので，**1** は不正解。男の子の最初の発言に It's not long enough.「短いね」とあり，女の子の 2 番目の発言の we have a whole year to wait before next summer「次の夏が来るまで丸 1 年待たないといけない」に対して，男の子が Don't remind me.「そのことを思い出させないで」と言っているので，夏休みがもっとあればいいと 2 人が思っていることがわかる。よって，正解は **4「彼らは夏休みがもっと長ければいいのにと思っている」**。be over ～「～が終わって」

No. 20 解答 **1**

★ Dr. Gordon, my knee has been hurting a lot lately.
☆ Have you been playing any sports, Mr. Adams?
★ Yes. I've been playing a lot of football with my kids.
☆ Well, remember to stretch before you play, and make sure to take a lot of breaks.

Question : What is one thing Dr. Gordon tells Mr. Adams to do?

Script

訳 ★ゴードン先生，最近膝がひどく痛むんです。
☆アダムスさん，何かスポーツをしていますか？
★はい。子どもたちとたくさんフットボールをしています。
☆そうですね。フットボールをする前に必ずストレッチをしてください。また，しっかり休憩を取るようにしてください。

質問：ゴードン先生がアダムスさんにするように言っていることの一つは何か？

選択肢の訳 **1** フットボールをする前にストレッチをする。
2 子どもと遊ぶのをやめる。
3 テレビでもっとスポーツを見る。
4 新しいスポーツを学ぶ。

病院での会話。患者が膝の痛みを医者に相談している。女性の2番目の発言に remember to stretch before you play「フットボールをする前に必ずストレッチをしてください」とあるので，正解は **1「フットボールをする前にストレッチをする」**。remember to *do* / make sure to *do* はどちらも「必ず～してください」という意味。

一次試験　リスニング　第3部

No. 21 解答 **1**

Patrick is a junior high school student, and he has an older sister who plays the guitar. Last year, she gave her guitar to Patrick because she bought a new one. He asked his music teacher at school to teach him how to play the guitar, and now Patrick can play the guitar almost as well as his sister.

Question : What did Patrick's sister do last year?

Script

訳 パトリックは中学生で，彼にはギターを弾く姉がいる。去年，彼女は新しいギターを買ったので，自分のギターをパトリックに与えた。彼は学校の音楽の先生にギターの弾き方を教えてくれるように頼んだ。今では彼は姉と同じくらい上手にギターを弾ける。

質問：パトリックの姉は去年何をしたか？

選択肢の訳
1 彼女はパトリックにギターを与えた。
2 彼女は音楽の先生になった。
3 彼女はギターを弾き始めた。
4 彼女はパトリックの音楽のレッスンの費用を払った。

第2文 Last year, she gave her guitar to Patrick because she bought a new one. は「去年，彼女は新しいギターを買ったので，自分のギターをパトリックに与えた」という意味。よって，正解は **1「彼女はパトリックにギターを与えた」**。第3文に He asked his music teacher at school to teach him how to play the guitar「彼は学校の音楽の先生にギターの弾き方を教えてくれるように頼んだ」とあり，music teacher という表現が出てくるが，「姉が音楽の先生になった」という意味ではないので，**2** は不正解。**3**・**4** は本文に言及がない。

No. 22　解答　1

Tom has recently become a member of his high school's baseball team. From next week, he needs to go to school early every morning for practice. It is too far away to go by bicycle, and the bus does not come early enough. Luckily, a teammate's mother said that she will pick Tom up and drive him to school.

Question：How will Tom get to school early for baseball practice？

Script

訳

トムは最近，通っている高校の野球チームに入った。来週から，毎朝練習のために早く学校に行く必要がある。自転車で行くには遠すぎるし，バスはそんなに早く動いていない。幸運にも，チームメイトのお母さんがトムを迎えに来て，学校まで車で送ると言ってくれた。

質問：野球の練習のためにトムはどうやって早く学校に行くか？

選択肢の訳
1 彼はチームメイトと車で行く。
2 彼はチームメイトと歩いて行く。
3 彼は自転車に乗って行く。
4 彼は早めのバスに乗って行く。

最終文 Luckily, a teammate's mother said that she will pick Tom up and drive him to school.「幸運にも，チームメイトのお母さんがトムを迎えに来て，学校まで車で送ると言ってくれた」とあるので，正解は **1「彼はチームメイトと車で行く」**。第3文 It is too far away to go by bicycle, and the bus does not come early enough.「自転車で行くには遠すぎるし，バスはそんなに早く動いていない」という意味なので，**3**・**4** は不正解。**2** は本文に言及がない。

No. 23 解答 2

Thank you for coming to our coffee-tasting event. We have some new flavors. We recommend you try the Double White Latte—a sweet, dessert drink that is perfect for after dinner. If you like bitter coffee, try the Midnight Black—strong coffee that will help you stay awake. Try these and other flavors today!

Question：What is one thing the speaker says?

Script

訳　私たちのコーヒーの試飲会に来ていただき，ありがとうございます。新しい味がいくつかあります。ダブルホワイトラテをぜひお試しください。夕食後に最適の甘いデザートドリンクです。もし苦いコーヒーをお望みでしたら，ミッドナイトブラックをお試しください。目を覚ましてくれる濃いコーヒーです。ぜひこれらや，また他の味もお試しください！

質問：話し手が言っていることの一つは何か？

選択肢の訳
1　おやつは食べる準備ができている。
2　新しい味の飲み物が入手可能だ。
3　新しいコーヒーショップがオープンする。
4　夕食がすぐに提供される。

第1文 Thank you for coming to our coffee-tasting event.「私たちのコーヒーの試飲会に来ていただき，ありがとうございます」，続く第2文 We have some new flavors.「新しい味があります」という内容から，新しい味のコーヒーの試飲会をしていることがわかる。よって，正解は**2「新しい味の飲み物が入手可能だ」**。新しい味の試飲会なので，お店は元々存在したと推測される。よって，**3**は不正解。**1**・**4**のおやつや夕食は本文に言及がない。なお，スクリプトの第3文の the Double White Latte—a sweet … や，第4文の the Midnight Black—strong … で用いられている—は「ダッシュ」という記号で，放送音声では読まれないが，具体的内容を続けたり，補足説明をしたりする時に用いる。

No. 24 解答 3

Maggie likes the TV drama *Stories for Women*, and she watches it every week. Next month, the group of actors she likes best in the show will come to her city for a talk show. Maggie bought three tickets, and she will ask two of her friends to go with her. She hopes that they can join her.

Question：What will Maggie do next month?

Script

訳　マギーは「女性のための物語」というテレビドラマが好きで，毎週それを見ている。来月，その番組に出演している一番好きな俳優たちが，彼女の町にトークショーにやって来る。マギーはそのチケットを3枚買った。友人2人を誘うつもりだ。彼女は友人たちが一緒に行ってくれることを期待している。

質問：マギーは来月何をするか？

選択肢の訳
1 新しいテレビドラマを見る。
2 ショーのチケットを数枚買う。
3 彼女のお気に入りの俳優たちを見る。
4 彼女の友人のトークショーに出る。

第2文に Next month, the group of actors she likes best in the show will come to her city for a talk show.「来月，その番組に出演している一番好きな俳優たちが，彼女の町にトークショーにやって来る」とあり，続く第3文に Maggie bought three tickets「マギーはそのチケットを3枚買った」とあるので，マギーがトークショーに行くことがわかる。よって，正解は **3**「彼女のお気に入りの俳優たちを見る」。チケットをすでに購入しているので **2** は不正解。**1**・**4** は本文に言及がない。

No. 25 解答 4

Thank you for traveling with City Train Service. This weekend, there will be no trains running on the Blue Line because of repairs. We have scheduled buses to run between stations, but please note that the buses will take longer than the trains usually do. Make sure to check the bus schedule before you use this service.

Question：What does the speaker say about this weekend？

Script

訳

シティトレインサービスをご利用いただき，ありがとうございます。今週末，修理のため，ブルーラインの電車の運行はございません。駅と駅の間でバスを運行する予定ですが，電車よりもバスの方が時間がかかることにご注意ください。バスをご利用になられる前に，運行スケジュールをご確認ください。

質問：今週末について話し手は何と言っているか？

選択肢の訳
1 修理は予定通りに終わらないだろう。
2 バスは運行していないだろう。
3 新しい駅がオープンするだろう。
4 ブルーラインは修理のために閉鎖されるだろう。

第2文に This weekend, there will be no trains running on the Blue Line because of repairs.「今週末，修理のため，ブルーラインの電車の運行はない」とあるので，正解は **4**「ブルーラインは修理のために閉鎖されるだろう」。第3文に We have scheduled buses to run between stations「駅と駅の間でバスを運行する予定です」とあるので，**2** は不正解。**1**・**3** は本文に言及がない。

No. 26 解答 1

In the past, it was said that there were nine planets that moved around the sun. However, in 2006, scientists discussed the meaning of the word "planet." They decided that a planet has to be a certain size. The planet Pluto was not big enough, so the scientists stopped calling it a planet. Now, they say there are only eight planets.

Script

Question：What is one thing that happened in 2006？

訳 かつて，太陽の周りを9つの惑星が回っていると言われていた。しかし，2006年に，科学者が「惑星」という言葉の意味を議論した。彼らは，惑星はある一定の大きさでなければならないと結論を出した。冥王星はその大きさに満たなかったので，科学者はそれを惑星と呼ぶのを止めた。今では彼らは8つの惑星のみ存在すると言っている。

質問：2006年に起こったことの一つは何か？

選択肢の訳
1 惑星の数が変更された。
2 冥王星が小さくなった。
3 何人かの科学者が宇宙へ旅した。
4 太陽の写真が宇宙から撮られた。

第1文 there were nine planets「惑星が9つあった」，第2文 in 2006, scientists discussed the meaning of the word "planet"「2006年に，科学者が『惑星』という言葉の意味を議論した」，第4文 The planet Pluto was not big enough, so the scientists stopped calling it a planet.「冥王星はその大きさに満たなかったので，科学者はそれを惑星と呼ぶのを止めた」，最終文 they say there are only eight planets.「彼らは8つの惑星のみ存在すると言っている」とあるので，正解は **1「惑星の数が変更された」**。**2**・**3**・**4** はどれも本文に言及がない。

No. 27 解答 4

Oliver had a birthday party at his house last week. He told all the guests to bring some food to the party. However, only two guests brought food. Oliver knew that there would not be enough food, so he ordered pizza for everyone. The pizza cost a lot of money, so Oliver decided to cook before his birthday party starts next year.

Script

Question：Why did Oliver order pizza？

訳 オリバーは先週家で誕生日パーティーを行った。彼は招待客全員に何か食べ物を持ってくるように言っていたが，持ってきたのは2人だけだった。オリバーは食べ物が十分でないとわかっていたので，みんなのためにピザを注文した。ピザはとても高かったので，来年は誕生日パーティーが始まる前に料理をしようと決めた。

質問：なぜオリバーはピザを注文したのか？

選択肢の訳 **1** 彼は料理する時間がなかった。
2 彼は料理の仕方がわからなかった。
3 彼の客は彼の料理が気に入らなかった。
4 彼の客は十分な食べ物を持ってこなかった。

第 4 文 Oliver knew that there would not be enough food, so he ordered pizza for everyone. は「オリバーは食べ物が十分でないとわかっていたので，みんなのためにピザを注文した」という意味。食べ物が十分でない理由はこれより前に述べられている。第 2 文 He told all the guests to bring some food to the party.「彼は招待客全員に何か食べ物を持ってくるように言っていた」にもかかわらず，第 3 文 However, only two guests brought food.「しかし，持ってきたのは 2 人だけだった」とあるので，招待客が食べ物を持ってこなかったことが理由だとわかる。よって，正解は **4「彼の客は十分な食べ物を持ってこなかった」**。**1**・**2**・**3** はどれも本文に言及がない。

No. 28 解答 3

Naomi is going to her friend's wedding next month. Her son, Masaki, is still a baby and too young to go, so she asked her husband to take care of him. However, he suggested that she call a baby-sitter to watch their son because he has to work on the day of the wedding.

Question：What did Naomi's husband suggest?

Script

訳 ナオミは来月友人の結婚式に出席する。彼女の息子のマサキはまだ赤ちゃんなので，幼すぎて式には行けない。だから彼女は夫に彼の面倒を見るように頼んだ。しかし，彼は式の当日は仕事に行かなければならないので，ベビーシッターに電話して見てもらうようにと提案した。

質問：ナオミの夫は何を提案したか？

選択肢の訳 **1** 彼女の息子を結婚式に連れて行くこと。
2 結婚式を中止すること。
3 ベビーシッターを雇うこと。
4 ベビーシッターになること。

最終文に he suggested that she call a baby-sitter to watch their son「ベビーシッターに電話して見てもらうようにと提案した」とあるので，正解は **3「ベビーシッターを雇うこと」**。**1**・**2**・**4** はどれも本文に言及がない。

No. 29　解答　2

Monica likes dogs, but her family's apartment is very small. She asked her father for a pet dog, but he said no because there is not enough space. Monica decided to do volunteer work at a local animal shelter, which is a place for animals without homes. There, she can feed the dogs and enjoy taking care of them.

Question : What did Monica decide to do ?

Script

訳　モニカは犬が好きだが，彼女の家族が住んでいるアパートはとても狭い。彼女は父に犬を飼ってほしいと頼んだが，彼は十分な空間がないのでダメだと言った。モニカは地元の動物愛護施設でボランティアをすることを決めた。そこは家のない動物のための場所だ。そこで，彼女は犬に餌をあげ，世話をするのを楽しむことができる。

質問：モニカがすると決めたことは何か？

選択肢の訳
1　父親にもっと多くの犬のペットが欲しいと頼む。
2　家のない動物たちの世話をする。
3　父と家でより多くの時間を過ごす。
4　別のアパートを探す。

第 3 文に Monica decided to do volunteer work at a local animal shelter「モニカは地元の動物愛護施設でボランティアをすることを決めた」とあり，また続けて which is a place for animals without homes「そこは家のない動物のための場所だ」とあるので，正解は **2**「家のない動物たちの世話をする」。which は関係代名詞で，先行詞は a local animal shelter。**1**・**3**・**4** はどれも本文に言及がない。

No. 30　解答　2

Red, white, or yellow roses are easily found in nature, but blue roses are not found in nature. In fact, blue roses have to be developed in special ways. This is not easy, so they are sold at high prices in flower shops. Therefore, many people like to give blue roses as gifts on special occasions.

Question : What is one thing we learn about blue roses ?

Script

訳　赤，白，黄色のバラは自然界で簡単に見つけられるが，青いバラは自然界では見つからない。実際，青いバラは特別な方法で開発される必要がある。これは簡単でないので，青いバラは花屋で高い値段で売られている。それゆえ，多くの人が特別な機会に青いバラを贈りものとしてあげたいと思う。

質問：青いバラについて私たちがわかる一つのことは何か？

選択肢の訳
1　それらは赤いバラと共に与えられる。
2　それらは開発するのが難しい。
3　それらは自然界で簡単に見つかる。
4　それらは花屋で安価で売られている。

第２文に blue roses have to be developed in special ways「青いバラは特別な方法で開発される必要がある」とあり，続く第３文に This is not easy「これは簡単でない」とあるので，正解は **2「それらは開発するのが難しい」**。第１文に blue roses are not found in nature「青いバラは自然界では見つからない」とあるので，**3** は不正解。また，第３文に they are sold at high prices in flower shops「青いバラは花屋で高い値段で売られている」とあるので，**4** も不正解。**1** は本文に言及がない。

二次試験　面接　問題カードA

訳

親を手助けすること

親は，子どもをどこかに連れて行ったり，買い物をしたりと，たくさんのことをするのに自転車を使う。このため，親が使う自転車は重くて，乗るのが難しいことがある。今では，いくつかの会社が親向けに多くの種類の電動自転車を販売している。そしてそうすることで，親の生活をより楽なものにしている。

語句・構文

□ company「会社」　□ electric［iléktrik］「電気の，電動の」

質問の訳

No. 1　本文によれば，いくつかの会社はどのようにして親の生活をより楽なものにしていますか？

No. 2　さて，イラストAの人々を見てください。それぞれ色々なことをしています。彼らがしていることをできるだけたくさん私に伝えてください。

No. 3　さて，イラストBの女の人を見てください。その状況を説明してください。

No. 4　あなたは人々がインターネットで買い物をするのは良いことだと思いますか？

No. 5　多くの外国人が日本語を学びに日本に来ています。あなたは彼らに日本語を教えたいですか？

No. 1　解答例　**By selling electric bicycles.**

訳　電動自転車を販売することによって。

第3文に and by doing so they are making parents' lives easier「そしてそうすることで，親の生活をより楽なものにしている」とある。この doing so の内容が質問の答えになるが，これは第3文前半を受けているので，some companies are selling many kinds of electric bicycles for parents の内容を答える。なお，how で手段を問われた時には，By *doing*「～することによって」と動名詞を用いて答えるとよい。また They do so by selling ～. と，答えの文にＳＶを補足して答えてもよいだろう。その際には，Ｖに代動詞 do を用いると簡単に答えられる。

No. 2　解答例　**A man is getting out of his car. / A boy is walking a dog. / A man is carrying some shopping baskets. / Two girls are waving to each other. / A woman is mopping the floor.**

訳　男の人が車から降りている。／男の子が犬を散歩させている。／男の人がいくつかの買い物かごを運んでいる。／2人の女の子がお互いに手を振っている。／女の人が床をモップで拭いている。

イラストの中には6人の人物がいるが，自分が説明しやすいものから順番に6人すべて説明するようにしよう。なお，手を振り合っている女の子たちはそれぞれについて説明するのではなく，まとめた方が説明しやすい。質問が Tell me as much as you can about what they are doing. と現在進行形で問われているので，答える時も現在進行形を用いるとよいだろう。waving to each other がわからなければ，saying hello to each other にするなど，自分の知っている単語を用いてできるだけ表現することが大切。

No. 3 解答例 **She dropped her camera and thinks she broke it.**

訳 彼女はカメラを落として，壊してしまったと思う。

まずはイラストをよく見て，どのような状況なのかをしっかりと考えよう。本問では，①女の人がカメラを地面に落とした，②女の人の吹き出しに壊れたカメラの絵がある，という2つの情報から，「女の人がカメラを落として，壊してしまったと思っている」という状況をつかめるかがポイントとなる。〔解答例〕は and を用いているが，She thinks she broke her camera because she dropped it. と理由を表す because を用いてもよいだろう。

No. 4 解答例 (Yes. → Why ?) **People can buy things anytime they want. Shopping at home is very convenient.**

(No. → Why not ?) **People like to check products before buying them. Also, shopping at real stores is more fun.**

訳 **(Yes. の場合)** 人々はいつでも好きな時に物を買える。家で買い物をするのはとても便利だ。

(No. の場合) 人々は買う前に商品をチェックしたがる。また，実際の店舗で買い物する方が楽しい。

まずは Yes. / No. で賛成か反対かを明確に述べる。どちらで答えるにしても，自分がなぜそう考えるかの根拠を少なくとも2つは挙げておきたい。根拠を挙げる際には，〔解答例〕のように Also, ～「また，～」を用いたり，for example, ～「例えば，～」を用いたりして具体例を挙げるのもよいだろう。また，日頃から様々なことに自分なりの意見を持ち，その根拠を考える訓練をしておくことも大切である。

No. 5 解答例 (Yes. → Please tell me more.) **My town has a lot of foreign students. I want to help them learn Japanese.**

(No. → Why not ?) **I think it's difficult to teach Japanese to people. People need special training to teach it to others.**

訳 **(Yes. の場合)** 私の町には多くの外国人の学生がいる。私は彼らが日本語を学ぶのを手伝いたい。

(No. の場合) 人に日本語を教えるのは難しい。それを他の人に教えるための特別な訓練が必要だ。

Yes. / No. のどちらかをまずははっきりさせる。Yes の場合は，自分の経験を交えて答えるとよいだろう。No の場合は，やはり根拠を少なくとも2つは挙げておきたい。

二次試験　面接　問題カードD

訳

学生と仕事

過去には，多くの学生が，学校を卒業したあと自分が何をしたいのかわからなかった。これはほとんどの学生が職場での経験がなかったためだ。今では，多くの学校が学生に仕事をする経験をさせていて，そうすることで彼らの将来設計の手助けをしている。学生の職業体験は一般的なものになった。

語句・構文

□ in the past「過去には，昔は」　□ experience［ikspíriəns］「経験」
□ workplace「職場，仕事場」　□ let *A* *do*「*A* に～させてあげる」
□ help *A* *do*「*A* が～するのを手伝う」
□ popular［pɑ́pjələr］「人気がある，一般的な」

質問の訳

No. 1　本文によれば，多くの学校はどのようにして学生の将来設計を手助けしていますか？
No. 2　さて，イラストAの人々を見てください。それぞれ色々なことをしています。彼らがしていることをできるだけたくさん私に伝えてください。
No. 3　さて，イラストBの女の子を見てください。その状況を説明してください。
No. 4　あなたは学生は自分が住んでいる地域でボランティアをするべきだと思いますか？
No. 5　今日では，たくさんの人が花や野菜を育てるのを好みます。あなたはガーデニングが好きですか？

No. 1　解答例　**By letting students get work experience.**

訳　学生に仕事をする経験をさせることによって。

第3文に and by doing so they help students plan for their futures「そうすることで彼らの将来設計の手助けをしている」とある。この doing so の内容が質問の答えになるが，これは第3文前半を受けているので，many schools let students get work experience の内容を答える。なお，how で手段を問われた時には，By *doing*「～することによって」と動名詞を用いて答えるとよい。また They do so by letting ～. と，答えの文にＳＶを補足して答えてもよいだろう。その際には，Ｖに代動詞 do を用いると簡単に答えられる。

No. 2　解答例　**A boy is taking a book out of〔putting a book into〕a bag. / A man is lifting a box. / A boy is throwing away trash. / A girl is closing the curtain. / A girl is cutting paper.**

訳　男の子がカバンから本を取り出している〔カバンに本をしまっている〕。／男の人が箱を持ち上げている。／男の子がごみを捨てている。／女の子がカーテンを閉めている。／女の子が紙を切っている。

イラストの中には5人の人物がいるが，自分が説明しやすいものから順番に5人すべて説明するようにしよう。質問が Tell me as much as you can about what they are doing. と現在進行形で問われているので，答える時も現在進行形を用いるとよいだろう。単語を思いつかなくても，自分の知っている単語を用いてできるだけ表現することが大切。

No. 3 解答例 **She wants to wash her hands, but there isn't any soap.**

訳 彼女は手を洗いたいが，石鹸がない。

まずはイラストをよく見て，どのような状況なのかをしっかりと考えよう。本問では，①女の子が手を洗おうとしている，②石鹸置きに石鹸がない，③女の子の吹き出しには石鹸で手を洗っている場面に×が描かれている，という3つの情報から，「手を洗おうとしたが，石鹸がないので洗えない」という状況をつかめるかがポイントとなる。

No. 4 解答例 (Yes. → Why?) **They can learn many things from doing volunteer work. Also, volunteer work is a good way to help others.**

(No. → Why not?) **Most students have a lot of things to do. They're busy with club activities even on weekends.**

訳 **(Yes. の場合)** 彼らはボランティア活動をすることでたくさんのことを学べる。また，ボランティア活動は他者を助ける良い方法だ。

(No. の場合) ほとんどの学生はやるべきことがたくさんある。彼らは週末でさえもクラブ活動で忙しい。

まずは Yes. / No. で賛成か反対かを明確に述べる。どちらで答えるにしても，自分がなぜそう考えるかの根拠を少なくとも2つは挙げておきたい。根拠を挙げる際には，〔解答例〕のように Also, ～「また，～」を用いたり，for example, ～「例えば，～」を用いたりして具体例を挙げるのもよいだろう。また，日頃から様々なことに自分なりの意見を持ち，その根拠を考える訓練をしておくことも大切である。

No. 5 解答例 (Yes. → Please tell me more.) **I help my parents in our garden on weekends. We grow many different kinds of vegetables.**

(No. → Why not?) **It's a lot of work to take care of a garden. It's easier to buy flowers or vegetables at a store.**

訳 **(Yes. の場合)** 私は週末に庭で両親の手伝いをする。私たちはたくさんの種類の野菜を育てている。

(No. の場合) 庭の手入れをするのは大変だ。お店で花や野菜を買った方が簡単だ。

Yes. / No. のどちらかをまずははっきりさせる。Yes の場合は，自分の経験を交えて答えるとよいだろう。No の場合は，やはり根拠を少なくとも2つは挙げておきたい。

2019 年度 第 2 回

Grade Pre-2

一次試験 解答一覧

● 筆記

	(1)	(2)	(3)	(4)	(5)	(6)	(7)	(8)	(9)	(10)
1	3	2	2	4	1	2	1	3	1	4
	(11)	(12)	(13)	(14)	(15)	(16)	(17)	(18)	(19)	(20)
	4	2	4	3	1	2	3	1	3	1

	(21)	(22)	(23)	(24)	(25)
2	4	1	3	2	1

3	A	(26)	(27)	
		2	4	
	B	(28)	(29)	(30)
		4	1	3

4	A	(31)	(32)	(33)	
		1	3	1	
	B	(34)	(35)	(36)	(37)
		3	2	2	2

5（ライティング）の解答例は P. 14 を参照。

● リスニング

	No. 1	No. 2	No. 3	No. 4	No. 5	No. 6	No. 7	No. 8	No. 9	No. 10
第 1 部	3	3	2	2	1	2	1	3	1	2

	No. 11	No. 12	No. 13	No. 14	No. 15	No. 16	No. 17	No. 18	No. 19	No. 20
第 2 部	2	4	3	4	1	3	4	2	1	4

	No. 21	No. 22	No. 23	No. 24	No. 25	No. 26	No. 27	No. 28	No. 29	No. 30
第 3 部	2	1	2	4	1	3	4	1	3	2

一次試験　筆記　1

(1)　解答　3

訳　A：歌手のキム・エリスが映画に出演したのを知ってた？
　　B：ええ。『グランドシティ病院』という映画で看護師役をしていたわ。

Bの返答がイエスであり，続いて「…という映画で看護師役をしていた」と発言しているので，play と同様の意味の動詞が入ると考えられる。よって **3 acted「(舞台・映画などで)演じた」**が正解。**1** traded「取り引きした」 **2** wondered「不思議に思った」 **4** received「受領した」

(2)　解答　2

訳　A：スコット，外はとても寒いわよ。暖かい上着を着なさい。
　　B：そうするよ，ママ。手袋と帽子もつけるよ。

直後に「暖かい上着を着なさい」とあり，それに続くBの発言にも「手袋と帽子をつける」とあるので，空所には「寒い」という意味の言葉が入ると考えられる。その意味を持つのは **2 freezing「酷寒の」**のみなのでこれを選ぶ。**1** emotional「感情的な」 **3** delicious「とてもおいしい」 **4** complete「完璧な」

(3)　解答　2

訳　アントニーのレストランではほとんどのお客が禁煙席を要求したので，彼はレストランを禁煙席のみにした。

後半が so「だから，それで」と続いているので，前半はレストランを全席禁煙にした理由が述べられていると考えられる。よって **2 requested「～を要請した」**が正解。**1** handled「～を扱った」 **3** doubled「～を2倍にした」 **4** crashed「～を衝突させた」

(4)　解答　4

訳　A：この店にはきれいなドレスがとてもたくさんあるね。あなたはどれを買うつもり？
　　B：決めるのは難しいわね。気に入ったものがたくさんあるから。

直前に difficult「難しい」とあるので，「気に入ったドレスがたくさんあってどれを買うか決めるのは難しい」という内容であると考えられる。よって decide「～を決心する」の名詞 **4 decision「決心」**を選択する。**1** surprise「驚くべきこと」 **2** partner「仲間，相手」 **3** custom「習慣」

(5)　解答　1

訳　A：すみません。こちらの美術館では現在何か特別な催しをしていますか？
　　B：はい。20世紀のロシア人画家たちの絵画展をしています。

Aの発言中の events「催し」や art museum「美術館」，空所直後の paintings「絵」などをヒントに考えると，**1 exhibition「展示会」**が最も適切であることがわかる。**2** environment「環境」 **3** explosion「爆発」 **4** encounter「遭遇」

(6) **解答**　**2**

訳　その自動車会社の最新の車はとても人気を博し，会社は莫大な利益を上げた。社長は自動車の設計者に多額のボーナスを与えた。

直前の「人気を博した」や直後の文の「多額のボーナスを与えた」から，会社が利益を上げたことがわかる。make a ～ profit で「～な利益を上げる」の表現があるので，**2 profit「利益」**を選択する。**1** border「境界」 **3** harvest「収穫」 **4** matter「事柄」

(7) **解答**　**1**

訳　モニカはパリに旅行した時に美しい馬の像を見た。彼女はいろいろな角度から写真を撮るために像の周囲を歩き回った。

「(像の) 周囲を歩き回った」や「写真を撮る」などから，**1 angles「角度」**が最も適切である。なお，different は通常「違った，異なった」という意味であるが，複数名詞の前に置かれたときは「種々の，いろいろな」という意味になる。**2** ranks「階級，種類」 **3** trades「交換」 **4** values「価格，評価」

(8) **解答**　**3**

訳　アンドリューはステーキを料理するのに時間をかけすぎた。食べ始めた時には水分がなくなっていて，噛むのが難しかった。

「ステーキを焼きすぎた」，「水分がなくなっていた」などのヒントから，ステーキが硬かったのだと考えられる。よって**3 chew「～を噛んで食べる」**が正解。difficult to *do* は「～するのが難しい」の意味。**1** shoot「～を撃つ」 **2** draw「～を引く」 **4** weigh「～の重さを量る」

(9) **解答**　**1**

訳　シンディの息子はコンピュータに詳しい。自分のコンピュータを修理する必要があるときはいつでも，シンディは息子に助けを求める。

need to be＋過去分詞で「～される必要がある」の意味なので，コンピュータがどうされるのかを考える。よって**1 repaired「修理される」**が正解である。**2** guessed「推測される」 **3** exercised「訓練される」 **4** greeted「あいさつされる」

(10) **解答**　**4**

訳　A：この申込用紙への記入は慎重にお願いします。すべてが正確に記入されていない場合は新しい用紙に記入しなければならなくなります。
B：わかりました。最初からきちんとやるように注意します。

申込用紙に注意して記入するということは，間違わないようにする，ということである。よって**4 correctly「正確に」**を選択する。**1** lately「最近」 **2** physically「物理的に，肉体的に」 **3** mainly「主に」

⑾　解答　4

訳　A：なぜそのヨーロッパ史の本を読んでるの，ジャスミン？　授業のため？

B：いいえ，楽しむために読んでるだけよ。歴史が大好きなの。

両者のやりとりから，授業のためでないことは明らかである。直後の「歴史が大好き」という言葉から，**4 for fun**「楽しみのために」が正解であると考えられる。**1** with luck「運がよければ」 **2** on time「時間通りに」 **3** by heart「暗記して」

⑿　解答　2

訳　ピーターは新しい仕事を始めるのが不安だったが，同僚がとても親切だったのですぐに楽な気持ちになった。

「不安だったが同僚が親切だったので…」という流れなので，不安が解消されて楽な気持ちになったのだと考えられる。よって **2 (feel) at (home)**「くつろぐ」が正解。at home は「在宅して」という文字通りの意味もあるので要注意。

⒀　解答　4

訳　アリスは棚の１番上の本を取ろうと手を伸ばしたが，背が低くて取れなかった。彼女は父親に手伝ってほしいと頼んだ。

but 以下の「それ（本）を取れるほど背が高くなかった」という内容から，棚の上の本を取ろうとしていたことがわかる。よって **4 reached for**「～を取ろうと手を伸ばした」が正解。**1** came out「現れた」 **2** turned off「（明かりなど）を消した」 **3** took over「～を引き継いだ」

⒁　解答　3

訳　A：ジムが自分のひいきのサッカーチームの話をするのはいやだな。

B：そうだね。ぼくたちがサッカーに興味がないことがわかってないみたいだ。何か他のことを話題にしてくれたらいいのだけれど。

「サッカーの話をしてほしくない」や「他のことの話をしてほしい」などの表現から推測できるのは，２人がサッカーに興味がないということである。直前に否定の don't があるので，空所に入るのは **3 care about**「～に関心がある」となる。**1** search for「～を捜す」 **2** look after「～の世話をする」 **4** hear from「～から便りがある」

⒂　解答　1

訳　A：アレックス，書くのをやめなさいとみんなに言ったはずだよ。どうしてまだ鉛筆を持っているの？　机の上に置きなさい。

B：すみません，スミス先生。テストの問題をもう１問終わらせたかっただけなんです。

テストの終了時間になった直後のやりとりであると考えられる。鉛筆を置く指示をしている場面であるから，**1 lay it down**「それを置く（it は鉛筆）」が正しい。**2** run it over「それを轢く」 **3** make it out「それを理解する」 **4** show it off「それを見せびらかす」

(16) **解答** **2**

訳 A：すみません。図書館の場所を教えていただけませんか？

B：いいですとも。ちょうど通り過ぎましたね。あなたの後ろ，右側ですよ。

直後の by it に注目。it は図書館を指しているので，空所の動詞と by が図書館を目的語とする群動詞を作っていると考えられる。よって **2 passed (by)「～を通り過ぎる」**が正解である。**1** tried，**3** knew，**4** rose では by と結びついて 1 つのまとまりにならない。

(17) **解答** **3**

訳 A：用意はできた？ 学校に遅れてしまうよ。

B：待ってくれない？ 朝食を食べ終えないと。

直後の on に注目。前後の流れから，空所の動詞と on で「待つ」に近い意味の表現になると考えられる。その意味があるのは **3 hold (on)「待つ」**である（命令文で用いられるのが普通。当該箇所は疑問文だが依頼の内容である）。**1** take (on)「興奮する」 **2** come (on)「進歩する」 **4** keep (on)「そのまま続ける」

(18) **解答** **1**

訳 キャロルは海で泳ぎ続けていたかった。しかし，暗くなってきたので，母親は彼女に帰宅する時間だと言った。

空所には接続詞が入って従属節を作る。「暗くなってきていた」と主節の「帰る時間だと言った」との関係から，理由を表す接続詞が入ると考えられる。よって **1 as「～なので（理由）」**が正解。**2** unless「～でなければ（条件）」 **3** though「～だけれども（譲歩）」 **4** until「～するまで（時）」

(19) **解答** **3**

訳 ジェレミーは卒業パーティーのためにクラスの生徒みんなから 20 ドルを集めたが，十分ではなかった。彼はみんなにもう 1 ドル払ってほしいと頼むつもりだ。

話の流れは「集金した」→「足りなかった」→「追加の集金をするつもり」となっているので，具体的に金額（数）がわかる表現が入らないと成立しない。よって **3 another「もう 1 つの」**を選ぶ。**2** the other を入れると「残りの 1 ドル」という意味になるが，最初に生徒は 21 ドル持っていたという記述がないと成り立たない。**1** each other「お互いに」 **4** other「そのほかの」

(20) **解答** **1**

訳 ニュース記事によると，警察は盗まれたダイアモンドが男のカバンの中に隠されているのを発見した。彼はメキシコ行きの飛行機に搭乗しようとしていた。

find O C で「O が C であるところを見つける」の意味となる。C には形容詞または分詞がくるので過去分詞の **1 hidden** が正解。なお，C に分詞がくる場合，O と C の関係は現在分詞なら能動態，過去分詞なら受動態となる。

一次試験　筆記　2

(21)　解答　4

訳　A：浜辺に行く準備はできた，ゲイリー？
B：ちょっと待って，スージー。タオルを見つけないと。
A：1時間前に出かける予定だったのよ。どうしてまだ用意ができてないの？
B：ああ，持って行こうと思ってサンドイッチを作っていたんだよ。

Aが出発しようとせかしているのに対して，Bはまだタオルを捜していることから，Bはもう少し待ってほしいのだと考えられる。よって**4**「ちょっと待って」が正解。ここでのminuteは「分」ではなく「ちょっとの間」の意味である。**1**「まず昼食を食べよう」 **2**「そこへはすでに行ったよ」 **3**「ご自由にどうぞ」

(22)　解答　1

訳　A：オレゴンホテルへようこそ。どのようなご用件でしょうか？
B：ええと，予約はしていないのですが，宿泊したいのです。
A：承知しました。まだ何室かご利用可能です。何泊のご予定ですか？
B：仕事の会合で来たので，1泊だけでいいんです。

直後のBの応答がヒントとなる。「泊まる必要があるのは一晩である」と答えているので，宿泊の期間を尋ねられたのだと推測できる。よって**1**「どれくらいの期間宿泊しますか」が正解である。**2**「いつ部屋を予約しましたか」 **3**「どこに宿泊する予定ですか」 **4**「どのような種類の部屋がいいですか」

(23)　解答　3

訳　A：こんにちは，ジュリア。新しい仕事を見つけたそうね。
B：その通りよ。来週から働き始めるの。
A：新しい会社はどこにあるの？
B：スカーレット通りよ。病院の隣なの。

直後のBの「来週から始める予定である」だけでは，何を始めるのかが不明なので，さらにAの発言を見ると「新しい会社」とあるので，新しい働き口の話であるとわかる。よって**3**「新しい仕事を見つけた」が正解。**1**「ネットで勉強する予定である」 **2**「新しい家に引っ越した」 **4**「新車を買うつもりである」

(24)　解答　2　**(25)　解答　1**

訳　A：タコ・レイナへようこそ。何をお召し上がりになりますか？
B：まず質問があります。タコ・スーパー・コンボには何が入っていますか？
A：タコスが2つとフライドポテトが1袋とドリンクです。
B：いいですね。それにします。
A：かしこまりました。ドリンクは何になさいますか？
B：コーヒーにしようかな。

A：申し訳ございません。冷たいドリンクだけとなっております。
B：わかりました。それならコーラにします。

語句・構文

□ That sounds good.「（聞いたところ）それは良さそうだ」

(24) Aが直前で「何を食べたいですか？」と尋ねているが，Bはこの時点ではまだ注文しておらず，メニューの品目について質問している。これらのことから **2「質問があります」** が最も適切であると考えられる。**1**「タコスをいくつか買いました」 **3**「すでに注文しました」 **4**「飲み物だけほしいんです」

(25) 直前でAが「どんな飲み物がほしいですか？」と質問していることと，直後でAが「冷たい飲み物しか注文できない」と答えていることから，Bは何か熱い飲み物を注文しようとしたのだと考えられる。よって **1「コーヒーにします」** が正解。**2**「フローズンジュースを試してみます」 **3**「のどがカラカラです」 **4**「お金がありません」

一次試験　筆記　3 A

訳

新しいレシピのお試し

ジュリーは先月夕食に招かれて，友人のリンダの家に行った。リンダは料理が素晴らしく上手で，世界中の多種多様な料理を作る。彼女はしばしば友人を招待して，自分の料理を試食してもらう。ジュリーがリンダの家に行った時には，彼女はラザニアを作ってくれていた。ジュリーはそれをとてもおいしいと思い，自分でも作ってみたくなった。ジュリーは自分の家族のためにそれを作ることができるようにリンダにレシピを頼んだ。

その週末，ジュリーは自宅の台所でラザニアを作った。レシピ通りに作るよう注意したのだが，彼女のラザニアはリンダのものほどおいしくなかった。彼女はリンダに電話して助言を求めた。リンダによると，ラザニアの調理時間をもっと長くする必要があるということだった。それで，ジュリーはそれをオーブンに戻して，20 分後に再び取り出した。今度ははるかにおいしくなっていた。

語句・構文

（第 1 段）□ let *A do*「*A* に～させてあげる」
□ ask *A* for *B*「*A*（人）に *B*（物）をくれと頼む」 ask は他動詞。
□ so that S can *do*「S が～できるように」
（第 2 段）□ not as ～ as …「…ほど～でない」
□ ask for ～「～（物・事）を求める」 ask は自動詞。

各段落の要旨

第 1 段　ジュリーは先月友人の家でラザニアをごちそうになり，レシピをもらった。
第 2 段　レシピを元に自分で作ってみたがうまくいかなかったので，助言をもらった。

(26) 解答　**2**

選択肢の訳　**1**　それを料理するのを手伝う　　**2**　それを自分自身で作る

3　それについて勉強する　　4　それを温める

直後の文で，自分が作ることができるようにレシピがほしいと頼んだとあるので，試食させてもらったラザニアを自分でも作りたいと思ったのだと考えられる。よって **2「それを自分自身で作る」** が正解。

(27)　**解答**　**4**

選択肢の訳　1　大きな鍋に入れる　　2　自分の家にある

3　もっとすばやく食べられる　　4　もっと長時間調理される

ラザニアの作り方についてリンダがアドバイスしている箇所である。直後の文にあるように，このアドバイスに従ってジュリーは自分のラザニアをさらに 20 分加熱し，ラザニアをおいしくすることに成功している。これらのことを考慮に入れると，**4「もっと長時間調理される（必要がある）」** が最も適切である。

一次試験　筆記　3 B

訳

シェパードの学校

シェパードとは，ヒツジの世話をする人のことである。シェパードはあらゆる種類の天気の下で長時間働く。ヒツジが食べたり眠ったりしている間，彼らはヒツジをオオカミやその他の動物から護るために監視する。それは大変な仕事である。ある場所の草を全部食べきってしまうと，ヒツジたちはもっと草がある別の場所へと移動する。こうすれば，ヒツジたちは常に食べる草を十分に確保できるのである。

スペインのカタロニアの山々では，シェパードたちが何世紀にもわたって働いてきた。伝統的に，シェパードは自分の息子にヒツジの世話の仕方を教え込むので，同じ家族が同じ地域で何年間も働き続けているのである。しかし，最近では，シェパードの数が少なくなってきている。家族の土地で働きたがらない若者が多いために，シェパードが自分の子どもたちに重要な技術を教えることができないからだ。実際，2009 年には，カタロニアにはシェパードが 12 人しかいなかった。

もっとたくさんの人々の注意をひくために，2009 年にシェパードのための学校が開設された。生徒は数カ月を費やしてヒツジについて勉強する。その後，彼らは山地へと移転し，経験豊かなシェパードと一緒に働き，彼らから技術を学ぶのである。この生徒たちの多くは，すでに正規の大学を卒業し，都市部の給料の良い職で働いていた。しかし，彼らは新しいことを試してみたいのだ。彼らは，自然の中で働くことができて食品の生産についてもっと知ることができる仕事を見つけることに関心がある。このことは，うまくいけば，古い伝統が生き続けていくのに役立つであろう。

語句・構文

（第 1 段）□ a person who *does*「～する人」　who は主格の関係代名詞。

□ take care of ～「～の世話をする」

□ this way「こうすれば」

（第 2 段）□ how to *do*「～する方法」

□ in fact「(前言を補足して) 実際は，その証拠に」

(第 3 段) □ spend *A* ***doing***「～するのに *A*（時間）を費やす」

□ 第 3 文（Then, they move …）の前置詞 with と from の目的語はいずれも an experienced shepherd である。

□ a job where S can *do*「S が～できる仕事」 where は関係副詞。

各段落の要旨

第 1 段 シェパードとはヒツジの世話をする人のことである。

第 2 段 シェパードの世襲制がくずれ，数が減少しつつある。

第 3 段 シェパードの伝統を守るために学校が開設された。

(28) **解答** **4**

選択肢の訳 1 オオカミから安全でいられる（場所）

2 多くの動物たちと一緒に

3 移動するのがより容易な時に

4 もっと草がある（場所）

この文で述べられているのは，ヒツジがある場所の草を全部食べてしまったら別の場所に移動するということである。したがって，空所ではその場所を説明しているのではないかと推測できる。草がなくなってしまった場所との対比から，**4「もっと草がある（場所）」**の説明が最も適切であるとわかる。なお，この where は a different place を先行詞とする関係副詞である。

(29) **解答** **1**

選択肢の訳 1 シェパードの数が少なくなってきている

2 若者たちがそこへ移動している

3 ヒツジたちが年をとってきている

4 農場がよりたくさん建設されている

直後の文では若者がシェパードの仕事を継がなくなってきているという現状が述べられており，さらに次の文では現在（2009 年）のシェパードの数の少なさが強調されている。これらのことから，**1「シェパードの数が少なくなってきている」**が正解であると考えられる。

(30) **解答** **3**

選択肢の訳 1 簡単な作業を覚える 2 都市部で働く

3 何か新しいものを試す 4 もっとお金を稼ぐ

シェパードの学校の生徒たちの多くは大卒で，都市部のきちんとした職に就いていたが，彼らは～したいと考えた。その結果，自然の中で働いて食品生産について学べる仕事としてシェパードの仕事を見つけた。当該箇所前後の意味はこのようになる。つまり，自分たちがすでに就いている仕事とは異なるものをやってみたいと考えたのである。よって**3「何か新しいものを試す」**が最も適切である。

一次試験　筆記　4 A

訳

差出人：デイビッド・マスターズ〈dmasters88@ymail.com〉
宛先：ベサニー・マスターズ〈b-masters@intermail.com〉
日付：10月6日
件名：監視員

こんにちは，ベサニーおばさん。
お変わりありませんか？　おばさんがワシントンに引っ越してしまってから，本当に寂しい思いをしています。僕は大学で忙しくしています。僕が数年間水泳チームに所属していて，水泳がとても上手になったのはご存知ですよね。今年，僕はプールでの仕事に申し込みました。僕は監視員になるつもりなので，水泳をする人の安全を守るのが僕の仕事になります。
僕のチームメイトの1人がその仕事を勧めてくれたんです。その仕事に就くために，僕は水泳のテストを受けなければなりませんでした。それは本当にとても厳しいものでした。400メートルを休まずに泳がなければなりませんでした。また，プールの反対側に沈めた5キロのれんがを取らなければなりませんでした。れんがはとても重いのに，それを1分以内で持ち帰らなければならなかったんです。
とにかく，おばさんが近いうちにこちらに来てくれる機会があればと思っています。パパもおばさんにとても会いたがっています。パパはふたりが子どものころに一緒にやったもろもろのことを話してくれます。とてもおかしい話もありますよ！　今度お会いした時に，おばさんが僕に話してくれたらと思います。それと，ママは先月の誕生日におばさんが送ってくれたガーデニングの本が気に入ったと言っていますよ。
あなたの甥の
デイビッドより

語句・構文

（第1段）□ it'll be my job to keep swimmers safe の it は形式主語，真主語は to 不定詞。
（第2段）□ suggest *A* to *B*「*B* に *A* を勧める」
（第3段）□ used to *do*「以前よく～した」

各段落の要旨

第1段　プールの監視員の仕事に申し込んだことを報告。
第2段　水泳の実技テストの内容の説明。
第3段　両親の近況報告。

(31) **解答** **1**

質問の訳 デイビッドはベサニーおばさんに自分は（　　　）と言っている。

選択肢の訳
1 プールで働くつもりである
2 今年水泳チームに入った
3 ワシントンに引っ越す予定である
4 最近暇な時間がたくさんある

第1段第5文にI applied for a job at a swimming pool「プールでの仕事に申し込んだ」とある。デイビッドはプールで監視員をする予定であることをおばさんに知らせているのである。よって**1 will work at a swimming pool.** が正解となる。**2**は第4文からわかるように数年前の出来事であり，**3**については記述がない。また，**4**は第3文に「ずっと忙しくしている」とあるので正反対の内容である。

(32) **解答** **3**

質問の訳 デイビッドが水泳のテストでしなければならなかったことは何か？

選択肢の訳
1 チームメイトの安全を守る方法を見つける。
2 他のスイマー全員との競争に勝つ。
3 重いものを運んでいる最中も泳げることを示す。
4 プールの底まで行くためにチームと協働する。

第2段第2文～最終文はデイビッドが受けた水泳テストの説明である。最終2文では，プールの底に沈められた重さ5キロのれんがを取って1分以内に泳いで持ち帰るというテストを受けたことが述べられている。これに合致するのは**3 Show that he can swim while carrying something heavy.** である。**1**・**2**・**4**についてはいずれも記述がないので不適。

(33) **解答** **1**

質問の訳 デイビッドの父親がしばしば行うことは何か？

選択肢の訳
1 自分とベサニーがしたことについての話をする。
2 ワシントンに戻って友人や家族を訪問する。
3 自分の子どもと遊んで時間を過ごす。
4 仕事のためにガーデニングに関する本を読む。

第3段第3文にHe talks a lot about things you used to do together when you were kids.「ふたり（パパとベサニーおばさん）が子どものころに一緒にしたことについてたくさん話す」とあり，デイビッドの父親がしばしば行っていることであると考えられる。よって**1 Tell stories about what he and Bethany did.** が正解。**2**と**3**については記述がなく，**4**はデイビッドの母親に関係する話である。

一次試験　筆記　4 B

訳

時を越えてやって来たフルーツ

アボカドはメキシコやブラジルのような温暖な国で木に実がなる。アボカドは外側は黒いが，内側は明るい緑色で中心に大きな種がある。人々はそれらをサラダやその他の料理に入れて食べて楽しむ。アボカドは甘くないので，野菜だと思っている人が多い。しかし，科学者によれば，アボカドは内側に種があるがゆえに果物の一種なのである。

果実と種はアボカドのような植物にとっては重要である。動物が果実を食べるとき，彼らはたいてい種も食べる。動物たちは種を胃袋に入れたまま動き回る。このようにして，種はある場所から次の場所へと広がっていく。しかし，アボカドの種は現代の動物たちが食べられないほど大きい。ペンシルバニア大学の生物学教授ダニエル・ジャンセンは，この理由を見つけたいと考えた。古代には，巨大な象や馬が存在していた。ジャンセンはこれらの大型動物がアボカドを食べて，その種を中南米一帯に拡散したのだということを明らかにした。

けれども，13,000 年ほど前にこれらの大型動物はすべて死んでしまったので，アボカドの種は彼らによってこれ以上拡散されることはなかった。その後，10,000 年ほど前に，人間の一団がこの地域に移動してきてアボカドを食べ始めた。彼らはその味が気に入り，まもなく農場でそれらを育て始めた。時を経て，アボカドは中南米において最も重要な食料の 1 つになった。

現在では世界中で 500 種を超えるアボカドが栽培されている。しかし，最も広く知られているのはハス・アボカドである。それはルドルフ・ハスという男性によってカリフォルニアで最初に栽培された。彼のアボカドは味が良く，どの木も非常に多くのアボカドの実をつけたので，その木は人気を博した。その結果，多くの農民が彼の木を育て始めた。今では，世界中で栽培されているすべてのアボカドの約 80 パーセントがハス・アボカドである。

語句・構文

（第 1 段）□ according to ～「～によれば」

（第 2 段）□ this is how ～「このようにして～」

□ too ～ for *A* to *do*「*A* が…するには～すぎる」

（第 3 段）□ over time「時が経って」

（第 4 段）□ as a result「その結果」

各段落の要旨

第 1 段　アボカドは中南米に生育する果物である。

第 2 段　古代，アボカドの種は大型動物が拡散していた。

第 3 段　大型動物の死滅後，中南米にやってきた人間がアボカドの栽培を開始した。

第 4 段　現在最も人気のあるアボカドはハスという種類である。

(34) **解答** **3**

質問の訳 多くの人々がアボカドに関して信じていることは何か？

選択肢の訳 **1** 内側が黒いアボカドを食べるべきである。
2 メキシコとブラジルで育てられたアボカドを買うべきである。
3 味のせいでアボカドが野菜だと考えている。
4 種が大きすぎてサラダに入れて食べることはできないと考えている。

第 1 段第 4 文に Because avocados are not sweet, many people think they are vegetables.「アボカドは甘くないので，多くの人が野菜だと考えている」とあり，これは **3 They think that they are vegetables because of their taste.** と一致している。よってこれを選択する。**1** は同段第 2 文の記述と異なるので不適。**2** は「買うべきである」という記述が本文にはないので不適。**4** は同段第 3 文の記述と異なるので不適。

(35) **解答** **2**

質問の訳 ダニエル・ジャンセンは（　　）ということを発見した。

選択肢の訳 **1** 植物の種はそれを食べる動物によって拡散される
2 以前は大型動物がアボカドの種を拡散していた
3 象や馬は野菜よりも種子を好む
4 現代の動物の多くは大きな種を持つ果物を喜んで食べる

第 2 段最終文に Janzen found out that …「ジャンセンは…ということを発見した」とあるので，that 以下が答えに関わる部分であると考えられる。these large animals ate avocados and spread the seeds は「これらの大型動物がアボカドを食べて種を拡散した」となり，この部分に合致しているのは **2 large animals used to spread avocado seeds.** である。used to *do* は「以前～していた（が今はそうではない）」という意味で，現在は大型動物が存在しないのでそれが起こらないという点でも一致している。**1** は植物全体の一般論であり，ジャンセンの発見ではないので不適。**3** と **4** については記述がない。

(36) **解答** **2**

質問の訳 10,000 年ほど前に何が起こったか？

選択肢の訳 **1** 大型動物がアボカドを食べるのをやめた。
2 人間が食料としてアボカドを生産し始めた。
3 アボカドの苗木が中南米に持ち込まれた。
4 多くの動物が食糧を見つけるのが困難なため死んでしまった。

第 3 段第 2 文および第 3 文参照。around 10,000 years ago, a group of humans moved to these areas and began eating avocados「10,000 年ほど前に，人間の一団がこの地域に移動してきてアボカドを食べ始めた」They enjoyed the taste, and soon, they started growing them on farms.「彼らはその味が気に入り，すぐに農場でアボカドの栽培を始めた」とあるので，**2 Humans began to produce avocados for food.** がこの部分の記述に合致している。**1** は食べるのをやめたのではなく絶滅したので不適。**3** と **4** については記述がないので不適。

(37) **解答** **2**

質問の訳 ハス・アボカドについて正しいものはどれか？

選択肢の訳 **1** 他の品種のアボカドほど味が良くない。

2 アボカドの品種の中で最も人気がある。

3 木がカリフォルニアでしか育たない。

4 木は他の品種ほどたくさんの果実を作らない。

第4段第2文に the Hass avocado is the most common「ハス・アボカドが最も広く知られている」, 最終文に Now, around 80 percent of all avocados that are grown around the world are Hass avocados.「今では，世界中で栽培されているすべてのアボカドの約80パーセントがハス・アボカドである」とあり，この内容に合致しているのは**2 It is the most popular type of avocado.** である。**1** は同段第4文の「味が良い」という部分に反しており不適。**3** は記述がないので不適。**4** は同段第4文の「非常に多くの実をつける」という部分に反しているので不適。

一次試験　筆記　5

解答例 **Twelve years old is the best age. It is important for children to learn how to read and write their own language first and then to start studying English. The knowledge of their own language will help them learn English. Also, this age is suitable for children to start something new since they start their junior high school lives. (50〜60語)**

訳 12歳が最適である。子どもたちにとっては，まず自国語の読み書きを習い，その後に英語の勉強を始めることが重要である。自国語の知識が英語の学習に役立つだろう。また，この年齢は子どもたちが新しいことを始めるのに適している。中学生生活を始める年齢だからである。

質問の訳 **人が英語の学習を始めるのに最適なのは何歳か？**

▶1文目で，何歳が良いと思うかを明確に示す。What is the best age ～？という形の質問なので，「～歳」を主語にして答えればよい。語数に余裕があればI think をつけても可（think の代わりに suppose や believe でもよいし，In my opinion，と書き出してもよい）。

▶続いて理由を2つ提示するが，I have two reasons. などの前置きを加えてもよい。あるいは1文目の末尾に for the following reasons などの表現をつけ加える方法もある。理由を述べる場合，その理由を補足・補強できるような1文を続けると説得力が増す。

▶〔解答例〕の文の構成は「①主張→②1つ目の理由→③1つ目の理由の補足→④2つ目の理由→⑤2つ目の理由の補足」である。語数を考えながら，「②の前に理由が2つあることの告知をする（あるいはしない）」，「補足をする（あるいはしない）」，「最後に結論を述べる（あるいは述べない）」などを決定していく。

▶もっと早い年齢を答えとする場合の理由としては，The earlier they start learning, the faster their English improves.「早ければ早いほど上達も速い」They can learn English in the same way as their own language.「自国語を習得するのと同じ要領で学べる」などが考えられる。

一次試験　リスニング　第1部

No. 1　解答　**3**

★＝男性　☆＝女性　（以下同）
☆ Hey, Brian. What are you doing?
★ Oh, I'm writing a story. It's about a boy who travels around the world.
☆ Really? Is that for English class?

★ **1**　Yeah, I took English last year.
★ **2**　Well, traveling is a lot of fun.
★ **3**　No, writing is my hobby.

訳　☆こんにちは，ブライアン。何をしているの？
★ああ，物語を書いているんだ。世界中を旅している男の子の話だよ。
☆本当？　英語の授業のためのものなの？

★ **1**　ああ，去年英語をとったんだ。
★ **2**　うーん，旅行は楽しいからね。
★ **3**　いや，趣味で書いてるんだ。

書き物をしている男性に対して女性が尋ねている場面。物語を書いているのが英語の授業のためかと聞かれているので，その返答として適切なのは **3**「いや，書くことが私の趣味だ」である。

No. 2　解答　**3**

☆ Broadway Theater.
★ Hi. I'd like to reserve two tickets for Friday night's play.
☆ Sorry, sir. Friday night's play is sold out. We have a few tickets for the Saturday show, though.

★ **1**　Actually, I don't need more tickets.
★ **2**　Well, that's my favorite actor.
★ **3**　OK. I'll take two of those, then.

訳　☆ブロードウェイ劇場です。
★こんにちは。金曜の夜の演劇のチケットを2枚予約したいのですが。
☆申し訳ありません。金曜の夜の演劇は売り切れです。ですが，土曜の分は数枚ございます。

★ **1**　実はこれ以上チケットは必要ないんです。

★2　ああ，それは私の好きな俳優です。
★3　わかりました。それならそれを2枚お願いします。

劇場に観劇の予約を申し込む電話での会話。男性がほしい曜日のチケットは売り切れで，別の日のチケットを勧められている。それに続く言葉として適切なのは**3「わかりました。それならそれを2枚お願いします」**である。

No. 3　解答　2

Script

☆ Welcome to Terry's Sports.
★ Hi. Do you sell soccer shoes? I need to get some for my son.
☆ Yes, we do, sir. They're on the third floor.

★1　Well, I'll try your other store, then.
★2　Great. I'll go have a look.
★3　Hmm. I think he's a size 10.

訳
☆テリーズ・スポーツへようこそ。
★こんにちは。サッカーシューズはありますか？　息子に買ってやる必要があるので。
☆はい，ございます。3階にございます。

★1　うーん，じゃあ別の店舗に行ってみます。
★2　よかった。行って見てみます。
★3　ええと，彼のサイズは10だと思います。

スポーツ用品店での店員とお客の会話。サッカーシューズを買いにきたお客に対して店員が3階にあると指示している。よって最も適切な言葉は**2「よかった。行って見てみます」**である。

No. 4　解答　2

Script

★ Where are you going, Carol?
☆ Oh, I'm headed to band practice. I play the guitar.
★ Band practice! I didn't know you could play the guitar.

☆1　Hmm. It's actually a new song.
☆2　Yeah. I've been playing for three years.
☆3　Well, I'd rather be in a band.

訳
★どこへ行くの，キャロル？
☆ああ，バンドの練習に向かっているところなの。私はギター担当なの。
★バンドの練習だって！　君がギターを弾けるなんて知らなかったよ。

☆1　うーん，それは実は新曲なの。

☆2　そうよ。弾き始めて３年になるわ。

☆3　ええと，私はバンドにいたいのよ。

女性がバンドの練習に行こうとしているのを見かけ，ギターを弾けるとは知らなかったと話している場面。ギターの演奏に関わる発言である 2「そうよ。弾き始めて３年になるわ」が正解。head「向かう」 would rather *do*「むしろ～したい」

No. 5　解答　1

☆ What's the matter, Tony? You look upset.

★ I can't find my wallet. I think someone may have stolen it.

☆ Maybe you lost it, and someone found it. Have you been to the police station?

★1　Actually, I'm on my way there now.

★2　Well, I don't think it was stolen.

★3　Yeah. They gave it back to me.

Script

訳 ☆どうしたの，トニー？　あわてているようだけど。

★財布が見つからないんだ。誰かに盗まれたのかもしれない。

☆多分あなたがなくして誰かが見つけてくれたんじゃないかしら。警察には行ったの？

★1　実は今そこへ行く途中なんだ。

★2　ああ，盗まれたんじゃないと思う。

★3　そうだよ。彼らが返してくれたんだ。

男性の財布が見つからないと知り，紛失したと考えている女性は，警察に行ったかどうか尋ねている。その質問の答えとなる発言は 1「実は今そこへ行く途中なんだ」である。there は the police station を指す。upset「取り乱して」 on *one's* way ～「～へ行く途中」

No. 6　解答　2

★ Here's your check, ma'am.

☆ Hmm. Waiter, this is too expensive. I only had a salad and a cup of tea.

★ Oh no! I made a mistake. I'll be right back with a new check.

☆1　Don't worry, just bring me my salad.

☆2　Don't worry, take your time.

☆3　Don't worry, here's the money.

Script

訳 ★こちらが伝票でございます，奥様。

☆うーん。ウェイターさん，高すぎるわね。サラダとお茶をいただいただけなのよ。

★これはいけない！　間違えました。すぐに新しい伝票を持って参ります。

☆1　大丈夫よ，すぐにサラダを持ってきてちょうだい。
☆2　大丈夫よ，ゆっくりやってちょうだい。
☆3　大丈夫よ，お金はこちらよ。

ウェイターが間違った伝票を持ってきてしまい，新しい伝票を取りに戻ろうとしているところである。もう食べ終わっているので**1**は不適。正しい伝票はこのあと持ってくるので**3**も不適。よって正解は**2「大丈夫よ，ゆっくりやってちょうだい」**である。

No. 7　解答　1

☆ Look how dark it's getting outside, Dave.
★ Yeah, the weather report said that it's going to rain this morning.
☆ Oh no. I guess I should wait until later to put the laundry outside.

★ **1**　Yeah. The rainstorm should be over quickly.
★ **2**　Well, I did the laundry already.
★ **3**　No, it's colder than they said.

Script

訳
☆見て，デイブ。外の暗いことといったら。
★そうだね。天気予報では今朝は雨になると言ってたよ。
☆いやだわ。洗濯物を外に干すのはしばらく待ってからのことになるわね。

★1　ああ。雨風はすぐに収まるはずだよ。
★2　うん，僕はもう洗濯をしてしまったよ。
★3　いや，予報で言ってたよりも寒いね。

女性が雨が降りそうな空を見て，洗濯物を外に干すのを待たねばならないと言ったことに対して，男性が答えている場面である。しばらくすれば外に干せるという意味の**1「ああ。雨風はすぐに収まるはずだよ」**が正解。

No. 8　解答　3

☆ Excuse me, do you buy used books at this store?
★ We don't do that here, but our other store does.
☆ Oh, I see. Could you tell me where that is?

★ **1**　Well, we don't lend out books here.
★ **2**　Yeah, that book is very popular.
★ **3**　Sure. It's on Hamilton Avenue.

Script

訳
☆すみませんが，このお店では古本を買ってもらえますか？
★こちらではやっておりませんが，別の店舗でやっております。
☆ああ，わかりました。その店舗がどこにあるか教えていただけますか？

★1　ええと，こちらでは本を貸し出しておりません。
★2　ええ，その本はとても人気がありますよ。
★3　かしこまりました。ハミルトン街にあります。

直前で女性が古本を買ってくれる店舗の場所を尋ねているので，具体的な場所を示す言葉が続くと考えられる。よって最も適切なのは **3「かしこまりました。ハミルトン街にあります」** である。

No. 9　解答　1

☆ Here, try one of these cookies, Jake.
★ Wow! That's really good. Where did you buy them?
☆ I didn't. I made them by myself at home.

★1　Wow. I wish I could make cookies.
★2　No, I don't really like cookies.
★3　Oh, I buy those cookies sometimes, too.

Script

訳　☆さあ，ジェイク，クッキーをひとつ食べてみて。
★わあ！　本当においしいよ。どこで買ったんだい？
☆買ったんじゃないわ。家で自分で作ったのよ。

★1　わあ。僕もクッキーを作れたらなあ。
★2　いや，本当はクッキーが好きじゃないんだ。
★3　うん，僕も時々そのクッキーを買うよ。

とてもおいしいクッキーが女性の手作りであると知って男性が発言している場面。手作りなので，そのクッキーを買うという**3**は不適。また，おいしいと言っておきながらクッキーが好きじゃないという**2**も不自然。よって **1「わあ。僕もクッキーを作れたらなあ」** が最も適切である。by *oneself*「独力で，ひとりで」

No. 10　解答　2

★ Hello.
☆ Hi, Billy. It's Jane. Do you know what the homework is for Mr. Baker's class?
★ Actually, I don't. I was sick today, so I stayed home.

☆1　Hmm. I thought today's class was really boring.
☆2　Oh. I'll try calling someone else, then.
☆3　Well, Mr. Baker said we had to read page 57.

Script

訳　★もしもし。
☆こんにちは，ビリー。こちらはジェーンよ。ベイカー先生の授業の宿題が何だったか

訳 知ってる？

★実は知らないんだ。今日は体調が悪くて家にいたからね。

☆**1**　ふーん。今日の授業はとてもつまらないと思ったわ。

☆**2**　あら，じゃあ他の人に電話してみるわ。

☆**3**　ええと，ベイカー先生は57ページを読むように言ったわ。

宿題の内容を教えてもらおうと電話をしたのだが，電話の相手も知らないということがわかった場面である。これに続く発言として最も自然なのは**2「あら，じゃあ他の人に電話してみるわ」**である。boring「退屈な」

一次試験　リスニング　第2部

No. 11　**解答**　**2**

★＝男性　☆＝女性　（以下同）

★ Where are you going, Mom?

☆ To the store. I need to get some food for dinner tonight. Could you call your father at work and see what time he'll be home?

★ OK. By the way, are you going to get some ice cream?

☆ No. We already have some in the freezer.

Question：What is the woman going to do now?

Script

訳

★お母さん，どこへ行くの？

☆お店よ。今夜の夕食の食料を買わないと。お父さんの職場に電話して，何時に帰るか確かめてもらえるかしら？

★わかった。ところで，アイスクリームは買うの？

☆いいえ。もう冷凍庫の中に入っているわよ。

質問：女性は今何をしようとしているか？

選択肢の訳

1　夕食を作る。　**2**　店に行く。

3　夫に電話する。　**4**　アイスクリームを食べる。

男の子が母親に今からしようとしていることについて尋ねている場面。質問も同様のことを尋ねているので，会話の中での母親の返事が解答になる。母親は「お店よ」と答えているので，**2「店に行く」**が正解。**1**の夕食はこのあと作る予定で，今ではない。**3**の夫への電話は男の子に頼んでいる。**4**のアイスクリームという語も放送されるが，食べるとは言っていない。

No. 12 解答 4

☆ Guess what, Bill ? I'm going to France for two weeks this summer.
★ That's great, Karen. French food is so good, and there are lots of beautiful places to see.
☆ Yeah. I'm planning to take a lot of photos.
★ Be sure to show them to me when you get back.

Question : What is one thing we learn about Karen ?

Script

訳 ☆あのねえ，ビル。私，今年の夏，フランスへ 2 週間行く予定なの。
★それはすごいね，カレン。フランス料理はとてもおいしいし，見るべき美しい場所がたくさんあるね。
☆そうね。写真をたくさん撮ろうと計画しているの。
★戻ってきたら必ず見せておくれよ。

質問：カレンについて 1 つわかるのはどんなことか？

選択肢の訳
1 暑い天気が好きである。
2 調理が上手である。
3 美しいホテルに泊まるつもりである。
4 フランスで写真を撮る計画を立てている。

女性の最初の発言ではフランスに行くことが，2 度目の発言では写真をたくさん撮ろうと計画していることが述べられている。**4「フランスで写真を撮る計画を立てている」**はこの 2 つに合致しているので正解。**1** の天気，**2** の調理，**3** のホテルなどの語は放送されない。
Guess what「（話の切り出しで）あのねえ」 be good at *doing*「～するのが上手である」

No. 13 解答 3

★ Welcome to Sherlock's Bookstore. Can I help you ?
☆ Do you have magazines here ? I'm looking for a copy of *Fashion World*.
★ Sorry, ma'am, we don't sell magazines here. We sell mostly mystery and science-fiction books. You could try the supermarket across the street, though. They sell magazines.
☆ Oh, I see. I'll go over there and look, then.

Question : What does the man tell the woman about the bookstore ?

Script

訳 ★シャーロック書店へようこそ。ご用件は？
☆こちらに雑誌はあるかしら？『ファッションワールド』を捜しているの。
★申し訳ございません，奥様。当店では雑誌を販売しておりません。販売しておりますのはほとんどがミステリーか SF の本ですので。ですが，通りの反対側のスーパーに行ってみてはいかがでしょうか？　雑誌を売っていますよ。
☆わかりました。じゃあそこへ行って見てみるわ。

質問：男性はこの書店について女性にどう伝えているか？

選択肢の訳　**1**　通りの反対側に移転する。
2　『ファッションワールド』誌は売切れである。
3　雑誌は販売していない。
4　これ以上本を増やす予定はない。

女性のお客が雑誌を捜して書店を訪れている場面。男性の2度目の発言で，この店では雑誌を売っていないことが述べられている。よって**3「雑誌は販売していない」**が正解である。**1**の通りの反対側はスーパーの場所。**2**の雑誌名は放送されるが売切れとは言っていない。**4**に関わるような内容には触れられていない。copy「(書籍・雑誌などの) 部，冊」mostly「大部分は」

No. 14　解答　4

☆ Ben, what's the best way to get to Reedville? I'm going there on Friday.
★ Going by car will take a long time. I suggest you take the train.
☆ Well, that's good, because I hate driving. But what about flying? Wouldn't that be quicker than the train?
★ There's no airport. Even if you flew to the nearest airport, you'd still have to rent a car and drive to Reedville.

Question : How will the woman probably go to Reedville?

Script

訳
☆ベン，リードビルに行くのに一番良い方法は何かしら？　金曜日にそこに行く予定なの。
★車で行くと時間がかかるだろうね。列車を使うのが良いと思うな。
☆ああ，それが良いわね。私は車の運転が大嫌いだから。でも飛行機はどうかしら？列車で行くよりも速くない？
★空港がないよ。一番近い空港まで飛行機で行ったとしても，やっぱり車を借りてリードビルまで運転しなきゃならないよ。

質問：女性はおそらくどうやってリードビルに行くだろうか？

選択肢の訳　**1**　車で。　**2**　飛行機で。　**3**　バスで。　**4**　列車で。

女性はリードビルにどうやって行くのが最善かを尋ねている。それに対して男性は列車で行くことを勧めている。よって**4「列車で」**が正解。**1**は時間がかかるので不可。**2**は空港までは速いがそこから車が必要になるので不可。**3**については触れられていない。suggest (that) S V「SがVしてはどうかと提案する」

No. 15 解答 1

★ Excuse me. Do you need help ?
☆ Yes. I can't find where I am on this map.
★ You're right here—on Grant Street, just south of Benson Park.
☆ Really ? I thought I was north of the park. Thanks for your help.

Question：What is one thing we learn about the woman ?

訳
★失礼ですが，お手伝いしましょうか？
☆ええ。この地図でここがどこなのかわからないんです。
★ちょうどここですね。グラント通りで，ベンソン公園のすぐ南です。
☆本当ですか？　公園の北だと思ってました。どうもありがとう。

質問：女性について１つわかるのはどんなことか？

選択肢の訳
1 道に迷っていた。
2 地図を売っている。
3 グラント通りに住んでいる。
4 公園の近くで働いている。

女性の最初の発言で今自分がどこにいるかわからないと述べられており，その後男性が通りや公園の名前を出していることから，女性は道に迷っていて，男性が助けてあげているのだということがわかる。よって **1**「道に迷っていた」が正解。**2** の地図や **3** のグラント通りや **4** の公園といった語も放送されるが売ったり住んだり働いたりしていない。

No. 16 解答 3

☆ Hi. I want to buy something for my friends in China, but I have to hurry. My plane leaves in 30 minutes.
★ Well, these cookies are very popular. And if you buy two bags, you'll get one more free.
☆ That sounds good. I'll take two bags, then.
★ Good choice.

Question：What does the woman want to do ?

訳
☆こんにちは。中国にいる友人のために何か買いたいのですが，急がなければならないんです。30 分後には飛行機が出るので。
★そうですね，こちらのクッキーはとても人気がありますよ。２袋お買い上げいただければもう１袋無料になります。
☆いいですね。それじゃあ２袋いただくわ。
★良い選択です。

質問：女性は何をしたいと思っているか？

選択肢の訳　**1**　飛行機のチケットを変更したい。
2　クッキーを作りたい。
3　何か贈り物を買いたい。
4　中国にスーツケースを2つ持って行きたい。

女性の最初の発言に友人のために何か買いたいとあり，何にしたら良いかアドバイスを店員に求めていると思われる場面である。よって**3**「何か贈り物を買いたい」が正解。**1**の飛行機，**2**のクッキー，**4**の中国などの語も放送されるが，選択肢にあるような内容ではないので不適。

No. 17　解答　4

☆ Hello ?
★ Hi, Alice. Where are you ? Dinner's already on the table.
☆ Sorry, Dad, but I'm still at the hair salon. It's taking a little more time than I thought.
★ Well, we'll go ahead and eat, then.

Question : Why did the man call his daughter ?

Script

訳
☆もしもし？
★やあ，アリス。どこにいるんだい？　夕食はもうテーブルの上だよ。
☆ごめんなさい，パパ，でもまだ美容院にいるの。思っていたよりももう少し時間がかかりそうなの。
★なるほど，じゃあ先に食べてるよ。
質問：男性が娘に電話したのはなぜか？

選択肢の訳　**1**　娘が何を食べたいか尋ねるため。
2　母親からの連絡事項を娘に伝えるため。
3　美容院について質問するため。
4　娘が遅れている理由を知るため。

男性の最初の発言で，夕食の準備ができたことを娘に知らせていることがわかる。それなのに娘が現れないから電話をしたのだと考えられるので，**4**「娘が遅れている理由を知るため」が正解。**1**の食べるや**3**の美容院という語も放送されるが，電話の理由ではない。**2**の内容は質問とは無関係。

No. 18 解答 2

★ Welcome to the Grand Hotel. How can I help you ?
☆ My name is Jane Barker. I'm here to meet Mr. Larry Carter. He's a guest here.
★ All right. Please take a seat in the lobby. I'll call his room.
☆ Thank you.

Question : Why is the woman at the hotel ?

Script

訳 ★グランドホテルへようこそ。どういったご用件でしょうか？
☆ジェーン・バーカーといいます。ラリー・カーターさんに会いに来ました。こちらの利用客なので。
★承知しました。ロビーでお座りください。お部屋に電話いたしますので。
☆ありがとう。

質問：女性がホテルにいるのはなぜか？

選択肢の訳
1 そこに泊まっている。
2 利用客に会う。
3 そこで働きたい。
4 ロビーを見たい。

女性の最初の発言で，ホテルの利用客の男性に会いに来たのだと説明している。よって **2**「利用客に会う」が正解。**4** のロビーは放送されるが見に来たのではないので不適。**1** の泊まるや **3** の働くといった語は放送されない。

No. 19 解答 1

☆ Napoli Pizza House. Can I help you ?
★ Hi. I have a question. Does your restaurant only serve pizza ?
☆ No, sir. We have a wide variety of other Italian dishes, too. Actually, our pasta dishes are quite popular.
★ Oh, that's great. Thank you so much for your time.

Question : Why is the man calling the restaurant ?

Script

訳 ☆ナポリピザハウスでございます。ご用件は？
★こんにちは。聞きたいことがあります。こちらのレストランで出るのはピザだけですか？
☆いいえ。他のイタリア料理も幅広く出しております。実は，私たちのパスタ料理はとても人気がございます。
★ああ，それはいいね。時間をとってくれてありがとう。

質問：男性がレストランに電話しているのはなぜか？

選択肢の訳　1　レストランのメニューについて尋ねるため。
2　レストランまでの道順を知るため。
3　夕食の予約をするため。
4　特別料理の品を注文するため。

男性の最初の発言で，ピザ以外の料理も出るかどうかを尋ねている。これが電話の用件であると考えられるので，1「レストランのメニューについて尋ねるため」が正解。2の道順，3の予約，4の特別料理などの語は放送されない。a wide variety of ～「様々な種類の～」

No. 20　解答　4

Script

☆ Mr. Conner, I think I left my pencil case in the computer room.
★ Oh, OK, Jill. Do you want to check if it's there?
☆ Yes, please. I really need it to do my math homework tonight. My calculator is inside.
★ OK. Let's go see.

Question : What will Mr. Conner do next?

訳
☆コナー先生，私はコンピュータ室に筆箱を忘れてきたようです。
★ああ，わかった，ジル。そこにあるかどうか確かめたいかい？
☆ええ，お願いします。今夜数学の宿題をするのにどうしても必要なんです。計算機が入っているので。
★よし，見に行こう。

質問：コナー先生はこのあと何をするか？

選択肢の訳　1　ジルに新しい筆箱を買ってあげる。
2　ジルにもっとたくさん宿題を出す。
3　ジルに消しゴムを貸してあげる。
4　ジルとコンピュータ室に行く。

女性の最初の発言から，コンピュータ室に忘れ物をしたことが，また，男性の発言から，それを確かめに行こうとしていることがわかる。よって4「ジルとコンピュータ室に行く」が正解。1の筆箱や2の宿題という語は放送されるが，質問とは無関係。3の消しゴムは放送されないので不適。

一次試験　リスニング　第3部

No. 21　解答　2

Last week, Samantha asked her parents for a puppy. However, they told her that having a pet is difficult. Dogs need to go for walks, and someone must feed them and play with them. Her parents said that if Samantha promises to do these things, they will get her a puppy.

Question : What does Samantha have to do to get a pet?

Script

訳　サマンサは先週両親に子犬がほしいと頼んだ。しかし，両親は彼女に，ペットを飼うのは難しいことだと言った。犬は散歩に行くことが必要で，誰かがエサをやったり一緒に遊んでやったりしなければならないからだ。両親は，もしサマンサがこれらのことをすると約束するのなら子犬を買ってあげようと言った。

質問：サマンサはペットを手に入れるために何をしなければならないか？

選択肢の訳　**1**　良いペットショップを見つける。　**2**　世話をすることを約束する。
3　学校の成績を上げる。　**4**　毎日両親と散歩する。

両親は，第3文で，散歩やエサやりなど犬を飼うためにしなければならないことを伝え，最終文ではそれらをすると約束できるなら犬を買ってあげようと言っている。これらのことから，サマンサがしなければならないことは散歩やエサやりなど犬の世話であることがわかる。よって正解は**2「世話をすることを約束する」**である。puppy「子犬」 feed「(動物) にエサを与える」 promise to *do*「～すると約束する」

No. 22　解答　1

Last year, Mike wanted to try some new things. He decided to start a new hobby every month. He took cooking classes, learned to play golf, and studied Chinese. He wrote about the hobbies he tried on a website, and a lot of people read it. This year, Mike is thinking about trying even more things.

Question : What did Mike decide to do last year?

Script

訳　去年，マイクは新しいことをいくつか試してみたいと思っていた。彼は毎月新しい趣味を始めようと決めた。彼は料理教室を受講し，ゴルフを習い，中国語を勉強した。彼が試した趣味についてウェブに書き込みをすると，たくさんの人がそれを読んだ。今年，マイクはさらに多くのことを試してみようかと考えている。

質問：マイクは去年何をしようと決めたか？

選択肢の訳　**1**　新しい趣味を試してみる。　**2**　中国に旅行する。
3　コンピュータを買う。　**4**　料理教室で教える。

第2文に，彼は毎月新しい趣味を始めることを決めた，とある。第1文からこれは去年のことであるとわかる。この内容に合致しているのは**1「新しい趣味を試してみる」**である。**2**の中国や**4**の料理教室といった語句も放送されるが，旅行したのでも教えたのでもないので不適。**3**については触れられていないので不適。be thinking about *doing*「～しようかと考えている」

No. 23　解答　2

Good afternoon, everyone. Thank you for coming to Wild Safari Park. You can see many amazing animals here, like giraffes and lions. Please remember that the animals are wild, and they can be very dangerous. Stay inside the safari bus during your visit. Thank you, and have a great time.

Question：What does the speaker tell the visitors?

Script

訳　みなさん，こんにちは。ワイルド・サファリパークにお越しいただきありがとうございます。ここではキリンやライオンなど，驚くような動物を数多くご覧いただけます。動物たちは野生でとても危険なことがあることをどうかお忘れなく。周遊中はバスの中にいてください。ありがとうございます。素晴らしい時間をお過ごしください。

質問：話者が訪問者たちに伝えていることは何か？

選択肢の訳　**1**　動物の写真を撮ってはいけない。
2　バスを出ることは許されない。
3　キリンは触っても安全である。
4　バスは動物にとって危険なことがある。

第4文で動物が野生で危険なことがあること，さらに第5文でバスの中にとどまっているようにとのことがアナウンスされている。これらのことに合致しているのは**2「バスを出ることは許されない」**である。**1**と**3**については触れられておらず，**4**の危険はバスではなく動物の話である。

No. 24　解答　4

Last winter, Olivia went on her first ski trip with her friends. They tried to teach her to ski, but she kept falling down. On the second day, Olivia decided to take a lesson with an instructor in the morning. By the afternoon, she was able to ski with her friends before they went home.

Question：How did Olivia get better at skiing?

Script

訳　去年の冬，オリビアは友人たちと初めてスキー旅行に行った。友人たちは彼女にスキーを教えようとしたが，彼女は転んでばかりだった。2日目，オリビアは午前中に講師からレッスンを受ける決心をした。その日の午後には，彼らが家に帰る前に彼女は友人たちとスキーができるようになっていた。

質問：オリビアはどうやってスキーが上達したか？

選択肢の訳　**1**　スキーに関する本を読んだ。　**2**　自分1人で練習した。
3　冬中ずっと訓練した。　**4**　レッスンを受けた。

第3文で，彼女がレッスンを受ける決心をしたということが放送され，続く最終文でスキーができるようになったとあるので，レッスンのおかげで上達したのだということがわかる。よって正解は**4「レッスンを受けた」**である。その他の選択肢については特に触れられていないので不適。fall down「倒れる，転ぶ」

No. 25　解答　1

Script

Today, the flag of the United States of America has 50 stars. However, the first flag only had 13 stars because there were only 13 states at that time. Later, the number of states increased, so new stars were added to the flag. Hawaii is the newest state. Its star was added in 1959.

Question：What happened to the U.S. flag in 1959?

訳　現在，アメリカ合衆国の国旗には星が50個ある。しかし，最初の国旗には13個しか星がなかった。当時は州が13しかなかったからである。その後，州の数が増えていき，国旗に星が新しく加えられていった。ハワイは最も新しい州である。ハワイの星は1959年に追加された。

質問：1959年にアメリカの国旗に何が起こったか？

選択肢の訳　**1**　ハワイに対して星が追加された。
2　より多くの市が国旗の星になった。
3　国旗の色が変わった。
4　国旗に数字が書かれた。

第3文で，州の数が増えるにつれて星の数が追加されたこと，第4文および第5文で1959年に最新の州であるハワイの星が追加されたことが放送されている。よって1959年にアメリカ国旗に起こったことは，**1「ハワイに対して星が追加された」**である。**2**の市や**3**の色については触れられていないので不適。また，**4**のNumbersは数字という意味だが，放送の中のnumberは数という意味で用いられているので一致しない。

No. 26　解答　3

A few weeks ago, a new student came to Mary's school. Mary noticed that he ate lunch by himself. She thought he might be lonely, so last week, she sat next to him. Mary started talking to him and learned that his name is Tim, and that he enjoys art class, just like her. Now, they eat lunch together every day.

Question : Why did Mary sit next to Tim ?

Script

訳　数週間前，メアリーの学校に転校生がやって来た。メアリーは彼が１人で昼食を食べているのに気づいた。彼女は彼が寂しいかもしれないと思い，先週彼の隣に座った。メアリーは彼と話し始め，彼の名がティムであることと，彼女と同様に美術の授業を楽しいと思っていることを知った。今では２人は毎日一緒に昼食を食べている。

質問：メアリーがティムの隣に座ったのはなぜか？

選択肢の訳
1　彼のことをよく知っているから。
2　自分が転校生だから。
3　彼が寂しそうだったから。
4　彼がそうしてほしいと頼んだから。

第１文と第４文からティムが転校生であることがわかる。また，第３文で，その転校生が寂しがっていると彼女が考え，それで彼の隣に座ったことが述べられている。よって正解は **3**「彼が寂しそうだったから」である。彼の隣に座って話し始めるまでは彼のことをよく知らなかったので **1** は不適。転校生はティムの方なので **2** も不適。隣に座るまでは２人は話したことがなかったと考えられるので **4** も不適。

No. 27　解答　4

Bill and his father often go fishing together. They usually go to the river near their house. Recently, however, they have not caught many fish in the river. Bill thinks they should try to find a new place to fish. His father thinks so, too, so next week they will try fishing at a lake in another town.

Question : What problem do Bill and his father have ?

Script

訳　ビルと父親はよく一緒に釣りに行く。２人はたいてい家の近くの川へ行く。しかし最近，２人はその川ではたくさん魚を捕れていない。ビルは新しい釣り場所を見つけるようにすべきだと考えている。彼の父親も同意見なので，来週２人は別の町の湖で釣りをしてみるつもりである。

質問：ビルと父親が抱えているのはどんな問題か？

選択肢の訳　**1**　家の近くに川がない。　**2**　釣りに行く十分な時間がない。
3　川で釣るのを許可されていない。　**4**　最近魚をたくさん捕れていない。

第3文で，最近たくさん魚を捕れていないことが放送されている。これが2人が抱えている問題であると考えられるので，正解は**4**「最近魚をたくさん捕れていない」である。第2文で家の近くの川へ釣りに行くと述べられているので**1**は不適。**2**と**3**については触れられていないので不適。

No. 28　解答　1

Thank you for attending tonight's performance at the Chicago Ballet Theater. We would like to remind you that taking pictures or videos is not allowed. Also, please do not speak in a loud voice during the show. The show will be starting in a few minutes, so we would like you to turn off your phones now. Thank you.

Question：What is one thing that the speaker says?

Script

訳　シカゴバレエ劇場の今夜の公演にお越しいただきありがとうございます。重ねてお願いしますが，写真やビデオの撮影は許可されておりません。また，公演中は大声でお話しにならないようお願いします。公演はあと数分で始まりますので，携帯電話の電源をお切りください。ありがとうございます。

質問：話者が言っていることの1つは何か？

選択肢の訳　**1**　写真を撮ってはいけない。　**2**　携帯電話をいつでも使ってよい。
3　公演が時間通りに始まらない。　**4**　公演がビデオ録画される。

第2文で，写真やビデオの撮影は許可されていないと放送されているので，**1**「写真を撮ってはいけない」が正解である。**2**の携帯電話については電源を切るよう求めているので不適。**3**と**4**については特に触れられていないのでやはり不適。remind *A* that ～「*A*に～を思い出させる」 at any time「いつでも」

No. 29　解答　3

Kenji loves soccer. Last year, he went to England on a school trip. His class visited Manchester, which is famous for its soccer team. Kenji was happy because he was able to take a tour of their stadium. The next time he visits England, Kenji wants to buy tickets to see a soccer match there.

Question：What did Kenji do in England?

Script

訳　ケンジはサッカーが大好きである。去年，彼は修学旅行でイギリスへ行った。彼のクラスはマンチェスターを訪問した。そこはサッカーチームで有名である。ケンジは競技場の見学ツアーができて嬉しく思った。今度イギリスを訪れる時，ケンジはそこで行われるサッカーの試合の観戦チケットを買いたいと思っている。

質問：ケンジはイギリスで何をしたか？

選択肢の訳　**1**　サッカーのチケットをなくした。
2　サッカーの試合を観た。
3　サッカーの競技場を訪れた。
4　有名なサッカー選手に会った。

第4文で，ケンジは競技場の見学ツアーができて嬉しく思ったという内容が放送されるので，正解は**3「サッカーの競技場を訪れた」**である。**1**のチケット，**2**のサッカーの試合，**4**の有名なという語も流れるが，放送内容と合致しているわけではないので不適。

No. 30　解答　2

There was a famous musician from the United States whose name was George Gershwin. When he was a boy, he went to many orchestra concerts. After he got home, he could play the music he had heard on the piano in his room. Everyone was surprised that Gershwin was able to play difficult music without looking at a music book.

Question : Why were people surprised by George Gershwin?

Script

訳　ジョージ・ガーシュインという名前のアメリカ出身の有名な音楽家がいた。少年の頃，彼はたくさんのオーケストラのコンサートに行った。帰宅後，彼は自分が聴いた音楽を部屋のピアノで演奏することができた。ガーシュインが難しい音楽を楽譜も見ないで演奏できることに誰もが驚いた。

質問：人々がジョージ・ガーシュインに驚いたのはなぜか？

選択肢の訳　**1**　最年少のオーケストラ団員だった。
2　記憶で音楽を演奏できた。
3　コンサートに決して行かなかった。
4　音楽を決して聴かなかった。

最終文で，彼がコンサートで聴いた音楽を楽譜も見ないで演奏できたことに誰もが驚いた，と述べられているので，これにほぼ合致しているのは**2「記憶で音楽を演奏できた」**である。**1**については触れられておらず，**3**と**4**は放送内容に反しているので不適。

二次試験　面接　問題カードA

訳

動物と触れ合える喫茶店

アパートに住む人にとって，ペットを飼うことはしばしば難しいことです。しかし今日では，これらの人たちは特別な喫茶店で動物と遊ぶことを体験できます。一緒に遊ぶことのできる様々な動物を飼っている喫茶店もあり，そうすることによってそれらの店はたくさんのお客を引き寄せています。これらの場所はおそらくもっと一般的になっていくでしょう。

語句・構文

☐ apartment「アパート，共同住宅」　☐ variety of～「様々な～」
☐ attract [ətrǽkt]「～を引き寄せる」　☐ customer「顧客」

質問の訳

No. 1　本文によれば，いくつかの喫茶店はどのようにしてたくさんのお客を引き寄せていますか？

No. 2　イラストAの人々を見てください。それぞれ色々なことをしています。彼らがしていることをできるだけたくさん私に伝えてください。

No. 3　イラストBの男女を見てください。その状況を説明してください。

No. 4　あなたは将来人々が現在より頻繁にレストランで食事をすると思いますか？

No. 5　様々な種類のたくさんの家事があります。あなたは何か家事をしますか？

No. 1　解答例　**By keeping a variety of animals to play with.**

訳　一緒に遊ぶことのできる様々な動物を飼うことによって。

第3文（Some coffee shops …）後半に，and by doing so「(そして) そうすることによって」に続けて they（=some coffee shops）attract many customers とあり，do(ing) so の内容は同文前半で述べられている。問われているのは how「どのようにして」なので，文中の表現を使って By keeping … とするか，主語・動詞を含む文にして They keep … とすればよい。質問文中に some coffee shops が含まれているので，解答では代名詞 they に置き換えるべきである。

No. 2　解答例　**A woman is closing a window. / A woman is taking an apple out of a box.〔A woman is putting an apple into a box.〕/ A man is counting money. / A man is eating spaghetti. / A girl is drawing a picture.**

訳　女性が窓を締めている。／女性が箱からリンゴを取り出している〔箱にリンゴを入れている〕。／男性がお金を数えている。／男性がスパゲッティを食べている。／女の子が絵を描いている。

イラストの中には5人の人物が描かれている。説明しやすいものから順番に5人すべてを説明するようにしよう。質問文には They are doing different things. とあるので，説明の際には基本的に現在進行形を用いること。close「～を締める」 take *A* out of *B*「*B* から *A*

を取り出す」 put *A* into *B*「*B* に *A* を入れる」 count「～を数える」 draw「(鉛筆などで) ～(絵) を描く」

No. 3 解答例 He ordered juice, but she brought him ice cream.

訳 男性はジュースを注文したのだが，女性はアイスクリームを持ってきた。

2つの内容を盛り込むことが必要。つまり，A「ジュースを注文した」とB「アイスクリームを持ってきた」の2点である。表現方法としては，A, but Bとするか，B though Aとする（thoughの代わりにalthoughも可）。

No. 4 解答例 (Yes. → Why？) **People can eat many different dishes at restaurants. Also, eating at restaurants is convenient.**

(No. → Why not？) **It's expensive to go to restaurants to eat. People can save money by cooking food at home.**

訳 **(Yes. の場合)** レストランでは様々な料理を食べることができる。また，レストランで食事するのは便利である。

(No. の場合) レストランに食べに行くとお金がかかる。家で料理をすればお金を節約できる。

まず，Yes / Noで賛成か反対かを明確にする。そのあと，自分の意見を裏付ける根拠について述べる。根拠はできる限り2つは答えるようにしたい。Also, ～「また，～」などとして1つ目の文とは異なる根拠を挙げてもよいし，For example, ～「例えば，～」などとして1つ目の文をさらに裏付ける例を述べてもよいだろう。

No. 5 解答例 (Yes. → Please tell me more.) **I help my parents do the dishes every night. Also, my sister and I clean our rooms on the weekend.**

(No. → Why not？) **I don't have the time to do any housework. I'm too busy studying for my classes at school.**

訳 **(Yes. の場合)** 毎晩両親が食器を洗うのを手伝っている。また，姉と私で週末に自分たちの部屋を掃除している。

(No. の場合) 家事をする時間がない。学校の授業の勉強で忙しすぎる。

ここでも，2文程度述べることが望ましい。Yesの場合は具体的にどんな家事をしているかを説明すればよい。Noの理由は，「時間がない」になるだろうが，なぜ時間がないのかという理由をさらに述べる必要があるだろう。

二次試験　面接　問題カードD

訳

島の訪問

日本の多くの島には，他の場所では見られない草や木があります。このため，そういった島は観光客にとって人気の場所になっています。自然案内人たちの中には，島のツアーを提供している人もいて，そうすることで彼らは観光客が特別な環境について学ぶ手助けをしています。これらの場所は，将来もっと多くの人々を引き寄せるでしょう。

語句・構文

□ island［áilənd］「島」　□ Because of ～「～のために，～が理由で」
□ environment「環境」　□ attract［ətrǽkt］「～を引き寄せる」

質問の訳

No. 1　本文によれば，何人かの自然案内人はどのようにして観光客が特別な環境について学ぶ手助けをしていますか？

No. 2　イラストAの人々を見てください。それぞれ色々なことをしています。彼らがしていることをできるだけたくさん私に伝えてください。

No. 3　イラストBの男の子を見てください。その状況を説明してください。

No. 4　あなたは1人で旅行するよりも団体で旅行する方が良いと思いますか？

No. 5　多くの人が週末に遊園地に行って楽しみます。あなたは遊園地に行くのが好きですか？

No. 1　解答例　By offering tours of their islands.

訳　島のツアーを提供することによって。

第3文（Some nature guides …）後半に，and by doing so「(そして）そうすることによって」に続けて they（=some nature guides）help visitors learn about special environments とあり，do(ing) so の内容は同文前半で述べられている。問われているのは how「どのようにして」なので，文中の表現を使って By offering … とするか，主語・動詞を含む文にして They offer … とすればよい。質問文中に some nature guides が含まれているので，解答では代名詞 they に置き換えるべきである。

No. 2　解答例　A woman is taking off〔putting on〕her sunglasses. / A man is fishing. / A man is stretching. / A girl is brushing her hair. / A boy is drinking some water.

訳　女性がサングラスをとろうとしている〔かけようとしている〕。／男性が釣りをしている。／男性がストレッチをしている。／女の子が髪をブラッシングしている。／男の子が水を飲んでいる。

イラストの中には5人の人物が描かれている。説明しやすいものから順番に5人すべてを説明するようにしよう。質問文には They are doing different things. とあるので，説明の際には基本的に現在進行形を用いること。take off ～「～を脱ぐ，はずす」 put on ～「～を身につける」 fish「釣りをする」 stretch「～を伸ばす，ストレッチをする」 brush「～にブラシをかける」

No. 3 解答例 **His dog is dirty, so he's going to wash it.**

訳 犬が汚れているので，彼は洗ってやるつもりである。

2つの内容を盛り込むことが必要。つまり，A「彼の犬が汚れている」とB「彼は犬を洗ってやるつもりである」の2点である。表現方法としては，A, so B とするか，B because A とする。

No. 4 解答例 （Yes. → Why ?） **It's more fun to travel with other people. People can enjoy talking with each other while traveling.**

（No. → Why not ?） **It's difficult to have enough free time in a group. Also, people have to visit places they aren't really interested in.**

訳 **（Yes. の場合）** 他の人たちと一緒に旅行する方が楽しい。旅行中お互いにおしゃべりをして楽しむことができる。

（No. の場合） 団体では十分な自由時間を持つことは難しい。また，自分が本当はあまり興味のない場所も訪れなければならない。

まず，Yes / No で賛成か反対かを明確にする。そのあと，自分の意見を裏付ける根拠について述べる。根拠はできる限り2つは答えるようにしたい。Also, ～「また，～」などとして1つ目の文とは異なる根拠を挙げてもよいし，For example, ～「例えば，～」などとして1つ目の文をさらに補強する例を述べてもよいだろう。

No. 5 解答例 （Yes. → Please tell me more.） **I often go to an amusement park near my house. It has a lot of exciting things to do.**

（No. → Why not ?） **Amusement parks are too crowded. Also, most amusement parks are very expensive.**

訳 **（Yes. の場合）** 家の近くの遊園地によく行く。そこには楽しいことがたくさんある。

（No. の場合） 遊園地は混雑しすぎである。またほとんどの遊園地はたくさんお金がかかる。

ここでも，2文程度述べることが望ましい。Yes の場合は「どれくらい頻繁に行くのか」，「誰と行くのか」，「何を楽しむのか」などを具体的に説明すればよい。No の場合は，遊園地が好きではない理由を述べるか，「時間がない」，「～するのに忙しい」などの行くことができない理由を述べるとよいだろう。

2019年度 第1回

Grade Pre-2

一次試験 解答一覧

● 筆記

1	(1)	(2)	(3)	(4)	(5)	(6)	(7)	(8)	(9)	(10)
	4	1	3	4	1	1	2	3	3	4
	(11)	(12)	(13)	(14)	(15)	(16)	(17)	(18)	(19)	(20)
	1	4	2	2	2	4	3	4	1	1

2	(21)	(22)	(23)	(24)	(25)
	4	2	3	1	2

3				
A	(26)	(27)		
	3	1		
B	(28)	(29)	(30)	
	2	3	3	

4				
A	(31)	(32)	(33)	
	3	4	3	
B	(34)	(35)	(36)	(37)
	1	3	4	1

5（ライティング）の解答例は P. 16 を参照。

● リスニング

第1部	No. 1	No. 2	No. 3	No. 4	No. 5	No. 6	No. 7	No. 8	No. 9	No. 10
	3	2	3	1	2	2	1	3	2	3

第2部	No. 11	No. 12	No. 13	No. 14	No. 15	No. 16	No. 17	No. 18	No. 19	No. 20
	3	4	4	3	2	3	1	2	1	1

第3部	No. 21	No. 22	No. 23	No. 24	No. 25	No. 26	No. 27	No. 28	No. 29	No. 30
	1	2	4	4	3	2	4	3	3	1

一次試験　筆記　1

(1)　**解答**　**4**

訳　ジョシュとサマンサは，この週末に一緒に宿題をしたかったが，会える時間を見つけられなかった。二人は別々に宿題をして月曜日の授業の前にチェックすることにした。

宿題を一緒にやろうとしていた二人についての文である。空所の前の文に「会える時間を見つけられなかった」とあるところから **4 separately「別々に」**を選ぶ。すると work separately で「別々に宿題をする」となり適当である。**1** noisily「騒がしく」 **2** exactly「正確に，まさに」 **3** clearly「明らかに」

(2)　**解答**　**1**

訳　先週の土曜日，ピートは家族と車で海に行った。幹線道路の交通渋滞を避けるために，朝早く出かけた。

「車で海に行った」，「heavy (　　) を避けるために，朝早く出かけた」という文脈から，heavy traffic で「交通渋滞」となる **1 traffic「交通」**が正解。avoid「～を避ける」 **2** pride「誇り」 **3** rhythm「リズム」 **4** temple「寺院」

(3)　**解答**　**3**

訳　A：どこかにノートを忘れてきた。ノートをとるのに使える紙を１枚持っていない？
B：持っているよ。はい，どうぞ。

a sheet of paper「１枚の紙」のように紙の枚数を数える際に用いる **3 sheet** が正解。I could use … の前には関係代名詞の that または which が省略されている。また助動詞が could と過去形になっているのは丁寧さを表す表現で，形は過去形だが意味は現在である。Here you are. は「はい，どうぞ」の意味で，人に物を渡しながら言うときの常套句。**1** board「板」 **2** flash「きらめき」 **4** part「部分」

(4)　**解答**　**4**

訳　ウィリアムはかなり太ってきていたので，医者は運動を始め，もっと健康によい食べ物を食べるよう彼に忠告した。

because 節に「ウィリアムは太ってきていた」とあること，空所は述語動詞で主語が「医者」であること，空所の後に *A*（人）to *do* が続いていることから，「*A* に～するよう忠告した」となる **4 advised** が正解。gain weight「太る」 **1** stretched「広げた」 **2** planted「植えた」 **3** trusted「信頼した」

(5)　**解答**　**1**

訳　先生は生徒に，話し合う間，お互いを見ることができるように，椅子を円形に並べるように言った。

空所は tell *A* to *do*「*A*（人）に～するように言う」の *do* に当たるところである。空所の目的語が「椅子」であることや，文の後半に「話し合う間，お互いを見ることができるように」とあることから，**1 arrange「～を並べる」**が正解。in a circle「円形に」 so that ～「～できるように」 **2** block「～をさえぎる」 **3** skip「～を抜かす」 **4** offer「～を申し出る，提供する」

(6) 解答 1

訳 マイクはシアトルに住んで2年になる。そこに住むことを楽しんでいるが，冷たく雨の多い気候は好きではない。

シアトルについてのマイクの感想を伝える文である。**1 climate「気候」**を選ぶと，the cool, rainy climate で「(シアトルの) 冷たく雨の多い気候」となり適当である。**2** surface「表面」 **3** excuse「言い訳」 **4** design「デザイン」

(7) 解答 2

訳 カーシュマンさんは彼女の園芸に関する講演に出席した人の多さに驚いた。部屋にはほとんど空席はなかった。

空所は直前の関係代名詞 who（先行詞は people）を主語とし，lecture「講演」を目的語としている。また，続く文は，「部屋にはほとんど空席はなかった」となっている。以上から，**2 attended「～に出席した」**を選んで，attended her lecture で「彼女の講演に出席した」とする。**1** sailed「～を航行した」 **3** guarded「～を護衛した」 **4** failed「～に落ちた」

(8) 解答 3

訳 A：ブラッド，普段はどんな種類の音楽を聞くの？
B：ヒップホップが好きだけど，ジャズも聞くよ。

what (　　) of music が listen to の目的語となっていることから **3 sort「種類」**を選んで，what sort of music で「どんな種類の音楽」とする。**1** position「位置」 **2** price「価格」 **4** shape「形」

(9) 解答 3

訳 リサのアパートの前の通りは，とても狭い。自動車1台分の幅しかなくて，トラックはまったく入れない。

リサのアパートの前の通りについての文。あとの文に，wide enough for … とあるところから，道路の「幅」を話題にしていること，また only を用いて「自動車1台分の幅しかない」とあるところから，**3 narrow「狭い」**を正解とする。**1** balanced「バランスのとれた」 **2** careful「慎重な」 **4** suitable「適した」

(10) 解答 4

訳 皆がキャシーは母親に似ていると言う。二人とも目が大きく，同じ笑い方をする。

キャシーと母親についての文。空所はキャシーを主語，母親を目的語とする述語動詞である。第2文に「二人とも～だ」とあるところから，**4 resemble(s)「～に似ている」**を選んで「母親に似ている」とする。resemble は他動詞である。**1** instruct(s)「～に教える」 **2** bother(s)「～を悩ませる」 **3** seek(s)「～を探し求める」

(11) **解答**　**1**

訳　A：もしもし，ジェーン。今，どこ？　映画はもうすぐ始まるよ。
　B：ごめん。もう間もなく着くわ。もう5分待ってね。

before long で「間もなく，やがて」となる **1 long** が正解。I'll be there は「着く」の意味で用いる会話の常套句である。**2** little「少しの」　**3** less「より少しの（little の比較級）」**4** late「(時間・時刻が）遅い」

(12) **解答**　**4**

訳　マークは新しいテレビゲームをやり始めた。そのゲームはとても面白かったので，マークは，一晩中ずっとプレイした。翌日は，すっかり疲れていた。

マークが新しいテレビゲームに熱中する様子を伝える文である。all through the night で「一晩中ずっと」となる前置詞の **4 through** が正解。

(13) **解答**　**2**

訳　ジェイムズは，友人と旅行に出かけるお金を貸してくれるように父親に頼んだ。父親はそんなことは問題外だと言って，その代わりにアルバイトをするように言った。

空所の後に the question が続いていること，空所を含む文は借金の申し込みに対する応答であること，空所の後ろでアルバイトを勧めていることから，out of the question で「問題外だ，不可能だ」の意味のイディオムとなる **2 out of** が正解。instead「その代わりに（ここでは，「金を借りる代わりに」の意味)」　**1** except for ～「～を除いて」**3** all about ～「～に関するすべて」　**4** next to ～「～の隣に」

(14) **解答**　**2**

訳　A：公園でバーベキューをやろうよ。
　B：ダメだよ。たぶん公園の規則に反するから。でも，うちの庭でやればいいよ。

空所を含む文は，バーベキューをしようという提案に対して，No と反対した理由を述べている。したがって，against the rule(s) で「規則違反で」となる **2 against** が正解。

(15) **解答**　**2**

訳　サムは，先週毎晩，数学のテスト勉強をした。彼のがんばりはテストの好成績という結果になった。

空所の前の文にサムの hard work ぶりが書かれている。したがって，空所の後の a very good score on the test「テストの好成績」はサムの hard work の結果と考えられる。以上から，**2 resulted in ～「～という結果になった」**が正解。**1** looked up ～「～を見上げた」　**3** dropped by ～「～に立ち寄った」　**4** turned off ～「(スイッチなど）を消した」

(16) **解答**　**4**

訳　ヘレンは，学校を出るとき，間違って誰かの上着を持って帰った。あとから返しに戻った。

空所は，「誰かの上着を持って帰った」を修飾する副詞句である。次の文に「あとから返しに戻った」とあるので，**4 by mistake「間違って」**を選んで，took someone else's jacket by mistake で「間違って誰かの上着を持って帰った」とする。**1** for sure「確かに，必ず」 **2** in part「部分的に（は）」 **3** at heart「心から，本心は」

(17) 解答 3

訳 レイコはバンクーバーに着いたらすぐに電話すると両親に言っていたが，彼女はその約束を守らなかった。両親は心配した。

空所は述語動詞の keep の目的語であること，接続詞 but の前に「バンクーバーに着いたらすぐに電話する」とのレイコの言葉があること，次の文に「両親は心配した」とあることから，keep *one's* promise で「約束を守る」となる **3 promise「約束」**を正解とする。**1** mind「考え」 **2** place「場所」 **4** sight「景色，視覚」

(18) 解答 4

訳 昨夜，電車に乗って家に帰るとき，エイミーは祖父の誕生日だったことを思い出した。彼女は，プレゼントを買うために駅のそばのお店に寄った。

ride「（乗り物）に乗る」の適当な形を選ぶ問題である。文全体に〈主語＋動詞〉が 1 組しかない（Amy＋remembered）ところから，空所からカンマまでは主節 Amy remembered … を修飾する副詞句となっていることがわかる。したがって，分詞構文と考えるのが妥当である。空所の「電車に乗る」の意味上の主語は，文の主語 Amy であるから，空所は能動態になる。したがって，現在分詞となる **4 Riding** が正解。

(19) 解答 1

訳 A：君に貸した本，読んだ？
B：まだ読んでいる最中だけど，明日の朝には読み終わるつもりだ。そしたら，返すよ。

「（読み）終わる」の意味の動詞 finish を正しい時制で用いることが求められている。「まだ読んでいる」という文脈と，空所の後に by tomorrow morning「明日朝（まで）には」とあることから未来完了時制をとり，**1 will have finished「（読み）終わるつもりだ」**とするのが正解。

(20) 解答 1

訳 エミリーは 3 児の母で，毎日仕事をしている。それで，とても忙しい。ゆっくりできる機会があるときにはいつでもテレビを見るのが好きだ。

各選択肢の品詞を考えると，1 whenever が接続詞であるほかは，すべて関係代名詞である。関係代名詞の場合，空所以降の節内で主語・目的語・補語いずれかになる名詞が欠けていなければならないが，空所以下の節に欠けている要素はない。したがって，空所は接続詞と考えるのが妥当である。以上から，**1 whenever** を選ぶと，「ゆっくりできる機会があるときにはいつでも」となり適当である。

一次試験　筆記　2

(21)　解答　4

訳　A：エディーヘアサロンにお電話くださいましてありがとうございます。どのようなご用件でしょうか？

B：こんにちは。昨日ヘアカットしていただいたのですが，ブルーのスカーフをそちらに忘れてきたようです。

B：はい，昨夜，そのようなものがございました。いつ取りにお越しになれますか？

A：私の職場はすぐそばですので，午後5時に仕事が終わりましたら寄らせていただきます。

エディーヘアサロンの店員（A）が客（B）からの電話を受けたところである。空所は，「ブルーのスカーフをそちらに忘れた」というBに対するAの応答で，we found one に続く文であり，疑問詞 when で始まっている。したがってAに尋ねる 4「(いつ) 取りにお越しになれますか (?)」が正解。How can I help you? は「どのようなご用件でしょうか？」に当たる店頭での常套句。we found one の one は a blue scarf の言い換え。この会話の時点では預かっているスカーフがBのものであることが断定できないので，it ではなく one を用いている。1「仕事に行きますか」　2「ヘアカットをご希望ですか」　3「新しいのを買ったのですか」

(22)　解答　2

訳　A：明日は映画館に車で行くつもりだ。映画館で待ち合わせるのがいいかな？

B：そうしたいのだけど，私は車を持っていないし，家から映画館にはバスが通っていないんだ。

A：それなら，6時に迎えに行けるよ。

B：それはちょうどいい。仕事からは5時45分に帰るよ。

AとBは明日，映画に行く相談をしている。Aは映画館に車で行きそこでBと落ち合うとしているが，Bは車を持っておらず，映画館までのバスの便がないと言っている。空所は，それを受けてAが新しい提案をしていると考えられる。空所に対してBは That's perfect. と言っている。したがって，2「6時に迎えに行ける」が適当である。4「5時半にタクシーに乗ったらどう」は，Bの発言「仕事からは5時45分に帰る」と矛盾する。1「6時15分に映画館で待ち合わせできるよ」　3「バスに5時45分に乗ったらどう」

(23)　解答　3

訳　A：ミナ，この週末にブルーバード公園であるジャズフェスティバルに出演するんだよね？

B：そのつもりだったんだけど，フェスティバルが中止になるかもしれないの。

A：本当？　どうして？　人気のある行事だと思っていたけど。

B：そうなんだけど，天気予報によると，暴風になりそうなの。

空所は，ブルーバード公園であるジャズフェスティバルに出演の予定を確認されたBの応答で，I was planning to, but「そのつもりだったんだけど」から続くところである。この空所に対して，AはOh, really？Why？と意外に思い，理由を尋ねている。以上から，**3「フェスティバルが中止になるかもしれない」**を正解とする。すると続くBの応答にある「天気予報によると，暴風になりそうだ」とも整合する。I was planning toの後にはperform at the jazz music festival at Bluebird Park this weekendを補って考える。最後のBの発言のIt isの後にはa popular eventを補う。**1**「私はジャズはあまり好きではない」 **2**「君はすばらしい演奏家だ」 **4**「天気は晴れだろう」

(24) 解答 1　**(25) 解答 2**

訳

A：もしもし，シトラスクラブ・レストランです。

B：もしもし。サラ・ダンロップと言います。金曜日の夕方に予約をしたいのですが。

A：かしこまりました。何名様になりますか？

B：変わる可能性がありますが，大人4人に子ども5人です。

A：ありがとうございます。9名様用のテーブルを午後6時半にご用意できますが。それでよろしいでしょうか？

B：よかった。あっ，それから，誕生日の食事会なんです。ケーキを持ち込んでもよいでしょうか？

A：もちろんですとも。ケーキは冷蔵庫にお入れさせていただきますよ。食事を終えられてからお出しします。

B：それはありがたいです。ありがとうございます！

語句・構文

□ make a reservation for ～「～の予約をする」

□ We have〔There is〕～ available「～が利用できる，提供できる」

(24) シトラスクラブ・レストランの係員（A）と予約をしようとする客（B）の電話での会話である。空所は，用件を聞いたAがBに確認をしていくところである。また，この空所に対してBは「大人4人に…」と人数を答えている。したがって，予約の人数を聞くことになる**1「何名様になりますか」**が適当である。**2**「電話番号をお願いします〔教えてください〕」 **3**「何時にお越しになりますか」 **4**「パーティーはどちらで行われますか」

(25) 空所の前で，パーティーは誕生日会であることが告げられている。また，空所に対する応答には，we can keep it in the refrigerator for youとある。以上から，**2「ケーキを持ち込む」**を正解とする。すると，itはour own cakeを指すことになり適当である。**1**「予約をキャンセルする」 **3**「時間を変更する」 **4**「もっと多くの人を招待する」

一次試験　筆記　3 A

訳

がんばって走る

ジェイソンは，大学を卒業した後，大企業で働き始めた。毎日，遅くまで働き，とても疲れていたので，週末はたいてい家で休んでいた。2，3年すると，彼は非常に太ってしまった。彼はもっと運動をやり始めようと決めた。彼はマラソンを走りたくなった。それで，仕事の前にトレーニングを始めた。最初は難しかったが，楽しくなり出して，体重がたくさん減った。

しかし，ある日ジェイソンが走っていると，左足が痛み出した。医者に行くと，医者は足を強くするために特別な運動をするように言った。ジェイソンはやってみたが，足はまだ痛んだ。そこで，ジェイソンはある考えを思いついた。彼は新しいシューズを買うことにした。足が痛い人のために作られた特別なシューズを見つけたのだ。彼はそのシューズを毎日履いた。2，3週間すると足の痛みは止まり，ジェイソンはうれしかった。

語句・構文

(第1段) □ gain weight「太る，体重が増える」
□ run a marathon「マラソンを走る」
□ lose weight「やせる，体重が減る，体重を落とす」
(第2段) □ hurt「痛む」　□ pain「痛み」

各段落の要旨

第1段　ジェイソンは，就職後，仕事が忙しく太ってしまったが，ランニングを始め，減量に成功した。
第2段　足が痛み出したが，特製のシューズを着用することで痛みは治まった。

(26)　解答　3

選択肢の訳　**1**　もっと健康によい食べ物を食べる
2　新しい仕事を見つける
3　もっと運動をやり始める
4　休暇をとる

空所の前の文に「彼はとても太った」とあり，空所を受けて後ろの文には「マラソンを走りたくなった」とある。したがって，**3 start exercising more「もっと運動をやり始める」**が適当である。

(27)　解答　1

選択肢の訳　**1**　新しいシューズを買う　**2**　走るのをやめる
3　もう一度医者に行く　**4**　違うスポーツをやってみる

空所の前の文に「ジェイソンはある考えを思いついた」とあり，空所の文以下2文はその「考え」の具体的な内容である。空所の次の文に「足が痛い人のために作られた a special pair を見つけた」とある。その pair とは何かと考えて選択肢を探ってみる。**1 buy some new shoes「新しいシューズを買う」**を選ぶと，pair は「(靴) 一足」を表すこととなり，次の文の He wore them every day とも整合する。

一次試験　筆記　3 B

訳

野生の金魚

金魚は，小さくて色鮮やかな魚で，人気のあるペットである。金魚は，元々は中国にしか生息していなかった。しかし今日では，世界中の川にたくさん生息している。これらの金魚は，**人間によってそこに入れられたのだ**。このようなことが起こったのは，ペットをもう飼っていたくないと思う人がいたからだ。そういう人は，金魚を近くの川に持っていき，そこが金魚の新しい生息地となったのだ。

2003 年に，オーストラリアのヴァッセ川に生息する金魚を，科学者のチームが研究し始めた。科学者たちの発見によれば，金魚は川を長距離にわたって上り下りする。その途中で，川底の植物を大量に食べる。しかしながら，これらの植物は川の環境**にとって大切な**ものである。植物は，川の水をきれいに保ち，その川に生息する他の魚や動物のエサにもなっている。金魚が植物の多くを食べた後では，川は汚くなり，多くの他の動物が死ぬ。

しかし，科学者たちはこの問題を解決する方法を見つけた可能性があると信じている。金魚はたいてい，河川のそれぞれ異なる場所内を単独で移動する。しかし，年に一度，一同が**一カ所に集まる**のだ。そこが産卵をする場所である。科学者によれば，その時が簡単に金魚の大群を捕まえて，川から除去できる時なのだ。今では，この方法を用いて金魚が川にダメージを与えるのを止めることができると，望みを抱いている。

語句・構文

(第 1 段) □ colorful「色鮮やかな」　□ originally「元々は」
□ nearby「(形) 近くの」

(第 2 段) □ travel「移動する」　□ distance「距離」
□ along the way「道中，途中で」　□ plant「植物」
□ environment「環境」　□ keep *A* clean「*A* をきれいに保つ」

(第 3 段) □ may have *done*「～したかもしれない」
□ solve the problem「問題を解決する」
□ different「色々な，異なる」　□ once a year「1 年に一度」
□ This is where ～「ここが～する場所だ」　□ lay eggs「産卵する」
□ it is an easy time to *do*「その時が～しやすい時である」(it は時間・天候などを表す)
□ method to *do*「～する方法」　□ damage「(動) ～にダメージを与える」

各段落の要旨

第1段 金魚は中国原産だが，ペットとして広がったものが川に放たれて，世界中の川に広まった。

第2段 オーストラリアで始まった野生の金魚の研究により，金魚が他の生物に必要な植物を食い荒らしていたことがわかった。

第3段 金魚は普段は単独で生活するが，年に一度産卵のために一カ所に集まるので，それを利用して大量に捕獲することが期待できる。

(28) 解答 2

選択肢の訳 **1** とても人になついていた　**2** 人間によってそこに入れられた
3 中国に生息していた　**4** より多くの食物を必要とした

空所は，中国原産の金魚が今では世界中の川にいる（第1段第2・3文）というこの段のテーマを受けて，その理由を述べていると考えられるところである。そこから，**2 were put there by humans** を正解とすると，次の文の because 以下にある「ペット（＝金魚）をもう飼っていたくないと思う人がいたから」が空所の「(金魚が) そこ（川）に人間によって入れられた」理由となり，適当である。

(29) 解答 3

選択肢の訳 **1** 〜によって作られた　**2** 〜とは遠く離れている，ほど遠い
3 〜にとって重要な　**4** 〜に与えられた

空所の文は，these plants を主語とし，金魚によって食べられる植物についての記述である。後ろに the river's environment が続いているところから，**3 important for** を正解とする。すると，次の文の The plants keep the water in the river clean, and …「植物は，川の水をきれいに保ち…」が空所の説明となり適当である。

(30) 解答 3

選択肢の訳 **1** 川を去る　**2** 卵を探す
3 一カ所に集まる　**4** 色々な方法で泳ぐ

「金魚はたいてい，河川のそれぞれ異なる場所内を単独で移動する」を however「しかしながら」で受けて続いている空所の文が，次の「そこが（金魚が）産卵をする場所である」の後に続く it is an easy time to catch a large group of goldfish …「その時が簡単に金魚の大群を捕まえて，川から除去できる時なのだ」と自然につながるためには，**3 gather in one spot** が妥当である。

一次試験　筆記　4 A

訳

送信者：ニコル・フーヴァー〈nhoover@summerfun.com〉
受信者：ジェレミー・ドブス〈j-dobbs77@housemail.com〉
日付：5 月 31 日
件名：サマーファンズ・ミュージック・キャンプ

こんにちは，ジェレミー。
サマーファンのニコルです。メールをありがとうございます。今年のティーンエイジャー向けミュージックキャンプの日程と応募方法をお尋ねですね。サマーファンでは，ティーンエイジャー向けミュージックキャンプを 2 つ行います。今年は，最初のキャンプは歌唱対象で，6 月 24 日から 7 月 7 日までです。そして，2 つ目は楽器演奏者対象です。7 月 22 日から 8 月 4 日までとなります。受講料は，どちらのキャンプも一人 1,500 ドルです。
また，あなたの弟様も今年は一緒に参加したがっているとのことですね。少なくとも 13 歳にはなっておられますか？　そうであれば，彼も参加できます。そうでなくても，まだサマーファンズ・キッド・キャンプには行けます。こちらの期間は 1 週間のみです。もしご希望であれば，こちらの日程もお知らせします。
応募用紙はこちらのウェブサイトで入手できます。プリントアウトして，6 月 10 日までに返送してください。応募用紙には，必ずご両親にサインをしてもらってください。キャンプ費用のお支払いは 6 月 15 日までにお願いします。支払方法は応募用紙に書いてあります。ほかにご質問があれば，お知らせください。
どうもありがとうございました。
よろしくお願いします。
ニコル・フーヴァー

語句・構文

(第 1 段) □ apply「～に応募する」　□ instrument「楽器」　□ fee「受講料」
(第 2 段) □ join「～に参加する」　□ at least「少なくとも」　□ last「(動) 続く」
□ 最終行に使われている those は直前の Summer Fun's Kid Camp を受けている。ここでの camp は集合名詞として複数扱いされている。
(第 3 段) □ application form「応募用紙」　□ available「入手できる，利用できる」
□ website「ウェブサイト」　□ print *A* out「*A* をプリントアウトする」
□ mail *A* back to *B*「*A*（物）を *B*（人）に返送する」
□ make sure to ***do***「必ず～する」
□ have *A* ***do***「*A*（人）に～してもらう」　□ payment「支払い」
□ explanation「説明」　□ how to ***do***「～する方法」
□ let *A* know「*A*（人）に知らせる」

各段落の要旨

第1段 サマーファンからジェレミー宛のミュージックキャンプについての連絡。

第2段 ジェレミーの弟もキャンプに参加できるかとの質問に対する返答。

第3段 キャンプへの応募方法。

(31) **解答** **3**

質問の訳 なぜニコル・フーヴァーはジェレミーにメールを書いているのか。

選択肢の訳
1 彼にどんな楽器の演奏を習ったか尋ねるため。
2 彼の音楽のレッスンのスケジュールを確認するため。
3 彼がキャンプについて尋ねた質問に答えるため。
4 彼をティーンエイジャー向けのイベントに誘うため。

第1段第2・3文（Thanks for …）に,「メールをありがとうございます。今年のティーンエイジャー向けミュージックキャンプの日程と応募方法をお尋ねですね」とあり，ジェレミーのメールへのお礼と彼がキャンプについての質問をしたことを確認している。したがって，**3 To answer the questions he asked about camps.** が正解。

(32) **解答** **4**

質問の訳 ニコル・フーヴァーは13歳より下の子どもについて何を説明したのか。

選択肢の訳
1 彼らのキャンプの方が1週間長く続く。
2 彼らのキャンプの料金は高くない。
3 どのサマーファン・キャンプにも参加できない。
4 子ども向けのキャンプに参加できる。

問われている「13歳より下の子ども」については第2段第2文（Is he at least …）以降に書かれており，その第4文（If not, he …）に，he can still go to Summer Fun's Kid Camp とある。したがって，**4 They can join a camp for kids.** が正解。

(33) **解答** **3**

質問の訳 キャンプに応募するためにジェレミーがしなければならない一つのことは，(　)

選択肢の訳
1 ニコル・フーヴァーにメールを送ること。
2 応募用紙を6月15日までに郵送すること。
3 両親に用紙にサインをしてもらうこと。
4 6月末までに受講料を支払うこと。

第3段第3文（Please make sure to …）に,「必ずご両親にサインをしてもらってください」とある。したがって，**3 get his parents to sign a form.** が正解。本文の have your parents sign ～ が get his parents to sign ～ に言い換えられている。**2** が紛らわしいが，同段第2文（Please print it out and …）にあるように，郵送の締め切りは6月10日である。6月15日は，同段第4文（Payments for the camp must …）にあるように，キャンプ費用支払いの期限である。

一次試験　筆記　4 B

訳

消火の歴史

今日では，たいていの市町に火災の消火を行う消防士がいるが，過去においては事情は大いに異なっていた。合衆国の歴史の初期においては，町がより大きな都市に発展するにつれて，火災は非常に危険なものになった。1700 年代においては，ほとんどの家は木造だった。いったん火災が発生すれば，非常に急速に広がり，数千人もの人びとを危険にさらすこともあった。消防署というものはなかった。それで地域住民や有志が協力して，地域で発生したすべての火災の消火にあたった。

火災消火のためには，人が直近の川と火災が起きている場所の間を一列に並んだものである。川で汲んだ水の入ったバケツを人から人へと手渡ししたのである。次に，火の一番近くにいる人がバケツの水を火の上にかけたのである。火が消えるまでこれを繰り返したのであった。

1800 年代になると，消火活動のために多くの新しい発明がなされた。それらの道具は消火の役には立ったものの，使うのが難しかった。これは，それらを使うためには特殊な訓練が必要であった，ということである。その結果，特別チームを組んだ男たちがそれらの道具の使い方を学び始めた。彼らは消防士と呼ばれた。

1910 年までには，さらにもう一つ重要な発明が，消防士の仕事のやり方を変えた。これが消防車――消防士が使うトラックの一種である。水を運ぶ消防車を使うことによって，消火がより速く容易になった。このことによって，必要な人数が減り 1 チームの消防士の数は少なくなった。今日では，消防士は単なる消火以上のことをたくさん行っている。多くの種類の緊急事態のための訓練を受けている。事実，合衆国では，消防士は緊急医療コールの 70 パーセントに援助を提供している。

語句・構文

(第 1 段) □ firefighter「消防士」　□ put out ～「(火) を消す」
□ grow into ～「発展して～になる」
□ be made out of ～「～でできている」
□ once「(接) いったん～すると」
□ put *A* in danger「*A* を危険にさらす」
□ fire department「消防署」　□ neighbor「近隣の住人」
□ volunteer「有志」　□ neighborhood「近所」

(第 2 段) □ make a line「線を引く，一列に並ぶ」　□ pass「手渡しする」
□ bucket「バケツ」　□ collect「集める」
□ one person to the next「人から人へと」
□ throw *A* over *B*「*A* を *B* の上に投げかける」
□ continue to *do*「～し続ける」

(第 3 段) □ invention「発明 (品)」　□ tool「道具」
□ help *do*「～するのに役立つ」
□ mean that ～「～だということを意味する」　□ as a result「その結果」

（第4段）☐ the way S V「Sが～するやり方」　☐ fire engine「消防車」
☐ truck「トラック」　☐ by *doing*「～することによって」
☐ because of ～「～によって」
☐ do more than just *do*「単に～する以上のことをする」
☐ train「訓練する」　☐ emergency「緊急事態」
☐ provide「～を提供する」　☐ medical「医療の」

各段落の要旨

第1段　合衆国では，消防署がなかった1700年代，消火活動は地域住民や有志が行っていた。

第2段　1700年代，消火活動は，川からバケツで汲んだ水の手渡しで行っていた。

第3段　1800年代になると，多くの消火用具が発明され，特別な訓練を受けた消防士が誕生した。

第4段　1910年までには，消防車が発明され消防士の数は減った。現在では，消防士は，緊急医療など，火災以外の多くの緊急事態に備え訓練を受けている。

(34)　解答　**1**

質問の訳　**1700年代の合衆国都市部における一つの問題は何か。**

選択肢の訳
1　木造の家屋は燃えやすかった。
2　都市部の住民は消火方法を知らなかった。
3　誰も消防署で有志として働きたがらなかった。
4　火をおこすのに必要な木材を見つけるのが困難だった。

第1段第3文文頭にIn the 1700sとあるので，まずこの文を参照する。すると，most houses were made out of wood「ほとんどの家は木造だった」とある。また次の第4文にOnce a fire started, it could spread very quickly, …「いったん火災が発生すれば，非常に急速に広がり，…」とある。したがって，**1 Houses that were made of wood easily caught on fire.**が正解。Once a fire started, it could spread very quicklyが，選択肢ではeasily caught on fireにまとめられている。easily catch on fire「燃えやすい」 build fire「火をおこす」

(35)　解答　**3**

質問の訳　**過去において，地域住民や有志が（　　　）**

選択肢の訳
1　火災の数を減らすために川の近くに住んでいた。
2　消防士が訓練に使うバケツを購入した。
3　川から水を汲み，火災の消火に用いた。
4　消火を手伝うために，消防士にバケツを渡した。

選択肢を見渡すと，rivers，buckets，collected waterの語句があり，これらを本文から探ってみる。すると，第2段第1文（In order to put out a fire, …）にthe nearest riverが，同段第2文（They passed buckets of water …）にpassed buckets of water that were collected at the river「川で汲んだ水の入ったバケツを手渡しした」が見つかるので，ここ

を参照する。第 1 文の In order to put out a fire と，第 2 文を 1 文にまとめると **3 collected water from rivers and used it to put out fires.** となる。

(36) 解答 4

質問の訳 なぜ，1800 年代，特殊なグループが消防士になるための訓練を開始したのか。

選択肢の訳
1 男性が消火する方が女性がするよりもよいと考えられたから。
2 新しい発明が，消火の難しい火災の原因となり始めていたから。
3 作業者は，重い消火用具を使うのに非常な体力を必要としたから。
4 新しい消火用具の使用法を習得するのが難しかったから。

設問の in the 1800s を手掛かりに本文を探ると，第 3 段第 1 文文頭（In the 1800s, …）に見つかるので，この段を参照する。すると，第 1 文に，消火用具の発明があったこと，第 2 文に，その使用が難しかったことが書かれている。続く第 3 文に，This meant that people needed to get special training to use them.「これは，それらを使うためには特殊な訓練が必要であった，ということである」とある。以上から，**4 It was difficult for people to learn how to use the new firefighting tools.** が正解となる。

(37) 解答 1

質問の訳 1 チーム内の消防士の数が少なくなったのは（　　）からである。

選択肢の訳
1 水を運ぶトラックによって仕事が楽になった
2 緊急事態の数が減り始めた
3 人々が他のグループに助けを求め始めた
4 ある重要な発明によって，火災の発生が止まった

設問にある the number of firefighters「消防士の数」を本文に探すと，最終段第 4 文（Because of this, …）に同語句が見つかる。そこに，Because of this, fewer people were needed and the number of firefighters on a team got smaller.「このことによって，必要な人数が減り 1 チームの消防士の数は少なくなった」とある。and 以下の節を見ると，述語動詞が設問では became に換えられているだけで，あとは同じである。したがって，本文に Because of this とあるところを Because S V と節に書き換えれば設問の文が完成する。this が受けているのは最終段第 1 ～ 3 文である。以上から，**1 trucks that carried water made their job easier.** が正解となる。本文では By using fire engines that carry water, it became …（第 3 文）となっているところが選択肢では，trucks that carried water made …と手段が主語となった構文に書き換えられている。また to put out fires が their job に換えられている。

一次試験　筆記　5

解答例　**I think that apartments are better. First, I think that houses are more expensive than apartments. If people live in an apartment, they can use their money for other things. Also, these days, many people live alone. If you live alone, you do not need a lot of space. Therefore, I think people should live in apartments.（50～60 語）**

訳　私は，アパートの方がよいと思います。まず第一に，一戸建ての方がアパートよりも高くつくと思います。もし，アパートに住めば，お金を他の物事に使うことができます。また，近頃は，一人で生活する人が多いです。一人で生活するのであれば，あまりスペースは必要ではありません。したがって，アパートに住んだ方がよいと思います。

質問の訳　**一戸建て住宅かアパートのどちらに住むのがよいと思いますか。**

▶設問の答えを最初に示す。*A* or *B* で問う選択疑問文となっているので，I think ～ で答えればよい。語数に余裕があれば，I agree with the idea that people should live in ～のように設問を繰り返して答えてもよい。

▶続いて2つの理由を呈示する。I'd like to mention two of the reasons. のように，列挙する理由の数を最初に示すのもよいが，語数を考慮して〔解答例〕では数を示さず，first を副詞で用いて文頭に置き，「まず第一に」と複数述べることを示している。2つ目を導入するのには also を用いている。最初に，列挙の数を「2」と示した場合は second を用いてもよいが，そうでないときは，second を用いるとさらに列挙が続くことになるので避ける。別のアプローチとしては，The first reason is (that) ～ としてもよい。その場合，2つ目は Another (reason) is (that) ～ とする。

▶最後には，締めくくりとなる1文を置くのが望ましい。〔解答例〕では，therefore「したがって」を用いて導いている。That's why ～ などでもよい。

▶〔解答例〕の文の構成は「①問いに対する答え→②1つ目の理由→③1つ目の理由の補足（根拠，具体例）→④2つ目の理由→⑤2つ目の理由の補足→⑤締めくくり」となっている。理由には，〔解答例〕のように補足や根拠を付すのが望ましい。

▶「house に住む方がよい」と答える場合は，「アパートに比べて隣人を気にしなくてもよい」(You don't have to care about your neighbors as much as when you live in an apartment.／You have to care about your neighbors less than when you live in an apartment.)，「ペットを飼うことができる」(You can have〔keep〕pets.)，「庭があれば木や草花を植えて楽しむことができる」(If it has a garden, you can enjoy planting flowers and trees.) などを理由に挙げればよいだろう。

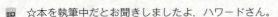

一次試験　リスニング　第1部

No. 1　解答　3

★＝男性　☆＝女性　（以下同）

☆ I heard that you're writing a book, Howard.

★ Yeah. It's an adventure story. I'm almost finished with it.

☆ Wow, that's great! What are you going to call it?

★ **1**　My book came out last month.

★ **2**　I've always wanted to be a writer.

★ **3**　I haven't thought of a name yet.

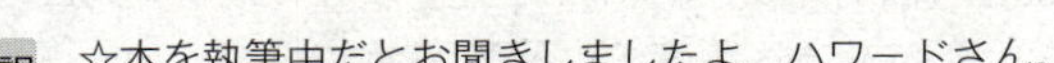

訳

☆本を執筆中だとお聞きしましたよ，ハワードさん。

★ええ。冒険小説なんです。もう少しで書き終わるところです。

☆うわー，それはすごいですね。どういうタイトルにするおつもりですか？

★ **1**　私の本は先月に出版されました。

★ **2**　私は常に作家になりたいと思っていました。

★ **3**　まだ名前を思いつかないんです。

本を執筆中だという男性（ハワード）と女性の会話である。求められているのは，「冒険小説なんです」というハワードに対して女性が尋ねたWhat are you going to call it?「それを何とよぶつもりですか（どういうタイトルにするおつもりですか）」に対する応答である。以上から，**3「まだ名前を思いつかないんです」**を正解とする。be finished withは，〈be＋自動詞の過去分詞〉となっており，動作の完了を表して「（仕事などを）終える，仕上げる」の意味。come outの基本的な意味は「明確な形を伴って出現する」で，「現れる，（花が）開花する，（写真に）写る」など様々な意味で用いられる。ここでは「（本が）出版される」の意味。**2**のwantedと**3**のhaven'tのtはほとんど聞き取れないぐらいに弱く発音されるので注意。

No. 2　解答　2

★ Hello. Could you help me find some medicine?

☆ Certainly, sir. What seems to be the problem?

★ Well, I have a sore throat and a bad cough.

☆ **1**　Sure. Come back when you're feeling better.

☆ **2**　OK. I know just the right kind for you.

☆ **3**　Hmm. I don't have a cough.

訳 ★すみません。薬を探しているんですが，教えていただけませんか？
☆わかりました，お客様。どうされましたか？
★ええ，のどが痛くて，咳がひどいのです。

☆ **1**　もちろんです。気分がよくなったら，また来てください。
☆ **2**　わかりました。あなたにぴったりのお薬がありますよ。
☆ **3**　うーん。私には咳はありません。

certainly は sure と同義で yes の代用表現。sir は男性への丁寧な呼びかけに用いる語で，ここでは「お客様」に当たる。a sore throat「のどの痛み」と a bad cough「ひどい咳」を訴えて薬を買いに来た客（男性）と店員（女性）の会話である。最初の medicine「薬」と sir の呼びかけから，薬局での客と店員の会話であることを推測する。求められているのは，客の症状を聞いた店員の応答であるから，**2「わかりました。あなたにぴったりのお薬があります」**が正解となる。kind「（名）種類」 help *A* *do*「*A*（人）が～するのを助ける」 feel better「気分がよくなる」 cough [kɔ́:f]「咳」の発音に注意。女性の最初の発言の certainly の t はほとんど聞き取れないぐらいに弱く発音されるので注意。

No. 3　解答　3

★ *Ciao*, Karen. That means "hello" in Italian.
☆ Well, *ciao* to you, too. Are you studying Italian?
★ Yeah. I'm learning some words and phrases. I'm taking a vacation in Italy next month.

☆ **1**　Great. I'm glad you had a good time.
☆ **2**　No. I'm trying to save my money.
☆ **3**　Wow. I've always wanted to go there.

Script

訳 ★チャオ，カレン。チャオはイタリア語で「こんにちは」の意味だよ。
☆じゃ，あなたにもチャオ。イタリア語を勉強しているの？
★そう。単語や言い回しをいくつか覚えているところ。来月，イタリアで休暇を過ごすつもり。

☆ **1**　すごい。楽しかったそうで，よかったわね。
☆ **2**　いいえ。お金を貯めようとしているところ。
☆ **3**　うわー。私も行きたいとずっと思っていたの。

最初の対話からは，話題の展開が想像しにくいので，男性の２番目の発言を集中力をもって聞くことが大切である。求められているのは，「来月，イタリアで休暇を過ごすつもり」と男性から聞いた女性の応答である。**1** は不正解。I'm glad you had とある had … が過去形であることをしっかり聞き取ろう。**3「うわー。私も行きたいとずっと思っていたの」**が正解となる。wanted の d は次の to go の t とリエゾン（重なって発音）されるのでほとんど聞き取れない。I'm taking a vacation … で用いられている現在進行形は「未来に行われることの準備が現在すでに始まっていること」を表す。

No. 4　解答　1

★ Julie, hurry up. We're going to be late for your dance lesson.
☆ I know, Dad, but I can't find my dance shoes.
★ I put them in your bag for you.

☆ **1**　Oh, thanks. I'm ready to go, then.
☆ **2**　Yes, but I don't have my shoes.
☆ **3**　Well, I just got them last month.

訳
★ジュリー，急いで。ダンスのレッスンに遅れそうだよ。
☆わかってるけど，ダンスシューズが見つからないのよ，お父さん。
★カバンの中に入れておいてあげたよ。

☆ **1**　そうか，ありがとう。それなら，いつでも出られるわ。
☆ **2**　うん，でもシューズがないの。
☆ **3**　でも，先月買ったばかりよ。

ダンスのレッスンに遅刻しそうな娘と彼女を送ろうとしている父親の会話である。娘はダンスシューズが見つからないと言っていて，それに対する応答である。男性の２番目の発言 I put them in your bag for you. から，**1**「そうか，ありがとう。それなら，いつでも出られるわ」が正解となる。この発言が聞き取れないと，**2**・**3** に誘導されてしまうので注意。be ready to *do*「いつでも～できる」

No. 5　解答　2

☆ Hi, honey, I'm home.
★ Hi. What took you so long? Did you have to work late again?
☆ No, but traffic was really bad.

★ **1**　Well, I hope you finished making dinner.
★ **2**　Well, please call and tell me next time.
★ **3**　Well, I got the car repaired.

Script

訳
☆あなた，ただいま。
★お帰り。なんでこんなに時間がかかったの？　また残業しないといけなかったの？
☆ちがうの。道がとっても混んでいたの。

★ **1**　ふーん，晩ご飯の支度が終わってくれてるといいけど。
★ **2**　ふーん，今度は電話で知らせてね。
★ **3**　ふーん，車を修理してもらったよ。

夫婦と思われる男女の会話で，帰りが遅くなった女性を男性が家で迎えている。求められているのは，「道がとっても混んでいた」と遅くなった理由を言う女性に対する男性の応答である。したがって **2「ふーん，今度は電話で知らせてね」**が正解となる。hi は「こんにちは，もしもし，ただいま，お帰り」など，色々なシチュエーションで用いられるあいさつである。honey は親しい男女間での呼びかけ。会話冒頭の I'm home. の理解が重要。ここでは「ただいま」の意味（「今，家に着いた」の意味になることもある）。この会話から **1** は不正解となる。**1** I hope you finished making dinner の finished が過去時制であることをしっかり聞き取る。What took you so long？は物主語の構文で Why were you late？と言い換えることができる。traffic was bad は「道が混んでいた」の意味。これが理解できないと **3** に誘導されてしまうだろう。get *A done*「*A*（物）を～してもらう」 repair「修理する」 have to work の have to はふつう［hǽftə］と１語のように発音されるので注意。**2** の call and tell の and は d が抜け落ちてごく軽く発音されるので注意。

No. 6　解答　2

☆ Welcome to the Silverton Zoo. Can I help you？
★ I'd like to see the lions. Where are they？
☆ Sorry, but the lion house is closed for repairs. It'll be open again next week.

★ **1**　Well, that's too expensive.
★ **2**　Well, I guess I'll come back then.
★ **3**　Well, I thought you still had tickets.

Script

訳
☆シルバートン動物園にようこそ。どうされましたか？
★ライオンを見たいんです。どこにいますか？
☆申し訳ありません。ライオンの檻は修理のため閉鎖されております。来週再開いたします。

★ **1**　そうですか，それは高すぎます。
★ **2**　そうですか，それでしたらまた来ようと思います。
★ **3**　そうですか，まだチケットはあると思っていました。

最初の対話にある Zoo，Can I help you？，lions の語句から動物園の案内係（女性）と訪問客（男性）の会話であることを理解する。求められているのは，目当てであったライオンの檻が修理のため閉鎖されていて，来週再開される，と聞いた男性の応答である。以上から，**2「そうですか，それでしたらまた来ようと思います」**を正解とする。Can I help you？は，店頭や受付で客に対して用いる「いらっしゃいませ」「何かお探しですか」「どういうご用件ですか」や，困っている様子の人を見かけたときの「何かお困りですか」など，シチュエーション次第で色々な意味で用いられる。repair「修理」 expensive「高価な」 **2** の I guess ～ は確信ではなく「（何となく）～と思う」の意味だが，I think ～ と大差はない。

No. 7 解答 1

★ Welcome to Diego's Bar and Grill.
☆ Hello. I made a reservation for tonight at eight. I'm Jessica Palmer.
★ I'm sorry, Ms. Palmer, but you're a little early. Your table isn't ready yet.

☆ 1 That's OK. I don't mind waiting.
☆ 2 That's great. I'm really hungry.
☆ 3 That's fine. I should have made a reservation.

Script

訳 ★ディエゴズバー・アンド・グリルにようこそ。
☆こんにちは。今夜の8時に予約してあります。ジェシカ・パーマーです。
★申し訳ありません，パーマー様。少し早くお越しですので，テーブルがまだご用意できておりません。

☆ 1 けっこうです。待たせていただきます。
☆ 2 それはけっこうですね。とてもお腹が空いているんです。
☆ 3 それでかまいません。予約をしておけばよかったですね。

最初の Welcome to Diego's Bar and Grill. からレストランの店員（男性）と客（女性）の会話であることを推測する。make a reservation「予約をする」が理解できないと困難になるが，reservation を知らなくても，you're a little early（ここでは「少し早く来すぎた」の意味）から推測したい。求められているのは，「テーブルがまだご用意できておりません」と言う男性に対する女性の応答である。以上から，**1**「けっこうです。待たせていただきます」を正解とする。**1** と **3** の That's OK. と That's fine. はほぼ同じ意味で「それでけっこうです，だいじょうぶです，かまいません」の意味。I don't mind *doing* は，「(私が)～するのはかまわない」の意味。should have *done*「～すべきだったのに（しなかった），～すればよかった」

No. 8 解答 3

☆ Hello.
★ Hello. This is Fred James, Cindy's teacher. Cindy's not feeling well. Could you come and take her home?
☆ Oh no. I'll be there right away. Where should I pick her up?

★ 1 She has a lot of homework to do.
★ 2 She seems to be feeling better.
★ 3 She'll be in the nurse's office.

Script

訳 ☆もしもし。
★もしもし。フレッド・ジェイムズと申します。シンディーの担任です。シンディーが体調を悪くしています。来ていただいて，連れて帰っていただけませんか？
☆そうですか。すぐに参ります。どこに迎えに行けばいいですか？

★1　彼女はしなければならない宿題がたくさんあるんです。
★2　彼女は体調が回復してきているようです。
★3　彼女は保健室にいます。

最初の対話から，女性がシンディーの母親らしいことを推測する。男性は，シンディーの担任と思われる教師である。男性は，シンディーの体調が悪いので，迎えに来てほしいと言っている。求められているのは，女性の「どこに迎えに行けばいいですか」との質問に対する男性の応答である。以上から，**3「彼女は保健室にいます」**を正解とする。I'll be there「そちらに行きます」 right away「すぐに」 pick *A* up / pick up *A*「*A*（人）を車で迎えに行く」 nurse's office「保健室」 Cindy's not feeling … の Cindy's が Cindy is の短縮形であることを聞き取る。

No. 9　解答　2

☆ David, I need a favor.
★ Certainly, Ms. Johnson, what can I do?
☆ Please help me with my sales presentation. Can you make 10 copies of these documents and bring them to my office?

★1　Well, I've already finished my presentation.
★2　Of course. I'll get started now.
★3　No, I don't have an office.

Script

訳
☆デイビッド，お願いがあるの。
★わかりました，ジョンソンさん。何をすればいいですか？
☆セールス・プレゼンテーションを手伝ってください。この書類のコピーを10部作って，私のオフィスまで持ってきてくれない？

★1　はあ，私のプレゼンテーションはもう終わってしまいました。
★2　いいですとも，今すぐかかります。
★3　いいえ，私はオフィスを持っていません。

最初の対話で，女性が David とファーストネームで呼びかけ，男性が Ms. Johnson とファミリーネームで答えている。そこから女性が上司であると推測できる（それは，女性の Can you make 10 copies … という依頼の仕方からも伺える。Can you は Could you よりもくだけた表現である）。女性（Ms. Johnson）は男性にプレゼンテーションの手伝いを頼んでいる。これに対する男性の応答が求められている。以上から，**2「いいですとも，今すぐかかります」**を正解とする。I need a favor. は「お願いがあります，頼みたいことがあります」の意味の常套句。Can I ask you a favor? とほぼ同じ意味である。What can I do (for you)? は，Can I help you? と同じく店員や受付など，サービスに従事する人が客を迎えたときの常套句で，「いらっしゃいませ，何をお求めですか，どのようなご用件ですか」に当たる表現。ここでは，部下の上司への応答であるから「何をすればいいですか？」など指示を仰ぐ表現となる。help *A* with *B*「*A*（人）の *B*（事）を手伝う」 presentation「（商品説明などの）プレゼンテーション」 get started「始める，取りかかる」

No. 10　解答　3

Script

★ Hello.
☆ Hello. This is Becky Davis. Is Jimmy home ?
★ Hi, Becky. He's here, but he's sleeping. Can I take a message ?

☆ **1**　OK, I'll get up soon.
☆ **2**　Well, I'm busy right now.
☆ **3**　No, I can talk to him tomorrow at school.

訳
★もしもし。
☆もしもし。ベッキー・デイビスです。ジミーは家にいますか？
★こんにちは，ベッキー。いますけど，今，寝ています。何か伝言はありますか？

☆ **1**　わかりました。すぐに起きます。
☆ **2**　いえ，私，今，忙しいのです。
☆ **3**　いいえ，明日，学校で話せますから。

女性（ベッキー・デイビス）がジミーの家に電話をしたところ。電話に出た男性の He's here, but … から，出たのはジミーではなく父親と思われる男性であることを聞き取る。ここまでを理解することができれば，間違った選択肢に誘導されることはないだろう。求められているのは，寝ていて電話に出られないジミーに「何か伝えておきましょうか？」と男性が言ったのに対する応答である。したがって，**3「いいえ，明日，学校で話せますから」**が正解となる。Can I take a message ? は，電話を受けて本人が出られないときの常套句で「何か伝言はありますか？」の意味。

一次試験　リスニング　第2部

No. 11　解答　3

★＝男性　☆＝女性　（以下同）

☆ Excuse me. Do you know if there is a bus from the airport to the Yorktown Hotel?

★ Sorry, I don't. I don't work here. Why don't you ask at the airport information desk?

☆ I want to, but I can't find it.

★ It's over there by that entrance.

Question: What does the man suggest the woman do?

Script

訳
☆すみません。空港からヨークタウンホテルまで，バスはあるかご存じですか？

★申し訳ないけど，知りません。私はここで働いているのではありません。空港の案内所で聞いてみたらどうですか？

☆そうしたいのですが，見つからないのです。

★あちらの入口のそばにありますよ。

質問：男性は女性に何をするように勧めているか？

選択肢の訳　**1**　バス停を見つける。　**2**　彼女のホテルに電話をする。
3　案内所に行く。　**4**　彼女の飛行機に乗る。

最初の女性の発言から，場所が空港であること，女性はホテルに行きたがっていることを聞き取る。それに対する男性の応答の Why don't you ask at the airport information desk? の聞き取りがポイント。ここが聞き取れないと **1** に誘導されてしまう。Why don't you ～? は「～してはどうですか」と相手に提案する表現である。information desk「案内所」 女性の発言 I want to, but … の to の後ろには ask at the information desk を補って考える。質問で用いられている動詞 suggest は，suggest *A* (should) ***do***「*A* に～するように提案する，勧める」の構文をとる。以上から，**3「案内所に行く」**が正解となる。男性の最後の発言 It's over there の over there が聞き取りにくいかもしれないので，慣れておきたい。over there は単なる there よりももう少し離れたところを指す表現で「あちら，向こう」の意味。

No. 12 解答 4

★ Judy, did you clean up your room?
☆ Not yet, Dad. I'm still doing my homework.
★ Well, make sure you clean it up before dinner. It'll be ready in an hour.
☆ All right.

Question: What does Judy's father tell her to do?

Script

訳 ★ジュディー，部屋の掃除はしたかい？
☆まだよ，お父さん。まだ宿題をしているの。
★そう，晩ご飯までには必ず掃除するんだよ。1時間後には支度が終わるから。
☆わかったわ。

質問：ジュディーの父親は彼女に何をしなさいと言ったのか？

選択肢の訳 **1** 自分の代わりに買い物に行く。 **2** 晩ご飯を作るのを手伝う。
3 宿題を終える。 **4** 部屋の掃除をする。

男性の二番目の発言 make sure you clean it up before dinner から，**4「部屋の掃除をする」**が正解。ここが理解できていないと**3**に誘導されてしまうだろう。make sure S V は「必ず～するように注意する」の意味。sure のあとには接続詞の that が省略されている。この that 節内では未来を示す助動詞を用いないのが原則である。

No. 13 解答 4

☆ Waiter, this food is really good. The salad is amazing.
★ Thank you. We use only the freshest vegetables in our salads. And the salad dressing is made using the chef's special recipe.
☆ Well, it's delicious. Can you tell me what it's made with?
★ Sorry, ma'am, I can't. The recipe is a secret. Not even the waiters know what's in it.

Question: What is one thing the waiter tells the woman about the salad dressing?

Script

訳 ☆ウェイターさん，この料理は本当にすばらしいです。サラダには驚きましたわ。
★ありがとうございます。サラダには最高に新鮮な野菜だけを使っております。そして，サラダドレッシングは，料理長特製のレシピを使って作っております。
☆そう，おいしいわ。材料を教えてもらえませんか？
★申し訳ございませんが，できかねます，奥様。レシピは極秘になっております。ウェイターさえも何が入っているのか知らないのです。

質問：サラダドレッシングについてウェイターが言った一つのことは何か？

選択肢の訳　**1**　それは料理長のレシピではない。　**2**　それはあまり人気がない。
3　彼がそれを作り出すのを手伝った。**4**　そのレシピは秘密である。

ウェイターの最初の発言の freshest と salad dressing が聞き取りにくいかもしれない。特に salad dressing は設問のキーとなるところであるが，ウェイターの二番目の発言 The recipe is a secret. が聞き取れれば解答は可能だろう。この会話から導かれる **4「そのレシピは秘密である」**が正解。amazing は surprising「驚くばかりの」とほぼ同義。delicious「おいしい」 ma'am は madam の縮約形で女性に呼びかけるときに用いられる丁寧語。be made with ～「～でできている」 Not even the waiters know ～「ウェイターでさえも～を知らない」 質問の What is one thing ～？「～の一つのことは何か？」は，しばしば用いられるフレーズなので慣れておきたい。

No. 14　解答　3

☆ Honey, remember the writing contest I entered?

★ Yeah. Didn't you write a story about a boy traveling around the world with his dog?

☆ I did. And guess what! I won first prize! The prize is a trip to Italy for two! Doesn't that sound great?

★ Wow! Congratulations, that's great news! And Italy—I've heard it's a beautiful country.

Question : How did the woman win a prize?

Script

訳

☆ねえ，私がエントリーした作文コンテストを覚えている？

★あー，犬と世界一周旅行をする少年の話を書いたんじゃなかった？

☆そうなの。で，どうなったと思う！　一等賞だったのよ！　賞品はイタリア旅行２名分よ！　すごいと思わない？

★ワーォ！　おめでとう，すごいニュースだね！　それに，イタリア――美しい国らしいね。

質問：女性は，どのようにして賞を取ったのか？

選択肢の訳　**1**　世界一周旅行をすることによって。
2　イタリア語会話を習得することによって。
3　物語を書くことによって。
4　彼女の犬を訓練することによって。

女性の最初の発言 Honey, remember the writing contest I entered? から対話の文脈を理解することがポイント。remember の前に do you が省略されている。honey は親しい男女間での呼びかけ。女性の二番目の発言にある I did. の did は，その前の男性の発言にある write a story about a boy traveling around the world with his dog の言い換えである。この応答が解答の参照箇所となる。ここをしっかり聞き取らないと，**1** に誘導されてしまうだろう。以上から，**3「物語を書くことによって」**が正解である。prize は「賞，賞品」の

２つの意味で用いられている。by *doing*「～することによって」

No. 15　解答　2

★ Hello. I'd like two tickets for next Friday's showing of the play *Rain on the Mountain*.
☆ Will that be for the early or the late show？
★ The late show. And could I get seats in the back row？ I've heard that the seats are more comfortable and have a better view.
☆ Certainly, sir. That's what a lot of our customers say.

Question：Why does the man want to sit in the back row？

Script

訳
★すみません，『山に降る雨』の来週金曜日の上演のチケットを２枚欲しいんですが。
☆早い方の上演ですか，それとも遅い方ですか？
★遅い方です。それと，後ろの列のシートをお願いできますか？　そちらのシートの方が座りごこちがよくて，よく見えるそうなんです。
☆かしこまりました。そうおっしゃるお客様がたくさんおられますよ。

質問：なぜ男性は後ろの列に座りたがっているのか？

選択肢の訳
1　彼は，たいていそこに座る。
2　そちらの席の方がよいと聞いた。
3　彼の友だちがそこに座っている。
4　ほかの席が手に入らない。

まず，最初の男性の発言 I'd like two tickets for next Friday's showing of the play *Rain on the Mountain*. から，対話の状況を把握すること。男性は，演劇のチケットを購入しようとしている。ticket の語から，showing が「上演」，play が「演劇」の意味で使われていること，*Rain on the Mountain* が劇のタイトルであることを理解したい。男性の二番目の発言が解答の参照箇所となる。長いので正確な理解は困難かもしれないが，have a better view「（席から舞台が）よく見える」だけでも聞き取れれば，ヒントになるだろう。以上から，**2「そこの席の方がよいと聞いた」**が正解である。row「列」 comfortable「（席が）座りごこちのよい」 have a better view はここでは場所（the seats）が主語となっており，「（その座席）から（舞台が）よく見える」の意味。certainly は yes の代用語。customer「客」 女性の二番目の発言 That's what a lot of our customers say. は関係代名詞 what を用いた表現で，直訳は「それが多くのお客が言うことです」となる。正確に聞き取れなくても，解答には差し支えないだろう。

No. 16　解答　3

★ Hi, Joanne. Have you talked to the French exchange student yet ?
☆ No. But I saw you talking to her at lunch, Carl.
★ Yeah. She's really friendly. She told me a lot about her country.
☆ I'll talk to her tomorrow. I'm really interested in France.

Question : What does Joanne say she will do tomorrow ?

Script

訳
★こんにちは，ジョアン。フランス人の交換留学生とはもう話した？
☆いいえ。でもお昼にあなたが話しているのを見かけたわ，カール。
★そうなんだ。彼女はとてもきさくだよ。彼女の国についてたくさん話してくれたんだ。
☆明日，話してみるわ。私，フランスにとても興味があるの。

質問：ジョアンは，明日何をするつもりだと言っているか？

選択肢の訳
1　カールとお昼を食べる。
2　お昼にフランス料理を食べる。
3　交換留学生と話す。
4　交換留学生としてフランスに行く。

女性の最初の発言 I saw you talking to her at lunch の talking の ing の音が聞き取りにくいかもしれないが，こだわらずに続く会話の聞き取りに集中することが大切である。解答の参照箇所となる女性の二番目の発言 I'll talk to her tomorrow. に聞き取り上の難はないだろう。正解は 3「交換留学生と話す」。質問の文 What does Joanne say she will do tomorrow ? は does Joanne say を挿入句と考えると理解しやすい。聞き取って反射的に正確に理解するのは困難かもしれないが，大ざっぱな理解でも解答には十分である。聞き取り練習を繰り返して，慣れることが大切である。

No. 17　解答　1

☆ Hey, Greg, the drama club meeting is at six o'clock tonight, right ?
★ Yeah. Mr. Kay is going to announce the new play we're going to do, so I'm excited about that.
☆ Right. And I heard two new members are coming tonight, too.
★ Oh, really ? I didn't know that.

Question : What does the boy say he is excited about ?

Script

訳
☆ねえ，グレッグ，演劇部のミーティングは今夜の 6 時，そうだったよね？
★そう，ケイ先生が今度僕らがやることになっている新しい劇を発表するはずなんだ。だから，わくわくするよ。
☆そうね。それに，新しいメンバーが二人，今晩やって来るとも聞いたわ。
★えっ，本当？　それは知らなかった。

質問：少年は何にわくわくすると言っているか？

選択肢の訳　**1**　ケイ先生が新しい劇を発表する。　**2**　新しいメンバーが意見を交換する。
3　彼がスピーチをする。　**4**　有名な俳優がやって来る。

最初の女性の発言 the drama club meeting is at six o'clock tonight, right? の the drama club meeting をしっかり聞き取り，そこから対話の方向性を推測する。最後の right は，「そうですよね」とそれまでに言ったことの念を押す表現。男性の最初の発言 Mr. Kay is going to announce the new play we're going to do, so I'm excited about that. の that の指すものが解答となる。前方照応（すでに述べたことを指す）の that で，カンマ以前の内容を指すので，**1「ケイ先生が新しい劇を発表する」**が正解。that を聞いたときに自然と指す内容に置き換わっているような聞き取りの力が必要である。このような力は音読によっても習得できるので，音声を聞くだけでなく音読の練習もするとよい。announce「発表する」 play「演劇」 女性の二番目の発言の two new members are coming tonight で用いられている現在進行形はすでに決定している未来を表す表現。質問の What does the boy say he is excited about? は，does the boy say を挿入句と考えると理解しやすい。

No. 18　解答　2

Script

☆ Good afternoon. Super Foods Supermarket.
★ Hello. I'd like to know if your store is looking for part-time workers.
☆ Yes, we are. Please come in and pick up a job-application form.
★ Great. I'll come in today.

Question: Why will the man go to the store today?

訳
☆こんにちは，スーパーフーズ・スーパーマーケットです。
★もしもし，そちらのお店がパートタイムの店員を探しておられるのか知りたいのですが。
☆はい，探しております。どうぞ，求人応募用紙を取りに来てください。
★それはよかった。今日，取りに伺います。

質問：なぜ男性は，今日その店に行くのか？

選択肢の訳　**1**　仕事の初日を開始するため。　**2**　求人応募用紙をもらうため。
3　なくした物について尋ねるため。　**4**　食品を買うため。

男性の最初の発言 I'd like to know if your store is looking for part-time workers. にある間接疑問文を導く接続詞の if は，飲み込むように弱く発音されるので注意を要する。また，store is はリエゾンされて e と i が重なって発音されるので注意。これに対する応答の Yes, we are. は，後ろに looking for part-time workers を補って考える。come in もリエゾンされて１語のように発音される。job-application form「求人応募用紙」が解答のキーワードとなるが，意味を知らなくても，男性の最初の発言と job の語から，何とか流れを聞き取りたい。form には「申込用紙」の意味があることを知っておきたい。以上から**2「求人応募用紙をもらうため」**が正解である。

No. 19 解答 1

☆ Mr. Edwards, I'm going to be in an English speech contest, and I need to practice. Could you please listen to my speech ?
★ Of course, Kaori. Just come to my office tomorrow.
☆ Thank you. Will you be there around four o'clock ?
★ Yes. I'll be waiting for you then.

Question : What does Kaori want Mr. Edwards to do ?

Script

訳 ☆エドワーズ先生，英語スピーチコンテストに出るつもりなんです。それで練習する必要があります。私のスピーチを聞いていただけませんか？
★もちろん，いいですよ，カオリ。明日，私の部屋に来なさい。
☆ありがとうございます。４時ごろ，おられますか？
★いますよ。その時間に待っています。

質問：カオリはエドワーズ先生に何をしてもらいたいと思っているか？

選択肢の訳
1 彼女のスピーチを聞いてもらう。
2 彼女のスペリングをチェックしてもらう。
3 彼女に明日電話してもらう。
4 スピーチコンテストに来てもらう。

状況把握のためには最初の少女の発言の聞き取り理解が必須である。Mr. Edwards とファミリーネームで呼びかけていることから，目上の人に対して話しかけていることを理解する。また，I'm going to be in an English speech contest の in an がリエゾン（重なって発音）されて１語のように聞こえるので，慣れておきたい。be in ～「～に参加する」の意味が即座に理解できなくても，続く a speech contest から推測したい。practice「練習する」Could you ～？は相手に依頼するときの表現で Can you ～？よりも丁寧な言い方。please を伴ってさらに丁寧になる。ここが解答の参照箇所となる。以上から，**1**「彼女のスピーチを聞いてもらう」が正解である。around は時刻とともに用いて「およそ～ごろ」。

No. 20 解答 1

☆ Hello ?
★ Hi, Claudia. It's Doug. You sound tired.
☆ I just got home. I've been working hard all day. And I still have to make myself dinner.
★ Well, why don't you come with me to a restaurant tonight instead ?
☆ That would be great.

Question : What will Claudia probably do tonight ?

Script

訳 ☆もしもし。

★もしもし，クラウディア。ダグだよ。疲れた声だね。

☆今帰ったばっかり。一日中，忙しく働いていたの。その上，まだご飯を自分で作らないといけないわ。

★そうなの，それよりも，僕と一緒にレストランに行こうよ。

☆それはうれしいわ。

質問：クラウディアは今晩，おそらく何をすることになるか？

選択肢の訳 **1** レストランに行く。 **2** 晩ご飯を作る。
3 残業する。 **4** ダグに電話する。

男性の最初の発言の You sound tired. が聞き取りにくいかもしれない。その場合，こだわらずに次の会話の聞き取りに集中することが大切である。この問題では，聞き取れなくても解答に差し支えはないだろう。男性の二番目の発言 why don't you come with me to a restaurant tonight instead? で使われている Why don't you ～? は「～してはどうですか」と相手に提案するときに使われる表現。instead は副詞で「その代わりに，そうしないで，それよりも」の意味。ここでは，その前の女性の発言の And I still have to make myself dinner. を受けて「自分でご飯を作る代わりに」の意味。女性の最後の発言 That would be great. は That is great. よりも丁寧な表現で，賛同を表している。質問の probably は「おそらく」の意味。以上から，**1「レストランに行く」**が正解である。**3** の work late は「残業する」の意味。

一次試験　リスニング　第3部

No. 21　解答　1

Mei is from China, and she enjoys learning languages. She goes to college in Japan right now and her Japanese is very good. In fact, she won first prize in a Japanese speech contest last month. She is also studying English because she wants to go to Australia after she graduates next year.

Question : What is one thing that we learn about Mei ?

Script

訳　メイは中国出身で，語学の勉強を楽しんでいる。今は，日本の大学に通っていて，彼女の日本語はとても優秀だ。事実，先月，日本語スピーチコンテストで優勝した。彼女は，英語も勉強している。来年卒業後には，オーストラリアに行きたいと思っているからだ。

質問：メイについてわかる一つのことは何か？

選択肢の訳
1　彼女は外国語を勉強することが好きだ。
2　彼女は日本語の先生になりたいと思っている。
3　彼女はすぐに中国に帰ることを計画中である。
4　彼女は来年英語のスピーチコンテストに申し込むつもりだ。

第１文には，その節のテーマが述べられることが多いので，特に慎重に聞き取ることが大切である。あらかじめ選択肢を読んでおき，それぞれの適否を確認するつもりで聞いていくとよい。すると，第１文が聞き取れれば，**1**「彼女は外国語を勉強することが好きだ」の内容は正しいので正解だろうと見当がつく。以降の文と質問を聞いてそれを確認すればよい。right now「現時点では」 graduate「卒業する」 **4** にある enter は，ここでは「申し込む」の意味。質問の What is one thing that we learn about ～？「～についてわかった一つのことは何か」は，しばしば用いられるフレーズなので覚えておきたい。

No. 22　解答　2

Theresa enjoys spending time with her father. Their favorite sport is soccer, and on weekends they often watch soccer at home on TV. Usually, her father cooks a lot of food to eat during the games. The final game of the season is next week, and Theresa and her father are looking forward to it.

Question : What does Theresa like doing on weekends ?

Script

訳　テレサは父親と一緒に時を過ごすことを楽しんでいる。二人のお気に入りのスポーツはサッカーで，週末にはよく，自宅のテレビでサッカーを観戦する。父親は，たいてい，ゲームの間に食べる食べ物をたくさん作る。今シーズンの最終ゲームが来週にあるので，テレサと父親は楽しみにしている。

質問：テレサは，週末に何をするのが好きか？

選択肢の訳　**1**　公園でサッカーをすること。
2　父親と一緒に過ごすこと。
3　彼女のサッカーチームといっしょに練習すること。
4　父親と料理教室を受講すること。

第1文には，その節のテーマが述べられることが多いので，特に慎重に聞き取ることが大切である。この問題では，Theresa enjoys spending time with her father. とある。第2文以降でテレサが父親と楽しんでいる事柄が述べられると予測をたてて聞くと，聞き取りが容易になる。あらかじめ選択肢を読んでおき，それぞれの適否を確認するつもりで聞いていくとよい。すると，この第1文が聞き取れれば，**2「父親と一緒に過ごすこと」**が正解だろうと見当がつく。以降の文と質問の What does Theresa like doing on weekends？によってそれを確認する。favorite「お気に入りの」 look forward to ～「～を楽しみに待つ」

No. 23　解答　4

Script

OK, everyone. Let's begin this evening's basic computer skills class. In last week's class, we learned how to use the keyboard and mouse, and how to find files. Today, I'm going to show you how to send e-mails to your friends and family. First, please turn on your computers.

Question : What will the students learn today ?

訳　それではみなさん，今夜のコンピューター基本技術クラスを始めましょう。先週のクラスでは，キーボードとマウスの使い方とファイルの見つけ方を勉強しました。今日は，友だちや家族にEメールを送る方法をお見せします。まず，コンピューターのスイッチを入れてください。

質問：生徒たちは今日，何を学ぶのか？

選択肢の訳　**1**　キーボードの打ち方。
2　コンピューターのスイッチの入れ方。
3　マウスの使い方。
4　Eメールの送り方。

OK, everyone. の呼びかけの後の第2文 Let's begin this evening's basic computer skills class. がこの節の内容を予告している。Let's begin が聞き取りにくいかもしれないが，次の this evening's basic computer skills class を聞き取って，次文からの内容を推測したい。あらかじめ選択肢を読んでおき，それぞれの適否を確認するつもりで聞いていくとよい。第

3文のIn last week's classと第4文のTodayをしっかりと聞き取っておかないと間違った選択肢に誘導されるだろう。質問では，What will the students learn today ?と「今日」学ぶことが求められているので，第4文Today, I'm going to show you how to send e-mails to your friends and family.から，4「Eメールの送り方」が正解となる。

No. 24 解答 4

Owen goes to the aquarium with his grandmother when she visits him every winter. His favorite animal is the penguin. He loves to watch the penguins swimming in the water and eating fish. In the summer, Owen and his friends often go to a swimming pool, and Owen likes to imagine that he is a penguin swimming in the water.

Question : What does Owen do with his grandmother in the winter ?

Script

訳 オーウェンは，毎年冬におばあさんがやって来ると，一緒に水族館に行く。彼の一番好きな動物はペンギンである。ペンギンが水中を泳いだり魚を食べたりするのを見るのが大好きだ。夏には，オーウェンは友だちと一緒によくプールに泳ぎに行く。そして，自分は水中を泳ぐペンギンだと想像するのが好きだ。

質問：オーウェンは冬におばあさんと一緒に何をするか？

選択肢の訳
1 彼女の家で食事をする。
2 釣りを楽しむ。
3 プールに泳ぎに行く。
4 水族館に行く。

第1文には，その節のテーマが述べられることが多いので，特に慎重に聞き取ることが大切である。この問題では，Owen goes to the aquarium with his grandmother when she visits him every winter.とある。あらかじめ選択肢を読んでおくことにより，選択肢4「水族館に行く」がこの文と一致していることがわかり，正解の候補となる。以降の文は，他の選択肢の適否を確認しながら聞き取る。質問のWhat does Owen do with his grandmother in the winter ?によって，それらを最終確認する。aquarium「水族館」を知らないと解答が困難となるが，第2・3文のHis favorite animal is the penguin. He loves to watch the penguins swimming in the water and eating fish.から推測したい。第1文のevery winterや第4文のIn the summerの副詞句をしっかりと聞き取ることもポイントである。

No. 25 解答 **3**

Last month, Mario watched a movie with his friend. The movie was about members of a college cycling club who worked together to win a bicycle race. Mario liked the movie so much that he joined a bicycle club at his high school. He bought a bicycle from a store, and now he rides it every day.

Question : How did Mario become interested in cycling ?

Script

訳 先月，マリオはある映画を友だちと一緒に見た。映画は，自転車レース優勝をめざして協力する大学の自転車部のメンバーについてのものだった。マリオはその映画がとても気に入って，彼の高校の自転車部に入った。お店で自転車を買って，今では，毎日それに乗っている。

質問：マリオはどのようにしてサイクリングに興味をもったか？

選択肢の訳

1 彼は，自転車レースに出場中の友だちを見た。

2 彼は，学校の自転車レースに優勝した。

3 彼はサイクリングの映画を見た。

4 彼は，お店で気に入った自転車を買った。

第1文には，その節のテーマが述べられることが多いので，特に慎重に聞き取ることが大切である。この問題では，Last month, Mario watched a movie with his friend. とあるので，第2文以降では，どのような映画かを確認しながら聞き取る。第2文に The movie was about members of a college cycling club who … とある。あらかじめ選択肢を読んでおき，それぞれの適否を確認するつもりで聞いていくとよい。すると，第2文までのところで，選択肢**3**「彼はサイクリングの映画を見た」が本文と一致していることがわかり，正解の候補となる。以降の文と質問は，それを確認するつもりで聞けばよい。第3文は，Mario liked the movie so much that … と so ~ that …「あまりに～なので…だ」と程度を表す構文になっている。一度の聞き取りで理解するのは難しいかもしれないが，だいたいの意味が聞き取れればよしとして，次の文に集中することが大切である。

No. 26 解答 2

The famous king Alexander the Great had a beautiful black horse. It is said that the horse loved Alexander very much. In fact, many stories say that the horse would not allow anyone to ride it except for the king himself. Alexander rode his horse in many battles, and it became one of the most famous horses in history.

Question : What do many stories say about the horse of Alexander the Great ?

Script

訳 有名な王であるアレキサンダー大王は，美しい黒馬を所有していた。この馬はアレキサンダーが大好きだったと言われている。実際，多くの物語によれば，大王自身以外のだれも乗ることを許さなかった，ということである。アレキサンダーは，多くの戦でこの馬に乗った。それで，この馬は歴史上もっとも有名な馬の一つとなった。

質問：アレキサンダー大王の馬について，多くの物語は何を言っているか？

選択肢の訳

1 それは，戦に参加することを怖がった。

2 アレキサンダーだけがそれに乗ることができた。

3 他の馬はそれを恐れた。

4 それはアレキサンダーよりも有名だった。

第1文には，その節のテーマが述べられることが多いので，特に慎重に聞き取ることが大切である。この問題では，The famous king Alexander the Great had a beautiful black horse. とあるので，第2文以下にはその「馬」について述べられるだろうと推測して聞き取るようにする。あらかじめ選択肢を読んでおき，それぞれの適否を確認しながら聞いていくとよい。すると第3文に the horse would not allow anyone to ride it except for the king himself. とある。「その馬は大王自身以外のだれも乗ることを許さなかった」とは，すなわち，**2** にあるように，「アレキサンダーだけがそれに乗ることができた」ことになる。ここの would not allow の not allow がリエゾン（重なって発音）されるので聞き取りに注意を要する。in fact「実際」 allow *A* to ***do***「*A*（人）が～することを許す」 except for ～「～を除いて」

No. 27　解答　4

For Richard's 17th birthday last week, he got $200 from his grandparents. They gave him money because he said he wanted to buy a new smartphone. Yesterday, Richard went to an electronics store to buy one, but the phone he wanted actually cost $400. Richard has decided to get a part-time job and save money to buy it.

Question : Why has Richard decided to get a part-time job ?

Script

訳　リチャードは，先週の 17 回目の誕生日に，祖父母から 200 ドルもらった。祖父母は，リチャードが新しいスマートフォンを買いたいと言っていたので，お金をあげたのだ。昨日，リチャードはスマートフォンを買いに電器店に行ったが，彼が欲しかったスマートフォンは実際は 400 ドルもした。リチャードはアルバイトをしてそれを買うお金を貯めることにした。

質問：なぜリチャードはアルバイトをすることにしたのか？

選択肢の訳
1　友だちが電器店で働いている。
2　彼の祖父母がアルバイトをするように言った。
3　彼は，祖父母にプレゼントを買いたいと思っている。
4　彼はスマートフォンのためにもっとお金を必要としている。

第 1 文に For Richard's 17th birthday last week, he got $200 from his grandparents. とあるので，「200 ドル」の理由が聞き取りの目標になる。第 2 文で to buy a new smartphone「新しいスマートフォンを買うため」とわかるが，第 3 文で cost $400 と「欲しかったスマートフォンは 400 ドルもする」ことがわかる。そこで，結末を求めて最終文を聞き取る。すると，decided to get a part-time job and save money to buy it とある。質問は，Why has Richard decided to get a part-time job ? とアルバイトをすることにした理由を求めているので，**4「彼はスマートフォンのためにもっとお金を必要としている」**が正解となる。第 3 文に to buy one とある one は a smartphone の言い換え。また，but 以下は，but the phone (that〔which〕) he wanted actually cost $400 と he wanted の関係代名詞節が挿入されている。一度の聞き取りで正確に理解することは難しいかもしれないが，フレーズ単位で理解できれば，だいたいの意味は把握できるだろう。a part-time job「アルバイト」　**2** に to get one とある one は，質問の a part-time job の言い換え。

No. 28 解答 **3**

Attention, students. The weather will be very hot this week, so here are some ways to stay cool. First, please bring a bottle of water to school. Also, you may use paper fans in class. And finally, you may also wear your gym clothes instead of your regular school uniform. These things should help you stay cooler.

Question : What is one way that students are told to stay cool ?

Script

訳　みなさん，ちょっと聞いてください。今週は気温がたいへん高くなりそうです。そこで，いくつか涼しくしていられる方法をあげてみます。まず，学校に水の入ったボトルを持参してください。また，授業中にうちわを使ってもよろしい。最後に，正規の制服の代わりに，体操服を着てもよろしい。これで少しは涼しくしていられるはずです。

質問：涼しくしているために生徒が言われた一つの方法は何か？

選択肢の訳
1　室内スポーツをする。
2　学校で水の入ったボトルを買う。
3　授業中にうちわを使う。
4　教室内に留まる。

第 1 文の Attention, students. から，以下が，先生から生徒への指示であることを理解して，指示の内容を聞き取る。第 2 文 The weather will be very hot this week, so here are some ways to stay cool. から，それが暑さ対策であることを理解する。Here are ～ は，何かを列挙するときの常套句である。したがって，以下，その「対策」が列挙されると予測する。第 3 文以降の文がそれぞれ，First，Also，And finally で始まっているので，それぞれの文が具体的対策を一つずつ述べることがわかる。あらかじめ選択肢を読んでおき，それぞれの適否を確認しながら聞いていくとよい。すると，第 4 文に Also, you may use paper fans in class. とあるので，**3「授業中にうちわを使う」**が正解とわかる。stay cool「涼しくしている，暑さに負けない」 最終文 These things should help … の should は「(当然)～するはずだ」の意味。help *A do*「*A*（人）が～するのに役立つ」 質問の What is one way that ～？は，よく使われる What is one thing that ～？「～の一つのことは何か？」の変形と言える。後者に慣れておけば理解がしやすくなるだろう。

No. 29 解答 **3**

Yesterday, William and his wife decided to eat dinner at a new Italian restaurant in their town. William had lasagna, and his wife ate pizza. The food was good, and the staff members were very nice, so William and his wife wanted to tell other people about it. After they got home last night, they wrote a good review of the restaurant online.

Script

Question : What did William and his wife do after they got home?

訳 昨日，ウィリアムと夫人は，彼らの町の新しいイタリアンレストランで晩ご飯を食べることにした。ウィリアムはラザニアを食べ，夫人はピザを食べた。料理はおいしく，スタッフは感じがよかった。それでウィリアムと夫人はそのことを人に伝えたくなった。昨夜，帰宅すると，インターネットでそのレストランの好意的なレビューを書いた。

質問：ウィリアムと夫人は，帰宅後何をしたか？

選択肢の訳
1 晩ご飯にピザを作った。
2 インターネットで行くレストランを探した。
3 レストランについてレビューを書いた。
4 友人たちのためにディナーパーティーを計画した。

第１文には，その節のテーマが述べられることが多いので，特に慎重に聞き取ることが大切である。この問題では，Yesterday, William and his wife decided to eat dinner at a new Italian restaurant in their town. とあるので，そのレストラン（での食事）がテーマであることがわかる。あらかじめ選択肢を読んでおき，それぞれの適否を確認するつもりで聞いていくとよい。すると，この第１文が聞き取れれば，**3「レストランについてレビューを書いた」**がまず正解の候補となるだろう。残りの文と質問 What did William and his wife do after they got home? を聞いてそれを確認する。review は，ここではインターネット上に投稿するレストラン，書物，映画などの評価記事のこと。online は「インターネット上で」の意味の副詞。**2** の look for ～「～を探す」の連語に注意。

No. 30　解答　1

A kind of whale called a narwhal lives in very cold oceans. Most male narwhals have a long tooth that comes out of their mouths. The tooth can be over two meters long. Some scientists think narwhals use this tooth to check the temperature. Others say that narwhals use it to help them find food. Scientists hope to learn more about narwhals.

Script

Question : What is one thing that we learn about most male narwhals ?

訳　イッカクとよばれるクジラの一種は極寒の海洋に生息する。オスのイッカクはほとんどが，口から突き出た長い歯をもっている。その歯は，2メートルを超えることもある。イッカクはこの歯を気温をチェックするために使うと考える科学者もいる。また，食料を見つけるのに役立てていると言う科学者もいる。科学者たちは，イッカクのことをもっと知りたいと願っている。

質問：ほとんどのオスのイッカクについてわかる一つのことは何か？

選択肢の訳

1　長い歯をもっている。
2　他のクジラを食べる。
3　長距離を泳ぐことができない。
4　冷たい水を好まない。

第1文には，その節のテーマが述べられることが多いので，特に慎重に聞き取ることが大切である。この文では，A kind of whale called a narwhal lives in very cold oceans.とある。冒頭の A kind of whale called「～とよばれるクジラの一種」が聞き取ることができると，次の narwhal がクジラの名前であるとわかる。すると，以降の文は narwhal の説明になるとの推測がつく。その推測に立って以降の文を聞き取ると解答が容易になる。あらかじめ選択肢を読んでおき，それぞれの適否を確認するつもりで聞いていくとよい。すると，第2文 Most male narwhals have a long tooth that comes out of their mouths. が聞き取れれば，**1「長い歯をもっている」**が正解だと見当がつく。残りの文でそれを確認すればよい。質問の What is one thing that we learn about ～「～についてわかる一つのことは何か」は，しばしば用いられるフレーズなので覚えておきたい。male「オスの」 help *A do*「*A*（人）が～するのに役立つ」

二次試験　面接　問題カードA

訳

生徒の健康

朝食が一日のもっとも重要な食事だとよく言われる。しかしながら，朝食を食べずに学校へ行く生徒がたくさんいる。だから，授業中に疲労感を覚える。さて，学校によっては，授業の始まる前に朝食を提供するところがある。そうすることにより，生徒に一日に必要なエネルギーを与えたいと願っているのである。

語句・構文

□ It is often said that ～「～だとよく言われる」　□ meal「食事」
□ offer「提供する」　□ energy「エネルギー」

質問の訳

No. 1　本文によれば，なぜ授業中に疲労感を覚える生徒が多くいるのですか？

No. 2　さて，イラストAの人々を見てください。それぞれ色々なことをしています。彼らがしていることをできるだけたくさん私に伝えてください。

No. 3　さて，イラストBの少年を見てください。状況を説明してください。

No. 4　あなたは，中学校では生徒に対して料理の授業をもっと多く設けるべきだと思いますか？

No. 5　今日，日本にはたくさんのコンビニがあります。あなたはそれらのお店をよく使いますか？

No. 1　解答例　**Because they go to school without eating breakfast.**

訳 朝食を食べずに学校に行くから。

第2文（However, many students go …）の後半 so 以下に，they feel tired during their classes とあり，これが質問文で使われている。so は「だから，それで」の意味で，以下に結果を表す節を導くので，so が受けている第2文前半を答えればよい。Why ～？で問われているので，答えの文は Because で始める。

No. 2　解答例　**A boy is washing his face. / A woman is planting some flowers. / A girl is feeding a rabbit〔giving a rabbit some food〕. / Two boys are shaking hands. / A man is pulling a cart.**

訳 少年が顔を洗っている。／女性が花を植えている。／少女がウサギにエサをやっている。／二人の少年が握手をしている。／男性が台車を引いている。

イラストの中には6人の人物が描かれている。説明しやすいものから順番にすべて説明するようにしよう。質問文には They are doing different things. とあるので，説明の際には基本的に現在進行形を用いること。plant「～を植える」 feed「～にエサを与える」 shake hands「握手する」 pull「～を引く，引っ張る」 cart「台車」

No. 3 **解答例** **He can't open his umbrella because he's carrying many things.**

訳 彼はたくさんの荷物を持っているので，傘を開けることができない。

イラスト全体に大きく描かれている状況と吹き出しの中に小さく描かれている少年が今考えているであろうことの２つの内容を盛り込むことが重要。つまり，A「たくさんの荷物を持っている」ことと B「傘を開くことができない」ことの２点である。つなぎ方は A, so B としてもよい。

No. 4 **解答例** （Yes. → Why ?） **Cooking is an important skill for people. They can learn how to make healthy meals.**

（No. → Why not ?） **Students need to spend more time on other subjects. They can learn how to cook at home.**

訳 **（Yes. の場合）** 料理は人々にとって大切な技術である。生徒たちは健康な食事の作り方を学ぶことができる。

（No. の場合） 生徒たちは他の科目にもっと時間を使う必要がある。料理の作り方は家庭で学ぶことができる。

まず，Yes. / No. で賛成か，反対かを明確にする。そのあと，自分の意見を裏付ける根拠について述べる。根拠はできる限り２つは挙げるようにしたい。１つ目の文とは異なる根拠を示す場合は，Also, ～「また，～」とするのがよいだろう。また，１つ目の文を例をあげてさらに裏付ける文を続ける場合は，For example, ～「例えば，～」とすればよいだろう。skill「技術」 meal「食事」

No. 5 **解答例** （Yes. → Please tell me more.） **I often go to a convenience store near my home. It sells many different kinds of drinks and sweets.**

（No. → Why not ?） **Things at convenience stores are usually expensive. I go shopping at the supermarket.**

訳 **（Yes. の場合）** 私は，よく家の近くのコンビニに行きます。色々たくさんの種類の飲み物やスイーツを売っています。

（No. の場合） コンビニの商品は，たいてい高いです。私はスーパーマーケットに行きます。

ここでも，理由は，できれば２つ述べることが望ましい。Yes. の場合は，It is open during the night.「夜間も開いている」，A copying machine is available there.「コピー機が使える」などが，No. の場合は，I sometimes buy unnecessary things.「余計な物を買う」などが考えられるだろう。２つの理由は Also, ～「また，～」でつなげばよいだろう。また，１つ目の文を例をあげてさらに裏付ける文を続ける場合は，For example, ～「例えば，～」とすればよいだろう。different「色々な」 kind「種類」 expensive「高価な」

二次試験　面接　問題カードD

訳　**活動的なライフスタイル**

近ごろでは，運動に関心をもつ人がだんだんと増えてきている。しかしながら，その忙しいライフスタイルのために，運動することが難しい人もたくさんいる。今では，1日24時間開いているフィットネスセンターもあり，そうすることによって，運動の時間を見つけやすくしているのである。活動的なライフスタイルを送ることを心がけることが大切である。

語句・構文

□ active「活動的な」　□ lifestyle「ライフスタイル」
□ more and more「だんだん多くの」　□ be interested in ～「～に関心をもつ」
□ exercise「運動（をする）」　□ fitness center「フィットネスセンター」
□ stay C「C（補語）のままでいる」　□ open「営業している，開いている」
□ help *A do*「*A*（人）が～するのを助ける」

質問の訳

No. 1　本文によれば，フィットネスセンターには，どのようにして運動の時間を見つけやすくしているものがありますか？

No. 2　さて，イラストAの人々を見てください。それぞれ色々なことをしています。彼らがしていることをできるだけたくさん私に伝えてください。

No. 3　さて，イラストBの男性を見てください。状況を説明してください。

No. 4　あなたは，子どもはもっと外で遊んで時間を過ごすべきだと思いますか？

No. 5　最近では，英語をインターネットで学習する方法がたくさんあります。あなたは，英語を学習するのにインターネットを使いますか？

No. 1　解答例　**By staying open 24 hours a day.**

訳　1日24時間営業することによって。

第3文（Now, some fitness centers …）後半 and 以下にある by doing so「そうすることによって」の後に they（=some fitness centers）help people find time for exercise とあり，これが設問で使われている。したがって，by doing so が受けている第3文前半を答えればよい。how で問われたときは，By *doing*「～することによって」と答えることができるが，They stay open … と主語・動詞を含めて答えてもよい。

No. 2　解答例　**A boy is swimming. / A woman is using a computer. / A woman is talking on the phone. / A man is choosing a T-shirt. / A girl is waiting for an elevator.**

訳　少年が泳いでいる。／女性がコンピューターを使っている。／女性が電話で話している。／男性がTシャツを選んでいる。／少女がエレベーターを待っている。

イラストの中には5人の人物が描かれている。説明しやすいものから順番に5人すべて説明するようにしよう。質問文には They are doing different things.とあるので，説明の際には基本的に現在進行形を用いること。「Tシャツを選ぶ」の「選ぶ」は select を用いてもよい。

No. 3 **解答例** **He wants to open the locker, but he doesn't have the key.**

訳 彼はロッカーを開けたいのだが，キーを持っていない。

イラスト全体に大きく描かれている状況と吹き出しの中に小さく描かれている青年の気づいたことの2点を記述することが重要。つまり，A「青年はロッカーを開けたい」とB「キーを持っていない」の2点である。つなぎ方は A, but B とするのがよいだろう。

No. 4 **解答例** （Yes. → Why ?） **It's healthy for children to play outside. Also, it's a good way for them to meet other children.**

（No. → Why not ?） **Children need to spend their time studying. They usually have a lot of homework to do.**

訳 **(Yes. の場合)** 外で遊ぶことは，子どもにとって健康的である。また，他の子どもと出会うよい方法である。

(No. の場合) 子どもは勉強に時間を費やす必要がある。たいてい，しなければならない宿題がたくさんある。

まず，Yes. / No. で賛成か，反対かを明確にする。そのあと，自分の意見を裏付ける根拠について述べる。根拠はできる限り2つは挙げるようにしたい。1つ目の文とは異なる根拠を示す場合は，〔解答例〕のように，Also, ～「また，～」とするのがよいだろう。また，1つ目の文を例を挙げてさらに裏付ける文を続ける場合は，For example, ～「例えば，～」とすればよいだろう。healthy「健康的な」 spend *A doing*「*A*（時間など）を～して過ごす，～することに *A*（時間など）を費やす」

No. 5 **解答例** （Yes. → Please tell me more.） **There are many good websites for learning English. It's more interesting than studying with textbooks.**

（No. → Why not ?） **I think it's better to learn English at school. I can ask my teachers questions easily.**

訳 **(Yes. の場合)** 英語を勉強するためのよいウェブサイトがたくさんある。教科書で勉強するよりも面白い。

(No. の場合) 私は学校で勉強する方がよいと思う。簡単に先生に質問することができる。

ここでも，できれば理由は2つ述べることが望ましい。Yes. の場合，It's cheaper than to attend〔attending〕a school.「学校に通うよりも安い」，No. の場合は，Attending a school gives us a chance to meet other students.「学校に通うことによって，他の生徒と出会うチャンスが得られる」なども考えられるだろう。1つ目の文とは異なる根拠を示す場合は，Also, ～「また，～」とするのがよいだろう。また，1つ目の文を例をあげてさらに裏付ける文を続ける場合は，For example, ～「例えば，～」とすればよいだろう。website「ウェブサイト」

2018年度 第3回

Grade Pre-2

一次試験 解答一覧

● 筆記

1	(1)	(2)	(3)	(4)	(5)	(6)	(7)	(8)	(9)	(10)
	1	4	4	3	2	4	1	1	2	3
	(11)	(12)	(13)	(14)	(15)	(16)	(17)	(18)	(19)	(20)
	4	2	4	1	2	1	1	2	4	2

2	(21)	(22)	(23)	(24)	(25)
	4	2	1	1	1

3				
A	(26)	(27)		
	2	4		
B	(28)	(29)	(30)	
	1	3	2	

4				
A	(31)	(32)	(33)	
	4	1	3	
B	(34)	(35)	(36)	(37)
	2	1	3	3

5（ライティング）の解答例は P. 15 を参照。

● リスニング

第1部	No. 1	No. 2	No. 3	No. 4	No. 5	No. 6	No. 7	No. 8	No. 9	No. 10
	3	2	3	2	1	1	2	1	3	2

第2部	No. 11	No. 12	No. 13	No. 14	No. 15	No. 16	No. 17	No. 18	No. 19	No. 20
	4	3	3	1	2	3	1	4	2	3

第3部	No. 21	No. 22	No. 23	No. 24	No. 25	No. 26	No. 27	No. 28	No. 29	No. 30
	2	1	2	4	3	3	1	1	3	4

一次試験　筆記　1

(1)　**解答　1**

訳　ランディはバイクでスピードを出しすぎて，木に衝突した。ランディを担当した医者はひどいけがをしなかったのは奇跡だと彼に言った。

第1文で「ランディは木に衝突した」とあり，第2文の後半に「ひどいけがをしなかった」とあるので，正解は **1 miracle「奇跡」**。**2** discussion「議論」　**3** protest「抗議」　**4** license「免許」

(2)　**解答　4**

訳　A：何か飲み物はいかが，ダナ？
B：いただくわ。本当にのどが渇いているの。

AがBに飲み物を勧めているのに対して，Bが「いただくわ」と発言しているので，Bはのどが渇いているとわかる。正解は **4 thirsty「のどが渇いた」**。**1** noisy「うるさい」　**2** proud「誇りに思って」　**3** familiar「よく知っている」

(3)　**解答　4**

訳　バネッサは大きな自動車会社で働いている成功したエンジニアだ。彼女は新しい車を設計し，製作する手助けをしている。

第2文に「彼女は新しい車を設計し，製作する手助けをしている」という内容があるので，バネッサが自動車会社に勤務しているエンジニアだとわかる。正解は **4 engineer「エンジニア」**。**1** author「作家」　**2** pilot「パイロット」　**3** lawyer「弁護士」

(4)　**解答　3**

訳　サラの成績は去年はあまり良くなかった。しかし，彼女は一生懸命勉強して，成績を改善した。彼女の両親はサラの今年の成績がずっと良くなっているので驚いた。

第1文に「成績が良くなかったが一生懸命勉強した」という内容があり，第2文に「今年はずっと良くなっている」という内容があるので，サラの成績が改善したことがわかる。正解は **3 improved「～を改善した」**。**1** destroyed「～を破壊した」　**2** located「～を位置づけた」　**4** selected「～を選んだ」

(5)　**解答　2**

訳　レイチェルとトニーが休暇でハワイに滞在している間，彼らはホテルのバルコニーから美しい眺めに見とれて長い時間を過ごした。

二人は休暇でハワイを訪れていることが前半で述べられているから **4** を選びたくなるかもしれないが，目的語は view「眺め」である。ここから二人が美しい景色を眺めて楽しんでいたことがわかる。正解は **2 admiring「～に見とれて」**。**1** performing「～を演じて」　**3** injuring「～をけがをさせて」　**4** sailing「～を航海して」

(6) 解答 4

訳 店長は，「当店は 10 分後に閉店いたします。お買い物を済ませていただきますようお願い申し上げます」とアナウンスした。

that 以下の内容「店が 10 分後に閉まるので，客は買い物を済ませてほしい」に注目すると，閉店間際のアナウンスだとわかる。正解は **4 announced「～をアナウンスした」**。**1** traded「～を取引した」 **2** explored「～を探検した」 **3** repaired「～を修理した」

(7) 解答 1

訳 A：ブライアン，金曜日にディナーパーティをするんだけど，どんな料理を出すべきかについて何か提案はある？
B：ピザはどうかな？ とても美味しいし，作るのも楽しいからね。

空所の直後に about what food I should serve「どんな料理を出すべきかについて」という表現があり，またAの問いかけに対してBが「ピザはどうかな」と答えているので，AがBにパーティで出す料理についての意見を尋ねたことがわかる。正解は **1 suggestions「提案」**。**2** character(s)「登場人物」 **3** puzzle(s)「パズル」 **4** figure(s)「数」

(8) 解答 1

訳 気温が高く空気が乾燥しているような天気の時には，どこかで森林火災が発生する危険がある。

the weather is very hot and dry と a forest fire という内容から「気温が高く空気が乾燥していると森林火災の危険がある」という内容が推測できる。正解は **1 danger「危険」**。**2** opinion「意見」 **3** respect「尊敬」 **4** silence「沈黙」

(9) 解答 2

訳 トレイシーは紫色の絵の具を持っていなかったので，彼女はその色を作るために赤と青の絵の具を混ぜた。

「トレイシーは紫色の絵の具を持っていなかった」と述べられているので，紫色を作るために赤と青を **2 combined「混ぜた」** と考えられる。**1** followed「～に従った」 **3** accepted「～を受け入れた」 **4** rescued「～を救出した」

(10) 解答 3

訳 ジュディーが友達との待ち合わせに向かっていると，突然雨が降りだした。幸運にも，彼女は傘を持ってきていた。

第 1 文に「突然雨が降ってきた」という内容があり，第 2 文に「彼女は傘を持ってきていた」という内容がある。この二つの内容を結ぶのにふさわしいのは **3 Luckily「幸運にも」**。**1** Simply「ただ単に」 **2** Gradually「徐々に」 **4** Fairly「公正に」

(11) 解答 4

訳 A：ママ，僕の誕生日祝いはどこでする予定なの？
B：あなた次第よ，ティム。あなたの誕生日なんだから，あなたが決めていいのよ。

誕生日をどこで祝うかに関しての母と子の会話。Bは空所の後で「あなたの誕生日なんだから，あなたが決めていいのよ」と言っているので，正解は**4 up**。It's up to you.で「あなた次第だ。あなたの責任だ」という意味。他の選択肢はどれも表現として成立しない。

⑿ **解答　2**

訳　ウィリアムは1年間カンボジアでボランティアとして活動した。彼が滞在した村には電気が通っていなかったので，彼はそこにいる間，コンピューター**なしで済まさなければならなかった**。

「電気がない＝コンピューターは使えない」ということがわかるので，正解は**2 do without ～「～なしで済ます」**。**1** line up ～「～を列に並べる」 **3** drop by ～「～に立ち寄る」 **4** take after ～「～に似ている」

⒀ **解答　4**

訳　A：定年退職してからはどうしているんだい，ジャック？
B：そうだなぁ，時には退屈に感じる時もあるけど，もう仕事に関する心配事**がない**のは素敵なことだよ。

Aの発言にretired from work「定年退職した」とあるので，Bが仕事をしていないことがわかる。よって，仕事に関する心配事がないと言っていると考えられる。正解は**4 (be) free from ～「～から自由で，～がなくて」**。**1** (be) sorry for ～「～を残念に思って」 **2** (be) good at ～「～が得意で」 **3** (be) found in ～「～で見つかる」

⒁ **解答　1**

訳　大統領は明日の演説で環境に関する問題**に重点を置く**ことを決めた。彼は他の議題についてあまり話す時間はないだろう。

第1文にthe president / speechとあるので，大統領が演説を行うという内容がわかる。第2文に「彼は他の議題についてあまり話す時間はない」とあるので，大統領が環境問題に関して集中的に話すことが推測される。正解は**1 focus on ～「～に焦点を当てる，集中する，重点を置く」**。**2** apply for ～「～に応募する」 **3** come from ～「～出身である」 **4** hold up ～「～を持ち上げる，支える」

⒂ **解答　2**

訳　ビルは速く走ろうとしたが，他のランナー達に**ついていくこと**ができなかった。彼はレースを最下位で終えた。

第2文に「レースを最下位で終えた」とあるので，ビルが他のランナーについていくことができなかったことがわかる。正解は**2 keep**。keep up with ～で「～に遅れずについていく」の意味。他の選択肢はどれもwithを含む表現としては成立しない。

⒃ **解答　1**

訳　ジェシカはマーケティング会社から仕事のオファーを受けたが，給料がよくないので，**断る**ことに決めた。

空所の前に「仕事のオファーを受けたが」とあり，空所の後に「給料がよくないので」とあるので，**1 turn down ～「～を断る」**が適切。**2** stand in ～「～に立つ」 **3** fall over ～「～につまずいて転ぶ」 **4** lead on *A*「*A*（人）をそそのかす」

(17) 解答 1

訳 ベンのクラスメイトは彼が高価な服をすべて見せびらかすのが好きではない。彼らはベンが自分の家族がどれほどお金持ちかについて話すのをやめてほしがっている。

第2文から，ベンがクラスメイトに対し金持ち自慢をしていることがわかり，空所の直後には all his expensive clothes「彼のすべての高価な服」という表現があるので，ベンが「服を見せびらかして自慢している」ことがわかる。正解は**1 shows off ～「～を見せびらかす」**。**2** breaks off ～「～を中断する」 **3** fills up ～「～を満たす，いっぱいにする」 **4** cheers up ～「～を元気づける，励ます」

(18) 解答 2

訳 A：トニー，僕は8時30分に駅の東側にいるよ。もし僕を見つけられない場合は，携帯電話に電話して。
B：わかったよ，ジム。じゃあ明日。

二人が待ち合わせをしている場面。空所後に「携帯電話に電話して」とあるので，AがBに自分を見つけられなかった場合の指示をしていることがわかる。正解は**2 In case ～「～の場合には」**。**1** As if ～「まるで～」 **3** So that ～「～するために」 **4** Not only ～「～だけでなく」

(19) 解答 4

訳 A：どのくらいの間この町に住んでいるのですか，グリフィスさん？
B：私が25歳のときにここに引っ越してきました。今から20年前です。

Aが「どのくらいの間」と尋ねているのに対して，Bは「25歳の（　　）引っ越してきた」と答えている。正解は**4 when**。他の選択肢は文意に合わない。

(20) 解答 2

訳 A：ケリー，息子さんは何歳なの？
B：1歳よ。まだしゃべれないけど，私が彼に言うことは理解しているようなの。

息子の様子についてBが話している場面。空所の前に seems という表現があるので，正解は**2 to understand**。seem to *do* で「～するようだ」という意味。動名詞ではなく to 不定詞が続く。**1**や**3**では動詞が複数あることになってしまう。

一次試験　筆記　2

(21)　**解答　4**

訳　A：最近あまりよく眠れないのよ，デイブ。
B：どうしてだい，ミーガン？　理科のテストが心配なのかい？
A：そうなの。たくさん勉強しているけど，まだ合格するとは思わないの。
B：君ならきっとうまくやるよ。

テストに関する二人の会話。空所はBがAに眠れない理由を質問しているところ。AはI've studied a lot「たくさん勉強した」と答えているので，Bがテストに関して質問したことがわかる。したがって，正解は**4**「理科のテストに関して心配している」。**1**「スマートフォンを使いすぎている」　**2**「コーヒーを飲みすぎている」　**3**「僕たちが見た映画が怖い」

(22)　**解答　2**

訳　A：先週末は何をしたの，ジェーン？
B：おばあちゃんの家で庭の手入れをしたの。
A：そうなんだ，とっても疲れたでしょうね。
B：そうね。でもおばあちゃんが私の助けを必要としていたから。

Bが先週末にしたことを答える問題。Aは「先週末に何をしたか」と尋ねている。Bの答えに対して，Aは「疲れたでしょうね」と返していて，さらにそれに対してBが「おばあちゃんは助けが必要だった」と答えているので，Bがしたことは「疲れることで，おばあちゃんが一人でやるには大変なこと」と推測できる。したがって，正解は**2**「庭の手入れをした」。**1**「バスケットボールをした」　**3**「ニュースを見た」　**4**「クッキーを作った」

(23)　**解答　1**

訳　A：ボブのパン屋へようこそ。ご注文をお伺いいたします。
B：こんにちは。イチゴのショートケーキはあるかしら？
A：申し訳ありませんが，売り切れてしまいました。一日に10個しか作りませんので。
B：わかったわ。じゃあ代わりにアップルパイをいただこうかしら。

パン屋での店員（A）と客（B）の会話。イチゴのショートケーキがあるかを尋ねられ，AがI'm sorryと答え，さらにWe only make 10 a day.「一日に10個しか作らない」と答えている。また，Aの答えを聞いたBがI'll buy an apple pie instead「代わりにアップルパイを買う」と言っているので，イチゴのショートケーキはもうないということがわかる。したがって，正解は**1**「もう売り切れた」。**2**「それらを作っていません」はAの発言内容と矛盾する。**3**「それらは高すぎます」値段に関することは会話のなかに出てこない。**4**「それらにイチゴは入っていません」は文脈に合わない。

(24)　**解答　1**　(25)　**解答　1**

訳　A：すみません。ちょっと教えていただきたいのですが。
B：もちろんです。どうされましたか？

A：実は，スキー板を探しているのですが，自分のサイズがわからないんです。
B：簡単にわかりますよ。身長はどのくらいですか？
A：170 センチです。
B：わかりました。それでしたら，これらがぴったりのはずです。
A：ありがとう。クレジットカードで払えますか？
B：申し訳ありませんが，機械が故障しておりまして。現金での支払いのみになります。

スキーショップで店員（B）と客（A）が会話している。

(24) 空所はAがスキー板を探していると言った後に何かを言っている場面。BがAの発言に対して That's easy to find out.「簡単にわかる」と答えている。また，その直後にBがAに身長を尋ね，それを聞いて，these should fit you「これらがぴったりのはずだ」と答えているので，Aが自分に合うサイズのスキー板を探していることがわかる。したがって，正解は **1**「自分のサイズがわからない」。**2**「お金をあまり持っていない」 **3**「もうすでにいくつかブーツを持っている」 **4**「もうすでに素敵な一足を見つけた」

(25) 空所はAが何かをBに尋ねているところ。Bが our machine is broken.You need to pay by cash.「機械が故障している。現金で払う必要がある」と答えているので，Aが支払い方法に関して尋ねたことがわかる。正解は **1**「クレジットカードで払えますか」。**2**「それらを修理してもらえますか」 **3**「あなたに見せる必要がありますか」 **4**「それらがどこにあるか知っていますか」

一次試験　筆記　3 A

訳

留学

タロウはオーストラリアに留学したいと思っている高校生だ。彼は両親に頼んだが，彼らはダメと言った。彼らは彼のことが心配だったのだ。彼らはタロウがあまり上手に英語をしゃべれないので，たくさん困ることがあるだろうと思ったのだ。彼は英語を学んで外国人の友達を作りたいから本当に留学したいと彼らに言った。ついに彼の両親は1年間彼を留学させてやることに決めた。

オーストラリアで，タロウはクラスメイトと会話しようと一生懸命に努力した。最初，それは簡単ではなく，頻繁に辞書を引かなければならなかったが，彼は練習を続けて，毎日クラスメイトと話した。数カ月後，彼は上手に英語を話し始めた。彼はもう辞書を使う必要はなくなり，そのことで人々と話すのがより簡単になった。彼にはたくさんの友達ができて，日本に戻るまでには彼は自分の成功に満足していた。

語句・構文

(第1段) □ make friends「友達を作る」 □ decide to *do*「～することを決める」
□ let *A do*「*A*に～させてあげる」

(第2段) □ communicate with ～「～と会話する」 □ at first「最初は」
□ keep *doing*「～し続ける」
□ make it easier for *A* to *do*「*A*が～するのをより簡単にする」
□ by the time S V「Sが～するまでに」
□ be happy with ～「～に満足している」

各段落の要旨

第１段 タロウの留学に対する気持ちと両親の決断。

第２段 オーストラリアでのタロウの生活。

(26) 解答 2

選択肢の訳 1 英語を勉強し始めた

2 彼について心配していた

3 オーストラリアが好きではなかった

4 あまりお金がなかった

空所の直前に but they said no「彼らはダメだと言った」とあるので，空所には両親がタロウの留学に反対している理由が入ると考えられる。空所の直後には They thought that Taro could not speak English very well, so he would have many problems.「彼らはタロウがあまり上手に英語をしゃべれないので，たくさん困ることがあるだろうと思った」とあるので，両親がタロウのことを心配していることがわかる。したがって，正解は **2 were worried about him**。

(27) 解答 4

選択肢の訳 1 テレビ番組を見る　2 両親のことを恋しがる

3 学校に電話する　4 英語を上手に話す

空所の直前に After a few months「数カ月後」とあるので，空所には最初の頃と比べたタロウの様子が入ることがわかる。第２段第２文 At first, it was not easy, and he needed to use his dictionary often. は「最初，それは簡単ではなく，彼はしばしば辞書を引かなければならなかった」という意味。この it はその前の文の to communicate with his classmates「クラスメイトと会話すること」を指すので，最初はタロウが英語を話すのに苦戦していたことがわかる。次に，空所の直後に He did not need to use his dictionary anymore「彼はもう辞書を引く必要はなかった」とあるので，タロウの英語が上達したと考えられる。したがって，正解は **4 speak English well**。なお，He did not need to use his dictionary anymore, which の which は関係代名詞で，先行詞は前文の内容となっている。

一次試験　筆記　3 B

訳

イタリア人の靴磨き

イタリアの人々は高品質な服や靴を身に着けることで有名である。特に，革で作られた靴や財布はイタリアで人気がある。しかし，革は定期的にクリーニングする必要があり，それはとてもお金と労力がかかるものである。多くの人々はそうするための**時間がない**。その結果，彼らは他の人にお金を払って，靴をきれいにしてもらう。そうした人々は靴磨きと呼ばれる。

過去には，靴磨きは家族を助けるためにお金を稼ぐ必要があった貧しい男や少年の仕事だった。今日では，ほとんどの男性はその仕事はあまりにも大変だと考えているので，靴磨きになりたいとは思わない。しかしながら，近頃，**たくさんの女性が**この仕事を引き継ぎ始めている。一つの例がロザリーナ・ダッラーゴの場合だ。彼女はかつてファッションモデルだった。2000 年に，彼女はローマにある靴磨き屋を売りに出している一人の老人と出会い，彼からその店を買った。

それ以来，ダッラーゴの事業は成長している。彼女は自分の成功は彼女の最初の店の立地のおかげもあると言う。それは政府の建物の近くにあったので，たくさんの政治家が店を訪れ，サービスを利用したのだ。その後彼女はさらに 2 つの店をローマにオープンした。今では，ダッラーゴは他の仕事をしている女性を助けたいと思っている。彼女の新しい目標は彼女たちに**成功する事業を立ち上げる**方法を教えることだ。彼女は新しいサービスを生み出すために彼女たちと協力していて，新しく事業を始めた女性に対して授業も行っている。

語句・構文

(第 1 段) □ in particular「特に」 □ regularly「定期的に」
□ take a lot of effort「たくさんの労力が必要となる」
□ as a result「結果として」
(第 2 段) □ in the past「過去には」 □ nowadays「現在では」
□ recently「最近，近頃」 □ take over ～「～を引き継ぐ」
(第 3 段) □ since then「それ以来」 □ thanks to ～「～のおかげで」
□ location「位置，立地」 □ work together with ～「～と協力する」

各段落の要旨

第 1 段　イタリアにおける革製品の人気と靴磨きが生まれた理由。
第 2 段　靴磨きという仕事に就く人たちの変化。
第 3 段　ダッラーゴの現在と新しい目標。

(28) **解答** **1**

選択肢の訳 **1** 時間がない **2** お金がない
3 やり方を学ぶ **4** たくさんの道具を持っている

空所の直前の文（However, leather needs …）に which is expensive and takes a lot of effort「それはとてもお金と労力がかかる」とある。この which は関係代名詞で，先行詞は直前の文の内容「革は定期的にクリーニングする必要がある」なので，革の手入れは面倒であることがわかる。また，空所の後の文 As a result, they pay other people to clean their shoes. は「その結果，彼らは他の人にお金を払って，靴をきれいにしてもらう」という意味なので，面倒な革の手入れを人に任せていることがわかる。その理由として適切なのは，**1 do not have time「時間がない」**。**2** は pay other people to clean their shoes の内容と矛盾する。**3**・**4** は文脈に合わない。

(29) **解答** **3**

選択肢の訳 **1** より少数の若い人々　**2** より多くの男性
3 たくさんの女性　**4** 老人のグループ

第2段第1文（In the past …）で shoe shiners were poor men or boys「靴磨きは貧しい男や少年だった」とあり，続く第2文（Nowadays, most men …）に they do not want to become shoe shiners「彼らは靴磨きになりたいとは思わない」とある。この they は同じ文の前半に出てくる men を指すので，ここから，現在では男性は靴磨きになりたがらないということがわかる。また，空所の後の文（One example is …）に Rosalina Dallago という人物が登場するが，同段第5文で she という代名詞が使われているので，Dallago が女性であることがわかる。したがって，正解は **3 a number of women「たくさんの女性」**。**2** は「男性」という点で本文と矛盾する。**1**・**4** はどちらも本文に言及がない。

(30) **解答** **2**

選択肢の訳 **1** 政府と接触する　**2** 成功する事業を立ち上げる
3 強力な政治家になる　**4** 靴の手入れをする

空所を含む部分は「彼女の新しい目標は彼女たちに（　　）する方法を教えることだ」という意味。空所の後の文（She works together …）に to create new services「新しいサービスを生み出す」，women who have started new businesses「新しい事業を立ち上げた女性」という記述があるので，Dallago が女性のビジネスの支援を行っているということがわかる。したがって，正解は **2 build successful businesses「成功する事業を立ち上げる」**。**1**・**3**・**4** はどれも文脈に合わない。

一次試験　筆記　4 A

訳

差出人：クリスティーナ・テイラー〈christina568@gotmail.com〉
宛先：ベティ・テイラー〈b-taylor8@thismail.com〉
日付：1月27日
件名：キャリアデー

こんにちは，ベティおばさん。
元気にしてますか？　先週おばあちゃんの家での夕食で会えて楽しかったわ。おばあちゃんは本当に料理が上手よね。作ってくれたチキンとても気に入ったわ。おばさんはどう思った？　おばさんが持ってきてくれたチーズケーキもおいしかったわ。いつか作り方を教えてほしいと思っているの。
ところで，お願いがあるの。来月，高校で「キャリアデー」があって，学校が様々な職業に就いている人を学校に招待して，生徒に話をしてもらうの。担任の先生が来てくれる看護師を探していると言っていて，誰か看護師の知り合いがいないか私たちに尋ねてきたから，おばさんについて話したの。
おばさんは5年間看護師として働いているよね。学校に来て，仕事について話をしてくれない？　キャリアデーは2月28日に学校の体育館で行われるの。体育館には様々なテーブルがあって，それぞれのテーブルに異なった仕事の情報があるの。生徒たちはテーブルを回って，そこにいる人にそれぞれの仕事について質問するの。例えば，生徒たちはおばさんに大学で何を学んだかや，病院で何をしているかを尋ねるかもしれないわ。もし手伝ってくれるのなら教えてね。
あなたの姪の
クリスティーナより

語句・構文

（第1段）□ enjoy *doing*「～するのを楽しむ」　□ someday「いつか」
（第2段）□ anyway「ところで，とにかく」　□ a favor「頼み事」
（第3段）□ Would you like to *do*?「～してくれませんか」
□ hold「（会議などを）開く，催す」　□ go around to～「～を見て回る」
□ let *A* know「*A* に知らせる」

各段落の要旨

第1段　夕食会でのこと。
第2段　キャリアデーについて。
第3段　おばさんへのお願い。

(31)　**解答**　**4**

質問の訳　ベティおばさんは先週末に何をしたか？

選択肢の訳
1　彼女はチーズケーキの作り方を学んだ。
2　彼女は夕食にチキンを料理した。
3　彼女はクリスティーナにレシピを与えた。
4　彼女はクリスティーナと一緒に夕食を食べた。

第1段第2文（I enjoyed seeing …）に I enjoyed seeing you last weekend at Grandma's house for dinner.「先週おばあちゃんの家での夕食で会えて楽しかった」とあるので，「クリスティーナとベティおばさんが一緒に夕食を食べた」ことがわかる。したがって，正解は **4 She had dinner with Christina.** である。第1段最終文 I want you to show me how to make it someday. は「いつかそれの作り方を教えてほしいと思っている」という意味。この it は the cheesecake を指すので，おばさんがチーズケーキを作ったことがわかる。したがって，**1** はおかしい。また「いつか」と言っているので，**3** もおかしい。第1段第4文 I really liked the chicken that she made. は「彼女が作ってくれたチキンをとても気に入った」。この she は前出の Grandma を指すので，**2** はおかしい。

(32)　**解答**　**1**

質問の訳　クリスティーナの学校で来月何があるのか？

選択肢の訳
1　生徒が職業について学ぶイベントがある。
2　看護師による生徒向けの健康診断がある。
3　生徒は病院へ実地研修に行く。

4　様々な仕事を試す機会がある。

第 2 段第 2 文（Next month, we're …）に we're going to have a "career day"「『キャリアデー』がある」とあり，続く第 3 文（The school is …）にその説明として inviting people with different jobs to come and talk to the students「様々な職業に就いている人を学校に招待して，生徒に話をしてもらう」とある。ここから「様々な職業について学ぶイベント」であることがわかる。したがって，正解は **1 There will be an event where students learn about jobs.** である。なお，where は関係副詞で先行詞は an event。第 3 段第 5 文（The students will …）に ask the people there about each job「そこにいる人々にそれぞれの職業について質問する」という内容があり，あくまで職業について学ぶイベントだとわかるので，**4** は不正解。**2**・**3** は本文に言及がない。

(33)　解答　**3**

質問の訳　クリスティーナはベティおばさんに（　　　）するよう頼んだ。

選択肢の訳　**1**　彼女が病院での仕事を見つける手助けをする
2　彼女によい大学を推薦する
3　彼女の学校に来て，生徒と話す
4　体育館にテーブルをセッティングする

第 3 段第 2 文 Would you like to come to the school and talk about your job? は「学校に来て，仕事について話をしてくれませんか？」という意味。したがって，正解は **3 come to her school to talk to the students.** である。**1**・**2**・**4** はどれも本文に言及がない。

一次試験　筆記　4 B

訳

白サイを守った英雄

白サイはアフリカ南部に生息していて，世界で最も大きな動物のうちの一つだ。過去には，多くの人がサイの角には特別な力があると信じていたので，角は薬に使われた。結果として，多くの白サイが殺された。科学者は世界中のすべての白サイが死んでしまうのではないかと心配していた。しかし，イアン・プレイヤーという名の男が白サイを救うために力を尽くした。

プレイヤーは 1927 年に南アフリカで生まれた。彼はスポーツが大好きで，1951 年に特別なボートレースに参加した。彼は川沿いに 120 キロ以上を進んだが，彼が目にすると思っていたよりも少ない数の野生動物しかいなかった。彼は南アフリカに生息する動物を保護するために何かをすることを決意した。一年後，彼はイムフォロジ・ゲーム保護区とよばれる国立公園で働き始め，そこで彼は野生動物の世話をした。

イムフォロジ・ゲーム保護区は 1890 年に設立された。なぜなら人々が残された白サイの数の少なさを不安に思ったからだ。プレイヤーが 1952 年にそこに着いたときには 430 頭の白サイしかおらず，ハンターたちはまだ彼らを殺していた。プレイヤーは世界中の動物園と協力して「オペレーション・ライノ」とよばれる繁殖プログラムを開始した。動物園の熱心な協力のおかげで，白サイの個体数はすぐに増えた。若いサイの中に

は国立公園へと戻されたものもいた。

最初，現地の人々の多くはプレイヤーのプログラムをよく思わなかった。農業に従事している人は，サイが彼らの飼っている牛やヒツジや他の動物を殺すので，自分たちがお金を失っているとよく言った。しかし，プレイヤーは彼らに白サイを救うことで人間も助かるということを示した。彼は観光客にイムフォロジ・ゲーム保護区にサイや他の野生動物を見に来るよう勧めた。その結果，より多くの人々がその地域でツアーに出かけたり，ホテルに滞在したり，レストランで食事をしたりすることにお金を払い始めた。このことが人々が白サイの価値を理解するのに役立った。

語句・構文

(第1段) □ one of ～「～のうちの一つ」 □ in the past「過去には」
□ medicine「薬」 □ as a result「結果として」
□ however「しかしながら」 □ named「～という名の」
(第2段) □ be born「生まれる」 □ over「～以上」
□ fewer ～ than S think「Sが思うよりも少ない～」
□ decide to *do*「～することを決める」 □ protect「～を保護する」
□ called「～とよばれる」 □ look after ～「～の世話をする」
(第3段) □ set up ～「～を設立する」 □ thanks to ～「～のおかげで」
□ the number of ～「～の数」 □ go up「増える」
(第4段) □ at first「最初は」 □ local「地元の，現地の」
□ encourage *A* to *do*「*A*に～するよう勧める」
□ more and more ～「より多くの～」 □ value「価値」

各段落の要旨

第1段 絶滅の危機に瀕した白サイとそれを救ったイアン・プレイヤー。
第2段 プレイヤーが野生動物を救おうと決意した理由。
第3段 白サイを救うための「オペレーション・ライノ」の始まり。
第4段 人々の生活をよくする白サイの価値。

(34) 解答 2

質問の訳 なぜ白サイは殺されていたのか？

選択肢の訳
1 人々はサイを殺すことが自分たちに特別な力を与えると思っていた。
2 人々は薬を作るためにサイの体の一部を欲しがった。
3 サイの肉はたくさんの人々の食料として使われた。
4 サイはたくさんの問題を起こし，多くの人々を殺した。

第1段第2文（In the past …）に the horns were used for medicine「角は薬に使われた」とあり，続く第3文（As a result …）に many white rhinoceroses were killed「多くの白サイが殺された」とあるので，人々がサイの角を求めてサイを殺したことがわかる。したがって，正解は **2 People wanted a part of them so that they could make medicine.** である。なお，選択肢では horn が a part of them と置き換えられている。「特別な力」を持っていたのはサイの角であることが第1段第2文の中に rhinoceros horns had special powersという形で述べられているので，**1**は不正解。**3**・**4**は本文中に言及がない。

⑶⑸ **解答** **1**

質問の訳 イアン・プレイヤーはイムフォロジ・ゲーム保護区で働き始めた。なぜなら彼は（ ）からである。

選択肢の訳 **1** 南アフリカに残された野生動物の数がいかに少ないか心配だった

2 野外で働き，川沿いをボートで進むことを楽しんでいた

3 南アフリカに暮らし，より多くのボートレースに参加できた

4 数多くの違った種類の動物と遊ぶ機会がほしかった

第2段第3文（Although he traveled …）に there were fewer wild animals than he thought he would see「彼が目にすると思っていたよりも少ない数の野生動物しかいなかった」とあり，彼が野生動物の少なさに驚いていることがわかる。また，続く第4文（He decided to …）に do something to protect the animals「動物を保護するために何かする」，第5文（A year later, …）に he started working at a national park called the Imfolozi Game Reserve「彼はイムフォロジ・ゲーム保護区とよばれる国立公園で働き始めた」とあるので，彼が「動物を保護する活動をするために国立公園で働き始めた」ことがわかる。以上の内容を考えると，正解は **1 was worried about how few wild animals were left in South Africa.** である。第2段第2文（He loved sports, …）に he took part in a special boat race「特別なボートレースに参加した」とあるが，それ以外に boat race に関しての言及はないので，**2**・**3**は不正解。**4**は本文に言及がない。

⑶⑹ **解答** **3**

質問の訳 プレイヤーはイムフォロジ・ゲーム保護区で何をしたか？

選択肢の訳 **1** 彼はその地域の人々に白サイを狩る最良の方法を教えた。

2 彼は病気の白サイを世話するための特別な技術を学んだ。

3 彼は白サイを救うために世界中の動物園と共にプログラムを始めた。

4 彼は保護区の動物を保護する金を得るため430頭の白サイを売った。

第3段第3文 Player began a breeding program called "Operation Rhino" with zoos around the world. は「プレイヤーは世界中の動物園と協力して『オペレーション・ライノ』とよばれる繁殖プログラムを開始した」という意味なので，正解は **3 He started a program with zoos around the world to save white rhinoceroses.** である。**1**・**2**・**4**はどれも本文に言及がない。

⑶⑺ **解答** **3**

質問の訳 プレイヤーは現地の人々に（ ）ということを教えた。

選択肢の訳 **1** 白サイは多くの人々の命を救うのに使われた

2 サイが家畜を殺すのを防ぐ方法がたくさんある

3 観光客が白サイを見に来たら金を稼げる

4 薬を作るのに他の種類の動物を使える

However で始まる第4段第3文の showed them that saving white rhinoceroses could help humans は「彼らに白サイを救うことで人間も助かるということを示した」という意味。プレイヤーが現地の人々に「サイが人間を助けることができる」と教えたことがわかる。その具体的な内容としては，続く第4文（He encouraged tourists …）の encouraged tourists to visit Imfolozi to see the rhinoceroses「観光客にイムフォロジ・ゲーム保護区にサイを見に来るよう勧めた」，第5文（As a result, …）の more and more people began to pay money「より多くの人々がお金を払い始めた」で，つまり観光客を誘致することで利益を生んだことがわかる。したがって，正解は **3 they could make money if tourists came to see the white rhinoceroses.** である。「人々の命を救う」という直接的な言及は本文にないので，**1** は不正解。**2** は本文に言及がない。**4**「薬を作る」は第1段で言及されているが，それは「サイの角が薬に用いられた」ということなので，これも不正解。

一次試験　筆記　5

解答例　**Yes, I think so. First, if students make presentations at school, it will be easier to make speeches in front of other people. It will be very useful when they start working in the future. In addition, they can learn computer skills. When making presentations, people usually use computers. Therefore, they will get better at using computers, too.（50～60語）**

訳　はい。まず，もし生徒が学校でプレゼンテーションを行えば，他の人たちの前でスピーチをするのがより簡単になるだろう。彼らが将来働き始めたときにそれはとても役に立つだろう。さらに，彼らはコンピューターのスキルも身につけることができる。プレゼンテーションをするとき，人々はたいていコンピューターを使う。したがって，彼らはコンピューターを使うことに関してもよりうまくなるだろう。

質問の訳　**生徒が学校でプレゼンテーションの仕方を学ぶのは大切だと思うか？**

▶英文は Introduction（序論）→Body（本論）→Conclusion（結論）の構成が基本となる。自分の意見を Introduction で述べ，それに対するサポート（理由，具体例）を Body で行い，最後にもう一度自分の考えを Conclusion で述べる。ただし，本問の〔解答例〕のように，語数の制限の都合で Conclusion を省略する場合もある。〔解答例〕は，第1文（Yes, I think so.）が Introduction に該当し，残りの第2～6文（First, if students … using computers, too.）が Body に該当している。

▶まず，Introduction で自分の立場をはっきり示す必要がある。質問が Do you think ～？と Yes / No で答える疑問文になっているので，Yes, I think so. / No, I don't think so. と答えてもよいし，I think that students should learn ～. というように，「私は～だと思う」と意見を述べる形で答えてもよいし，In my opinion, students should learn ～. と始めてもよい。語数に余裕があれば，最後に I have two reasons. と理由の数をはっきり述べる表現を入れてもよいだろう。

▶次に，Body で自分の主張に対するサポートを述べていく。指定された語数にもよるが，最低でも2つくらいは理由を列挙しておきたい。理由を列挙する際には first，second， finally などの序数を使って表すとわかりやすくなる。

▶最後に，Conclusion でもう一度自分の主張を述べる。その際には，For these reasons「こうした理由で」，That's why「そういうわけで」といった表現を用いればよいだろう。また，Introduction と同じ文を繰り返すのではなく，違う表現を使って言い換えた方がよい。

▶「大切ではない」と答えた場合の理由としては，以下の〔解答例〕のように「プレゼンテーションよりも基礎的な科目を学習する方が大切だ」「プレゼンテーションは大学で学ぶべきだ」などが考えられる。

〔解答例〕 No, I don't think so. I think studying basic subjects such as math, history, and English is more important. In order to give presentations, you must have your own opinion. Your opinion should be based on the knowledge you gain by studying. That's why you must study hard and learn a lot of things before you learn how to give presentations.

一次試験　リスニング　第1部

No. 1　解答　3

★＝男性　☆＝女性　（以下同）
☆ How was your trip to Japan, Chris ?
★ It was great. I really enjoyed the food.
☆ I bet it was delicious. How about the weather ?

★ 1　This was my first trip abroad.
★ 2　I was only there for two weeks.
★ 3　It was sunny the whole time.

訳
☆日本への旅はどうだったの，クリス？
★すばらしかったよ。食べ物が本当に美味しかったんだ。
☆美味しかったでしょうね。天気はどうだったの？

★ 1　これが初めての海外旅行なんだ。
★ 2　そこには2週間しかいなかったんだよ。
★ 3　ずっと晴れだったよ。

旅行に行った際の天候について尋ねているのに対する返答なので，正解は3「ずっと晴れだったよ」。I bet は相手の発言に対しての理解を示して「きっとそうだろうね」という意味。the whole time は「その間ずっと」という意味。

No. 2　解答　2

☆ Bradly, can you go buy some eggs at the store ?
★ But my favorite TV show's starting.
☆ Well, you've been watching TV for hours. I would really appreciate it if you went.

★ 1　Yes, I remembered to buy eggs.
★ 2　OK, Mom. I'll go now.
★ 3　Well, I don't like TV.

Script

訳
☆ブラッドリー，お店に卵を買いに行ってくれない？
★でもママ，僕の大好きなテレビ番組が始まるんだよ。
☆そうね，でもあなたは何時間もテレビをずっと見ているわよ。もし行ってくれると本当に助かるんだけど。

★ 1　うん。忘れずに卵を買ったよ。

★2　わかったよ，ママ。今行くよ。
★3　そうだなぁ，僕はテレビが好きじゃないんだ。

親子の会話。母親が息子に卵を買いに行くように頼んでいるが，息子が渋っている場面。「何時間もテレビを見ている」と母親にたしなめられて，母親の「行ってくれたら助かる」という言葉に対する息子の言葉を選ぶ。正解は 2「わかったよ，ママ。今行くよ」。I would really appreciate it if ～ は「～していただけると本当に助かるのですが」と丁寧に相手への依頼の気持ちを表す表現。なお，if 節内の動詞 went は仮定法過去。

No. 3　解答　3

★ How was your run, honey?
☆ It was OK, but my knee has been hurting lately.
★ Well, maybe you're running too much. You should let your legs get some rest.

☆1　OK. I'll run 10 more kilometers.
☆2　Well, I don't like running.
☆3　Yeah. I think I'll take a week off.

Script

訳
★ランニングの調子はどうだい？
☆問題ないけど，最近膝が痛むの。
★そうなんだね。たぶん走り過ぎだよ。足を少し休ませるべきだよ。

☆1　わかったわ。あと 10 キロ走るわ。
☆2　実は，私はランニングが好きじゃないの。
☆3　そうね。一週間休むことにするわ。

夫婦と思われる男女の会話。男性が女性のランニングについて尋ねている場面。「膝が痛い」という女性に対して，男性が「足を少し休ませるべきだ」とアドバイスしている。このアドバイスに対する返答が解答となる。正解は 3「そうね。一週間休むことにするわ」。let your legs は t と y の音がつながって聞こえるので注意したい。

No. 4　解答　2

★ Hello, ma'am. Would you like a sample of our store's new sausages?
☆ Sure. Wow—these are delicious. What's in them? I love the spices.
★ Garlic and oregano. Would you like to buy some?

☆1　No. I don't eat spicy sausages.
☆2　Yes. I'll take a package of six.
☆3　Well, I've tried those before.

Script

訳 ★こんにちは，奥様。私たちの店の新しいソーセージのサンプルはいかがでしょうか？
☆いただくわ。あら，とても美味しいわね。何が入っているの？　スパイスがとても気に入ったわ。
★ニンニクとオレガノです。いくつかいかがですか？

☆1　いいえ，私はスパイシーなソーセージは食べないの。
☆2　ええ。6本入りをいただくわ。
☆3　実は，以前にも食べたことがあるの。

お店での店員（男性）と客（女性）の会話。店員が客にソーセージを勧めている場面。ソーセージを試食して好反応だった女性に，男性が購入するかどうかを尋ねているのに対しての返答が解答となる。正解は **2「ええ。6本入りをいただくわ」**。Would you like＋名詞〔to *do*〕? は相手に何かを勧める表現。

No. 5　解答　1

☆ Thanks for using Happy Taxi. Where to?
★ I have to be at the Stapleton Center for a meeting. Can you get me there in 20 minutes?
☆ Hmm. Traffic is pretty bad right now.

★1　Well, please go as fast as you can.
★2　Well, I'm not in a hurry.
★3　Well, I've used Happy Taxi several times.

Script

訳 ☆ハッピータクシーをご利用いただきありがとうございます。どちらへ行きましょうか？
★ステープルトン・センターでの会議に行かなければいけないんです。20分で着きますか？
☆うーん，今は道がとても混んでますよ。

★1　そうですか，できるだけ速く行ってください。
★2　そうですか，私は急いでいません。
★3　そうですか，ハッピータクシーを何度か利用したことがあります。

タクシーの運転手と乗客との会話。目的地へと急ぐ乗客に運転手が道が混んでいると伝えている。それに対する乗客の発言が解答となる。正解は **1「そうですか，できるだけ速く行ってください」**。Thanks for *doing*. は「～してくれてありがとう」という意味。

No. 6　解答　1

★ So, what did you get for Christmas, Cathy?
☆ My parents bought me an electric piano and some other things.
★ A piano! Wow, you'll have to play a song for me sometime.

☆ **1**　Actually, I don't know any yet.
☆ **2**　Yes, I spent all my money to buy it.
☆ **3**　No, I didn't get many presents.

訳
★それで，クリスマスには何をもらったんだい，キャシー？
☆両親に電子ピアノとほかにもいくつかのものを買ってもらったの。
★ピアノだって！　すごいね。いつか僕のために曲を弾いてくれなきゃね。

☆ **1**　実は，まだ一曲も知らないの。
☆ **2**　そうよ，それを買うためにお金を全部使ったの。
☆ **3**　いいえ，プレゼントはたくさんもらわなかったわ。

クリスマスのプレゼントで，女性がピアノをもらったというのを聞いた男性が驚いて，「曲を弾いてほしい」と頼んでいるのに対する返答。正解は **1「実は，まだ一曲も知らないの」**。any の後に songs が省略されている。

No. 7　解答　2

★ Hollywood Theater, can I help you?
☆ Hello. Are you still showing the movie *The Forgotten Desert*?
★ No, we're not, ma'am. We stopped showing that last week.

☆ **1**　Oh no. The story sounds really boring.
☆ **2**　Oh no. I really wanted to see that.
☆ **3**　Oh no. That's too long for a movie.

Script

訳
★ハリウッドシアターです。ご用件をお伺いいたします。
☆こんにちは。『忘れ去られた砂漠』はまだ上映していますか？
★いいえ，奥様。先週上映を終了しました。

☆ **1**　あらまぁ，ストーリーが本当に退屈そうだわ。
☆ **2**　あらまぁ，本当に見たかったわ。
☆ **3**　あらまぁ，映画にしてはそれは長すぎるわ。

女性が映画館に映画の上映状況を確認している場面。男性が「先週上映を終了した」と言っているのに対する女性の言葉が解答となる。正解は **2「あらまぁ，本当に見たかったわ」**。Can I help you? は「いらっしゃいませ」という意味もあるが，ここでは「ご用件をお伺いいたします」という意味。

No. 8　解答　1

☆ Honey, your mother is on the phone.
★ Oh. Can you tell her I'll call her back? I need to take a shower.
☆ She says it's really important.

★ 1　OK, give me the phone.
★ 2　Yes, I turned the water off.
★ 3　Sure. I'll be back in two hours.

Script

訳
☆あなた，お母さんから電話よ。
★そうかい。彼女にかけなおすと伝えてくれないか？　シャワーを浴びないといけないんだ。
☆とっても大切な話みたいよ。

★ 1　わかった。受話器を貸して。
★ 2　うん，僕が水を止めたよ。
★ 3　わかった。2時間で戻るよ。

夫婦と思われる男女の会話。男性の母親から電話がかかってきているのを，女性が男性に伝えている場面。男性はかけなおすと伝えてと女性に頼んでいるが，それに対して女性が「大切な話みたい」と伝えている。これに対する男性の返答が解答になる。正解は **1「わかった。受話器を貸して」**。男性はいったん母親からの電話よりシャワーを優先させようとしたが，女性に言われ，考え直したと思われる。

No. 9　解答　3

☆ Waiter, we ordered 40 minutes ago. Where's our food?
★ I'm terribly sorry, ma'am. The kitchen has fewer workers today. Some people are sick.
☆ Well, do you know how long it will take?

★ 1　There are no specials today.
★ 2　I brought your order out already.
★ 3　It should only be a few more minutes.

Script

訳
☆すみません。私たちは40分前に注文したのですが，料理はまだでしょうか？
★申し訳ございません，奥様。本日は厨房の担当者が普段より少なくなっておりまして。体調不良の者がいるのです。
☆わかりました。あとどれくらいかかりますか？

★ 1　本日のおすすめはございません。
★ 2　もう注文の品はお出ししました。
★ 3　あと数分でご用意できるはずです。

レストランでの客（女性）とウエイター（男性）との会話。注文した料理がなかなか来ないので，女性が男性に確認している場面。女性が「（料理が来るまで）あとどれくらいかかりますか？」と尋ねたのに対する男性の返答が解答となる。正解は **3「あと数分でご用意できるはずです」**。It should only be a few more minutes. の should は「～するべき」という〈忠告〉の意味ではなく，「～するはずだ」という〈推量〉を表している。

No. 10　解答　2

★ Hello.
☆ Hi, Danny. It's June. I just got the video game *Zombie Wars* for my birthday. Do you want to come over and play it?
★ *Zombie Wars*? Awesome! I'll be there soon.

☆ **1**　Hmm. Maybe some other time.
☆ **2**　Great! See you soon.
☆ **3**　Oh. Well, thanks anyway.

Script

訳
★もしもし。
☆こんにちは，ダニー。ジューンよ。誕生日プレゼントに「ゾンビ戦争」っていうテレビゲームをもらったの。うちに来て，一緒にやらない？
★「ゾンビ戦争」だって？　すごい！　すぐに行くよ。

☆ **1**　そうだね。また別の機会に。
☆ **2**　よかった。じゃあ後で。
☆ **3**　あら，そうなの。とにかくありがとう。

誕生日プレゼントにもらったテレビゲームを一緒にやろうと女の子が男の子を誘っている場面。男の子は「すぐに行くよ」と答えているので，正解は **2「よかった。じゃあ後で」**。some other time は「また別の機会に」という意味。

一次試験　リスニング　第2部

No. 11　解答　4

★＝男性　☆＝女性　（以下同）

★ How's it going, Beth?

☆ Not great. My softball team needs at least ten players to enter the city tournament, and we only have nine. We can't find another player.

★ You could ask my cousin. She plays softball, and I think she's looking for a team to join. She just moved here from Washington.

☆ Really? It would be great if she could join.

Question: What is one thing the girl says?

Script

訳

★調子はどうだい，ベス？

☆あんまりなの。私のソフトボールチームが市の大会に出るのに少なくとも 10 人の選手が必要なんだけど，9 人しかいないの。もう一人の選手を見つけられないのよ。

★僕のいとこに頼んでみたら。彼女はソフトボールをしていて，チームを探してると思うよ。彼女はワシントンからここに引っ越してきたばかりなんだよ。

☆本当に？　もし彼女がチームに加わってくれたらすばらしいわ。

質問：少女が言っていることの一つは何か？

選択肢の訳

1　彼女はテレビでソフトボールを見た。
2　彼女はワシントンに行った。
3　彼女のいとこが足をけがした。
4　彼女のチームがもう一人選手を必要としている。

友人同士の会話。少女が自分の所属するソフトボールチームのメンバーが足りないと少年に話している場面。質問の内容は，少女の発言内容として正しいものはどれかを尋ねている。少女はソフトボールチームに属しており，We can't find another player.「選手が一人足りない」と言っているので，正解は **4**「彼女のチームがもう一人選手を必要としている」。

No. 12 解答 3

★ Cindy, why do you look so sad? Aren't you looking forward to your birthday party tomorrow?
☆ Yeah, Dad, but Becky can't come. It won't be fun without her.
★ Why don't you celebrate together next week?
☆ That's a good idea. I'll call her and ask when she's free.

Question : What does Cindy's father suggest that Cindy do?

訳 ★シンディ，どうしてそんな悲しそうなんだい？　明日の誕生日パーティが楽しみじゃないの？
☆楽しみよ，パパ。でもベッキーが来られないのよ。彼女がいないと楽しくないわ。
★来週一緒にお祝いしたらどうだい？
☆それはいい考えね。彼女に電話していつが空いているか聞いてみるわ。

質問：シンディの父は彼女に何をするべきだと提案しているか？

選択肢の訳 **1** もっと多くの友達を招待する。　**2** 買い物に行く。
3 ベッキーとあとでお祝いする。　**4** 彼とケーキを焼く。

父親と娘の会話。父親の最初の発言に your birthday party「誕生日パーティ」とあるので，娘の誕生日パーティに関して話している場面だとわかる。質問は父親が娘に提案したことの内容を尋ねている。娘の最初の発言に It won't be fun without her.「彼女がいないと楽しくない」とあり，娘は友達が来ないことを残念がっていることがわかる。それに対して父親が Why don't you celebrate together next week?「来週一緒にお祝いしたらどうだい？」と言っているので，正解は **3**「ベッキーとあとでお祝いする」。なお，Why don't you *do*? は「～したらどうですか？」と相手に提案したり，勧めたりする表現。

No. 13 解答 3

★ Mom, I'm hungry. When will dinner be ready?
☆ In about 30 minutes, Anthony. Oh, Grandpa is coming here for dinner tonight. Can you bring another chair into the dining room for him?
★ OK. Which one?
☆ Get the brown one from your bedroom.

Question : What does the boy's mother ask him to do?

訳 ★ママ，お腹が空いたよ。夕食はいつできるの？
☆だいたい 30 分後よ，アンソニー。そうそう，今夜はおじいちゃんが夕食を食べに来るのよ。おじいちゃん用にダイニングルームにもう一つイスを持ってきてくれない？
★わかったよ。どれを持ってきたらいい？

☆あなたの部屋の茶色いイスを持ってきて。

質問：少年の母は彼に何をするように頼んだか？

選択肢の訳　1　彼女が夕食を作るのを手伝う。
2　祖父に電話する。
3　ダイニングルームにイスを移動する。
4　ベッドルームを掃除する。

母親と息子の会話。質問は母親が息子にするように頼んだことの内容を尋ねている。母親の最初の発言にCan you bring another chair into the dining room for him?「おじいちゃん用にダイニングルームにもう一つイスを持ってきてくれない？」とあるので，正解は**3「ダイニングルームにイスを移動する」**。Can you / Will you ～？など，相手に依頼する表現が聞こえたら，その内容に注目する。

No. 14　解答　1

★I give up. I just don't understand this kind of math problem.
☆You give up too easily, Ben. You've got to keep trying.
★Of course you can say that, you're better at math than I am!
☆That's not true. I just study more than you do. If you need some help, just ask me.

Question : What is one thing the girl says to the boy?

Script

訳
★もうだめだ。どうしてもこういう数学の問題は解けないよ。
☆あなたは簡単にあきらめすぎだわ，ベン。努力を続けないと。
★もちろん，君はそう言えるよ。僕よりも数学が得意だからね！
☆そうじゃないわ。ただ単にあなたよりも勉強しているだけよ。助けが必要だったら，私に言ってくれればいいからね。

質問：少女が少年に言っていることの一つは何か？

選択肢の訳　1　数学をあきらめるべきではない。　2　一人で勉強するべきだ。
3　彼は数学が得意ではない。　4　彼は勉強し過ぎだ。

友人同士の会話。質問は少女が少年に言っていることとして正しいことは何かを尋ねている。少女の最初の発言にYou've got to keep trying.「努力を続けなければならない」とあるので，正解は**1「数学をあきらめるべきではない」**。本文のkeep trying「努力を続ける」が選択肢ではnot give up on math「数学をあきらめない」と言い換えられている。**2**のby himselfは「一人で」という意味。

No. 15　解答　2

★ Hello. This is Middleburg Books.
☆ Hello. Can you tell me when your summer book sale will be this year？
★ Yes. It's on July 4th. We'll be selling a lot of great books.
☆ OK, thanks. I'm looking forward to it.

Question : What does the woman want to do？

Script

訳
★お電話ありがとうございます。ミドルバーグ書店です。
☆こんにちは。今年のサマーセールはいつ行われるか教えていただけますか？
★かしこまりました。今年は7月4日に行います。たくさんの素晴らしい本を販売する予定です。
☆わかりました。ありがとう。楽しみにしているわ。

質問：女性は何をしたいか？

選択肢の訳　**1**　本を書く。　**2**　本のセールに行く。
3　自分の古い本を売る。　**4**　図書館の本を借りる。

書店の店員（男性）と客（女性）との会話。女性が書店に問い合わせの電話をかけている場面。質問は女性がしたいことの内容を尋ねている。女性の最初の発言にCan you tell me when your summer book sale will be this year？「今年のサマーセールはいつ行われるか教えていただけますか？」とある。また，女性の2番目の発言にI'm looking forward to it.「楽しみにしています」とあるので，正解は**2「本のセールに行く」**。

No. 16　解答　3

☆ Good morning, sir. Can I help you？
★ What time do I need to be at the gate for Flight 102 to Chicago？
☆ Let's see. It leaves at 11, so there's plenty of time. You have more than an hour.
★ Great. I guess I have enough time to buy some souvenirs for my sons, then.

Question : What will the man probably do next？

Script

訳
☆おはようございます，お客様。ご用件を承ります。
★シカゴ行きの102便に乗るのですが，何時に搭乗口に着けばいいですか？
☆少々お待ちください。その便は11時に離陸しますので，まだ十分に時間がございます。1時間以上ございますよ。
★よかった。それなら，息子たちへのお土産を買うのに十分な時間がありますね。

質問：男性はおそらく次に何をするか？

選択肢の訳　**1**　シカゴを出発する。　**2**　搭乗口に行く。
3　贈り物をさがす。　**4**　別の便を予約する。

空港での乗客（男性）と係員（女性）の会話。質問は男性が次にする内容を尋ねている。男性が最初の発言で What time do I need to be at the gate?「何時に搭乗口に着けばいいですか？」と尋ねているのに対し，係員は You have more than an hour.「1時間以上時間がある」と答えている。それを聞いた男性が I have enough time to buy some souvenirs for my sons, then「それなら，息子たちへのお土産を買うのに十分な時間がある」と答えているので，正解は **3「贈り物をさがす」**。なお，選択肢では souvenirs が gifts という表現に置き換えられている。plenty of ～「たくさんの～」

No. 17　解答　1

★ Are you joining any school teams or clubs this year, Jill?
☆ Well, Dad, you know I love playing the trumpet. I've decided to join the school band again.
★ What about sports? You really like tennis, don't you?
☆ Yeah, but I only have time for one club, and playing music is more important to me.

Question: Why won't Jill join the tennis club?

Script

訳
★今年は何か学校のチームやクラブに参加するのかい，ジル？
☆そうね，パパ。私がトランペットを演奏するのが好きなのは知っているでしょ。また学校のバンドに参加することに決めたの。
★スポーツはどうなんだい？　テニスが大好きだよね？
☆そうね。でも一つのクラブをする時間しかないの。私にとっては音楽を演奏する方が重要なのよ。

質問：なぜジルはテニス部に入らないのか？

選択肢の訳　**1**　彼女はトランペットを演奏する方を好む。
2　彼女は別のスポーツをしたい。
3　彼女はテニスが得意ではない。
4　彼女は学校のバンドに友達がいる。

学校のクラブについての父親と娘の会話。質問は娘がテニス部に入らない理由を尋ねている。父親の2番目の発言 What about sports?「スポーツはどうなのか？」に対して娘が playing music is more important to me「私にとっては音楽を演奏する方が重要だ」と答えているので，正解は **1「彼女はトランペットを演奏する方を好む」**。What about ～?「～はどうですか？」は相手の考えや意見を尋ねる表現。

No. 18 解答 4

★ Do you have any copies of the magazine *Sporting Life*?
☆ Well, usually we do, but I think we've sold all of this month's copies.
★ Oh. Do you think you might have some at one of your other stores?
☆ Well, I can check for you. Give me a minute to make some calls.

Question: How will the woman try to help the man?

Script

訳
★『スポーティングライフ』という雑誌は置いていますか？
☆そうですね，普段は取り扱っているのですが，今月号はすべて売れてしまったみたいです。
★そうなんですね。他の店舗に在庫はありますか？
☆はい，お調べいたします。電話をするのに少々お時間をいただきます。

質問：女性はどのようにして男性の手伝いをするのか？

選択肢の訳
1 彼に別の店舗への行き方を教えることによって。
2 割引の方法を彼に伝えることによって。
3 『スポーティングライフ』を注文することによって。
4 他の店舗に問い合わせることによって。

書店での客（男性）と店員（女性）との会話。質問は女性が男性を手伝う方法を尋ねている。男性の最初の発言に Do you have any copies of the magazine?「雑誌は置いていますか？」とあるので彼が雑誌を探していることがわかる。それに対して女性が we've sold all of this month's copies「今月号はすべて売れてしまった」と答えているので，この店舗には在庫がないことがわかる。それを聞いた男性が Do you think you might have some at one of your other stores?「他の店舗に在庫はありますか？」と尋ねており，それに対して女性が I can check for you. Give me a minute to make some calls.「お調べいたします。電話をするのに少々お時間をいただきます」と答えているので，正解は **4「他の店舗に問い合わせることによって」**。選択肢では make some calls が contacting に置き換えられている。Give me a minute. は「少し時間をください」という意味。

No. 19 解答 2

★ Here's your chicken burger and French fries, ma'am. Do you want some ketchup with that?
☆ I didn't order a chicken burger. I wanted a regular hamburger.
★ I'm sorry about that. I'll bring your order in a few minutes.
☆ Please hurry. I have to leave in 20 minutes.

Question: What is the woman's problem?

Script

訳 ★チキンバーガーとフライドポテトです，お客様。ケチャップはご入用ですか？
☆チキンバーガーは頼んでないわ。普通のハンバーガーを頼んだんだけど。
★申し訳ございません。数分でお持ちいたします。
☆急いでください。20分後には出なければいけないので。

質問：女性は何に困っているのか？

選択肢の訳
1 店員がケチャップを持ってくるのを忘れた。
2 店員が間違った注文の品を持ってきた。
3 彼女はフライドポテトが好きではない。
4 彼女は座る席を見つけられない。

レストランでの客（女性）と店員（男性）との会話。質問は女性が困っていることについて尋ねている。女性の最初の発言にI didn't order a chicken burger.「チキンバーガーは注文していない」とあるので，店員が注文を間違ったことがわかる。正解は**2「店員が間違った注文の品を持ってきた」**。

No. 20　解答　3

★ Hello？
☆ Hello, Mr. Carter. This is Claire. May I speak to Eric, please？
★ Hi, Claire. He's out walking his dog at the moment.
☆ Oh. Could you ask him to call me back？ I want to talk to him about tomorrow's volleyball game.
★ Sure. I'll tell him when he comes back.

Question : Why can't Eric speak to Claire now？

Script

訳 ★もしもし。
☆もしもし，カーターさん。クレアです。エリックはいますか？
★こんにちは，クレア。彼は今，犬の散歩中なんだよ。
☆そうなんですね。あとでかけなおすように彼に頼んでもらえますか？　明日のバレーボールの試合について彼と話したいんです。
★わかったよ。帰ってきたら伝えるね。

質問：なぜエリックは今クレアと話せないのか？

選択肢の訳
1 彼は兄弟と出かけた。
2 彼はバレーボールの練習に出かけた。
3 彼は犬と外出中だ。
4 彼はテレビで試合を見ている。

少女が友人の家に電話をしている場面。質問は少女の友人が電話に出られない理由を尋ねている。男性の2番目の発言にHe's out walking his dog at the moment.「彼は今，犬の散歩中だ」とあるので，正解は**3「彼は犬と外出中だ」**。May I speak to ～？は電話で相手を呼び出す際の定型表現。at the moment は「今は」という意味。

一次試験　リスニング　第3部

No. 21　解答　**2**

When Takehiro was in England as an exchange student, he joined a cooking class. Takehiro found that listening to the cooking instructions in English and reading English cookbooks helped him improve his English skills. He also enjoyed eating the food that he and his classmates made.

Question : How did Takehiro improve his English skills ?

Script

訳　タケヒロが交換留学生としてイギリスにいたとき，彼は料理教室に参加した。タケヒロは料理の指示を英語で聞いたり，英語の料理書を読んだりするのは彼の英語力を向上させるのに役立つとわかった。彼はまた彼や料理教室の仲間が作った料理を食べるのを楽しんだ。

質問：タケヒロはどうやって英語力を向上させたのか？

選択肢の訳
1　レストランで料理することによって。
2　料理教室に行くことによって。
3　料理番組を見ることによって。
4　料理教室の仲間に料理の仕方を教えることによって。

第 1 文に he joined a cooking class「彼は料理教室に参加した」とあり，第 2 文に listening to the cooking instructions in English and reading English cookbooks helped him improve his English skills「料理の指示を英語で聞いたり，英語の料理書を読んだりするのは彼の英語力を向上させるのに役立つ」とあるので，正解は **2「料理教室に行くことによって」**。最終文の that は関係代名詞で先行詞は the food。an exchange student「交換留学生」

No. 22　解答　**1**

The largest jellyfish in the world is called the lion's mane jellyfish. It lives in parts of the ocean where the water is very cold. The biggest one ever found was around 37 meters long. Because of its size, the lion's mane jellyfish cannot move very fast. It gets food by catching fish and other jellyfish that come close to it.

Question : What is one thing we learn about the lion's mane jellyfish ?

Script

訳　世界で最大のクラゲはライオンタテガミクラゲと呼ばれるものだ。それは水が非常に冷たい海域に生息している。これまでに見つかった中で最大のものは約 37 メートルもの長さになる。その大きさのため，ライオンタテガミクラゲはあまり速く動くことはできない。それは自分に近づいてくる魚やクラゲを捕まえることで食料を手に入れている。

質問：ライオンタテガミクラゲについて私たちがわかることの一つは何か？

選択肢の訳
1　それはとても大きなサイズになる。
2　それはとても速く動ける。
3　それは冷たい水は好きではない。
4　それは他のクラゲは食べない。

第 1 文に The largest jellyfish in the world「世界で最大のクラゲ」とあるので，正解は **1**「それはとても大きなサイズになる」。第 3 文の one は the lion's mane jellyfish を指す。第 2 文に It lives in parts of the ocean where the water is very cold.「それは水が非常に冷たい海域に生息している」とあるので，**3** は不正解。第 4 文に the lion's mane jellyfish cannot move very fast「ライオンタテガミクラゲはあまり速く動くことはできない」とあるので，**2** は不正解。最終文に It gets food by catching fish and other jellyfish「それは魚やクラゲを捕まえることで食料を手に入れている」とあるので，**4** は不正解。

No. 23　解答　2

Martha is in her first year at college. She had many friends in high school, but they all went to different colleges. Martha had been feeling lonely, so she decided to join a volleyball club at her college. She has made many new friends in the club, and they will go to a party together this weekend.

Question : How did Martha make new friends ?

Script

訳　マーサは大学 1 年生だ。高校時代，彼女はたくさん友達がいたが，みんな別々の大学に進学した。マーサはずっと寂しかったので，大学のバレーボール部に入ることにした。彼女にはクラブでたくさんの新しい友達ができ，今週末にはみんなで一緒にパーティに行く予定だ。

質問：マーサはどうやって新しい友達を作ったのか？

選択肢の訳
1　たくさんのパーティに行くことによって。
2　大学のクラブに入ることによって。
3　違う大学に進学することによって。
4　高校時代の友達を訪ねることによって。

第 3 文に she decided to join a volleyball club at her college「大学のバレーボール部に入ることにした」とあり，最終文に She has made many new friends in the club「彼女にはクラブでたくさんの新しい友達ができた」とあるので，正解は **2**「大学のクラブに入ることによって」。

No. 24 解答 4

Good morning, shoppers. We would like to announce that this year's calendars are now half price. We have many kinds of calendars, some with beautiful pictures of famous paintings and others with cute animals on them. Take a look at them in Aisle 7, next to the art section.

Question : What is one thing the speaker says about the store ?

訳　おはようございます，お客様。今年のカレンダーをただいま半額で販売中であることをお知らせいたします。たくさんの種類のカレンダーを取り扱っており，有名な絵画の美しい写真や，可愛い動物の写真がついているものもあります。ぜひ絵画売り場の横の7番通路をご覧ください。

質問：その店について話し手が言っている一つのことは何か？

選択肢の訳
1　買い物客は新しい絵画を買える。
2　新しい美術本が入荷したところだ。
3　そこで可愛いペットが販売されている。
4　カレンダーのセールがある。

第2文に this year's calendars are now half price「今年のカレンダーが今半額である」とあるので，正解は **4**「カレンダーのセールがある」。第3文に some with beautiful pictures of famous paintings and others with cute animals on them「有名な絵画の美しい写真や，可愛い動物の写真がついているものもある」とあるが，それらはすべてカレンダーの内容の説明なので，**1**・**3**は不正解。**2**は放送内容に言及がない。

No. 25 解答 3

People in Thailand eat a spicy meat dish called *nam tok moo.* It is made by mixing grilled pork with lime juice, fish sauce, and lots of herbs and spices. Since *nam tok moo* has many herbs in it, people think the dish is healthy. It is usually eaten with rice and vegetables.

Question : What is one thing we learn about *nam tok moo* ?

訳　タイに住む人々はナムトックムーとよばれる香辛料の効いた肉料理を食べる。それは焼いた豚肉にライム果汁，魚醤，そしてたくさんの薬草と香辛料を混ぜて作られる。ナムトックムーにはたくさんの薬草が入っているので，人々はそれを健康に良い料理だと考えている。それはたいてい米と野菜とともに食べられる。

質問：ナムトックムーについて私たちがわかることの一つは何か？

選択肢の訳　**1**　それはベジタリアンサラダの一種だ。
2　それはライム果汁から作られる飲み物だ。
3　人々はそれが健康に良い料理だと考えている。
4　タイに住む人々は米の代わりにそれを食べる。

第3文に people think the dish is healthy「人々はそれを健康に良い料理だと考えている」とあるので，正解は **3「人々はそれが健康に良い料理だと考えている」**。第3文の Since は「～なので」と〈理由〉を表す。第1文に a spicy meat dish「香辛料の効いた肉料理」とあるので，**1** と **2** は不正解。**4** の instead of ～ は「～の代わりに」という意味。最終文に「米とともに食べる」とあるので，**4** も不正解。

No. 26　解答　3

Script

Sayaka is a high school student. Her English teacher asked her class to choose books to read from the library. Sayaka chose a book about a doctor who works on a small island. After she had finished reading the book, she wrote a report that explained the story. In her next class, she will read what she wrote to the other students.

Question : What will Sayaka do in her next English class ?

訳　サヤカは高校生だ。彼女の英語の先生はクラスの生徒たちに，読む本を図書館から選んでくるように言った。サヤカは小さな島で働く医者に関する本を選んだ。それを読み終えた後，彼女は物語を説明するレポートを書いた。次の授業で，サヤカは自分が書いたものを他の生徒に読んで聞かせるつもりだ。

質問：次の英語の授業でサヤカは何をするか？

選択肢の訳　**1**　図書館に行って本を見つける。
2　医者が自分の仕事について話すのを聞く。
3　自分が書いたものをクラスの皆に読んで聞かせる。
4　クラスメイトと一緒に物語を書き始める。

最終文に In her next class, she will read what she wrote to the other students.「次の授業で，サヤカは自分が書いたものを他の生徒に読んで聞かせるつもりだ」とあるので，正解は **3「自分が書いたものをクラスの皆に読んで聞かせる」**。なお，what she wrote の what は先行詞を含む関係代名詞で，「～なもの・こと」という意味。選択肢ではこの部分が something she wrote という形で置き換えられている。第3文に Sayaka chose a book「サヤカは本を選んだ」とあるので，**1** は不正解。**2**・**4** は放送内容に言及がない。

No. 27　解答　1

Nancy went to an international food and music festival yesterday. She ate some German sausages and bought some expensive honey from New Zealand. Many bands played at the festival, but Nancy thought the music was too loud. She had planned to stay longer, but because she did not like the music, she left early instead.

Question : Why did Nancy leave the festival early ?

訳　ナンシーは昨日，食と音楽の国際フェスティバルに行った。彼女はドイツのソーセージを何本か食べ，ニュージーランド産の高価なハチミツを購入した。たくさんのバンドがフェスティバルで演奏していたが，音楽がうるさすぎるとナンシーは思った。彼女はもっと長く滞在するつもりだったが，音楽が気に入らなかったので，代わりに早く帰った。

質問：なぜナンシーは早めにフェスティバルから帰ったのか？

選択肢の訳
1　彼女は音楽を楽しまなかった。
2　彼女はソーセージを食べすぎた。
3　バンドが演奏しなかった。
4　食べ物が高すぎた。

最終文に because she did not like the music, she left early instead「音楽が気に入らなかったので，代わりに早く帰った」とあるので，正解は **1**「彼女は音楽を楽しまなかった」。なお，選択肢では like が enjoy に置き換えられている。**2**～**4** はどれも放送内容に言及がない。

No. 28　解答　1

When Pete came home from work yesterday, his wife, Sarah, told him some big news. She told him that they were going to have a baby. Pete and Sarah have been wanting to have children since they got married two years ago. They are both very excited about becoming parents.

Question : Why are Pete and Sarah excited ?

訳　昨日ピートが仕事から帰って来ると，妻のサラが彼にある大きなニュースを伝えた。彼女は彼に，彼らに赤ちゃんが生まれると言った。ピートとサラは2年前に結婚して以来ずっと子どもが欲しいと思っていた。二人とも親になることに関してとてもワクワクしている。

質問：なぜピートとサラはワクワクしているのか？

選択肢の訳
1　彼らに子どもが生まれる。

2 彼らはもうすぐ結婚する。
3 ピートが新しい仕事を始める。
4 サラの両親が彼らを訪ねる。

最終文に They are both very excited about becoming parents.「二人とも親になることに関してとてもワクワクしている」とあるので，正解は **1「彼らに子どもが生まれる」**。第 3 文に they got married two years ago「彼らは 2 年前に結婚した」とあるので，**2** は不正解。**3**・**4** は放送内容に言及がない。

No. 29 解答 3

Script

Right before Wendy's tennis lesson yesterday, she got a call from her 12-year-old son. Her son said that he had fallen off his bicycle and was in the hospital. Wendy explained this to her tennis coach and then went to the hospital quickly. At the hospital, she talked to the doctor and the doctor said her son's leg was broken.

Question : Why did Wendy go to the hospital yesterday ?

訳 昨日ウェンディのテニスレッスンが始まる直前，彼女の 12 歳の息子から電話がかかってきた。息子は自転車から落ちて，病院にいると言った。ウェンディはこのことをテニスコーチに説明して，すぐに病院に行った。病院で，彼女は医者と話し，医者は息子の足が骨折していると言った。

質問：なぜウェンディは昨日病院に行ったのか？

選択肢の訳
1 彼女は自転車から落ちた。
2 彼女は具合が悪かった。
3 彼女の息子が事故にあった。
4 彼女の担当医が彼女に行くように言った。

第 1 文に she got a call from her 12-year-old son「12 歳の息子から電話がかかってきた」とあり，第 2 文に Her son said that he had fallen off his bicycle and was in the hospital.「息子は自転車から落ちて，病院にいると言った」とあるので，正解は **3「彼女の息子が事故にあった」**。選択肢では had fallen off his bicycle が had an accident という表現に置き換えられている。get a call from ～「～から電話がかかってくる」 fall off ～「～から落ちる」

No. 30　解答　4

Hello, everyone! Thanks for coming to our band's concert. We have written a brand-new song, and we're going to play it here tonight. This will be our first time playing the song in public. If you like the song, please buy our new CD when it comes out next month!

Question: What is one thing people can do at the band's concert tonight?

Script

訳　こんにちは，みんな！　僕たちのバンドのコンサートに来てくれてありがとう。僕たちは新曲を作って，今夜ここでそれを演奏するよ。この歌を人前で演奏するのはこれが初めてなんだ。もし気にいったら，新しい CD が来月リリースされたら買ってください！

質問：今夜バンドのコンサートで人々ができることの一つは何か？

選択肢の訳
1　来月バンドを見るためのチケットを買える。
2　バンドの最新 CD を買う。
3　バンドと一緒に歌う。
4　バンドの新曲を聞く。

第 3 文に We have written a brand-new song, and we're going to play it here tonight.「僕たちは新曲を作って，今夜ここでそれを演奏するよ」とあり，続く第 4 文に This will be our first time playing the song in public.「人前で演奏するのはこれが初めてだ」とあるので，バンドの新曲を聞くことができるとわかる。正解は **4**「バンドの新曲を聞く」。最終文の please buy our new CD when it comes out next month「新しい CD が来月リリースされたら買ってください」から，CD はまだ買えないことがわかるので，**2** は不可。
brand-new「真新しい」　in public「人前で，公共の場所で」

二次試験　面接　問題カードA

訳

役に立つ機械

今日のスーパーでは，自動精算機とよばれる新しい種類の機械が広まってきている。客はこうした機械を使って，自分自身で精算することができる。ますます多くのスーパーが自動精算機を使用していて，そうすることで客が素早く精算する手助けをしている。そのようなサービスはおそらく他の店でも使われるようになるだろう。

語句・構文

□ machine [məʃíːn]「機械」　□ self-checkout「自動精算」
□ customer「客」　□ by themselves「自分自身で」
□ more and more ～「ますます多くの～」　□ probably「おそらく」

質問の訳

No. 1　本文によれば，どのようにしてますます多くのスーパーは客が素早く支払う手助けをしていますか？

No. 2　さて，イラストAの人々を見てください。それぞれが色々なことをしています。彼らがしていることをできるだけたくさん私に伝えてください。

No. 3　さて，イラストBの女の子と男の子を見てください。状況を説明してください。

No. 4　スーパーは24時間営業をするべきだと思いますか？

No. 5　今日では，たくさんの人々がフリーマーケットで物を売ったり買ったりして楽しみます。あなたはよく物を買いにフリーマーケットに行きますか？

No. 1　解答例　By using self-checkout machines.

訳　自動精算機を使うことによって。

第3文（More and more …）後半に and by doing so they are helping customers pay quickly「そうすることで客が素早く精算する手助けをしている」とある。この doing so の内容が質問の答えになるが，これは and 直前の内容を受けているので，正解は More and more supermarkets use self-checkout machines の内容になる。なお，how で手段を問われた時には，By *doing*「～することによって」と動名詞を用いて答えるとよい。また They do so by using ～. と，答えの文にＳＶを補足して答えてもよいだろう。その際には，Ｖに代動詞 do を用いると簡単に答えられる。

No. 2　解答例　A man is pushing a (shopping) cart. / A boy is picking up his hat. / A woman is riding a bike. / A girl is eating ice cream. / A woman is making an announcement.

訳　男の人がショッピングカートを押している。／男の子が帽子を拾っている。／女の人が自転車に乗っている。／女の子がアイスクリームを食べている。／女の人がアナウンスをしている。

イラストの中には5人の人物がいるが，自分が説明しやすいものから順番に5人すべて説明するようにしよう。質問が Tell me as much as you can about what they are doing. と現在進行形で問われているので，答える時も現在進行形を用いる。make an announcement がわからなければ，saying something にするなど，自分の知っている単語を用いてできるだけ表現することが大切である。

No. 3 解答例 **He can't study because her music is very loud.**

訳 彼女の音楽がとてもうるさくて，彼は勉強できない。

まずはイラストをよく見て，どのような状況なのかをしっかりと考えよう。本問では，①女の子がヘッドホンで音楽を聴いている，②ヘッドホンから音楽が漏れている，③男の子が迷惑そうな顔をしている，④吹き出しの中で，男の子が勉強している姿に×がついている，という4つの情報から，「男の子は勉強したいが，女の子の音楽がうるさすぎてできない」という状況をつかむ。〔解答例〕は because を用いているが，Her music is loud, so he can't study. と〈理由〉を表す so を用いてもよいだろう。

No. 4 解答例 （Yes. → Why？） **Some people can't go shopping during the day. They have to buy things late at night.**

（No. →Why not？） **There aren't many customers late at night. Also, it costs a lot of money to keep the store open 24 hours a day.**

訳 **(Yes. の場合)** 日中に買い物に行けない人もいる。彼らは夜遅くに物を買わなくてはいけない。

(No. の場合) 夜遅いと客は多くない。また，店を24時間営業するのにはお金がかかる。

まずは Yes / No で賛成か反対かを明確に述べる。どちらで答えるにしても，自分がなぜそう考えるかの根拠を少なくとも2つは挙げておきたい。根拠を挙げる際には，〔解答例〕のように Also, ～「また～」を用いたり，for example「例えば」を用いたりして具体例を挙げるのもよいだろう。また，日ごろから様々なことに自分なりの意見を持ち，その根拠を考える訓練をしておくことも大切である。

No. 5 解答例 （Yes. →Please tell me more.） **Things at flea markets are cheaper than in stores. Also, flea markets sell a wide variety of goods.**

（No. →Why not？） **Flea markets usually don't have the newest goods. Also, it's easier to find the things I want at stores.**

訳 **(Yes. の場合)** フリーマーケットで売られているものは店で売られているものよりも安い。また，フリーマーケットでは様々な品物が売られている。

(No. の場合) フリーマーケットには最新の品物は売られていない。また，店での方が自分の欲しいものを見つけやすい。

ここでも，Yes / No のどちらかをまずははっきりさせ，根拠を少なくとも2つ挙げるようにしたい。Do you often go to …？という質問なので，自分自身の経験を交えて答えるとよいだろう。a wide variety of ～「様々な～」

二次試験　面接　問題カードD

訳

スマートフォンと健康

最近，多くの若者がスマートフォンを持っている。彼らは情報を探したり，友達とコミュニケーションをとったりするためにそれを使える。しかし，なかにはスマートフォンを使うのに夜長い時間を費やすために，十分な睡眠を得ることが難しい人もいる。多くの医者が夜にはスマートフォンの電源を切るべきだと言っている。

語句・構文

- □ these days「最近」
- □ communicate［kəmjúːnəkèɪt］「コミュニケーションをとる」
- □ spend a long time *doing*「～するのに長い時間を費やす」
- □ difficulty［dífɪkəlti］「困難」
- □ have difficulty *doing*「～するのが困難だ」
- □ turn off ～「～の電源を切る」

質問の訳

No. 1　本文によれば，なぜ十分な睡眠をとるのが困難な人がいるのですか？

No. 2　さて，イラストAの人々を見てください。それぞれが色々なことをしています。彼らがしていることをできるだけたくさん私に伝えてください。

No. 3　さて，イラストBの男の子と母親を見てください。状況を説明してください。

No. 4　インターネットで買い物をするのは良いことだと思いますか？

No. 5　今日では，様々な種類の音楽のコンサートがあります。あなたはコンサートに行きますか？

No. 1　解答例　Because they spend a long time using smartphones at night.

訳　（なぜなら）スマートフォンを使うのに夜長い時間を費やすから。

第3文（However, some people …）後半に so they have difficulty getting enough sleep「なので，彼らは十分な睡眠を得ることが難しい」とある。この so は接続詞で *A*, so *B* の形で用い，「*A* なので *B*」という意味を表す。本問の質問は *B* の理由を問うものなので，*A* に相当する部分，some people spend a long time using smartphones at night の部分を答えればよい。なお，Why で問われているので，答える時に Because を用いて答えるとよいだろう。

No. 2　解答例　A girl is brushing her hair. / A man is wiping his glasses. / A woman is closing a window. / A boy is stretching. / A man is throwing away trash.

訳　女の子が髪をとかしている。／男の人が眼鏡を拭いている。／女の人が窓を閉めている。／男の子がストレッチをしている。／男の人がごみを捨てている。

イラストの中には5人の人物がいるが，自分が説明しやすいものから順番に5人すべて説明するようにしよう。質問が Tell me as much as you can about what they are doing. と現在進行形で問われているので，答える時も現在進行形を用いる。単語を思いつかなくても，自分の知っている単語を用いてできるだけ表現することが大切。wipe「～を拭く」 throw away～「～を捨てる」

No. 3 解答例 **He's playing a video game, but she's telling him to go to bed.**

訳 彼はテレビゲームをしているが，彼女は就寝するように彼に言っている。

まずはイラストをよく見て，どのような状況なのかをしっかりと考えよう。本問では，①男の子がテレビゲームをしている，②母親が男の子に何かを話している，③母親の吹き出しにはベッドに横になろうとする男の子が描かれている，という3つの情報から，「テレビゲームをしている息子に，母親が早く寝るようにと言っている」という状況をつかむ。

No. 4 解答例 （Yes. → Why？） **People can buy things at any time of the day. Also, it's cheaper to buy things online.**

（No. → Why not？） **Many websites don't have much information about their products. It's not easy to ask questions online.**

訳 **（Yes. の場合）**人々は一日のいつでも買い物ができる。また，インターネットでものを買う方が安い。

（No. の場合）多くのウェブサイトには商品についての情報があまりない。インターネットで質問をするのは簡単ではない。

まずはYes / No で賛成か反対かを明確に述べる。どちらで答えるにしても，自分がなぜそう考えるかの根拠を少なくとも2つは挙げておきたい。根拠を挙げる際には，〔解答例〕のように Also, ～「また～」を用いたり，for example「例えば」を用いたりして具体例を挙げるのもよいだろう。また，日ごろから様々なことに自分なりの意見を持ち，その根拠を考える訓練をしておくことも大切である。at any time「いつでも」 product「商品」

No. 5 解答例 （Yes. → Please tell me more.） **I like to see my favorite rock band. It's fun to hear their music at a concert.**

（No. → Why not？） **Most concerts are very expensive. I prefer to watch music videos on my smartphone.**

訳 **（Yes. の場合）**私は大好きなロックバンドを見たい。コンサートで彼らの音楽を聴くのは楽しい。

（No. の場合）ほとんどのコンサートにはとてもお金がかかる。私はスマートフォンでミュージックビデオを見る方が好きだ。

Yes / No のどちらかをまずははっきりさせ，根拠を少なくとも2つ挙げるようにしたい。Do you go …？という質問なので，自分自身の経験を交えて答えるとよいだろう。prefer to *do*「～する方が好き」

2018 年度 第 2 回

Grade Pre-2

一次試験 解答一覧

● 筆記

	(1)	(2)	(3)	(4)	(5)	(6)	(7)	(8)	(9)	(10)
1	3	1	1	1	2	3	4	4	2	2
	(11)	(12)	(13)	(14)	(15)	(16)	(17)	(18)	(19)	(20)
	4	3	4	2	1	2	1	4	2	3

	(21)	(22)	(23)	(24)	(25)
2	3	3	2	4	1

3	A	(26)	(27)	
		3	1	
	B	(28)	(29)	(30)
		3	3	4

4	A	(31)	(32)	(33)	
		1	2	3	
	B	(34)	(35)	(36)	(37)
		4	1	4	2

5（ライティング）の解答例は P. 14 を参照。

● リスニング

	No. 1	No. 2	No. 3	No. 4	No. 5	No. 6	No. 7	No. 8	No. 9	No. 10
第 1 部	3	1	1	2	3	3	1	2	1	2

	No. 11	No. 12	No. 13	No. 14	No. 15	No. 16	No. 17	No. 18	No. 19	No. 20
第 2 部	3	4	2	4	4	2	1	3	2	2

	No. 21	No. 22	No. 23	No. 24	No. 25	No. 26	No. 27	No. 28	No. 29	No. 30
第 3 部	3	1	2	3	1	2	4	3	4	1

一次試験　筆記　1

(1)　解答　3

訳　ウェンディが映画館から出てきたとき，日差しがとても明るかったので彼女は目を痛めてしまった。

so ~ that … は「とても~なので…」という意味になるので，ウェンディが目を痛めた理由として「日差しが~」と説明されていると考えられる。よって **3 bright「明るい」** が正解。 **1** square「四角の」 **2** handsome「ハンサムな」 **4** serious「本気の」

(2)　解答　1

訳　A：初めての自動車教習に行くつもりなんだよ，ママ。
B：わかったわ，ゲイリー。安全運転してちょうだい。車の運転はとても危ないこともあるから。

直後に「車の運転は危険」という言葉が続いているので，「安全に運転しなさい」が最も適切である。よって **1 safely「安全に」** が正解。 **2** lately「最近」 **3** barely「かろうじて」 **4** clearly「はっきりと」

(3)　解答　1

訳　カナダのモレーン湖は自然の美しさで有名である。多くの人々がきれいな青い水と周りの緑の木々を見るためにそこへ行く。

モレーン湖が有名な理由を述べている箇所であり，後続の文の the pure blue water や the green trees などからも **1 beauty「美しさ」** が最も適切であることがわかる。 **2** knowledge「知識」 **3** license「免許」 **4** gesture「ジェスチャー」

(4)　解答　1

訳　A：すばらしいテニスの試合だったよ，ジョセフ。でも，とてものどが渇いているから今すぐにまたプレーはできないな。
B：ほら，レモネードだよ。これを飲めば君も元気が出て，もう１試合できるよ。

「のどが渇いていてプレーできない」という言葉に対して「レモネード」を勧め，それを飲めば「もう１試合できる」と続けていることから， **1 refresh「~を元気づける」** が正解。 **2** compare「~を比べる」 **3** advertise「~を宣伝する」 **4** sweep「~を掃く」

(5)　解答　2

訳　A：ときどき家でただ座って本を読みたくなるんだ。静寂はくつろがせてくれるから。
B：僕はそうは思わないな。僕は人とおしゃべりするのが楽しいよ。

直前の「本を読む」ことから生まれる状況を推測すると， **2 silence「静寂」** が最も適切であり，これは直後の反対意見の「おしゃべり」に相対するものとしても合致する。 **1** liquid「液体」 **3** opinion「意見」 **4** reality「現実」

(6) **解答　3**

訳　その教師は生徒たちに教科書の中の詩を暗記するように言った。その詩は短かったので，生徒たちは容易にそれをすることができた。

目的語が the poem「詩」であることから，これに対する動作として最も適切なのは **3 memorize「～を暗記する」**である。後続の文の「短かったから容易にできた」という部分にも合致している。**1** offer「～を提供する」　**2** require「～を必要とする」　**4** advise「～に忠告する」

(7) **解答　4**

訳　医師たちは，病気が人々を殺すのを止められるような新薬を常に探し求めている。

stop *A* from *doing* で「*A* が～するのを止める」という意味である。したがって，空所に入るのは「人々を殺す」の意味上の主語となる。よって **4 diseases「病気」**が正解。**1** topics「話題」　**2** journeys「旅行」　**3** comedies「喜劇」

(8) **解答　4**

訳　リサは新しいテーブルと椅子を何脚か買いたいと思っている。それで彼女は今週末に家具店に行っていくつか見てみるつもりだ。

前半で「テーブルと椅子を買いたい」と述べられており，「(　　) 店へ行って見てみるつもりである」と続いていることから，テーブルと椅子を売っている店に行くのだと考えられる。よって **4 furniture「家具」**が正解。**1** clothing「衣料品」　**2** magic「魔法」　**3** grocery「食料雑貨」

(9) **解答　2**

訳　チャールズが娘の結婚式でスピーチを行ったとき，緊張のあまり彼の手はずっと震えていた。

人が緊張するとその手がどうなるかを想像するとよい。**2 shaking＜shake** には自動詞として「(人や声が) 震える」という意味があり，これが最も適切である。**1** pressing＜press「押しつける」　**3** brushing＜brush「かすめる」　**4** melting＜melt「溶ける」

(10) **解答　2**

訳　ジャスティンはあと2カ月で大学を終える予定である。卒業した後は，彼はアジアを旅行するつもりだ。

直前の文の「大学を終える」は「卒業する」という意味であるから，**2 graduates「卒業する」**が最も適切である。**1** record(s)「～を記録する」　**3** continue(s)「～を続ける」　**4** provide(s)「～を与える」

(11) **解答　4**

訳　トレントは昨年，新しい町に引っ越した。彼は新しい学校ですぐに何人かの生徒と親しくなった。

直後に friends とあるのがヒント。make friends with ～ で「～と親しくなる」の意味になるので，**4 made** が正解。**3** の keep friends with ～ は「～と親しくしている」と状態を説明する表現なので，ここでは適切ではない。

⑿ 解答 3

訳 A：私はマギーと一緒に美術の課題をやりたくないわ。彼女は，私が使う色も描く絵も気に入ってくれないから。

B：そうだね。彼女は何にだって文句を言うからね。

ここで用いられている complain は自動詞で，あとに前置詞 about を伴って「～に対して文句を言う」という意味になる。よって **3 about** が正解。complain を他動詞で用いるときは，目的語は that 節で文句の内容がくる。

⒀ 解答 4

訳 A：エヴァンがこんなに遅れているなんて信じられないわ。6時に待ち合わせだってちゃんと伝えてくれた？

B：ああ，スケジュール帳に書いたのだから間違いないよ。

待ち合わせの時間を伝えたかどうかを聞かれて答えている部分。よって，「～を確信している」という意味になる **4 certain of ～** が正解。**1** sorry for ～「～を気の毒に思う」 **2** grateful for ～「～に対して感謝する」 **3** typical of ～「～に特有の」

⒁ 解答 2

訳 A：最近，仕事でストレスがたまっているんだ。休暇を取ろうと思うんだけど。

B：よい考えだわ，ビクター。あなただって，ときには仕事から逃げることも必要よ。

休暇を取ることがよいアイデアだと言っているので，仕事から離れることを勧めているのだと考えられる。よって，「～から逃げる」という意味の **2 get away from ～** が最も適切である。**1** stand across from ～「～の反対側に立つ」 **3** go out with ～「～とつき合う」 **4** keep up with ～「～に遅れずについて行く」

⒂ 解答 1

訳 新しいスポーツ競技場の計画について議論するために，来週市役所で会議が行われる。会議は金曜日の午後3時に開催される。

会議がいつ始まるかを述べている部分なので，「～が行われる，開催される」の意味になる **1（take）place** が正解。**2** の note は take a note で「メモをとる」という意味になる。**3**（take）orders「指図を受ける」 **4**（take）turns「交替でする」

⒃ 解答 2

訳 エイミーが初めて自転車に乗ったとき，彼女は何回か自転車から落ちた。

直後に the first time と続いているので，for the first time「初めて」の意味になっていると推測できる。よって **2 for** が正解。

(17) 解答　1

訳　マーチンは来年の夏にインドへ旅行しようと計画していたが，彼の友達が，春の方が天気がよいだろうと指摘した。マーチンは代わりに3月に行くことに決めた。

マーチンの旅行計画に対して友人が指摘して，変更に至ったという内容である。よって，「～を指摘した」という意味になる **1 pointed out ～** が正解。**2** lined up ～「～を整列させた」 **3** cut off ～「～を切り離した」 **4** ran across ～「～に偶然出会った」

(18) 解答　4

訳　A：ジェニーが毎日仕事に遅れてきてもいいなんてずるいと思わないかい？
B：彼女は朝，子どもさんを学校まで車で送って行かなくちゃならないから，ずるくないと思うわ。

Aの it's の it は形式主語で，fair の後続部分が真の主語になっている。この形の構文を作るのは，主節を導く接続詞 **4 that** である。**1** と **2** の関係代名詞は，先行詞が前にくる。**3** の what には先行詞は必要ないが，fair に続けると文型が成立しない。

(19) 解答　2

訳　マークのコンピュータは先週壊れたが，今のところ彼はあまりお金がない。彼は自分が裕福ならと思っている。そうであれば新しいコンピュータを買えるのだが。

He wishes と現在時制であるのに，後半の助動詞が could になっている点に注意。これは仮定法過去の文で，「お金がない」という現在の事実に反することを望んでいるのだとわかる。よって，be 動詞の過去形である **2 were** が正解。

(20) 解答　3

訳　A：遅れてごめん，ケンジ。長いこと待たせてしまったかな？
B：心配しないで。ここに着いたのはほんの5分前だから。

make が使役動詞であることに注意。用法は make＋O＋原形不定詞（動詞の原形）で「Oに（強制的に）～させる」となる。よって **3 wait** が正解。動詞が get ならば **1** to wait，keep ならば **2** waiting となる。

一次試験　筆記　2

(21) 解答　3

訳　A：お父さん，サラが来週，彼女の家族と一緒にキャンプに行かないか尋ねてくれたんだけど，行っていい？
B：どうかな。テストの準備をする必要があるんじゃないか。
A：そうだけど，テストは木曜日よ。サラの家族がキャンプに行くのは土曜日なの。
B：わかった。ただ，ちゃんと勉強してよい成績をとるようにするんだよ。

空所直後のAの発言から，何かが木曜日にあることがわかる。さらに，その後のBの発言から，それは一生懸命勉強する必要がある事柄だとわかる。よって **3「テストの準備をする」**

が正解。**1**「まず彼女の両親に尋ねる」 **2**「毎週キャンプに行く」 **4**「机をきれいにする」

(22) **解答 3**

訳 A：お母さん，ドイツ語の宿題を終わらせようとしてるんだけど，この単語がわからないんだ。
B：調べてみたらいいじゃない？
A：うん，そうしたいんだけど，辞書をなくしちゃったんだ。
B：いいわ。今夜，書店に行って買えると思うわ。

直前のやりとりから，空所はドイツ語の単語を調べられない理由が述べられている箇所であると考えられる。よって**3**「辞書をなくした」が正解。**1**「自分の本がおもしろくない」 **2**「コンピュータが壊れている」 **4**「時間がない」 **2**や**4**も内容的に正解の可能性はあるが，直後のBの発言に「書店に行って買える」とあるので除外される。

(23) **解答 2**

訳 A：すみません。ヒルベリー美術館へはどう行ったらいいか，教えていただけますか？
B：いいですよ。向こうで50番のバスに乗ってください。
A：美術館は本当にそんなに遠いんですか？ 歩いて行けると思っていたんですが。
B：それもできますが，もし歩いて行ったら45分かかりますよ。

Aの2番目の発言から，美術館が当初予想していたよりも遠いのではないかと考えていることがわかる。さらに，その後のBの発言に「もし歩いて行ったら」とあるので，Aは歩いて行くつもりだったのだと推測できる。よって**2**「歩いて行ける」が正解。**1**「電車を利用できる」 **3**「この近くである」 **4**「違うバスである」

(24) **解答 4**　(25) **解答 1**

訳 A：オーシャンサイド・ホテルへようこそ。ご用件をお伺いします。
B：チェックインしたいのです。先週ネットで部屋を予約したのですが。
A：承知しました。予約番号は何番でしょうか？
B：ええと，電話を見ればわかると思います。調べさせてください。はい，432773です。
A：ありがとうございます，パーカー様。3泊のご予定とありますが。
B：そうです。部屋からは海が見えるんですよね？
A：もちろんです。全室とも海を見ることができます。
B：すばらしい。知らなかったわ。

語句・構文

□ let me *do*「～させてください」

ホテルの従業員（A）が，フロントで客（B）に応対している。

(24) Bが直前で「部屋を予約した」と言っていること，また，直後で「432773です」と番号を答えていることから，予約番号を尋ねられたのだと考えられる。よって**4**「（あなたの）予約番号は何番でしょうか」が正解である。**1**「お名前をお教えいただけますか」

2「いつ予約なさいましたか」 3「パスポートはお持ちですか」

(25) 直前でBが「部屋からは海が見えるんですよね？」と質問していること，それに対してAが「もちろんです」と答えていることから，「部屋から海が見える」ことに関連した発言であると推測できる。よって1「全室とも海を見ることができます」が正解。2「全室とも電話があります」 3「海は遠いです」 4「ビーチはお客様が使用します」

一次試験 筆記 3A

訳

家族休暇

マーサとビルのウィルソン夫妻は，毎年夏に2人の息子を連れて休暇に出かける。息子たちに訪問場所について学んでほしいと思っているので，マーサとビルは訪問前にその場所についての情報を，時間をかけて調べる。昨年，2人は計画を立てることでとても疲れてしまい，休暇を楽しむことができなかった。それで今年は新しいことに挑戦しようと決めた。2人はネットを見て，イタリア周遊旅行を見つけた。

8月に，ウィルソン一家は1週間の周遊旅行で，飛行機でローマまで行き，ツアーガイドと会った。彼は一家をイタリアのたくさんの重要な遺跡に連れて行ってくれ，イタリアの歴史について教えてくれた。ウィルソン一家は大いに学んだのだが，とてもあわただしかった。興味深い場所を数多く訪れたので楽しかったが，それぞれの場所で過ごせる時間は十分ではなかった。来年，彼らはまた周遊旅行に行ってみるつもりだが，旅行先でやることが少なめのものを選ぶ予定である。

語句・構文

（第1段）□ spend *A* *doing*「～するのに*A*（時間）を使う」
□ so ～ that …「とても～なので…」

（第2段）□ at each one＝at each place　□ choose one＝choose a tour

各段落の要旨

第1段 ウィルソン夫妻は，家族旅行の事前計画を立てるのに疲れたので，今年は事前計画の不要な周遊旅行に参加した。

第2段 今年の周遊旅行はあわただしかったので，ウィルソン夫妻は来年は旅行先でやることが少なめの周遊旅行を選ぶつもりである。

(26) 解答 3

選択肢の訳 1 家にとどまる　2 同じ町に行く
3 何か新しいことを試す　4 息子たちに勉強するよう求める

直前の文（Last year, they …）で，旅行の計画を立てることで疲れてしまって楽しめなかったとあり，直後の文（They looked online …）で周遊旅行を見つけたとあることから，これまでとは違った休暇にしようと決心したことがわかる。よって3 try something new「何か新しいことを試す」が正解。

(27) **解答**　**1**

選択肢の訳　1　とても忙しかった　　2　息子たちが退屈だと感じた
　3　天気が悪かった　　4　バスが混んでいた

前半部分の接続詞が Although「～だけれども」である点に注意。「大いに学べたことは有意義であったが…」という話の流れであると考えられるので，一家にとって不本意な内容が述べられていると考えてよい。選択肢はいずれも不本意な内容であるが，直後の文（They enjoyed visiting …）の「十分な時間がなかった」を考慮に入れると，**1 they were very busy「とても忙しかった」**が最も適切である。

一次試験　筆記　3 B

訳

ピンクとブルー

おもちゃ屋を歩いて通り抜けると，おもちゃの区域が 2 つあることによく気づく——ピンクの区域とブルーの区域である。ピンクの区域は人形や動物のぬいぐるみや料理セットでいっぱいである。ブルーの区域には車や積み木や科学セットがある。非常に早い年齢のときから，女の子と男の子は違うおもちゃで遊ぶよう命じられているのだ。女の子はピンクの区域からおもちゃを選ぶべきであり，男の子はブルーの区域からおもちゃを選ぶべきなのである。

最近では，このことを案じ始めている人もいる。彼らは，おもちゃは子どもたちが大切なことを学ぶ手助けをしていると言う。たとえば，子どもたちが人形で遊ぶと，彼らは人の世話ができるようになり，親切にできるようになる。一方，科学のセットや積み木で遊ぶ子どもたちは，科学により興味を持つようになる。多くの親は，これらの事柄はすべて，男の子でも女の子でも学んでほしいと思っている。彼らは，娘にも科学に興味を持ってほしいと思っているし，息子にも親切であってほしいと思っている。したがって，自分の子どもたちはみんな「女の子用のおもちゃ」と「男の子用のおもちゃ」の両方で遊んでほしいと考えている親が，ますます増えているのである。

親のこういった関心に耳を傾けているおもちゃ会社もある。アメリカでは，ある大チェーン店が女の子区域と男の子区域におもちゃを分けるのを止めた。ヨーロッパでは，あるおもちゃ会社のカタログに，男の子が赤ちゃんの人形で遊んでいるところや女の子が車で遊んでいるところが載っている。多くの親がこの変化を喜んでいる。このことによって，世界が男の子にとっても女の子にとってもよりよい場所になっているのだと，彼らが信じているからである。

語句・構文

(第 1 段) □ tell *A* to *do*「*A*（人）に～しなさいと命じる」　本文では受動態になっている。

(第 2 段) □ learn to *do*「～できるようになる」

□ more and more ～「ますます多くの～」

(第 3 段) □ stop *doing*「～するのを止める」

□ separate *A* into *B*「*A*（人・物・事）を *B*（グループなど）に分ける」

☐ show *A* ***doing***「*A* が～しているところを示す」
☐ This is because ～「これは～だからである」

各段落の要旨
第１段　おもちゃ屋には女の子用の区域と男の子用の区域がある。
第２段　男女でおもちゃを区別することに不安を感じる親が増えてきている。
第３段　その不安に応えるおもちゃ屋も出てき始めた。

⑵⑻　**解答**　**3**
選択肢の訳　**1**　お互いに礼儀正しく話し合う　**2**　すばやく宿題を終わらせる
3　違うおもちゃで遊ぶ　**4**　一緒におもちゃ屋を訪れる
第１段で述べられているのは，おもちゃ屋には女の子用の区域と男の子用の区域が分けられており，そこに置かれているおもちゃもまったく異なっているということである。この流れに合致するのは，**3 play with different toys「（男女が）違うおもちゃで遊ぶ」**である。

⑵⑼　**解答**　**3**
選択肢の訳　**1**　娘がするのを止める　**2**　息子がするのを止める
3　男の子も女の子も学ぶ　**4**　教師や学校が準備する
直後の「これらのことすべて」の具体的内容は，直前の２文（For example, when …）で説明されている。つまり，親は，（女の子だけでなく）男の子にも人の世話ができて親切であってほしいと思っているし，（男の子だけでなく）女の子にも科学に興味を持ってほしいと思っているのである。この内容に合致しているのは，**3 both boys and girls to learn「男の子も女の子も学ぶ」**である。

⑶⑽　**解答**　**4**
選択肢の訳　**1**　自分の子どもを助けられて　**2**　買う量や数が減って
3　古いやり方を　**4**　この変化を
当該箇所に入るのは，同段の第２・３文（In the United …）の内容を言い換えた表現である。第２・３文は，アメリカやヨーロッパで今まで行われてきたことを止めたおもちゃ会社に関する記述であるから，最も適切な言い換えは**4 with this change「この変化を」**である。

一次試験　筆記　4 A

訳

差出人：エレン・コール〈ellen-cole@abcweb.com〉
宛先：ポール・クラーク〈p.clark6@raymail.com〉
日付：10月7日
件名：パイ焼きコンテスト

こんにちは，ポール。
先週の理科のテストはどうだった？　前に，その科目では困っていて，テストのために猛勉強しているって言ってたわよね。そう，先週は私にとってはよかったわ。クラスで数学のテストを受けたのだけれど，簡単だったのでAをもらえたの。それと，学校祭もあったので，先生はあまり宿題を出さなかったのよ。
ところで，私の兄は本当に腕のいいパン職人で，ティンバータウンでパン屋をやっているの。来週末に，兄はリバーフロント公園で開催されるパイ焼きコンテストに参加するのよ。コンテストには30人くらいのパン屋さんが参加するわ。優勝者はワシントンで行われる全国大会に行くのよ。
コンテストの間，審査員はそれぞれのパン屋のパイを少しだけ試食してその日の終わりに優勝者を選ぶの。それに，誰でもコンテストに行ってパイを試食することができるのよ。入場料は15ドルで，1人につき食券を5枚もらえるわ。だから，その食券を使って5人の別々のパン屋さんのパイを試食できるの。私は行くつもりだけど，あなたも行きたいかどうかすぐに電話で教えてちょうだい。
あなたの友人の
エレンより

語句・構文

(第1段) □ have trouble with ～「～に手を焼く，苦労する」
(第2段) □ take part in ～「～に参加する」
(第3段) □ It costs *A* to *do*「～するのに*A*（金額）がかかる」

各段落の要旨

第1段　先週のテストについての質問と報告。
第2段　来週末，兄がパイ焼きコンテストに出場する。
第3段　誰でも試食に行けるので，行きたいなら連絡してほしい。

(31)　解答　1

質問の訳　先週エレンは（　　　）

選択肢の訳
1　学校のテストがよくできた。
2　友人の学校祭を訪問した。
3　理科の授業のために猛勉強した。
4　先生から宿題をたくさん出された。

第 1 段第 4 文に Our class had a math test.「数学のテストがあった」，第 5 文に I got an A on it「そのテストで A をもらった」とあるので，テストがよくできたのだということがわかる。よって **1 did well on a test at school.** が正解となる。**2** は行われたのは自分の学校の学校祭であり，**4** は反対の内容である。また，**3** については記述がない。

(32) 解答 2

質問の訳 エレンの兄は来週末に何をするか？

選択肢の訳
1 新しいパン屋を開店する。
2 コンテストに参加する。
3 ワシントンに行く。
4 家族のためにパイを焼く。

第 2 段第 2 文（Next weekend, he …）で he is going to take part in a pie-baking contest「パイ焼きコンテストに参加する予定である」と述べられているので，**2 He will take part in a contest.** が正解。**3** は優勝した場合の事柄であり，**1** と **4** については記述がない。

(33) 解答 3

質問の訳 エレンはポールにどうするよう依頼しているか？

選択肢の訳
1 パイを焼くのに必要な物を買うので，15 ドル貸してほしい。
2 審査員がコンテストの優勝者を選ぶのを手伝ってほしい。
3 パイ焼きコンテストに行くことに関心があるかどうかを知らせてほしい。
4 パン屋の 1 人に電話をして食券を手に入れてほしい。

第 3 段最終文に call me soon and tell me if you want to come「すぐに私に電話をして，あなたも行きたいかどうか教えて」とあり，これがエレンの依頼の内容であると考えられる。行き先は当然パイ焼きコンテストであるから，**3 Tell her if he is interested in going to a pie-baking contest.** が正解。

一次試験　筆記　4 B

訳

バジャウ族

フィリピン，マレーシア，インドネシア付近の太平洋には，バジャウ族として知られる民族集団が存在する。昔は，この人々は陸地に住んでいなかった。そうではなくて，彼らは生活のすべてを海上の小舟で過ごしたのである。今日では，多くのバジャウ族が海に打ち込んだ杭の上に建てられた家で生活しているが，今でも多くの時間を舟の上で過ごす。ほんの時たま陸地に上がって，必要な物品を購入するのだ。

海洋はバジャウ族にとって非常に重要である。彼らは水中深く潜り，魚を探し求めたり食べられる海草を集めたりする。魚を余分に捕まえることもあり，陸地でそれらを米や水，その他の家庭用品と交換する。また，彼らは真珠を手に入れられるようにカキを集めたりもする。集めた真珠を高値で売るのである。

バジャウ族の言語についての最近の研究で示されているのだが，バジャウ族は 11 世紀にボルネオ島からやって来た可能性がある。しかしながら，バジャウ族がそもそも陸地ではなく海上で暮らし始めた理由を，誰もはっきりとは知らない。古い伝説によると，ボルネオ出身の王女が嵐の最中に海上で迷子になってしまった。彼女の父親，つまり王様が，自国に暮らす何人かの部下に命じて，海上の王女を捜索させた。王様は王女を見つけるまでは戻ってきてはならないとも言った。王女が見つかることはなかったので，この人々は永遠に海上にとどまることになったのである。

バジャウ族の海上生活には長い歴史があるけれども，彼らの暮らし方は変化し始めている。その主たる理由の一つは，環境の被害である。海は以前よりも汚染されてしまい，魚の数も減少しつつある。その結果として，バジャウ族は十分な食糧を手に入れることができず，そのため食糧確保の別の方法を探さねばならないのである。私たちは環境を守ることによって，バジャウ族の独特の文化も守ることができるのである。

語句・構文

(第1段) □ Instead「そうではなくて，その代わりに」

(第2段) □ hunt for ～「～を探し求める」　□ trade *A* for *B*「*A* を *B* と交換する」

(第3段) □ be sure why ～「なぜ～なのかはっきり知っている」

□ tell *A* that ～「*A* に～するように命じる」

(第4段) □ at sea「海上で」

各段落の要旨

第1段　バジャウ族の多くは陸地ではなく海上に建てられた家や舟で生活する。

第2段　バジャウ族は食糧や生活の糧も海から調達する。

第3段　バジャウ族が海上生活を始めた理由に関する言い伝えがある。

第4段　環境保護はバジャウ族の文化保護にもつながる。

(34)　**解答　4**

質問の訳　バジャウ族に関して正しいのはどれか？

選択肢の訳　**1**　彼らは小舟で移動するのを怖がっている。

2　彼らは住居兼用の舟を造って観光客に販売する。

3　彼らは海で魚を捕まえるために木製の棒を使う。

4　彼らは自分の時間のほとんどを海上で過ごす。

第1段第3文（Instead, they spent …）に they spent their whole lives on small boats in the ocean「彼らは生活のすべてを海上の小舟で過ごした」とある点，および第4文（These days, many…）後半に they still spend a lot of their time on boats「今でも多くの時間を舟の上で過ごす」とある点から，海上生活がバジャウ族の特徴であることがわかる。よって **4 They spend most of their time on the ocean.** が最も適切である。

(35)　**解答　1**

質問の訳　海がバジャウ族にとって重要なのはなぜか？

選択肢の訳　**1**　彼らは必要な物のほとんどを海から得ることができる。

2　彼らは海の水を利用して米やその他の食糧を育てる。

3　彼らは家庭用品を備えた特別な舟を持っている。
4　彼らは休みの日に海で泳いだり潜ったりする。

第2段第2文に They dive deep into the water to hunt for fish or collect seaweed to eat.「彼らは水中深く潜り，魚を探し求めたり食べられる海草を集めたりする」とある点，および第3文に they catch extra fish, which they trade on land for rice, water, and other household goods「魚を余分に捕まえて，陸地でそれらを米や水，その他の家庭用品と交換する」とある点から，**1 They are able to get most of the things that they need from it.** が最も適切である。

(36) 解答　4

質問の訳　最近の研究でバジャウ族について何がわかったか？

選択肢の訳　1　何年も前に，嵐の最中に彼らの王女が彼らを海に連れてきた。
2　彼らの初代の王様が，海で暮らす方が，生活がよくなるだろうと考えた。
3　ボルネオに移住したときに，彼らは新しい言葉の話し方を身につけた。
4　彼らは1000年ほど前にボルネオ島からやって来たのかもしれない。

第3段第1文に Recent research on the Bajau language shows that the Bajau may have come from the island of Borneo in the 11th century.「バジャウ族の言語についての最近の研究で示されているのだが，バジャウ族は11世紀にボルネオ島からやって来た可能性がある」とある。11世紀は21世紀よりも1000年ほど前である。よって **4 They might have come from the island of Borneo around 1,000 years ago.** が最も適切である。

(37) 解答　2

質問の訳　バジャウ族が食糧を見つける新しい方法を探さなければならないのは，（　　）からである。

選択肢の訳　1　多くの若者がこれ以上魚を食べたくない
2　海への被害が魚の数が減る要因となっている
3　彼らの文化の変化が速すぎて食糧を見つけるのを困難にしている
4　彼らは魚を捕まえることで海の環境を傷つけたくない

第4段第2文に One of the main reasons for this is damage to the environment.「その主たる理由の一つは，環境の被害である」，第3文（The ocean has…）後半では the number of fish is decreasing「魚の数が減少している」とあり，その結果として第4文（As a result…）の they have to look for other ways to get it「食糧を手に入れる別の方法を探さねばならない」事態になっているのである。この流れに沿っているのは，**2 damage to the ocean is causing the number of fish to go down.** である。cause *A* to *do*「*A* が～する原因となる」

一次試験　筆記　5

解答例　**I think studying alone is better. This is because students can focus on their own work. If they study with their friends, they often talk about other things. Also, it can save a lot of time. They can study on the bus or on the train when they go to school.（50～60 語）**

訳　私は一人で勉強した方がよいと思う。その方が，学生が自分の勉強に集中できるからである。友達と一緒に勉強すると，しばしば他の話題でしゃべってしまう。また，一人で勉強するのは時間の節約にもなる。通学するときにバスや電車の中で勉強できるからだ。

質問の訳　**学生は一人で勉強した方がよいと思うか，それともグループで勉強した方がよいと思うか？**

▶１文目で，どちらがよいと思うかを明確に示す。Do you think ～？という形の質問なのでI think と答えればよいが，think の代わりに suppose や believe でもよいし，In my opinion, と書き出してもよい。後続は質問英文の it is better for students to … がそのまま利用できる。あるいは〔解答例〕のように形式主語を使わない言い方でもよい。〔解答例〕では２つ目の理由を Also「また」で始めているが，１つ目の理由を First，２つ目の理由を Second などで書き始めてもよい。

▶続いて理由を２つ提示するが，I have two reasons (for this). などの前置きを加えてもよい。あるいは１文目の末尾に for the following reasons などの表現をつけ加える方法もある。理由を述べる場合，その理由を補足・補強できるような１文を続けると説得力が増す。

▶〔解答例〕の文の構成は「①主張→②１つ目の理由→③１つ目の理由の補足→④２つ目の理由→⑤２つ目の理由の補足」である。語数を考えながら，「②の前に理由が２つあることの告知をする（あるいはしない）」，「補足をする（あるいはしない）」，「最後に結論を述べる（あるいは述べない）」などを決定していく。

▶「グループで勉強した方がよい」と答えた場合の理由としては，「わからない箇所を教え合える」，「友人が頑張っているのを見ることで自分も頑張れる」などが考えられる。

一次試験 リスニング 第1部

No. 1 解答 3

★＝男性　☆＝女性　（以下同）

☆ Honey, I'm home.

★ Welcome back. Did you have a good day?

☆ Yeah, but I left my umbrella at work and it rained on the way home. I'm completely wet.

★ **1** Hmm. That's not your umbrella.

★ **2** Sure, I'll drive you to the station.

★ **3** Well, you should take a hot bath.

Script

訳 ☆ただいま，あなた。

★おかえり。よい1日だったかい？

☆ええ，でも職場に傘を忘れてしまって，帰る途中で雨に降られたの。びしょ濡れよ。

★ **1** うーん。それは君の傘じゃないね。

★ **2** いいとも，駅まで車で送るよ。

★ **3** じゃあ，熱いお風呂に入らないとね。

帰宅した女性と迎えた男性との会話。傘がないのに雨に降られて濡れてしまった女性に対して，かける言葉として適切なのは**3「じゃあ，熱いお風呂に入らないとね」**である。

No. 2 解答 1

★ Claire, I heard you started teaching part time at a high school.

☆ Yes, I did. My students seem really nice.

★ What subjects are you teaching?

☆ **1** Mostly math and science.

☆ **2** There are 20 students in all.

☆ **3** It's actually a junior high school.

訳 ★クレア，高校で，非常勤で教え始めたそうだね。

☆ええ。生徒たちはとてもよさそうよ。

★何の科目を教えているんだい？

☆ **1** 主に数学と理科よ。

☆ **2** 全部で20人の生徒がいるわ。

☆ **3** 実は中学校なの。

女性が高校で非常勤講師を始めたことに対して，男性が何の科目を教えているか尋ねている場面である。よって **1「主に数学と理科よ」**が正解。subject「科目」

No. 3 解答 1

★ What should we do our presentation about, Denise ?
☆ Well, we're supposed to do something about Asian history, right ?
★ Yeah, that's what Professor Thompson said.

☆ **1** Let's talk about the history of China.
☆ **2** Well, I finished my presentation already.
☆ **3** Hmm. I don't know much about France.

訳 ★僕たちのプレゼンは何についてしようか，デニス？
☆そうね，アジアの歴史について何かすることになっているわよね？
★ああ，トンプソン教授はそう言ったよ。

☆ **1** 中国の歴史について話しましょうよ。
☆ **2** あのー，私はもうプレゼンを終えてしまったわ。
☆ **3** うーん。私はフランスについてはあまり知らないわ。

プレゼンのトピックを何にするかを相談している場面。２人はアジアの歴史についてプレゼンをするよう教授から言われているので，**1「中国の歴史について話しましょうよ」**が正解。

No. 4 解答 2

★ What's that, Amy ?
☆ It's called a *didgeridoo.* It's a musical instrument from Australia. My dad bought it for me last week on a business trip.
★ Oh. Can you play any songs ?

☆ **1** Sorry, I've never been to Australia.
☆ **2** Sorry, I'm still learning how to play it.
☆ **3** Sorry, I'll be away next week.

訳 ★それは何，エイミー？
☆ディジュリドゥっていうの。オーストラリア発祥の楽器よ。お父さんが先週の出張で買ってくれたの。
★へえ。何か歌を演奏できるかい？

☆ **1** 残念ながら，私はオーストラリアに行ったことがないの。
☆ **2** 残念ながら，まだ吹き方を習っているところなの。
☆ **3** 残念ながら，来週私はいないの。

変わった楽器を目にして，男性が女性に質問している場面。直前の男性の質問が「何か歌を演奏できるかい」なので，これに対する応答としては **2「残念ながら，まだ吹き方を習っているところなの」** が最も適切である。

No. 5　解答　3

★ Hello.
☆ Hi, I'm Beth Peterson with Citywide Internet. Do you have high-speed Internet service at your home?
★ Yes, I do, so I'm not interested. Please don't call here again.

☆ **1**　OK. I'll try again tomorrow morning.
☆ **2**　OK. But you should get Internet service.
☆ **3**　OK. Sorry to bother you, sir.

訳
★もしもし。
☆こんにちは，こちらはシティワイド・インターネットのベス・ピーターソンです。お宅では高速のインターネットサービスを使っていますか？
★ええ，使ってますよ。だから興味ありません。もう電話をしてこないでください。

☆ **1**　わかりました。明朝にまたお電話してみます。
☆ **2**　わかりました。でもインターネットサービスは使うべきですよ。
☆ **3**　わかりました。お騒がせして申し訳ありません。

インターネットサービス勧誘の電話での会話である。この男性はすでに高速インターネットを利用しているので話を聞く必要がなく，断っている場面である。その際のサービス会社の人間の言葉として最も適切なのは，**3「わかりました。お騒がせして申し訳ありません」** である。

No. 6　解答　3

★ Ma'am, you can't leave your bike here.
☆ But I was just going to go into the store for a minute.
★ Sorry, no bike parking allowed.

☆ **1**　Well, I'm not doing any shopping.
☆ **2**　Great, I'll be done in 10 minutes.
☆ **3**　OK. I'll put it somewhere else.

訳
★奥さん，自転車をここに置いてはいけませんよ。
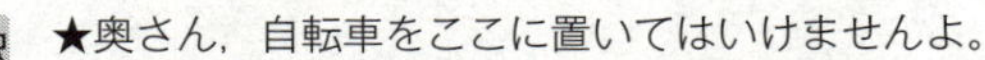
☆でも，ほんのちょっとお店に入ろうとしていただけなのよ。
★あいにくですが，駐輪は禁止されています。

☆1　あのー，私は何の買物もしていないんですよ。
☆2　すごいわ，10 分で終わらせますね。
☆3　わかりました。別の場所に置きます。

自転車を停めようとしている女性と係員と思われる男性との会話。女性が駐輪禁止の場所に自転車を置こうとして，男性に注意されている場面である。その注意に対する女性の応答としては，**3「わかりました。別の場所に置きます」**が最も適切である。

No. 7　解答　1

☆Can you help me? I'm trying to find Gate 77.
★That gate's on the other side of the airport.
☆Oh no. Can I get there in 15 minutes?

★1　Well, you might be able to if you hurry.
★2　Hmm. I don't know where that is.
★3　No, that flight was canceled.

訳
☆ちょっとよろしいですか？　77 番ゲートを探しているんです。
★そのゲートでしたら空港の反対側ですね。
☆あら，いやだわ。15 分でそこまで行けるかしら？

★1　うーん，急げば行けるかもしれませんね。
★2　うーん。それがどこにあるか知らないんです。
★3　いいえ，その便は運休になりました。

自分が搭乗するゲートを探している女性と空港職員と思われる男性との会話。直前の女性の質問が「15 分でそこまで行けるかしら」という内容なので，これの答えとなる内容が続くと考えられる。よって**1「うーん，急げば行けるかもしれませんね」**が正解。

No. 8　解答　2

☆Dad, what are you making for dinner?
★I'm making chicken soup.
☆Mmm. I love chicken soup. Can I help?

★1　Yes, you made dinner last night.
★2　Yes, you can chop those carrots.
★3　Yes, I already finished cooking.

Script

訳
☆お父さん，夕食に何を作っているの？
★チキンスープを作っているんだ。
☆うーん。チキンスープは大好きだわ。お手伝いしましょうか？

★1　ああ，昨夜は君が夕食を作ったね。
★2　ああ，そのニンジンを切ってくれるかな。
★3　ああ，もう料理は終わったんだ。

夕食の準備をしている父親とその娘との会話。娘が手伝いを申し出た直後の父親の言葉であるから，最も適切なのは **2「ああ，そのニンジンを切ってくれるかな」** である。なお，**3** は料理が終わっている（＝手伝うことはない）のに Yes で答えているのがおかしい。

No. 9　解答　1

★ Hello, ma'am. Welcome to Fazzio's Italian Grill. Do you have a reservation?
☆ I don't. I didn't know I needed one.
★ Well, without a reservation, it's about a 20-minute wait.

☆1　That's OK. I don't mind waiting.
☆2　Great. I'll have the seafood salad.
☆3　No problem. The table by the window is perfect.

訳
★こんにちは，奥さん。ファッチオ・イタリアングリルへようこそ。予約はなさってますでしょうか？
☆いいえ。予約が必要だと知らなかったの。
★なるほど，ご予約がないのであれば，20 分ほどお待ちいただくことになります。

☆1　大丈夫です。待つのはかまいません。
☆2　すごいわね。シーフードサラダをいただくわ。
☆3　大丈夫です。窓際のテーブルなら完璧ね。

レストランの男性従業員と女性客との会話。予約がないと少し待たなければならないと言われた直後の女性客の言葉であるから，待つことに対してのコメントであると考えられる。したがって **1「大丈夫です。待つのはかまいません」** が最も適切である。

No. 10　解答　2

☆ Hello. Chang residence.
★ Hi, Mrs. Chang. This is Dan Foster from Emily's math class. Can I talk to her?
☆ Emily hasn't come home yet. She has piano practice until 8 p.m.

★1　No, you don't have to wake her.
★2　OK. I'll call back later, then.
★3　Well, I hope she feels better.

訳 ☆もしもし。チャンです。
★こんにちは，チャンさん。こちらはエミリーの数学クラスのダン・フォスターです。エミリーをお願いできますか？
☆エミリーはまだ帰っていません。8時までピアノの練習があるんです。

★**1**　いえ，彼女を起こしてもらう必要はありません。
★**2**　わかりました。それでは後でかけなおします。
★**3**　では，彼女がよくなるといいですね。

チャン夫人（女性）と数学教師（男性）との電話での会話。男性はチャン家の娘エミリーに用事があるのだが，彼女はまだ帰宅していないと言われた直後の言葉である。最も適切なのは**2「わかりました。それでは後でかけなおします」**である。

一次試験　リスニング　第2部

No. 11　解答　**3**

★＝男性　☆＝女性　（以下同）
★ Honey, do you have any ideas for our summer vacation?
☆ Why don't we drive to California?
★ That's too far. I can only take four days off. What about going camping by the lake?
☆ We did that last fall. I want to do something different.

Question: What are the man and woman talking about?

Script

訳 ★ねえ，夏の休暇で何かアイデアはあるかい？
☆車でカリフォルニアに行きましょうよ。
★遠すぎるね。4日間しか休みがとれないんだ。湖のそばでキャンプをするというのはどうかな？
☆それは去年の秋にやったでしょう。違うことをやりたいわ。

質問：この男女は何について話し合っているか？

選択肢の訳　**1**　いつキャンプ用品を買うか。　**2**　カリフォルニアのどこに泊まるか。
3　この夏何をするか。　**4**　車を売るかどうか。

夏休みに何をするかを相談している場面。女性はカリフォルニアまでのドライブを，男性は湖畔でのキャンプをそれぞれ提案している。これらのことから，2人の話題は**3「この夏何をするか」**であるとわかる。**1**の camping や**2**の California などの語も放送されるが正解ではない。

No. 12 解答 **4**

★ Excuse me, you seem to be lost. Can I help you?
☆ Yes, I'm looking for the police station.
★ It's just around that corner, next to the movie theater.
☆ Oh, I see. Thank you very much.

Question: What does the woman want to do?

Script

訳 ★失礼ですが，道に迷われているようですね。お手伝いしましょうか？
☆はい，警察署を探しているんです。
★それでしたらあの角を曲がってすぐの映画館の隣ですよ。
☆わかりました。どうもありがとうございます。

質問：女性は何をしたいと思っているか？

選択肢の訳 **1** 男性を助けたい。 **2** 映画館に行きたい。
3 映画を観たい。 **4** 警察署を見つけたい。

女性の最初の発言で説明されている。「警察署を探している」とあるので，**4**「警察署を見つけたい」が正解。放送では look for，選択肢では find と動詞が異なっているので要注意。**1** の help，**2** の theater，**3** の movie などの語も放送されるが，どれも正解ではない。

No. 13 解答 **2**

★ Mom, I want to join the tennis team. Would you buy me a racket?
☆ A tennis racket? No, Bobby, you just joined the soccer club. We bought you a pair of expensive soccer shoes.
★ But I'm not sure if I like soccer that much.
☆ Well, we're not buying a tennis racket. Play soccer for a few months to see if you really like it or not.

Question: Why won't the woman buy her son a tennis racket?

Script

訳 ★お母さん，テニスチームに入りたいんだけど。ラケットを買ってくれないかな？
☆テニスラケット？ だめよ，ボビー，あなたサッカー部に入ったばかりじゃない。高価なサッカーシューズを買ってあげたでしょう。
★でも，自分がそんなにサッカーを好きなのか，よくわからないんだ。
☆じゃあ，テニスラケットは買わないわ。何カ月かサッカーをしてみて，あなたが本当にサッカーを好きなのかどうか確かめてちょうだい。

質問：なぜ女性は息子にテニスラケットを買ってやるつもりがないのか？

選択肢の訳 **1** 息子に自分で買ってほしい。
2 息子にサッカーを続けてほしい。

3　息子には新しいサッカーシューズが必要だと思っている。

4　息子の古いラケットを使うべきだと思っている。

女性の２番目の発言冒頭で「テニスラケットは買わない」とあり，さらに発言が続いているので，その理由が述べられていると考えられる。「数カ月サッカーをしなさい」と続いているので，**2「息子にサッカーを続けてほしい」**が正解。**1** の buy，**3** の a pair of soccer shoes などの語句も放送されるが，どれも正解ではない。

No. 14　解答　4

☆ Hi, Jason. You look tired. Were you up late working on your history paper?

★ Yeah. The Internet at my house wasn't working yesterday, so I had trouble finding the information I needed.

☆ So you went to the library?

★ I didn't need to. I found some of my dad's old books from college and used those.

Question: How did the boy find information for his paper?

Script

訳

☆こんにちは，ジェイソン。疲れているようね。歴史のレポートをするのに遅くまで起きてたの？

★ああ。昨日は家のインターネットが動かなかったので，必要な情報を見つけるのに手間取ったんだ。

☆じゃあ，図書館に行ったの？

★その必要はなかったよ。お父さんの大学時代の古い本を何冊か見つけて，それを使ったんだ。

質問：少年はどうやってレポートの情報を見つけたか？

選択肢の訳　1　役に立つウェブサイトを見つけた。

2　図書館に電話して助けを求めた。

3　新しい雑誌を何冊か借りた。

4　古い本を何冊か使った。

少年の２番目の発言で，父親の古い本を何冊か見つけてそれを使ったと述べられている。よって **4「古い本を何冊か使った」**が正解。質問で動詞 find が用いられており，**1** で過去形の found が使われているので，これを選んでしまわないよう注意が必要である。

No. 15 解答 4

★ Hello. Andrew Farmer.

☆ Hello, Mr. Farmer. This is Dr. Clark's office. We were expecting you 30 minutes ago for your dental appointment.

★ Sorry about that. I had a problem with my car, but I'm on my way now. I'll be there in 10 minutes.

☆ I see. I'm afraid you may have to wait, though.

Question : Why did the woman call the man ?

Script

訳 ★もしもし。アンドリュー・ファーマーです。

☆こんにちは，ファーマーさん。こちらはクラーク医院です。歯医者の予約で 30 分前にいらっしゃると思っていたのですが。

★申し訳ありません。車の調子が悪かったのですが，今向かっている途中です。10 分でそちらに到着します。

☆わかりました。でも，お待ちいただかなければならないかもしれません。

質問：女性が男性に電話をしたのはなぜか？

選択肢の訳
1 車の修理ができたと伝えるため。
2 歯科医の体調が悪いと伝えるため。
3 残業をできるかどうか尋ねるため。
4 なぜ遅刻しているのか尋ねるため。

女性の最初の発言「歯医者の予約で 30 分前にいらっしゃると思っていた」から，歯医者の予約時間になっても患者が現れないので電話で確認している場面であることがわかる。よって **4「なぜ遅刻しているのか尋ねるため」**が正解。**4** のキーワードである late は放送では流れないので注意が必要である。

No. 16 解答 2

☆ I'm sorry, sir. You're not allowed to take pictures in this art gallery.

★ Actually, I'm a writer from *Art Today* magazine, and I was asked to take these pictures. I have a letter from the gallery's director.

☆ May I see it ?

★ Of course. I have it right here in my bag.

Question : What will the man do next ?

Script

訳 ☆すみません。この美術館では写真の撮影はできません。

★実を言うと，私は雑誌『アート・トゥデイ』の記者で，写真撮影を依頼されたんです。館長からの手紙も持っています。

☆拝見してもよろしいですか？
★もちろんです。カバンに入れてちょうどここにありますから。

質問：男性はこの後どうするか？

選択肢の訳　**1**　カメラを修理してもらう。　**2**　女性に手紙を見せる。
3　美術館の館長に会う。　**4**　雑誌『アート・トゥデイ』を１部買う。

美術館を訪れた男性と係員の女性との会話。女性の２番目の発言，および男性の２番目の発言に出てくる it はどちらも「館長からの依頼の手紙」を指している。つまり「手紙を見てもいいですか」→「いいですよ，今持っていますから」という流れになっている。したがって，この後の男性の行動は **2**「女性に手紙を見せる」である。**3** の the gallery's director や **4** の *Art Today* magazine などの表現も放送されるので，引きずられないよう注意する。

No. 17　解答　1

☆ Eddie, when do you want to go out for lunch?
★ Anytime you're ready.
☆ Let's go now, if that's OK. I have a meeting at one thirty.
★ In that case, we'd better go someplace close. You only have 50 minutes.

Question: What does the man suggest he and the woman do?

Script

訳
☆エディ，いつ昼食を食べに出たい？
★君の用意ができたらいつでもいいよ。
☆よかったら今から行きましょう。１時半から会議があるのよ。
★そういうことなら，どこか近いところに行った方がいいね。あと 50 分しかないから。

質問：男性は自分と女性がどうすることを提案しているか？

選択肢の訳　**1**　近くのレストランで食事をする。　**2**　一緒に会議に出席する。
3　１時半に昼食をとる。　**4**　会社に電話する。

昼食のために外出するのをいつにするか相談している場面である。男性が２番目の発言で「どこか近いところに行った方がいい」と述べているので，**1**「近くのレストランで食事をする」が最も適切な答えである。放送では someplace close「どこか近いところ」とあるのに対して，選択肢は a nearby restaurant「近くのレストラン」に変わっているので注意が必要である。**2** の meeting，**3** の lunch や at 1:30 などの語句も放送されるが，答えとは無関係である。

No. 18 解答 3

☆ Dad, taste this. It's a new pasta sauce recipe from a cookbook that I just bought.
★ Mmm. That's not bad. It might need some more salt and pepper, though.
☆ Oh no. I'll never be a famous chef if I can't even follow a simple recipe.
★ It's OK, Annie. You just started cooking this year. It will take you a while to get good at it.

Question : What is one thing we learn about the girl ?

Script

訳 ☆お父さん，これを食べてみて。買ったばかりの料理本に載っていた新しいパスタソースのレシピなの。
★うむ。悪くないね。でも，もう少し塩と胡椒が必要かもね。
☆いやだわ。簡単なレシピ通りにもできないなら，有名なシェフにはなれないわね。
★大丈夫だよ，アニー。今年，料理を始めたばかりじゃないか。上手になるにはしばらく時間が必要だよ。

質問：この少女についてわかることの一つは何か？

選択肢の訳
1 彼女はこれまで料理をしたことがない。
2 スパゲッティが嫌いである。
3 料理の仕方を学んでいる。
4 料理本を書いている。

父と娘の会話。娘が料理本のレシピを参考にパスタソースを作り，父親が味見をしている。ここからわかるのは少女が料理を勉強しているということであり，父親の２番目の発言に「今年，料理を始めたばかり」とある点とも合致している。よって**3**「料理の仕方を学んでいる」が正解。

No. 19 解答 2

★ Gingham Language School.
☆ Hello. I'm interested in taking Italian lessons for beginners.
★ Certainly, ma'am. Our beginners' class meets on Tuesday evenings. The teacher is very popular.
☆ Actually, I work late on Tuesdays. I wanted to take a class on weekends. I'll try somewhere else.

Question : What is the woman's problem ?

Script

訳 ★ギンガム語学学校です。
☆もしもし。初心者向けのイタリア語のレッスンを受けようと思っているのですが。

★かしこまりました。こちらの初心者クラスは火曜日の晩に開かれます。講師はとても人気者ですよ。

☆実は，火曜日は遅くまで仕事があるんです。週末のクラスを受けたいので他の学校にします。

質問：女性の問題は何か？

選択肢の訳
1 自分の講師が嫌いである。
2 火曜日のクラスを受けることができない。
3 語学学校を見つけられない。
4 イタリア語の話し方を忘れてしまった。

語学学校に電話をかけた女性と職員（男性）との会話。女性が受けたいと思っているレッスンは火曜日の晩に開かれるのだが，女性はその日は都合が悪いという内容である。よって，最も適切なのは **2「火曜日のクラスを受けることができない」** である。その他の選択肢は放送内容と大きく食い違っているので，正解を見つけやすいはずである。

No. 20　解答　2

★ Good morning, ma'am. Are you enjoying your stay here at the Bayside Hotel?

☆ Yes, thanks. But there's something wrong with the TV in my room.

★ I'll send someone to fix it right away.

☆ Please do. I want to watch a movie tonight.

Question: What does the man say he will do for the woman?

Script

訳

★おはようございます。当ベイサイド・ホテルでのご宿泊をお楽しみいただいていますでしょうか？

☆ええ　ありがとう。でも，部屋のテレビの調子がおかしいんです。

★今すぐ誰かを修理に行かせます。

☆お願いします。今夜は映画を観たいので。

質問：男性は女性のためにどうするつもりだと言っているか？

選択肢の訳
1 映画のチケットを買う。
2 誰かをテレビの修理に行かせる。
3 別のホテルを見つける。
4 女性のチェックインを手伝う。

ホテルの宿泊客の女性と男性従業員との会話。女性の最初の発言に「テレビの調子がおかしい」とあり，それに対して男性が「誰かを修理に行かせる」と答えている。これが質問に対する答えであると考えられるので，**2「誰かをテレビの修理に行かせる」** が正解。放送で流れる send someone to fix が選択肢にも含まれているので，正解に気づきやすい。

一次試験　リスニング　第3部

No. 21　解答　**3**

Sonya is on her high school's tennis team. She has tennis practice nearly every afternoon. She also has a lot of homework to do for her classes. Sonya and her teammates are usually too tired to do homework after tennis practice, so they have started doing homework together in the morning before school starts.

Question : When does Sonya do her homework ?

Script

訳　ソーニャは高校のテニス部に所属している。彼女は，ほぼ毎日午後にテニスの練習をする。彼女は授業に備えてやらなければならない宿題もたくさんある。たいていの場合，ソーニャとチームメートたちはテニスの練習のあと，とても疲れていて宿題ができない。それで彼女たちは，朝学校が始まる前に一緒に宿題をし始めた。

質問：ソーニャはいつ宿題をするか？

選択肢の訳　**1**　テニスの練習が終わったあと。　**2**　昼食を食べたあと。
3　授業が始まる前。　**4**　就寝前。

第2文（She has tennis …）で毎日テニスの練習があること，第3文（She also has …）で宿題もたくさんあること，最終文前半でテニスの練習のあとでは疲れていて宿題ができないことが述べられている。それらの流れを受けて，最終文後半が「朝学校が始まる前に宿題をする」ことにしたという内容になっており，これが質問に対する答えとなる。よって正解は **3「授業が始まる前」**である。

No. 22　解答　**1**

Bulldog ants are a kind of ant found in Australia. They usually eat fruits, seeds, and smaller insects. Bulldog ants are the most dangerous kind of ant in the world. They are not afraid of humans and sometimes bite people. People can get very sick from their bites.

Question : What is one thing that we learn about bulldog ants ?

Script

訳　ブルドッグアリはオーストラリアで見られるアリの一種である。このアリは通常，果物や種子や自分よりも小さな昆虫を食べる。ブルドッグアリは世界で最も危険な種類のアリである。人間を恐れず，人をかむこともある。かまれたことで体調がとても悪くなることもある。

質問：ブルドッグアリについてわかることの一つは何か？

選択肢の訳　**1**　とても危険である。　**2**　人間を怖がる。
3　人間の食料になることもある。　**4**　人間がペットとして飼うのを好む。

オーストラリアに生息するブルドッグアリの説明である。エサの説明のあと，危険なアリであることが述べられている。よって**1「とても危険である」**が正解。**2**の are afraid of humans は，放送では are not afraid of humans と否定形になっているので注意が必要である。

No. 23　解答　2

Good evening, Christmas shoppers. During the holiday season, the mall will stay open until 10 p.m. Also, don't forget that children can have their picture taken with Santa Claus by the big Christmas tree on the main floor. He will be there until 6 p.m. Thank you and happy holidays.

Question : What is one thing children can do on the main floor ?

Script

訳　クリスマスの買物客のみなさま，こんばんは。ホリデーシーズン中，ショッピングモールは午後10時まで開いております。また，メインフロアでは，お子様が大きなクリスマスツリーのそばでサンタクロースと一緒に写真を撮ってもらえることもお忘れなく。サンタクロースは午後6時までいます。ありがとうございました。ホリデーをお楽しみください。

質問：メインフロアで子どもたちができることの一つは何か？

選択肢の訳　**1**　サンタクロースの話を読む。
2　サンタクロースと一緒に写真を撮る。
3　クリスマスカードを送る。
4　クリスマスツリーに装飾品をつける。

子どもができることについてのアナウンスは第3文（Also, don't forget …）に述べられており，「サンタクロースと一緒に写真を撮ってもらうことができる」とあるので，正解は**2「サンタクロースと一緒に写真を撮る」**である。放送では can have their picture taken「写真を撮ってもらえる」という表現になっているので，注意が必要である。

No. 24　解答　3

Steve is 16 years old. This winter, he will go on a skiing trip with his friend. He has not skied in three years, and he realized that his ski boots are too small for him now. Steve does not have enough money to buy new ski boots, so he will have to rent some at a ski shop.

Question : What is Steve's problem ?

Script

訳　スティーブは16歳である。今年の冬，友人とスキー旅行に行くつもりだ。この3年間彼はスキーをしておらず，今では自分のスキー靴が小さすぎるのもわかっている。スティーブは新しいスキー靴を買う十分なお金がないので，スキーショップでレンタルしなければならないだろう。

質問：スティーブが困っている点は何か？

選択肢の訳　**1**　スキー靴をレンタルできない。　**2**　スキーをどこに置いたか忘れた。
3　スキー靴が小さすぎる。　**4**　友人がスキー旅行に行けない。

話の流れは，「スティーブが3年ぶりにスキーをするが，自分のスキー靴は小さくなってしまった」→「新しいスキー靴を買うお金がないのでレンタルすることになる」である。よって，選択肢の中でこの内容に合致するのは**3「スキー靴が小さすぎる」**である。選択肢のHis ski boots are too smallという英語は放送でもそのまま流れているのでわかりやすい。

No. 25　解答　1

Melanie visits her grandparents every year. Last year, her grandparents sold their big house and bought a new one. Their new house is much smaller, but they love living there because it is near the beach. Melanie is looking forward to staying with her grandparents even though she knows that she will have to sleep on the sofa.

Script

Question : What did Melanie's grandparents do last year ?

訳　メラニーは毎年，祖父母の家を訪問する。昨年，祖父母は大きな家を売って新しい家を買った。新居は前の家よりもずっと小さいが，浜辺に近いので彼らはそこでの暮らしがとても気に入っている。メラニーは，ソファで寝なければならないだろうとわかっているが，祖父母の家に泊まるのを楽しみにしている。

質問：メラニーの祖父母は昨年何をしたか？

選択肢の訳　**1**　より小さな家に引っ越した。　**2**　浜辺での休暇に出かけた。
3　メラニーにソファをあげた。　**4**　メラニーの家に泊まった。

第2文（Last year, her …）に「自分たちの大きな家を売って新しい家を買った」とある。そのあと当然新しい家に引っ越しをしたと考えられ，また第3文（Their new house …）では「新しい家は（前の家よりも）ずっと小さい」とあるので，正解は**1「より小さな家に引っ越した」**である。**2**のbeachや**3**のsofaなどの語も放送で流れるが，主旨はまったく異なるので注意したい。

No. 26 解答 2

Parsnips are a vegetable that are similar to carrots. They look a lot like carrots, but they are white. Their flavor, however, is different from carrots. Parsnips are much sweeter. Europeans have been cooking parsnips for a long time. They even used parsnips to sweeten food, such as cakes, before sugar became available.

Question : What is one thing that we learn about parsnips ?

Script

訳 パースニップはニンジンに似た野菜である。見かけはニンジンにとても似ているが，色は白い。しかし，味はニンジンとは違う。パースニップの方がずっと甘いのだ。ヨーロッパ人たちは長い間パースニップを料理に使ってきた。砂糖を入手できるようになる前は，パースニップをケーキなどの食品を甘くするために使うことさえあった。

質問：パースニップについてわかることの一つは何か？

選択肢の訳 **1** 砂糖で調理しないといけない。 **2** 形はニンジンに似ている。
3 それほど甘くない。 **4** 通常ヨーロッパでは食されない。

最終文に砂糖の代わりに使われていたとあるので，**1** は不適。第 4 文（Parsnips are much …）にニンジンよりもずっと甘いとあるので，**3** も不適。第 5 文（Europeans have been …）にヨーロッパ人は昔から料理に使ってきたとあるので，**4** も不適。第 2 文（They look a …）に見かけはニンジンに似ているとあるので，**2「形はニンジンに似ている」**が正解。

No. 27 解答 4

Wendy held a birthday party at her house last Saturday. She was surprised when her friend Tom arrived 30 minutes before the party was supposed to start. He told her that he had come early to help her prepare for the party. Tom gave Wendy a present and then helped her make some food.

Question : Why was Wendy surprised ?

Script

訳 ウェンディは先週の土曜日に自宅で誕生日パーティーを開いた。友人のトムが，パーティーが始まる予定よりも 30 分も前にやって来たので，彼女は驚いた。パーティーの準備を手伝うために早く来たのだと彼は言った。トムはウェンディにプレゼントをあげ，その後彼女が料理するのを手伝った。

質問：ウェンディが驚いたのはなぜか？

選択肢の訳 **1** トムが彼女の誕生日を忘れていた。 **2** トムが食べ物をくれた。
3 トムがパーティーに招待してくれた。 **4** トムが早めに家に来た。

正解に関係するのは第 2 文（She was surprised …）である。「トムが，パーティーが始まる予定よりも 30 分も前にやって来たので驚いた」とあるので，**4**「トムが早めに家に来た」が正解。**1** の birthday，**2** の some food，**3** の party なども放送で流れるが，正解ではない。

No. 28　解答　3

Thank you for visiting the Lakeland Golf Club today. I hope you enjoyed your free golf lesson this morning. Next, I will show you where the restaurant is. After that, we will go to the front desk. If you want to join our club, you can sign up there. We're offering a 10 percent discount for anyone who becomes a member today.

Question : What is one thing people can do at the front desk ?

Script

訳　本日はレイクランド・ゴルフクラブにお越しいただき，ありがとうございます。今朝は無料のゴルフレッスンをお楽しみいただいたことと思います。次は，レストランの場所をお知らせいたします。そのあとは，フロントへ参ります。クラブに参加ご希望の場合は，そちらでご契約いただけます。本日メンバーになっていただいた方は，もれなく 10 パーセント値引きさせていただきます。

質問：フロントでできることの一つは何か？

選択肢の訳
1　有名なゴルファーに会える。
2　ゴルフボールを値引きしてもらえる。
3　クラブのメンバーになれる。
4　レストランの予約ができる。

第 4 文（After that, we …）および第 5 文（If you want …）が答えに関わる部分。「フロントに行く」，「そこでクラブ加入の契約ができる」とあるので，**3**「クラブのメンバーになれる」が正解である。**2** の discount は放送でも流れるが，ゴルフボールの値引きではないので不適。**4** の the restaurant も放送で流れるが，予約ではないので不適。

No. 29　解答　4

Rita and Zack got married 10 years ago. For their anniversary, they usually celebrate by eating at a restaurant or going to a movie theater. However, this year they did something different. They invited some friends to their house for dinner, and Zack made Mexican food. After dinner, Rita played the guitar, and some of the guests danced.

Question : How did Rita and Zack celebrate their anniversary this year ?

Script

訳　リタとザックは10年前に結婚した。2人は結婚記念日のお祝いに，たいていレストランで食事をするか映画館に行く。しかし，今年2人は違うことをした。2人は友人を何人か自宅での夕食に招待し，ザックがメキシコ料理を作った。夕食後は，リタがギターを演奏し，踊るお客もいた。

質問：リタとザックは今年の結婚記念日をどのように祝ったか？

選択肢の訳　**1**　映画を観ることで。　**2**　メキシコ旅行をすることで。
3　レストランに行くことで。　**4**　自宅でパーティーを開くことで。

第4文（They invited some …）以降が，今年の結婚記念日のお祝いに行ったことである。つまり，友人を自宅での夕食に招待したのである。これはホームパーティーと考えてよいので，**4「自宅でパーティーを開くことで」**が正解。**1**と**3**は例年行ってきた内容であり，今年のことではない。Mexican food「メキシコ料理」は放送で流れるが，**2**の「メキシコ旅行」とは関係ない。

No. 30　解答　1

Martha has two young children, and she is usually busy taking care of them. On Wednesdays, though, Martha's husband comes home early and makes dinner for the children so that Martha can go to a yoga class. Afterward, Martha usually eats at a restaurant with her yoga classmates. By the time she gets home, the children are always asleep.

Question: What does Martha do on Wednesdays?

Script

訳　マーサには小さな子どもが2人いて，普段は子どもたちの世話で忙しい。しかし，水曜日には，マーサがヨガ教室に行けるように，夫が早く帰宅して子どもたちのために夕食を作る。そのあとは，マーサはたいていヨガのクラスメートたちとレストランで食事をする。彼女が家に着く頃には，子どもたちはいつも眠っている。

質問：マーサは水曜日には何をするか？

選択肢の訳　**1**　ヨガ教室に行く。　**2**　レストランで働く。
3　子どもたちと運動をする。　**4**　夫と夕食を食べる。

答えに関わるのは第2文（On Wednesdays, though …）である。「マーサがヨガ教室に行けるように，夫が早く帰宅して子どもたちのために夕食を作る」という内容なので，マーサが水曜日にしていることは**1「ヨガ教室に行く」**である。放送内容のcan goが，選択肢ではgoesになっているので注意が必要である。

二次試験　面接　問題カードA

訳

料理の陳列

日本では，多くのレストランが入口に料理を陳列しています。これらの陳列の品目は色とりどりのプラスチックで作られています。日本を訪れる人の多くは日本料理についてあまりよく知らないので，彼らは料理の陳列が料理を選ぶのに役立つと考えています。これらの陳列は，レストランがより多くのお客に来てもらうのに役立っています。

語句・構文

☐ restaurant［réstərent］「レストラン」　☐ display［displéi］「陳列」
☐ entrance［éntrəns］「入口」
☐ find *A* a helpful way to *do*「*A* は～するのに役に立つ方法だと思う」
☐ help *A* *do*「*A* が～するのに役立つ」　☐ customer「客」

質問の訳

No. 1　本文によれば，日本を訪れる人の多くが料理の陳列が料理を選ぶのに役立つと考えているのはなぜですか？

No. 2　さて，イラストAの人々を見てください。それぞれ色々なことをしています。彼らがしていることをできるだけたくさん私に伝えてください。

No. 3　さて，イラストBの眼鏡をかけている男性を見てください。状況を説明してください。

No. 4　あなたは，人々がファストフードを食べるのは良いことだと思いますか？

No. 5　最近では，多くの学生が新しいことを知るためにインターネットを利用します。あなたは勉強するときにインターネットを利用しますか？

No. 1　解答例　Because they do not know much about Japanese food.

訳　彼らは日本食についてあまりよく知らないから。

第3文（Many visitors to …）後半に，so「だから」they（＝many visitors to Japan）find food displays a helpful way to choose dishes とある。つまり，この部分の理由となる事柄が前半で述べられていると考えられる。問われているのは why「なぜ」なので，この前半部分を Because で始まる文で答えればよい。ただし，質問文中に many visitors to Japan が含まれているので，解答では代名詞 they に置き換える。

No. 2　解答例　A woman is drinking juice. / A man is writing something on a piece of paper. / A girl is knocking on the door of the restroom. / A woman is taking a book out of〔putting a book into〕her bag. / Two men are shaking hands.

訳　女性がジュースを飲んでいる。／男性が紙に何かを書いている。／女の子がトイレのドアをノックしている。／女性がカバンから本を出して［カバンに本を入れて］いる。／2人の男性が握手している。

イラストの中には5組（6人）の人物が描かれている。説明しやすいものから順番に5組すべて説明するようにしよう。質問文には They are doing different things. とあるので，説明の際には基本的に現在進行形を用いること。knock on ～「～をノックする」前置詞 on が必要な点に注意。 restroom「トイレ」 take *A* out of *B*「*B* から *A* を取り出す」 put *A* into *B*「*B* に *A* を入れる」 shake hands「握手する」 hand は複数形にすることに注意。

No. 3 解答例 **He can't eat at the restaurant because it's very crowded.**

訳 レストランがとても混雑しているので，彼はそこで食事ができない。

２つの内容を盛り込むことが必要。つまり，Ａ「レストランが混雑している」とＢ「そのレストランで食事をすることができない」の２点である。表現方法としては，A, so B とするか，B because A とする。Ｂの部分は He can't enter the restaurant でもよい。

No. 4 解答例 （Yes. → Why？） **People can get their food very quickly. Busy people can save a lot of time.**

（No. → Why not？） **Fast food isn't good for people's health. It's better to cook and eat at home.**

訳 **（Yes. の場合）** 人はとても速く料理を手に入れられる。忙しい人が大いに時間を節約できる。

（No. の場合） ファストフードは健康によくない。家で調理して食べた方がよい。

まず，Yes / No で賛成か反対かを明確にする。そのあと，自分の意見を裏付ける根拠について述べる。根拠はできる限り２つは答えるようにしたい。Also, ～「また，～」などとして１つ目の文とは異なる根拠を挙げてもよいし，For example, ～「例えば，～」などとして１つ目の文をさらに裏付ける例を述べてもよいだろう。

No. 5 解答例 （Yes. → Please tell me more.） **I use the Internet to look for information. It helps me write reports for my classes.**

（No. → Why not？） **It's not necessary to use the Internet for my studies. I usually study with my friends at the library.**

訳 **（Yes. の場合）** 情報を検索するのにインターネットを使う。授業のレポートを書くのに役に立つ。

（No. の場合） 自分の勉強にはインターネットを使う必要はない。たいていの場合友人と図書館で勉強するからだ。

ここでも，理由を２つ述べることが望ましい。Yes の理由としては，「キーワードを入力するだけで素早く情報を見つけられる」なども考えられる。

二次試験　面接　問題カードD

訳

盲導犬

目の見えない人の中には，外出する時に犬を活用する人もいます。この犬たちは盲導犬と呼ばれます。犬を訓練して人間を導くことができるようにするには，多額の費用がかかります。今では，盲導犬を訓練するためのお金を集めている団体もあり，そうすることでこの犬たちをより普及させようとしています。

語句・構文

☐ go outside「外出する」　☐ train *A* to *do*「～するように *A* を訓練する」
☐ cost「～を費やす」　☐ collect［kəlékt］「～を集める」

質問の訳

No. 1　本文によれば，いくつかの団体はどのようにして盲導犬をより普及させようとしていますか？

No. 2　さて，イラストAの人々を見てください。それぞれ色々なことをしています。彼らがしていることをできるだけたくさん私に伝えてください。

No. 3　さて，イラストBの女の子を見てください。状況を説明してください。

No. 4　あなたは，子どもたちがペットを飼うのは良いことだと思いますか？

No. 5　最近，日本では多くの人が花火を見に行くことを楽しんでいます。あなたは花火を見に行くのが好きですか？

No. 1　解答例　**By collecting money for training guide dogs.**

訳　盲導犬を訓練するためのお金を集めることによって。

最終文後半に，and by doing so「そうすることによって」they（＝some groups）are trying to make these dogs more common とあり，doing so の内容は同文前半で述べられている。問われているのは how「どのようにして」なので，文中の表現を使って By collecting … とするか，主語・動詞を含む文にして They collect … とすればよい。質問文中に some groups が含まれているので，解答では代名詞 they に置き換えるべきであろう。

No. 2　解答例　**A boy is cutting some paper. / A girl is feeding a cat. / A man is pouring some coffee. / A woman is talking on the phone. / A man is putting on［taking off］his jacket.**

訳　男の子が紙を切っている。／女の子がネコにエサをやっている。／男性がコーヒーをついでいる。／女性が電話で話している。／男性が上着を着ている〔脱いでいる〕。

イラストの中には5人の人物が描かれている。説明しやすいものから順番に5人すべて説明するようにしよう。質問文には They are doing different things. とあるので，説明の際には基本的に現在進行形を用いること。feed「～にエサをやる」 pour「～(飲み物など) を注ぐ，つぐ」 talk on the phone「電話で話をする」 put on ～「～を身につける」 take off ～「～を身からはずす」

No. 3 **解答例** **Her dog is dirty, so she's going to wash it.**

訳 犬が汚れているので，彼女は犬を洗ってやろうと思っている。

２つの内容を盛り込むことが必要。つまり，Ａ「犬が汚れている」とＢ「犬を洗ってやるつもりである」の２点である。表現方法としては，A, so B とするか，B because A とする。

No. 4 **解答例** (Yes. → Why ?) **Children can learn many things from having a pet. Also, pets can be good friends to them.**

(No. → Why not ?) **It's too difficult for children to have pets. They have to give them food and water every day.**

訳 **(Yes. の場合)** 子どもはペットを飼うことで多くのことを学べる。また，ペットは彼らにとって良い友達になれる。

(No. の場合) 子どもがペットを飼うのは難しすぎる。毎日エサや水をやらねばならないからだ。

まずは Yes / No で賛成か反対かを表明する。そのあと，自分の意見を裏付ける根拠について述べる。根拠はできる限り２つは答えるようにしたい。Yes の〔解答例〕のように Also, ～「また，～」として，１つ目の根拠とは異なる文を述べてもよいし，No の〔解答例〕のように１つ目の根拠をさらに裏付ける文を述べてもよいだろう。Yes の根拠として「良い友達になれる」の代わりに「ペットと一緒に遊ぶのは楽しい」などでもよいだろう。

No. 5 **解答例** (Yes. → Please tell me more.) **I think fireworks are very beautiful. Also, it's fun to see many different kinds of fireworks.**

(No. → Why not ?) **Too many people go to watch fireworks. I prefer to stay at home.**

訳 **(Yes. の場合)** 花火はとても美しいと思う。また，色々な種類の花火を見るのは楽しい。

(No. の場合) 花火を見に行く人が多すぎる。家にいる方が好きである。

ここでも，理由は２つ述べることが望ましい。Yes の場合の理由としては，「花火は近くで見る方がよりわくわくする」なども考えられる。また，No の理由としては，「電車や道路が混雑して移動が大変である」なども考えられる。

2018年度 第1回

Grade Pre-2

一次試験　解答一覧

● 筆記

	(1)	(2)	(3)	(4)	(5)	(6)	(7)	(8)	(9)	(10)
1	4	1	3	3	4	2	4	3	1	4
	(11)	(12)	(13)	(14)	(15)	(16)	(17)	(18)	(19)	(20)
	2	1	3	2	3	1	2	2	3	1

	(21)	(22)	(23)	(24)	(25)
2	2	4	1	3	1

		(26)	(27)	
3	A	2	3	
		(28)	(29)	(30)
	B	2	4	2

		(31)	(32)	(33)	
4	A	4	1	2	
		(34)	(35)	(36)	(37)
	B	3	2	2	1

5（ライティング）の解答例は P. 15 を参照。

● リスニング

	No. 1	No. 2	No. 3	No. 4	No. 5	No. 6	No. 7	No. 8	No. 9	No. 10
第1部	2	2	3	1	1	2	3	3	1	3

	No. 11	No. 12	No. 13	No. 14	No. 15	No. 16	No. 17	No. 18	No. 19	No. 20
第2部	3	1	3	1	4	4	2	2	3	4

	No. 21	No. 22	No. 23	No. 24	No. 25	No. 26	No. 27	No. 28	No. 29	No. 30
第3部	2	2	4	1	3	4	1	3	1	3

一次試験　筆記　1

(1)　解答　4

訳　A：すみません。カンボジアの歴史に関する本はありますか？
　B：2冊しかありませんが，東南アジアの歴史の本なら数冊あります。

空所は直後の books を修飾する形容詞で，文前半の We only have two と but でつながれて，only two との対照をなすところである。したがって，空所には **4 several「いくつかの，数個〔数人〕の」** を選ぶ。**1** active「活動的な」 **2** tight「窮屈な」 **3** confident「確信のある」

(2)　解答　1

訳　アレンは家のペンキ塗りを終えた後，背中が痛くなった。楽になるように温かいお風呂に入った。

空所は his back「背中」を主語とする動詞である。したがって，「痛んだ」となる **1 ached** を選ぶ。すると，文前半の「家のペンキ塗りをした」という文脈とも合致する。**2** knitted「(毛糸などで) 編んだ」 **3** filled「満ちた」 **4** replied「返答した」

(3)　解答　3

訳　A：ホテルの客室料金には朝食も含まれていますか？
　B：いいえ，含まれておりませんが，10ドルの追加で朝食をつけることができます。

ホテルの料金についての会話である。空所は述語動詞で，直後の breakfast を目的語としている。したがって，**3 include「～を含む」** を正解とする。**1** trust「～を信頼する」 **2** bother「～をうるさがらせる」 **4** observe「～を観察する」

(4)　解答　3

訳　A：昨日は私が料理したわ。だから，今夜はあなたが料理する番よ，フィル。
　B：うん，わかってるよ。

夫婦と思われる二人の会話で，どちらが料理をするかが話題となっている。**3 turn「順番」** を選ぶと，「今夜はあなたが料理する番だ」となり，文の前半とも整合する。**1** victory「勝利」 **2** cover「表紙，覆い」 **4** lie「うそ」

(5)　解答　4

訳　そのレストランは現金での支払いのみを認めている。クレジットカードは使えない。

空所は The restaurant を主語とする述語動詞 accepts「認める」の目的語となっている。ここから，**4 payment「支払い」** を選ぶと，直後の in cash「現金で」，さらに次の文とも整合する。**1** equipment「設備」 **2** achievement「達成」 **3** treatment「取り扱い(方)，治療」

(6) **解答** **2**

訳 ルーシーは昨日，プレゼンテーションを行った。彼女はプレゼンテーションの間緊張していたが，落ち着いて話した。リラックスしている様子で，見事にやってのけたと，誰もが言った。

ルーシーのプレゼンテーションについての文である。空所は，直前の述語動詞 spoke を修飾する副詞が入るところである。ここから，**2 calmly「落ち着いて」**を選んで spoke calmly「落ち着いて話した」とする。すると，次の文でルーシーが賞賛されていることとも整合する。**1** strangely「奇妙に（も）」 **3** wrongly「間違って」 **4** partly「部分的に（は）」

(7) **解答** **4**

訳 クミコは，先週東京からサンフランシスコまで飛行機で行った。長い飛行時間の間，彼女は足を伸ばすために，しばしば通路を歩いて行ったり来たりした。

クミコの飛行機内の様子について書かれた文章である。空所は up and down から続いて，文の述語動詞 walked を修飾する副詞句を作っている。**4 aisle「通路」**を選んで walked up and down the aisle「通路を歩いて行ったり来たりした」とする。すると，後の目的を表す不定詞句とも整合する。**1** object「物，目的」 **2** origin「起源」 **3** audience「聴衆」

(8) **解答** **3**

訳 A：マギー，ジャックに会ったときの彼の第一印象はどうだった？
B：そうね。良さそうな人だったけど，とても恥ずかしがり屋のようだったわ。

Bの応答から考えて，**3 impression「印象」**を選んで first impression of him「彼の第一印象」とすると文意が通る。**1** emergency「緊急（事態）」 **2** employee「従業員」 **4** injury「けが」

(9) **解答** **1**

訳 A：映画は何時に始まるんだろうか。
B：ネットでチェックして調べよう。

空所は文の述語動詞で，後に続く what 節を目的語としている。この目的語から考えて，**1 wonder「～だろうか（と思う）」**を選んで「映画は何時に始まるんだろうか」とする。**2** gather「～を集める，～を推測する」 **3** hope「～を希望する」 **4** prefer「～の方を好む」

(10) **解答** **4**

訳 多くの日本の学校では8月には授業がないけれども，生徒がクラブ活動をできるように学校は開いたままである。

空所は文の述語動詞で，後に形容詞の open が続いている。すなわち，SVC の文型をとっている。そこから考えて，**4 remain「（依然として）～の（状態の）ままである」**を選んで「学校は開いたままである」とする。**1** explore「～を探索する」 **2** divide「～を分割する」 **3** form「～を形作る」

2018-1 ● 筆記 Grade Pre-2

(11) 解答　**2**

訳　グレッグは新しいカメラのマニュアルを1時間読んだが，理解できなかった。結局，彼は会社に電話をして使い方を聞いた。

空所は述語動詞を含むイディオムの一部となっている。空所を含む文で，グレッグはカメラのマニュアルを読んでいる。次の文で，電話で使い方を聞いている。以上から，make sense of ~「~を理解する」となる**2 make sense**を選び「それ（=マニュアル）を理解できなかった」とする。**1** lose control (of ~)「~が制御できなくなる」 **3** take care (of ~)「~の世話をする」 **4** get tired (of ~)「~にうんざりする」

(12) 解答　**1**

訳　アンは週に3回ランニングをする。彼女は体調が良く，とても健康だと感じている。

be in good〔great〕shape「体調が良い」となる**1 in**を選ぶ。すると，前の文，空所の後の節とも整合する。

(13) 解答　**3**

訳　その映画会社は，新作映画のポスターを多くの高校の近所に貼った。その映画が若者にアピールすると考えたのだ。

空所は直前のwouldとともにthat節中（itの前にthatが省略されている）の述語動詞となっており，主語はit（=its new movie）で，空所の後にはyoung peopleが続いている。以上から，**3 appeal to ~「~(の心）に訴える，アピールする」**を選んで「若者にアピールする」とする。**1** suffer from ~「~で苦しむ」 **2** decide on ~「~を決定する」 **4** bring up ~「~を育てる，（問題などを）持ち出す」

(14) 解答　**2**

訳　A：出張を楽しんできてね，あなた。子どもたちに何かお土産を持って帰るのを忘れないでね。
B：わかった。空港で何か買うよ。

出張に出かける夫を妻が送り出すところである。空所はDon't forget toから続いており，後には「子どもたちに何かお土産を」と続いている。以上から，**2 bring back ~「~を持ち帰る」**を正解とする。honeyは親しい男女間でよく使われる呼びかけ。**1** add to ~「~を加える」 **3** depend on ~「~に頼る」 **4** stand by ~「~のそばに立つ，~を支援する」

(15) 解答　**3**

訳　ジョーンズさんは幼稚園の先生で，25人の子どもたちの担任をしている。しょっちゅう親と会い，子どもたちの様子を知らせている。

ジョーンズさんが幼稚園の先生であるという文脈と，空所の後にa class of 25 childrenが続いていることから，**3 (be) responsible for ~「~に対して責任がある」**を正解とする。すると，「25人の子どもたちの担任をしている」となり適切である。**1** (be) jealous of ~「~をねたむ」 **2** (be) poor at ~「~が苦手である」 **4** (be) due to ~「~が原因で」

(16) 解答 1

訳 トムは夕食をとるところだったが，妹が電話をしてきて母親が入院したと言った。彼は夕食をテーブルに置いたまま，すぐに病院に出かけた。

空所の後が to eat となっているところから，be about to *do*「～するところである，～しようとしている」となる **1 was about** を選んで「夕食をとるところだった」とする。すると，次の文に「夕食をテーブルに置いたまま」とあるのにも整合する。**2** be forced (to *do*)「(無理矢理)～させられる」 **3** have no right (to *do*)「(～する) 権利がない」 **4** have no reason (to *do*)「(～する) 理由がない」

(17) 解答 2

訳 A：料理のやり方はわかる，ビクトリア？

B：そうね，プロじゃないけど，パスタやスープなどの作り方ならわかるわ。

空所の前に pastas, soups と同種のものが列挙されているところから，and so on「～など」となる **2 on** を選ぶ。expert「専門家，達人」

(18) 解答 2

訳 ジルの家は島にあって，仕事に行くのに毎日大きな橋を車で渡る。彼女は橋からの眺めを楽しんでいる。

空所は直前の drives と句動詞を形成している。目的語が a big bridge であるところから，横断を表す **2 across** を選んで「大きな橋を車で渡る」とする。

(19) 解答 3

訳 今日，アリスは図書館に行って友だちといっしょに勉強した。彼女らは，宿題をしながら，午後5時までそこにいた。

空所を含む文は単文で，述語動詞は stayed である。したがって，空所は準動詞とするのが妥当である。直後に their homework と目的語がきているので，能動の意味になる **3 doing** を正解とする。すると，「～しながら」の意味を表す分詞構文となり適切である。

(20) 解答 1

訳 A：レストランがどこにあるか思い出せない。

B：私も。電話をして道を聞こう。

空所の後が do I と〈代動詞＋主語〉の倒置形となっている。ここから，空所を含む文は「私もだ」の意味を表す So do I か Neither do I になると考えられる。空所は，A の I don't remember …，すなわち否定文を受けているので **1 Neither** が正解となる。

一次試験　筆記　2

⑵1)　**解答**　**2**

訳
A：ターニャ，先週末のアダムのパーティーでは見かけなかったわね。どこにいたの？
B：うーん，家族旅行に出かけていて，それで行けなかったの。
A：そうだったの？　どこへ行ったの？
B：ハワイよ。両親と私，毎日泳いだわ。

空所を含む文は，先週末のアダムのパーティーでは見かけなかったがどこにいたのかと問われたB（ターニャ）の応答である。空所の直後に，so I couldn't go (to Adam's party) と続いていることから，空所には行き先，またはパーティーに不在の理由を述べる発言が入ると考えられる。また，2番目のBの発言から，ハワイへ行っていたことがわかる。以上から，**2**「家族旅行に出かけていた」を正解とする。**1**「学校へ行った」 **3**「母が訪ねてきた」 **4**「電車が遅れた」

(22)　**解答**　**4**

訳
A：メープルトン空港ギフトショップへようこそ。いらっしゃいませ。
B：日本へ帰る前に，弟にお土産を買いたいんですが，15 ドルしか残っていないんです。
A：そうですね。この 14 ドル 50 セントの絵葉書セットはいかがでしょう？
B：ちょうどいいです。カバンがいっぱいだから，小さくて持ち運びの楽なものを探していたんです。

Bは空港の土産物店で弟へのお土産を探している。空所を含む文は，15 ドルしかないというBに対する店員Aの応答である。値段が 15 ドル以下の選択肢が候補となる。また，2番目のBの発言に，「カバンがいっぱいだから，小さくて持ち運びの楽なものを探していた」とある。以上から，**4**「14 ドル 50 セントの絵葉書セット」が正解となる。Can I help you? は，ここでは「いらっしゃいませ」に当たる常套句。have $15 left は〈完了〉を表し，have left $15 とほぼ同義である。**1**「20 ドルの切手コレクション」 **2**「15 ドル 50 セントの特別奉仕のペン」 **3**「15 ドルの大きなクマのぬいぐるみ」

(23)　**解答**　**1**

訳
A：ホワイトデンタルクリニックです。どうなさいましたか？
B：名前はアビー・ウェストです。歯が痛いのでお電話しました。
A：わかりました。できるだけ早く医師が診察します。今日，来られますか？
B：はい，ありがとうございます。午後に寄せていただきます。

歯科医院の受付係（A）と患者（B）の電話での会話である。空所は，Bの最初の発言で，I'm calling because の後に続いていることから，用件を述べていることがわかる。以上から，**1**「歯が痛む」を正解とする。すると，次のAの応答にある The dentist should check it の it が tooth を受けることになり，適切である。**3** I need some medicine「何か薬が必要です」は，it が some medicine を受けることになり不自然である。Can I help you？は，ここでは「どうなさいましたか？」に当たる常套句。as soon as possible「できるだけ早く」　**2**「娘が病気である」　**4**「今日は忙しすぎる」

⑷ **解答　3**　　⑸ **解答　1**

訳

A：もしもし。サミーズサンドイッチショップです。何にいたしましょうか？

B：もしもし。パーティーを開くことになっていて，サンドイッチを注文したいんです。

A：どのようなサンドイッチがよろしいですか？

B：ツナサンドを10個とチキンサンドを5個，紅茶のボトルを5本お願いします。

A：申し訳ありません。飲み物は扱っておりません。

B：わかりました。それならサンドイッチだけで結構です。ところで，配達はしておられますか？

A：申し訳ありません。注文はお店での引き取りとなっております。

B：わかりました。それなら，パーティーが始まる前に伺えると思います。

語句・構文

□ by the way「(話題を変えるのに用いて) ところで」

□ pick up *A* / pick *A* up「*A* を引き取る，*A* を受け取る」

□ order「注文」　□ I guess ～「(たぶん)～だと思う」

サンドイッチ店の店員（A）と客（B）の電話での会話である。

⑷ 空所を含む文はBが注文の品を列挙しているところで，空所は最後の注文に当たる。それに対してAが「飲み物は扱っておりません」と応答している。以上から，**3**「紅茶のボトルを5本」が正解となる。How can〔may〕I help you？は来店した客に店員が声をかけるとき（ここでは電話）の常套句でCan〔May〕I help you？とほぼ同じ意味で用いる。「いらっしゃいませ。何にいたしましょうか？〔どのようなご用件でしょうか？〕」に当たる。**1**「フルーツサラダを少し」　**2**「フライドポテトを少し」　**4**「ケーキを2つ」

⑸ 空所は，Bが注文し終わり，By the wayと新しい内容を切り出すところである。空所を受けて，次にAがYou have to pick up your order at the store.と店での引き取りしかないことを伝えている。以上から，**1**「配達はしておられますか」が正解となる。**2**「もう一度電話する必要がありますか」　**3**「クレジットカードで支払ってもいいですか」　**4**「もう一つサンドイッチを注文してもいいですか」

一次試験　筆記　3 A

訳

ボランティア活動

先月，サラは友だちと海辺に行った。天気はすばらしく，水は温かかった。けれども，海辺が汚かったので彼女たちはがっかりした。サラはこの問題に関して何かしたいと思った。彼女が両親に話すと，両親は海辺を掃除するイベントをしてはどうかと勧めた。

サラと友人たちは，5月20日にイベントを開くことにした。彼女らは，協力してポスターを作った。それから，町中にポスターを貼った。イベントの日，サラと友人たちは海辺に集まった。けれども，ほかに誰も来ていなかった。サラがポスターを見ると，自分たちが間違いをしていたことに気がついた。5月27日と書いていたのだ。サラと友人たちは，もう一度27日に掃除のため海辺に行った。

語句・構文

（第1段）□ be disappointed「がっかりする」
□ suggest that *A*（should）*do*「*A* に～してはどうかと勧める」
□ organize「（団体などを）組織する，（行事などを）計画準備する」
（第2段）□ hold「（行事などを）開催する」
□ put *A* up / put up *A*「*A*（掲示物など）を掲げる」
□ notice「～に気づく」

各段落の要旨

第1段　サラは海に行き海辺の汚れを知り，両親に清掃イベントをすることを勧められる。

第2段　サラは友人たちとイベントを企画するが，ポスターの日付が間違っていたことに気づく。

(26)　**解答**　**2**

選択肢の訳　**1**　水が冷たすぎた　**2**　海辺が汚れていた
3　雨が降っていた　**4**　曇っていた

空所には，サラが海辺に行ってがっかりした理由が入る。空所を含む文の前文に，「天気はすばらしく，水は温かかった」とあるので，**1**・**3**・**4** は不正解であることがわかる。**2 the beach was dirty** を正解とすると，同段の，両親に海辺の清掃イベントを計画・準備することを勧められることになる文脈と整合する。

(27)　**解答**　**3**

選択肢の訳　**1**　先生たちがそこにいた　**2**　両親たちは怒っていた
3　ほかに誰も来ていなかった　**4**　何も残っていなかった

空所を含む文の前文に，イベントの日（5月20日）にサラたちが海辺に集まったことが書かれている。空所は，それと However「しかしながら」によって逆接でつながれている。以上から，**3 no one else came** が正解となる。すると，空所以降の，ポスターの日付が間違っていたことに気づいたという文脈とも整合する。

一次試験　筆記　3 B

訳

オンラインでの地図作り

昔は，たいていの人が紙の地図を持っていた。彼らは，行きたい場所を見つけるのに紙の地図を使っていた。訪れたい場所一つ一つに1枚の地図が必要だったし，どの道路や電車を使うか，慎重に計画を立てなければならなかった。ところが，インターネットが発明されてからは，オンラインの地図が使えるようになった。その結果，移動は**より**

容易になった。世界中どこへ行くにも，すぐに行き方を調べられるだろう。

最初は，オンライン地図も紙の地図と同じ情報しか示してくれなかった。ところが 2005 年に，あるウェブサイトが他の目的に地図を提供し始めた。使用者が地図に追加情報を付け加え始めたのだ。例えば，自分の都市の最高のレストランを地図に付け加える人がいた。また，都市で公衆トイレがある場所をすべて示す地図を作った人もいた。こういった地図は，自分が望むものを見つけるのに役立った。

今日では，オンライン地図に情報を付け加えることは誰にでもたやすくできる。新しい場所を追加し，そこの詳しい情報を提供したり，スマートフォンからレビューを書いたりできる。地図に情報を付け加えたり，自分専用の地図を作ったりできることをたいていの人は喜んでいるが，この傾向に不安を感じている人もいる。そのような地図には間違った情報が載っている可能性があるというのだ。店の営業時間が地図に書かれているものと違っていることが時々あるし，レビューを書くときにうそを書く人もいる。そのために，オンライン地図は専門の地図作成業者のみが作るべきだと考える人もいる。

語句・構文

(第 1 段) □ past「過去，昔」 □ own「～を所有する」 □ carefully「慎重に」
□ invent「～を発明する」 □ as a result「その結果」
□ travel「移動する」 □ look up ～「(辞書などで) ～を調べる」
□ directions「(複数形で) 道順，行き方」 □ anywhere「どこでも」

(第 2 段) □ at first「最初は」 □ let *A do*「*A* に～させる」 □ purpose「目的」
□ extra「追加の，余分の」 □ information「情報」
□ public toilet「公衆トイレ」 □ help *A do*「*A* が～するのに役立つ」

(第 3 段) □ nowadays「今日では」
□ it is easy for anybody to add ～ は形式主語の構文。「～を追加するのは誰にとってもたやすい」
□ add「～を追加する」 □ detail「詳細」
□ review「報告，批評」 □ be worried about ～「～を心配する」
□ trend「傾向」 □ opening hours「営業時間」
□ what is written on the map「地図に書かれていること」 what は関係代名詞。
□ because of ～「(原因を表して)～のために」 □ professional「本職の」

各段落の要旨

第 1 段 インターネットが発明されてからはオンライン地図が使用できるようになり，移動が容易になった。

第 2 段 オンラインの地図では，使用目的が多様化している。

第 3 段 オンラインの地図は，ユーザーが情報を追加できるが，信頼性の不安もある。

(28) **解答** **2**

選択肢の訳

1 より費用が高くなった **2** より容易になった
3 数々の問題を引き起こした **4** 時間がかかった

空所を含む文の文頭のAs a result「その結果」とは，その前文にあるように，「オンラインの地図が使えるようになった結果」のことである。紙の地図の時代とオンラインの時代を比較すると，「移動が容易になった」となる**2 became easier**が正解となる。

(29) **解答** **4**

選択肢の訳

1	その上	**2**	しかしながら
3	結局	**4**	例えば

空所後には，直前の文にあるadd extra information「追加の情報を加える」の具体例が，some people …. Other people ….の2文に書かれている。すなわち，レストランの情報と公衆トイレの情報である。以上から，**4 For example**が正解となる。

(30) **解答** **2**

選択肢の訳

1	最高の場所	**2**	間違った情報
3	いくつかの危険なメッセージ	**4**	多くの良い点

空所を含む文は，直前の文のsome people are worried about this trend「この傾向に不安を感じている人もいる」を受けて，They say …となっている。したがって，ここには不安材料について書かれていると考えるのが妥当であるので，**2**と**3**が正解の候補となる。また，空所の次の文を見るとSometimes the opening hours of shops are different from what …「店の営業時間が…と違っていることもある」とある。以上から，「そのような地図には間違った情報が載っている」となる**2 the wrong information**が正解。

一次試験　筆記　4 A

訳

差出人：ヴェロニカ・ヘルムズ〈v-helms5@onenet.com〉
宛先：ケヴィン・コヴァーク〈kevin.kovak@truemail.com〉
日付：6月3日
件名：コンサート

こんにちは，ケヴィン。
ねえねえ聞いて！　先週，姉がクラシックコンサートのチケットを2枚，手に入れたの。コンサートは今週木曜の夜にあるわ。姉は看護師をしていて，病院で夜の勤務をしているので行けないの。私がクラシック音楽を大好きなことを知っているから，チケットをくれたの。私は，大学で専攻もしていたのよ。一緒に行かない？
何を着ていこうか，決めているところ。この頃は，コンサートに着たいものを着ていけるわ。すてきな服を着てドレスアップしている人もいるけど，ジーンズとTシャツで行く人もいる。もし行くのなら，何を着たい？　私はおしゃれな服を着ていきたいけど，あなたがそのほうがいいのなら，気楽な服装でもいいわ。教えてね！
コンサートは午後7時からで，場所はテイラーズヴィル劇場よ。メインストリートにあるし，近くにすてきなレストランもいくつかあるわ。良かったら，コンサートが始まる前に食事に行ってもいいわね。ともかく，行けるかどうか電話で知らせてね。もしダメだったら，すぐに誰かほかの人に聞いてみないといけないから。じゃあね！
あなたの友人の
ヴェロニカより

語句・構文

(第1段) □ guess what は話を切り出すときの会話表現で「ねえ聞いて」などに当たる。
□ win「(賞品・景品などで) ～を手に入れる」
□ classical music「クラシック音楽」
(第2段) □ dress up「おしゃれをする，盛装する」 □ clothes「(複数扱い) 服装」
□ comfortable「気楽な」 □ let *A* know「*A* に知らせる」
(第3段) □ anyway「ともかく」 □ give *A* a call「*A* に電話をする」
□ if not は if you cannot come のように補って考える。

各段落の要旨

第1段 クラシックコンサートのチケットを2枚もらったので，ケヴィンを誘う。
第2段 コンサートに着ていく服装についてのアドバイスと相談。
第3段 コンサートの開演時間と場所の情報，行けるかどうか返事を求める。

(31) **解答 4**

質問の訳 ヴェロニカについて正しいのはどれか？

選択肢の訳 1 音楽のコンテストで優勝した。
2 病院の看護師である。
3 コンサートのチケットを買った。
4 大学で音楽を専攻した。

第1段第6文に，I even studied it in college. とある。この it は直前の文の classical music を指している。したがって，**4 She studied music in college.** が正解。

(32) **解答 1**

質問の訳 コンサートに行くとき，人は（　　）とヴェロニカは言っている。

選択肢の訳 1 何でも着たいものを着ればいい。
2 何か気楽なものを着なければならない。
3 ジーンズとTシャツを着るべきではない。
4 そこではすてきな服装をしてはいけない。

コンサートでの服装については第2段に書かれている。その第2文に，These days, people can wear what they want to concerts.「この頃は，コンサートには何でも好きなものを着ていける」とある。したがって，**1 can wear anything that they want to.** が正解。want to の後には wear が省略されている。本文の関係代名詞 what は選択肢では anything that に書き換えられている。

(33) **解答** **2**

質問の訳 **コンサートの前に何をしようとヴェロニカは提案しているか？**

選択肢の訳 **1** 近くでチケットを手に入れること。

2 レストランで食事をすること。

3 メインストリートを散歩すること。

4 何人かの友だちに一緒に行ってくれるように頼むこと。

第3段には，コンサートの会場その他のことが書かれている。その第3文に，We could go for dinner before the concert starts とあり，また，その直前の文に，there are some nice restaurants nearby とある。したがって，**2 Eating dinner at a restaurant.** が正解。本文の could は「しようと思えばできる，してもよい」の意味を表す仮定法過去時制である。**4** が紛らわしいが，同段第5文の ask を「頼む」と解釈しても，If not,「（あなたが）行けない場合は」となっており，友人に頼むのは，ケヴィンが行けない場合である。

一次試験　筆記　4 B

訳

人形の歴史

ロシアにはマトリョーシュカと呼ばれる人形セットがある。どのセットにも，普通，すべて大きさの異なる人形が7つある。セットの中で一番大きな人形は，普通，約15センチの高さである。中が開けられるようになっていて，中には少し小さな人形がもう一つ入っている。これも開けられるようになっていて，その中にまた一つ人形が入っている。一番大きな人形を除いて，どの人形も一回り大きい人形の中にぴったり収まるようになっている。マトリョーシュカはロシア文化の有名な一要素である。けれども，そのアイデアはロシアの外から来たものである。

1,000年近くの間，中国では，一つ一つが互いに中にぴったり収まる木の箱が作られていた。大事な物を入れておいたり，装飾品として用いられた。18世紀に，このような箱がいくつか人形に作り変えられた。この人形は入れ子人形と呼ばれ，裕福な人たちの間で人気を博した。当時，中国と日本の間でたくさんの物が交換された。そして，この人形もおそらく中国からもたらされ，日本で売られたのであろう。

入れ子人形が日本にもたらされる前に，すでにたくさんの種類の木製の日本人形が作られていた。伝統的な人形作家は，日本の木と特殊な塗装技術を使ってダルマやコケシのような人形を作っていた。その後19世紀に，こういった技術を用いて新しいタイプの入れ子人形が作られ始めた。七福神に似せて彩色された7つで一セットの人形であった。中国の入れ子人形のようにどの人形も一回り大きな人形の中にぴったりと収まるようになっていた。

1890年代に，サッヴァ・マモントフという名の裕福なロシア人が日本の入れ子人形を一セット受け取った。彼は伝統的ロシア文化の愛好家で，それをもっと多くの人に伝える方法を探していた。ロシアの画家のグループに同様な人形セットのデザインを依頼した。ところが，彼はこの人形にロシアの伝統的衣装を着せたかった。このようにして最初のマトリョーシュカが作られたのである。

語句・構文

（第１段）□ around「およそ，約」　□ centimeter「センチメートル」
□ except for ～「～を除いては」　□ fit「ぴったりはまる」
□ culture「文化」
（第２段）□ item「品目」　□ decoration「装飾（品）」
□ make *A* into *B*「*A* を *B* にする，*A* を *B* に仕立てる」
□ nesting「入れ子（の）」　□ popular with ～「～の間で人気のある」
□ wealthy「裕福な」　□ trade「～を交換する」
（第３段）□ traditional「伝統的な」　□ technique「技術，技法」
（第４段）□ share *A* with *B*「*A* を *B* と共有する，*A* を *B* に伝える」
□ design「～をデザインする」　□ similar「同様の」
□ this is how ～「このようにして～」

各段落の要旨

第１段　ロシアの入れ子人形マトリョーシュカの紹介。
第２段　中国には入れ子細工の箱があり，それが人形に仕立てられ，日本に入った。
第３段　日本の木製人形の伝統が中国から伝わった入れ子人形に生かされた。
第４段　日本製の入れ子人形が元となって最初のマトリョーシュカが誕生した。

(34)　**解答**　**3**

質問の訳　マトリョーシュカについて正しいのはどれか？

選択肢の訳
1　その人形はロシア以外では売られていない。
2　その人形はロシアの人が思っているよりもずっと小さい。
3　その人形のアイデアは実は，ロシア起源ではない。
4　その人形のアイデアは有名なロシアの物語が起源である。

第１段最終文，However に続いて，the idea came from outside of Russia「そのアイデアはロシアの外から来たものである」とある。この the idea とは本節のテーマであるマトリョーシュカという入れ子人形のアイデアのことである。したがって，**3 The idea for the dolls did not actually come from Russia.** が正解。本文の came from outside of Russia が，選択肢では did not actually come from Russia と書き換えられている。

(35)　**解答**　**2**

質問の訳　18 世紀において起こったかもしれないこととは何か？

選択肢の訳
1　中国の人たちが木の箱を装飾品として使い始めた。
2　中国の入れ子人形が日本で売られ始めた。
3　日本の人たちがさらにお金を儲け始めた。
4　日本製の物が中国で普及し始めた。

第２段第３文に，In the 18th century とあるのでこの文を中心に参照する。それまでのところで，1,000 年にわたり作製されている中国の入れ子になった木製の箱の記述がある。第３文からが 18 世紀の記述で，その第３・４文でそれが入れ子人形に転化されたと説明される。さらに最終文に，and these dolls were probably brought from China and sold in Japan「そしてこれらの人形がおそらく中国からもたらされ日本で売られた」とある。以上から，**2 Chinese nesting dolls began to be sold in Japan.** が正解となる。

(36) 解答 2

質問の訳 19 世紀において，日本の人形作家は（　）

選択肢の訳
1 最初にいろいろな木を使ってダルマを作り始めた。
2 伝統的技術を用いて新しい種類の人形を作った。
3 木に彩色する特別な技術を学んだ。
4 古いタイプのものよりも大きなコケシを売った。

第 3 段第 3 文に，Then, in the 19th century とあるので，この文を中心に参照する。第 3 文までのところで，ダルマやコケシといった日本の伝統的な人形作りの記述がある。そして，第 3 文の 19 世紀の記述に，they（＝traditional doll makers）began to use these techniques to make a new type of nesting doll とある。以上から，**2 used traditional techniques to make a new kind of doll.** が正解となる。第 3 文の these techniques は，その前の第 2 文の special painting techniques を受けており，この文の述語動詞 used の主語は traditional doll makers であるから，この技術は traditional な技術であると考えられる。また，本文の type と選択肢の kind は同義と考えてよい。以上から，**2** が正解となる。

(37) 解答 1

質問の訳 サッヴァ・マモントフは，（　）したかったので，画家たちに組人形の作製を依頼した。

選択肢の訳
1 人々にロシア文化を知ってもらう方法を見つける。
2 訪れた先の日本人にあげる。
3 ロシアの伝統的衣装がどのように見えるか確かめる。
4 伝統的日本文化をもっと学ぶ。

Savva Mamontov の名前は第 4 段第 1 文にあるので，この段を参照する。その第 2 文に，He（＝Savva Mamontov）loved traditional Russian culture and wanted to find a way to share it with more people.「彼は伝統的ロシア文化の愛好家で，それをもっと多くの人に伝える方法を探していた」とある。ここにある share「共有する」とは「伝える」の意味であるから，すなわち，**1 find a way to let people know about Russian culture.** の let 以下とほぼ同じ意味を表している。また，続く第 3 文の He（＝Savva Mamontov）asked a group of Russian artists to design a similar set of dolls.「ロシアの画家のグループに同様な人形セットのデザインを依頼した」は，質問の文の主節 asked artists to make a set of dolls と同内容である。以上から，**1** を正解としてできる文は，本文第 3 文と第 2 文後半を because でつないだ文と同内容である。

一次試験　筆記　5

解答例　**No, I do not. First of all, children learn bad ideas from video games. For example, sometimes children become violent when they play violent video games. Also, video games hurt children's eyes. If they spend a long time playing video games, their eyes will go bad. Therefore, I do not think they should play video games. (50〜60 語)**

訳　いいえ。まず第一に，子どもはテレビゲームから悪い考え方を学ぶ。例えば，子どもが暴力的なテレビゲームをすると，暴力的になることがある。また，テレビゲームは子どもの目を傷める。長時間テレビゲームをすると目が悪くなるだろう。それゆえに私は，子どもはテレビゲームをするべきではないと考える。

質問の訳　**親は子どもにテレビゲームをさせてやるべきか？**

▶最初に，賛成か反対かを明確に示す。Do you think 〜？と問われているので単純に Yes / No で答えることができる。続けて語数に余裕があれば，I agree with the idea that parents should let 〜 のように問いの文を利用して主張を確認してもよい。

▶続いて２つの理由を提示する。理由を列挙するのに，〔解答例〕では First of all「まず第一に」を用いて複数述べることを示し，２つ目を導入するのに Also を用いている。別のアプローチとしては，最初に I have two reasons. のように数を示してもよい。その場合，列挙の仕方は first，second を副詞として用いるのがもっとも容易であろう。または，The first reason is (that) 〜 としてもよい。

▶〔解答例〕の文の構成は〈①賛否→②１つ目の理由→③１つ目の理由の補足（具体例）→④２つ目の理由→⑤２つ目の理由の補足→ ⑥結論〉となっている。理由には，〔解答例〕のように補足や根拠を付すのが望ましい。〔解答例〕では〈結論〉を最後に置いているが，語数に余裕がなければなくてもよいだろう。

▶問いに賛成する主張を行う場合は，大多数の子どもたちが現にテレビゲームを行っているという現実を前提として，その理由としては，友人関係を保つ，テレビゲームを許す際制限時間などのルールを決め，それを守らせることにより計画性，自己規律を養う，などが挙げられるだろう。

一次試験　リスニング　第１部

No. 1　解答　**2**

★＝男性　☆＝女性　（以下同）
★ Waitress, I've heard this restaurant is famous for its soups.
☆ It is. They're all really, really good.
★ Is there one that you think is the best ?

☆ **1**　OK. I'll bring your drink right away.
☆ **2**　Yeah. The potato and ham is my favorite.
☆ **3**　Hmm. That will take about 15 minutes to make.

Script

訳
★ウェイトレスさん，このレストランはスープが有名だと聞いたんですが。
☆そうです。とってもとってもおいしいですよ。
★あなたが最高だと思うものはありますか？

☆ **1**　わかりました。すぐにお飲み物を持ってまいります。
☆ **2**　ええ。ポテトとハムが私のお気に入りです。
☆ **3**　えーっと。それはお作りするのにおよそ 15 分かかります。

レストランでの客（男性）とウェイトレス（女性）の会話である。最初の会話から客はスープを注文しようとしていることがわかる。したがって，ウェイトレスの応答としては，**2**「ええ。ポテトとハムが私のお気に入りです」が自然である。Is there one that you think is the best ? の that は関係代名詞で先行詞は one。you think が残りの部分を目的語としている。one は soup の言い換え。

No. 2　解答　**2**

☆ Your cough sounds really bad, Edward.
★ I know. I've had a cold since last week.
☆ Have you been taking any medicine ?

★ **1**　Well, I don't have a cough.
★ **2**　Yeah, I got some from my doctor.
★ **3**　Hmm, I feel pretty good today.

Script

訳
☆咳が本当にひどいわね，エドワード。
★いやあ，先週からかぜをひいているんだ。
☆何か薬を飲んでいるの？

★ **1**　いや，咳はしていないよ。

★2　うん，お医者さんからもらったよ。
★3　うーん，今日はかなりいいよ。

ひどい咳を聞いた女性が薬は飲んでいるのかと尋ねたのに対する応答であるから，**2「うん，お医者さんからもらったよ」**が正解。最初の女性の発言にある cough「咳」の発音［kɔ́:f］に注意したい。

No. 3　解答　3

★ Hello.
☆ Dan, it's Beth. I'm at the Fifth Street Food Festival with some friends. It's really fun. Want to come meet us?
★ OK, great. I have to take a shower first, though.

☆1　No problem. I don't like festivals.
☆2　No problem. See you next time.
☆3　No problem. We'll wait for you here.

Script

訳 ★もしもし。
☆ダン，ベスよ。五番街フードフェスティバルに友だちと来ているの。とてもおもしろいわよ。来て私たちと会わない？
★オーケー，いいね。まず，シャワーを浴びないといけないけど。

☆1　大丈夫よ。私はフェスティバルは好きじゃないの。
☆2　大丈夫よ。また今度ね。
☆3　大丈夫よ。ここで待っているわ。

フードフェスティバルに友人と来ている女性（ベス）に，合流しないかと誘われた男性（ダン）が，「まず，シャワーを浴びないといけないけど」と答えたのに対する応答であるから，**3「大丈夫よ。ここで待っているわ」**が正解。女性の問いかけは (Do you) want to come (and/to) meet us? のように補って考える。最後の男性の会話の末尾にある though が聞き取りにくいかもしれないが，「だけど」の意味の副詞である。

No. 4　解答　1

☆ Honey, when are you going to start cooking dinner?
★ I'm going to get started soon.
☆ Great. What are you planning on making?

★1　Well, it's a surprise.
★2　Well, I'm not cooking tonight.
★3　Well, I finished 30 minutes ago.

Script

訳 ☆ねえ，夕ご飯の支度はいつ始めるつもり？
★すぐに始めるつもりだよ。
☆うれしい。何を作るつもりなの？

★1　いや，内緒だよ。
★2　いや，今夜は料理しないよ。
★3　いや，30 分前に終わったよ。

夫婦と思われる男女の会話で，男性が料理をすることになっている。何を作るつもりかと尋ねられたのに対する応答であるから，**「いや，内緒だよ」**の意味となる **1 Well, it's a surprise.** が自然である。honey は親しい男女間での呼びかけ。get started は「開始する」の意味の口語表現。「～することを計画する」のところで動詞 plan が plan on *doing* の構文で用いられている。

No. 5　解答　1

★ Amy, could you help me with something?
☆ Sure, Grandpa. What do you need?
★ Well, I don't know how to use my new phone.

☆ 1　OK. Let me have a look.
☆ 2　Oh, that's not my phone.
☆ 3　Well, I'll call you back soon.

Script

訳 ★エイミー，ちょっと助けてくれないかい？
☆いいわ，おじいちゃん。何をしてほしいの？
★いや　新しい電話の使い方がわからないんだよ。

☆1　オーケー。ちょっと見せて。
☆2　えー，それは私の電話じゃないわ。
☆3　えーっと，すぐに折り返し電話をするわ。

男性と孫のエイミー（女性）の会話である。「新しい電話の使い方がわからない」という男性に対するエイミーの応答であるから，**1「オーケー。ちょっと見せて」**が自然である。これは，男性とエイミーの直接の会話であり，エイミーは最初のやりとりで，「助けてほしい」という男性に対して「いいわ」と答えているので，**3**「えーっと，すぐに折り返し電話をするわ」は不自然である。Could you ～？は依頼を表し，Can you ～？よりもていねいな表現になる。let *A do*「*A* に～させる」 have a look「見る」は look を動詞ではなく名詞で用いている。

No. 6 解答 2

☆ Can you check my history paper for mistakes, Dad?
★ I can, but maybe you should ask your mom first.
☆ Why is that, Dad?

★ 1 She doesn't like history very much.
★ 2 She knows more about history than I do.
★ 3 She's really busy today.

Script

訳 ☆歴史のレポートの間違いをチェックしてくれない，パパ？
★いいけど，たぶん先にママに頼んだほうがいいよ。
☆どうして，パパ？

★ 1 ママは歴史があまり好きじゃないんだ。
★ 2 歴史はパパよりママのほうがよく知っているんだ。
★ 3 ママは今日はすごく忙しいんだ。

父と娘の会話である。歴史のレポートをチェックしてほしいという娘に対して，まずママに頼んだほうがいいと父は答えている。問われているのは，その理由である。したがって，2「歴史はパパよりママのほうがよく知っているんだ」が正解。

No. 7 解答 3

★ Debbie, can you clean up the kitchen for me?
☆ It's Thursday. Thursday's your turn to clean the kitchen.
★ I'm supposed to meet a friend at the library, and I'm going to be late. Please!

☆ 1 OK. I'll start cooking dinner now.
☆ 2 OK. Let's do it together.
☆ 3 OK. But you have to do it tomorrow.

Script

訳 ★デビー，台所を掃除してくれないかい？ ボクの代わりに。
☆今日は木曜よ。木曜日は，あなたが台所を掃除する番よ。
★図書館で友だちに会うことになっているんだけど，遅刻しそうなんだ。お願い！

☆ 1 オーケー。今から夕食を作り始めるわ。
☆ 2 オーケー。いっしょにやりましょう。
☆ 3 オーケー。でも明日はあなたがやってね。

男性がその日は自分がすることになっている台所の掃除を女性（デビー）に頼んでいる。図書館で友だちに会うことになっているが，遅刻しそうであるというのがその理由である。したがって，3「オーケー。でも明日はあなたがやってね」が自然である。turn「〈名〉順番，番」 be supposed to *do*「～することになっている」 have to はここでは［hǽftə］と発音されるので注意。

No. 8　解答　3

★ Welcome to Coffee King. Can I help you?
☆ Yes. I'm looking for a job, and I saw the sign in the window.
★ Yes, we're hiring staff. Do you have any experience?

☆ **1**　Sure. I'm in school full time.
☆ **2**　No. I have to work then.
☆ **3**　Yes. I used to be a waitress.

Script

訳 ★ようこそ，コーヒーキングへ。いらっしゃいませ。
☆あの，仕事を探しているんですが，ウィンドーに掲示を見たものですから。
★ええ，スタッフを募集しているところです。経験はおありですか？

☆ **1**　はい。フルタイムで学校に通っています。
☆ **2**　いいえ。それなら働かなければなりません。
☆ **3**　はい。前にウェイトレスをしていました。

コーヒー店の男性店員と女性の会話である。女性は職を探していて，ウィンドーの掲示を見て入ってきた。コーヒー店はスタッフを募集していて，経験を問われたのに対する応答である。したがって，**3「はい。前にウェイトレスをしていました」**が正解。Can I help you? は，店員が客に対して用いる「いらっしゃいませ，何にしましょうか」に当たる常套句。sign「掲示　張り紙」 hire「(人を) 雇う」 選択肢 **1** の in school の in はかなり弱く発音されているので注意。

No. 9　解答　1

☆ Can I help you?
★ Hi. I'm in San Francisco on a business trip. I'd like to buy presents for my co-workers.
☆ Well, these chocolates are made in San Francisco. They're very popular.

★ **1**　Great. I'll have a box of those, then.
★ **2**　Well, I've never been to San Francisco.
★ **3**　Actually, I work alone.

Script

訳 ☆いらっしゃいませ。
★こんにちは。出張でサンフランシスコに来ているんですが，同僚にお土産を買いたいんです。

☆そうですね，こちらのチョコレートはサンフランシスコ製です。とても人気があります。

★1　いいね。じゃ，それを一箱もらうよ。
★2　ええっとね，私はサンフランシスコには行ったことがないんだ。
★3　実は，一人で働いています。

サンフランシスコの土産店の店員と思われる女性と同僚にお土産を買おうとしている男性客の会話である。サンフランシスコ製のチョコレートを勧められたことに対する応答であるから，**1「いいね。じゃ，それを一箱もらうよ」**が正解。Can I help you？は，店員が客に対して用いる「いらっしゃいませ，何にしましょうか」に当たる常套句。最初の男性の発言にある presents の語尾が聞き取りにくいので注意。a box of those の those は chocolates の言い換え。

No. 10　解答　3

★ Chesterton Fire Department.
☆ Hello. My cat climbed up a tree and now he's too scared to come down. Could you send someone to help？
★ Of course. Just tell me your address, please.

☆1　Well, he's almost three years old.
☆2　Yeah. This is the first time he's done this.
☆3　OK. It's 231 Elm Avenue.

Script

訳　★チェスタトン消防署です。
☆もしもし。ネコが木に登って，今，怖がって降りてこられないんです。誰か，助けをよこしてもらえませんか？
★承知しました。ご住所をお願いします。

☆1　えーっと，すぐに3歳になります。
☆2　ええ，こんなことをしたのはこれが初めてです。
☆3　はい。エルム街231番地です。

消防署員（男性）と女性の電話での会話である。署員に住所を問われたのに対する応答であるから，**3「はい。エルム街231番地です」**が正解。最初の会話の Chesterton Fire Department. の Fire Department「消防署」を聞き取ることが，残りの会話を理解するポイントとなる。scared「怖がって」

一次試験　リスニング　第2部

No. 11　解答　3

★＝男性　☆＝女性　（以下同）

★ Alison, I want to invite my girlfriend out for dinner. Can you recommend a good restaurant?

☆ Sure. What kind of place are you looking for?

★ Well, something a little different would be good. I want our meal to be special.

☆ There's a great new Italian restaurant downtown on Third Street. You could go there.

Question : What is the man asking the woman about?

Script

訳

★アリスン，ガールフレンドをディナーに誘いたいんだ。いいレストランを推薦してくれないか？

☆いいわ。どんなところを探しているの？

★えーっとね，ちょっといつもとは違うところがいいね。食事を特別なものにしたいんだ。

☆３番街の繁華街にすごいイタリアンレストランが新しくできているわ。そこに行ってみてもいいわね。

質問：男性は女性に何を尋ねているか？

選択肢の訳　**1**　買うべきパスタの種類。　**2**　３番街のパン屋。

3　ディナーに行くべき場所。　**4**　繁華街のスーパーマーケット。

最初の男性の発言から，男性はガールフレンドと食事をするレストランを探していることがわかる。したがって，3「ディナーに行くべき場所」が正解。You could go there. の could は仮定法過去時制で，you can よりもていねいな表現になる。recommend「～を推薦する」

No. 12　解答　1

☆ OK, sir, that's 46 dollars and 50 cents for your groceries. How would you like to pay?

★ Oh no. I think I left my wallet at home.

☆ Well, I could keep your items here if you want to go home and get it.

★ That would be great. I'll be back in 20 minutes with the money.

Question : What will the man do next?

Script

訳 ☆はい，お客様。お買い物の合計は 46 ドル 50 セントになります。お支払い方法はどのようになさいますか？

★うわー，財布を家に忘れてきたようです。

☆そうですか。家に取りに帰られるのでしたら，お客様の品物をここにお預かりしておきますが。

★それはありがたい。お金をもって 20 分後にもどります。

質問：男性は次に何をするか？

選択肢の訳
1 お金を取りに家に帰る。
2 さらにいくつか品物を選ぶ。
3 食料品をすべて返す。
4 クレジットカードで支払う。

食料品店のレジ係（女性）と買物客（男性）の会話である。男性の 2 つの発言，I think I left my wallet at home. と I'll be back in 20 minutes with the money. を聞き取れば，**1「お金を取りに家に帰る」**が正解とわかる。レジ係の How would you like to pay？にミスリードされて **4** を選んではいけない。sir は男性に対するていねいな呼びかけ。that's ～は，お店などで「合計は～」に当たる常套句。wallet「財布」

No. 13 解答 3

Script

☆ Dad, can we go to the zoo next week？

★ Sure, Lisa, I love the zoo. What animals do you want to see？

☆ Well, there's going to be a special show at the dolphin exhibit. That's what I want to see the most.

★ Oh, great. That sounds like fun.

Question : What is one thing the girl says about the zoo？

訳 ☆パパ，来週，動物園に行けるかな？

★いいとも，リサ。動物園は大好きだよ。どの動物が見たいんだい？

☆そうね，イルカのコーナーで特別ショーをやるの。それが一番見たいわ。

★ほー，いいね。おもしろそうだね。

質問：少女が動物園について言っていることの一つは何か？

選択肢の訳
1 そこには新しいイルカがいる。
2 そこにはあまり動物はいない。
3 特別ショーがある。
4 来週は閉園になる。

動物園に連れていってほしいと頼む少女と父親の会話である。少女の 2 番目の発言 there's going to be a special show at the dolphin exhibit がポイントとなっている。dolphin exhibit が聞き取りにくいだろう。会話には dolphin「イルカ」について new との言及はないので**1**は正解にならない。**3「特別ショーがある」**が正解。exhibit「公開，展示」

No. 14　解答　1

★ Hi, Brenda. Are you OK ? You look tired.
☆ I am. I didn't sleep very well last night.
★ Oh no ! Were you up late studying for exams at the library again ?
☆ No. Didn't you hear the storm last night ? The wind and rain were so loud I didn't fall asleep until about 4 a.m.

Question : Why couldn't the woman sleep last night ?

Script

訳
★やあ，ブレンダ。だいじょうぶかい？　疲れているようだね。
☆そうなのよ。昨日の晩，よく眠れなかったの。
★それはそれは！　また，図書室で遅くまで起きて試験勉強をしていたのかい？
☆いいえ。昨日の晩の嵐が聞こえなかったの？　風と雨の音がうるさくて朝の４時頃まで寝つけなかったわ。

質問：なぜ女性は昨夜，眠れなかったのか？

選択肢の訳
1　天候が悪かった。
2　近所がうるさかった。
3　試験勉強をしなければならなかった。
4　図書室の本を読んでいた。

女性の最後の発言の The wind and rain were so loud I didn't fall asleep … が問いの答えとなる。ここは，so ～ (that) …「たいへん～なので…だ」の構文となっている。and rain が少し聞き取りにくいかもしれないが，その前に Didn't you hear the storm last night ? とあるので，そこが聞き取れれば正答できる。**1「天候が悪かった」**が正解。男性の２番目の発言の Were you up late studying … の聞き取りも要注意。be up late *doing*「遅くまで起きて～する」　storm「嵐」

No. 15　解答　4

★ Highland Hotel. May I help you ?
☆ Hi. I heard that the singer Joe Gray is going to be staying in a room at your hotel tonight. Is that true ?
★ I'm sorry, but I can't give out information about the guests staying here.
☆ I see. Thanks, anyway.

Question : What does the girl want to know about the hotel ?

Script

訳 ★ハイランドホテルです。ご用件をお伺いします。

☆もしもし。歌手のジョー・グレイが今夜，そちらのホテルの部屋に宿泊することになっていると聞きました。本当ですか？

★申し訳ありませんが，こちらに宿泊のお客様に関する情報を公表することはできません。

☆わかりました。ありがとうございました。

質問：少女はこのホテルの何を知りたがったのか？

選択肢の訳
1 安い部屋が空いているか。
2 プールがあるか。
3 コンサートホールは近いか。
4 歌手が宿泊するのか。

男性の最初の発言から，男性がホテルの受付担当であることを理解する。続く少女の発言が問いの解答となる。言い出しのI heard that the singer Joe Gray is … のthe singer Joe Grayは，聞き取れても内容が理解しにくいかもしれない。ここが理解できると，少女が宿泊を希望しているのではないことがわかる。この次の文で，Is that true？と問いかけているので，thatが指している直前の文が少女の知りたいことであるとわかる。したがって，**4「歌手が宿泊するのか」**が正解。これに対する応答のgive out informationのgive out ～「～を公表する」のイディオムが聞き取りにくいかもしれないが，前後から推測できるようにしたい。Thanks, anyway. は，相手が結果的には自分の依頼に応えられなかった場合のお礼の言い方。

No. 16 解答 4

★ Excuse me, Officer. This wallet was on the floor of the train.

☆ Oh, thank you. Could you tell me which train that was?

★ The train from Toronto. It just arrived at Platform 7.

☆ Could you give me your name and phone number, please? The owner may want to thank you, too.

Question : What do we learn about the man?

Script

訳 ★すみません，おまわりさん。この財布が電車の床に落ちていました。

☆まあ，それはありがとうございます。どの電車だったか教えていただけますか？

★トロント発で，7番プラットフォームに着いたところです。

☆お名前と電話番号をお願いできますか？　所有者もお礼を言いたいかもしれませんから。

質問：男性について何がわかるか？

選択肢の訳
1 電車の切符を買いたがっている。
2 降りる駅を間違えた。

3　トロント行きの電車に乗りそこなった。

4　電車で財布を見つけた。

男性の最初の発言の officer「警官」を聞き取って理解できると，後の流れの理解に役立つ。財布を拾った男性と警官（女性）の会話である。以下，乗っていた電車の情報が続き，警官が男性の名前と電話番号を尋ねて終わる。したがって，解答の参照箇所は男性の最初の発言であり，**4「電車で財布を見つけた」**が正解。Could you ～？は依頼を表し，Can you ～？よりもていねいな表現になる。

No. 17　解答　2

Script

☆ Oh no! We missed our bus. The movie's going to start in 15 minutes.

★ Well, there's no subway station around here. Should we get a taxi?

☆ No. If we hurry, we might be able to walk to the movie theater in time. It's not that far.

★ You're right. Taxis are expensive anyway. Let's go.

Question: How will the couple go to the movie theater?

訳

☆わー！　バスに乗り遅れたわ。映画はあと 15 分で始まるわ。

★うーん，このあたりに地下鉄の駅はないし。タクシーに乗った方がいいかな？

☆いいえ。急げば映画館まで歩いても間に合うわ。そんなに遠くないもの。

★そうだね。とにかく，タクシーは高いしね。行こう。

質問：二人はどうやって映画館へ行くだろうか？

選択肢の訳

1　バスで。　　2　歩いて。

3　タクシーで。　　4　地下鉄で。

女性の最初の発言の We missed our bus. をしっかり聞き取ることがポイントである。それができれば，後は自然と，代わりにどのような交通手段をとるかに注意が向かうだろう。女性の 2 番目の発言が解答の参照箇所となる。したがって，**2「歩いて」**が正解。It's not that far. の that が聞き取りにくいかもしれないが，解答には影響ないだろう。so と同じ意味の副詞である。anyway「とにかく」

No. 18 解答 **2**

★ Welcome to Benson's Toy Shop. How can I help you?
☆ Hi. Do you sell any toys from the movie *Space Race*? My son's a big fan, and he collects everything related to it. His birthday's next month, and I'd like to get him something.
★ Sure. We have lots of *Space Race* toys. We also have models, posters, and other goods.
☆ Great. Can you show me where they are?

Question: Why is the woman at the store?

Script

訳
★ベンソントイショップへようこそ。何をお探しですか？
☆こんにちは。映画『宇宙競争』のおもちゃは何か売っておられますか？　息子が大ファンで，その映画に関係のあるものを何でも集めているんです。誕生日が来月なので，何か買ってやりたいんです。
★かしこまりました。『宇宙競争』のおもちゃはたくさんございます。また，模型やポスターや他のグッズもあります。
☆よかった。どこにあるか教えてくださいますか？

質問：なぜ女性はその店にいるのか？

選択肢の訳
1 中古のおもちゃを売りたい。
2 プレゼントを探している。
3 ポスターを必要としている。
4 『宇宙競争』のDVDを失くした。

男性の最初の発言から，男性が玩具店の店員で，応対しているのは客であろうと推測できる。*Space Race* が映画のタイトルであることが聞き取れれば，会話の流れを理解するのに助けとなるだろう。His birthday's next month と短縮形で発音されていることに注意。この文に続く I'd like to get him something から，**2**「プレゼントを探している」が正解となる。
goods「（複数扱いで）品物」

No. 19 解答 3

☆ Hello?
★ Hi, honey. Sorry to call you at work, but I have great news!
☆ What is it?
★ I just got my winter bonus, and it's bigger than I expected. We can take that vacation to Italy we were thinking about.
☆ That's wonderful! I can't wait to get home and plan our trip.

Question: Why are the man and woman excited?

Script

訳 ☆もしもし。
★もしもし。仕事中に電話してごめん。でもビッグニュースなんだ！
☆どうしたの？
★冬のボーナスをもらったところなんだけど，思っていたよりも多かったんだ。計画していたイタリアへの休暇旅行に行けるよ。
☆それは素敵！　家に帰って旅行の計画を立てるのが待ちきれないわ。

質問：なぜ男性と女性は興奮しているのか？

選択肢の訳
1 イタリアから来た友だちと会った。
2 男性が出張する。
3 休暇旅行に行ける。
4 男性が転職する。

最初のやり取りから，夫婦の会話であることを理解する。男性の2番目の発言の take that vacation to Italy が即座に理解しにくいかもしれないが，take a trip「旅行をする」などからの類推でおおよその解釈はできるだろう。vacation は「(保養・旅行のための) 休暇」の意味である。以上から，**3「休暇旅行に行ける」**が正解。honey は親しい男女間でよく用いられる呼びかけ。

No. 20 解答 4

☆ What do you want to do in the future, Koji?
★ I hope to play professional baseball here in America, Ms. Baker.
☆ I see. That's why you worked so hard to learn English, right?
★ Yeah, it was really tough. And now I'm working even harder to become a really good baseball player.

Question: What is one thing the boy says?

Script

訳 ☆将来，何をしたいの，コージ？
★ここアメリカのプロ野球でプレーしたいんです，ベイカー先生。

☆なるほど。だからこんなにいっしょうけんめいに英語を勉強したのね？
★そうなんです。本当にたいへんでしたよ。それで今は，本当に上手にプレーできるようになるためにさらにがんばって練習しているんです。

質問：少年が言ったことの一つは何か？

選択肢の訳　**1**　アメリカで生まれた。
2　野球のコーチが好きだ。
3　英語の授業は簡単だと思っている。
4　アメリカで野球をしたいと思っている。

少年（コージ）と教師（ベイカー先生）の会話である。コージの最初の発言で，I hope to play professional baseball here in America とあるので，**4「アメリカで野球をしたいと思っている」**が正解。**1**「アメリカで生まれた」は，ベイカー先生の２番目の発言に「いっしょうけんめいに英語を勉強した」とあるので不適。**3**「英語の授業は簡単だと思っている」は，it was really tough と４番目の発言でコージが応答しているので不正解。tough は difficult，hard と同義で「難しい」の意味。**2**の「コーチ」については言及がない。even は比較級の形容詞・副詞を強めて「さらに」の意味。

一次試験　リスニング　第３部

No. 21　解答　2

Last night, there was a thunderstorm in Sean's town. The storm ended after a couple of hours, but it had damaged the train lines. When Sean tried to go to work this morning, he found out that the trains were not running. He did not feel like driving his car, so he rode his bicycle to work instead.

Question : Why did Sean ride his bicycle this morning ?

Script

訳　昨夜，ショーンの町で雷雨があった。雷雨は２時間ほどで終わったが，鉄道路線に損害を与えた。今朝ショーンが仕事に行こうとすると，列車が走っていなかった。自分の車を運転する気になれなかったので，代わりに自転車に乗って仕事に行った。

質問：なぜ，今朝ショーンは自転車に乗ったのか？

選択肢の訳　**1**　自動車が壊れていた。
2　鉄道が止まっていた。
3　町を探検したかった。
4　幹線道路が損害を受けていた。

最終文に，he（＝Sean）rode his bicycle to work instead とあるその理由が問われている。第３文（When Sean tried …）で，ショーンが仕事に行こうとしたら，列車が走っていなかったことが述べられている。したがって，**2「鉄道が止まっていた」**が正解。

thunderstorm「雷雨」 a couple of ～「２つの～，２人の～（two ほど厳密ではない）」 damage「〈動〉損害を与える」 feel like *doing*「～したい気になる」 instead「その代わりに」

No. 22 解答 2

Earth Day is a day when people try to help the environment. It started in the United States in 1970. On Earth Day, many people help to clean up their local areas, and other people plant flowers and trees. Earth Day has become a popular event in many countries around the world.

Question : What is one thing that happens on Earth Day ?

Script

訳 アースデーは，人々が環境を救おうとする日である。それは，1970 年に合衆国で始まった。アースデーには，多くの人々が地元地域の清掃を手伝ったり，また花や木を植える人もいる。アースデーは世界の多くの国で人気のある行事となっている。

質問：アースデーで起こることの一つは何か？

選択肢の訳
1 多くの人が緑色の服を着る。
2 多くの人が地元地域の清掃をする。
3 多くの人が休暇を取る。
4 多くの人が花や木の写真を撮る。

Earth Day について第１文が聞き取れれば，以降の流れがおおよそ推測できるだろう。第３文（On Earth Day …）以降がその行事の内容である。第３文に，many people help to clean up their local areas とあるので，**2**「多くの人が地元地域の清掃をする」が正解。第１文の when は関係副詞で前の day を先行詞とする。第３文の plant「植える」が聞き取れれば，**4** は誤りであることがわかる。environment「環境」

No. 23 解答 4

Mr. Tanaka retired last week after working at a bank for 45 years. Now, he wants to travel. His granddaughter is studying at a university in Sydney, and Mr. Tanaka will go there to see her next month. They plan to see the sights in the city and take a trip to the mountains nearby.

Question : What is one thing that Mr. Tanaka will do in Sydney ?

Script

訳 田中さんは 45 年間銀行に勤めた後，先週退職した。今は旅行したがっている。孫娘がシドニーの大学に留学しているので，田中さんは来月，彼女に会いにいくことになっている。二人は市内を観光し，近くの山に行ってみるつもりである。

質問：田中さんがシドニーですることの一つは何か？

選択肢の訳　1　銀行で働く。　2　大学で勉強する。
3　旅行客を案内する。　4　孫娘を訪ねる。

問いにある Sydney から，第 3 文（His granddaughter is …）の内容が思い出されればよい。第 3 文には，孫娘が Sydney に留学していること，彼女に会いにいくことになっていることが述べられている。したがって，**4「孫娘を訪ねる」**が正解。retire「退職する」 sight「観光名所」

No. 24　解答　1

Sandra's college is far from her home, so she wants to get a car to drive to school every day. She has a part-time job, but she also has to pay her school fees. Yesterday, her father offered to buy a car for her if she pays for the gasoline herself. Sandra agreed, and they will go look for one tomorrow.

Question : What did Sandra's father say he will do for her ?

Script

訳　サンドラの大学は家から遠い。それで，毎日学校に車で通えるように自動車を手に入れたいと思っている。彼女はアルバイトをしているが，授業料も払わなければならない。昨日，父親が，ガソリン代を自分で払うなら，車を買ってあげようと申し出た。サンドラは同意し，二人は明日探しにいくつもりである。

質問：サンドラの父親は彼女に何をしてあげようと言ったか？

選択肢の訳　1　彼女に自動車を買ってあげる。
2　彼女に仕事を見つけてあげる。
3　彼女を大学に連れていく。
4　彼女に運転を教える。

第 1 文で，サンドラは通学のために自動車をほしがっていることが述べられる。続く第 2 文に She has a part-time job とあるので，以降で車の入手に向かって話題が展開することが推測できる。第 3 文（Yesterday, her father …）に，her father offered to buy a car for her とあるので，**1「彼女に自動車を買ってあげる」**が正解。質問の What did Sandra's father say he will do for her ? が複雑な構文になっているので，しっかりと内容を聞き取りたい。What he will do for her が did Sandra's father say の目的語になっている。a part-time job「アルバイト」 school fees「授業料」 offer「申し出る」

No. 25 解答 3

Welcome to the Maytown public pool. Our opening hours are between 7 a.m. and 6 p.m., Tuesday to Sunday. However, the indoor pool will be closed for repairs tomorrow from 7 a.m. to 12 p.m. The outdoor pool will be open, but the Maytown High School swim team will use two of the lanes for practice.

Question : What is one thing that the speaker says?

Script

訳 メイタウン公営プールへようこそ。開館時間は，火曜日から日曜日の午前7時から午後6時です。ですけれども，屋内プールは明日，午前7時から正午まで修理のため休館します。屋外プールは開いていますが，メイタウン高校の水泳部が2レーンを練習に使用します。

質問：アナウンスが言っていることの一つは何か？

選択肢の訳 **1** 水泳部は今日は屋内プールを使えない。
2 高校生は屋外プールを使ってはいけない。
3 屋内プールは明日の午前中は休館になる。
4 屋外プールは正午に修理される。

公営プールの館内アナウンスと思われる内容である。第3文（However, the indoor …）に，the indoor pool will be closed for repairs tomorrow from 7 a.m. to 12 p.m. とあるので，**3「屋内プールは明日の午前中は休館になる」**が正解。repairs が聞き取れないかもしれないが，他の部分が聞き取れれば解答できる。repair「修理（する）」 practice「練習」

No. 26 解答 4

Natalie and Ted are getting married next summer and are now planning their wedding. However, they cannot decide on where to have it. Natalie wants to have it at a church, but Ted wants to have it at a hotel. They decided to ask Ted's sister to help them choose because they think she makes good decisions.

Question : How will Natalie and Ted choose a place for their wedding?

Script

訳 ナタリーとテッドは来年の夏に結婚する予定で，現在結婚式の計画を立てているところだ。しかしながら，どこで式を挙げるかを決められないでいる。ナタリーは教会でしたいと思っているし，テッドはホテルでしたいと思っている。二人はテッドの姉に選ぶのを助けてくれるように頼むことにした。彼女ならよい決定ができると思ったからだ。

質問：ナタリーとテッドはどのようにして結婚式の場所を選ぶのか？

選択肢の訳 **1** たくさんのホテルを見てまわる。

2　ナタリーの教会の人たちに尋ねる。
3　何人かのウエディング・プランナーに尋ねる。
4　テッドの姉にアドバイスをしてもらう。

ナタリーとテッドの結婚式の挙式場所をめぐる相談の内容が述べられている。第3文（Natalie wants to …）で，二人の希望が分かれていることが述べられ，最終文でテッドの姉に助けを求めることにしている。したがって，**4「テッドの姉にアドバイスをしてもらう」**が正解。本文の ask Ted's sister to help them choose が，選択肢では get advice from Ted's sister と言い換えられている。第2文（However, they cannot …）の have it の it は前文の wedding を受けている。help *A* *do*「*A* が～する手助けをする」 make decisions「決定を下す」

No. 27　解答　1

The clouded leopard is an animal that lives in many places in Asia. Its fur has large, dark spots that are a similar color to plants and leaves, and this helps it hide in the forest. The clouded leopard is also good at climbing trees. It hides in trees to rest during the day, and it comes down to hunt other animals at night.

Question : What is one thing that we learn about the clouded leopard ?

Script

訳　ウンピョウは，アジアの多くの地域にすむ動物である。その毛皮には，草や木の葉と似た色の大きくて黒い斑点があり，森で隠れるのに役立っている。また，ウンピョウは木登りが得意である。日中は木々の間に隠れて休み，夜に降りてきて他の動物を狩る。

質問：ウンピョウについて学んだことの一つは何か？

選択肢の訳　1　木々の間に隠れるのが得意である。
2　木の葉を食べる。
3　短時間休む。
4　その色を変えることができる。

第1文の clouded leopard「ウンピョウ」が聞き取れても意味を把握できないと思われるので，that 以下で，それがどのような動物であるかを求めて聞いていくことになる。第3文に The clouded leopard is also good at climbing trees. とあり，第4文に It hides in trees to rest during the day とある。この2文をまとめた**1「木々の間に隠れるのが得意である」**が正解となる。fur「毛皮」 similar to ～「～に似た」 help *A* *do*「*A* が～するのに役に立つ」 hide「隠れる」

No. 28　解答　3

Mr. Williams has a computer, but he finds it difficult to do some things with it. For example, he can send e-mails to his daughter, but he cannot add pictures to them. Mr. Williams wants to learn how to use his computer better, so he will go to a class at the local library tomorrow.

Question : What does Mr. Williams want to do ?

Script

訳　ウィリアムズ氏は，コンピュータを持っているが，使ってみるとそれで何かをするのは難しかった。例えば，娘にＥメールを送ることはできるが，それに画像を添付することはできない。ウィリアムズ氏は，もっと上手なコンピュータの使い方を習いたいと思い，それで明日，地元の図書館でやっている教室に行くつもりである。

質問：ウィリアムズ氏は何をしたいと思っているか？

選択肢の訳
1　娘にＥメールを送る。
2　地元の図書館の写真を撮る。
3　コンピュータをもっと上手に使えるようになる。
4　コンピュータに関する本を借りる。

最終文に，Mr. Williams wants to learn how to use his computer better, … とあるので，3「コンピュータをもっと上手に使えるようになる」が正解。ここの learn … better が選択肢では，get better at using his computer と言い換えられている。解答には影響しないが第２文（For example, he …）の add pictures の add「付け加える，添付する」が聞き取りにくいかもしれない。文脈から理解できるように練習したい。borrow「～を借りる」

No. 29　解答　1

Peggy took her brother Matt to the zoo last Saturday. They made sandwiches to take for lunch and took the bus there. After they arrived, Matt noticed he did not have their lunch bag. He had put it on the bus seat and forgotten it there. Luckily, Peggy had enough money to buy lunch for them at the zoo's restaurant.

Question : What was Peggy's brother's problem ?

Script

訳　ペギーは，先週の土曜日に弟のマットを動物園に連れていった。二人はお弁当に持っていくようサンドイッチを作り，バスで行った。到着すると，マットは弁当袋を持っていないことに気がついた。彼はバスの座席に置いて，そこに忘れてきたのだ。幸運にもペギーが，動物園のレストランで二人のお昼を買うには十分のお金を持っていた。

質問：ペギーの弟の問題とは何であったのか？

選択肢の訳
1　二人のサンドイッチをバスに置き忘れてきた。

2　動物園の入場券を買い忘れた。
3　バスの座席を破損した。
4　お昼のお金を失くした。

第 2 文に They（＝Peggy and Matt）made sandwiches to take for lunch とあり，第 4 文（He had put …）に，（he had）forgotten it（＝their lunch bag）there（＝on the bus seat）とあるので，**1「二人のサンドイッチをバスに置き忘れてきた」**が正解となる。forgotten it の it が聞き取りにくいかもしれない。弱く発音される代名詞に慣れておきたい。damage「～に損害を与える」

No. 30　解答　3

Good afternoon. Welcome to today's driving class. First, we'll spend an hour in the classroom, and I'll tell you about road rules and how to be a safe driver. Then, we'll have some actual driving practice. Each of you will get to drive a car for about 30 minutes. Now, let's go over the basic rules of the road.

Script

Question : What will the students do now ?

訳　こんにちは。本日の運転教室へようこそ。まず最初に教室で 1 時間過ごし，交通ルールと安全運転者になる方法を私が話します。次に，実際に車の運転の練習をします。一人それぞれ約 30 分間運転する機会があります。さあ，基本的な交通ルールのおさらいをしましょう。

質問：生徒たちはこれから何をするのか？

選択肢の訳　1　自動車を運転する。
2　休憩する。
3　交通ルールの学習をする。
4　教官たちに会う。

最終文に Now, let's go over the basic rules of the road. とあるので，**3「交通ルールの学習をする」**が正解。この文と質問にある now は，ともに「これから」の意味で現在から直後の未来を表している。actual「実際の」 practice「練習」 get to *do*「～する機会がある」 go over ～「～を復習する」 instructor「教官」

二次試験　面接　問題カードA

訳

学生とインターネット

学生が，教室でインターネットを使う機会はたくさんある。例えば，レポートを書くために情報を集める。しかしながら，このような情報の中には真実でないものもある。多くの学生は，インターネット上の情報を注意深くチェックし，そうすることによって，よりよいレポートが書けるのだ。おそらく，インターネット上の情報を使うことに関する講座が増えることであろう。

語句・構文

□ collect［kəlékt］「～を集める」　□ information「情報」
□ check「～をチェックする」　□ carefully「注意深く」
□ probably「おそらく」

質問の訳

No. 1　本文によれば，多くの学生はどのようにしてよりよいレポートを書くことができますか？

No. 2　さて，イラストAの人々を見てください。それぞれ色々なことをしています。彼らがしていることをできるだけたくさん私に伝えてください。

No. 3　さて，イラストBの少年を見てください。状況を説明してください。

No. 4　あなたは，学校は学生に対してスポーツ活動をもっと多く設けるべきだと思いますか？

No. 5　今日では，多くの人がスーパーマーケットに行くとき買い物袋を持っていきます。あなたはスーパーマーケットに自分の買い物袋を持っていきますか？

No. 1　解答例　**By checking online information carefully.**

訳　インターネット上の情報を注意深くチェックすることによって。

第4文（Many students check …）の後半 and 以下にある by doing so「そうすることによって」の後に they are able to write better reports とあり，質問文で使われている。したがって，by doing so が受けている第4文前半を答えればよい。how で問われたときは，By *doing*「～することによって」と答えることができるが，They check … と主語・動詞を含めて答えてもよい。

No. 2　解答例　**A woman is carrying a chair. / A girl is taking a book from the shelf〔putting a book on the shelf〕. / A girl is opening the curtain. / A boy is using a computer. / A boy is picking up a pen.**

訳　女性が椅子を運んでいる。／少女が棚から本を取っている〔本を棚に置いている〕。／少女がカーテンを開けている。／少年がコンピュータを使っている。／少年がペンを拾っている。

イラストの中には5人の人物が描かれている。説明しやすいものから順番にすべて説明するようにしよう。質問文には They are doing different things. とあるので，説明の際には基本的に現在進行形を用いること。take *A* from *B*「*B* から *A* を取る」 shelf「棚」 curtain「カーテン」 pick up *A* / pick *A* up「*A* を拾う」

No. 3 解答例 **He dropped his cup〔drink/juice〕, and is thinking of cleaning the floor.**

訳 彼はカップ〔飲み物／ジュース〕を落とし，床を拭こうと思っている。

イラスト全体に大きく描かれている状況と，吹き出しの中に小さく描かれている少年が今考えているであろうことの２つの内容を盛り込むことが重要。つまり，A「カップを落とした」とB「床を拭く」の２点である。つなぎ方は A, so B としてもよい。

No. 4 解答例 （Yes. → Why ?） **Playing sports will help keep students healthy. Some students don't have the time to exercise after school.**

（No. → Why not ?） **Most schools already have a lot of sports activities. Also, some students don't enjoy playing sports.**

訳 **（Yes. の場合）** スポーツをすることは，学生が健康を保つのに役立つ。学生の中には放課後に運動をする時間がない者もいる。

（No. の場合） たいていの学校はすでに多くのスポーツ活動を行っている。また，なかにはスポーツをするのを楽しめない学生もいる。

まず，Yes. / No. で賛成か反対かを明確にする。そのあと，自分の意見を裏付ける根拠について述べる。根拠はできる限り２つは答えるようにしたい。〔解答例〕のように Also, ～「また，～」として１つ目の文とは異なる根拠を示してもよいし，For example, ～「例えば，～」として１つ目の文をさらに裏付ける文を続けてもよいだろう。activity「活動」 help (to) ***do***「～するのに役立つ」 exercise「運動する」

No. 5 解答例 （Yes. → Please tell me more.） **Using plastic bags is bad for the environment. Also, I can save money by bringing my own bag.**

（No. → Why not ?） **Plastic bags are free at the supermarket near my house. Also, I can use these bags for other things.**

訳 **（Yes. の場合）** ビニール袋を使うことは環境に悪い。また，自分の袋を持参することでお金をためることもできる。

（No. の場合） ビニール袋は，私の家の近くのスーパーマーケットでは無料である。また，その袋を他のことに使うこともできる。

ここでも，理由は２つ述べることが望ましい。Yes. の場合は Using plastic bags means wasting natural resources.「ビニール袋を使うことは天然資源の無駄遣いを意味する」，Plastic bags will become trash.「ビニール袋はごみになる」なども考えられるだろう。plastic bag「ビニール袋」 free「無料の」

二次試験　面接　問題カードD

訳

野生植物

日本では，多くの人が山で採れた野生植物を好んで食べている。おいしくて健康によいからだ。そのため，このような植物を料理に使うために採集する人が増えている。しかしながら，野生植物の中には吐き気をもよおさせるものもあるので，そういうものは食べてはいけない。採集する前に，野生植物のことを勉強する必要がある。

語句・構文

□ wild「野生の」　□ plant「植物」　□ delicious「おいしい」
□ collect［kəlékt］「～を採集する」　□ sick「吐き気のする」　□ pick「摘む」

質問の訳

No. 1　本文によれば，なぜ一部の野生植物は食べてはいけないのですか？
No. 2　さて，イラストAの人々を見てください。それぞれ色々なことをしています。彼らがしていることをできるだけたくさん私に伝えてください。
No. 3　さて，イラストBの男性を見てください。状況を説明してください。
No. 4　あなたは，将来，家庭でクッキーやケーキを作る人が増えると思いますか？
No. 5　最近，テレビにたくさんのニュース番組があります。あなたはテレビでニュース番組を見ますか？

No. 1　解答例　**Because they can make people sick.**

訳　吐き気をもよおさせるから。

第3文（However, some wild …）の後半 so 以下に，they（＝some wild plants）should not be eaten とあり，質問文で使われている。so は「それで」の意味で結果を表す接続詞であるから，so までのところが理由になっている。そこを答えればよい。why で問われているので Because で始めて答えればよい。

No. 2　解答例　**A girl is running after a dog. / A man is getting into a boat. / A man is setting the table〔putting plates on the table〕. / A boy is swimming in the water. / A woman is playing the guitar.**

訳　少女が犬を追いかけている。／男性がボートに乗り込もうとしている。／男性がテーブルをセットしている〔テーブルにお皿を置いている〕。／少年が池で泳いでいる。／女性がギターを弾いている。

イラストの中には5人の人物が描かれている。説明しやすいものから順番にすべて説明するようにしよう。質問文には They are doing different things. とあるので，説明の際には基本的に現在進行形を用いること。run after ～「～を追いかける」 get into ～「～に入る，乗り込む」 set the table「テーブルをセットする，食卓を整える」 water「（川・海・湖などの）水，水中」

No. 3 解答例 **He wants to buy the shoes in the catalog, but the store doesn't have them.**

訳 彼はカタログの靴を買いたいのだが，その店には置いていない。

イラスト全体に大きく描かれている状況と，吹き出しの中に小さく描かれている店員の言おうとしていることの２つの内容を盛り込むことが重要。つまり，A「青年が靴を買おうとしている」とB「その靴は置いていない」の２点である。つなぎ方は A, but B とするのがよいだろう。catalog「カタログ」

No. 4 解答例 （Yes. → Why？） **It's a lot of fun to make cookies and cakes at home. Also, there are more and more websites about making sweets than before.**

（No. → Why not？） **People are getting busier these days. Also, I don't think many people have ovens at home.**

訳 **（Yes. の場合）**家庭でクッキーやケーキを作るのはとても楽しいことである。また，お菓子作りのウェブサイトが以前よりもますます増えている。

（No. の場合）近頃は，皆が忙しくなっている。また，多くの人が自宅にオーブンを持っているとは思えない。

まず，Yes. / No. で賛成か反対かを明確にする。そのあと，自分の意見を裏付ける根拠について述べる。根拠はできる限り２つは答えるようにしたい。〔解答例〕のように Also, ～「また，～」として１つ目の文とは異なる根拠を示してもよいし，For example, ～「例えば，～」として１つ目の文をさらに裏付ける文を続けてもよいだろう。「楽しい」の表現に fun を用いる場合，fun は名詞なので「とても」は very ではなく a lot of を用いることに注意。

No. 5 解答例 （Yes. → Please tell me more.） **We can learn about the world from news programs on TV. Also, there are news programs for young people.**

（No. → Why not？） **I like to get news from the Internet. The Internet has more information.**

訳 **（Yes. の場合）**テレビのニュース番組から世界のニュースを知ることができる。また，若者向けのニュース番組もある。

（No. の場合）私はインターネットでニュースを入手するのを好む。インターネットの方がより多くの情報がある。

ここでも，理由は２つ述べることが望ましい。Yes. の場合 It's more interesting to watch news programs on TV than to read in the newspapers.「新聞で読むよりテレビのニュース番組を見る方がおもしろい」，No. の場合は We can read news by using a smartphone at any time and any place we like.「スマートフォンを使うことによって，いつでもどこでも好きなときにニュースを読むことができる」なども考えられるだろう。

2017年度 第3回

Grade Pre-2

一次試験 解答一覧

● 筆記

1	(1)	(2)	(3)	(4)	(5)	(6)	(7)	(8)	(9)	(10)
	4	3	1	2	2	2	4	3	1	4
	(11)	(12)	(13)	(14)	(15)	(16)	(17)	(18)	(19)	(20)
	2	4	2	4	2	1	1	2	4	3

2	(21)	(22)	(23)	(24)	(25)
	1	4	2	4	2

3				
A	(26)	(27)		
	4	2		
B	(28)	(29)	(30)	
	3	1	4	

4				
A	(31)	(32)	(33)	
	3	1	2	
B	(34)	(35)	(36)	(37)
	2	3	4	1

5（ライティング）の解答例はP. 14を参照。

● リスニング

第1部	No. 1	No. 2	No. 3	No. 4	No. 5	No. 6	No. 7	No. 8	No. 9	No. 10
	3	1	1	2	3	3	2	2	1	1

第2部	No. 11	No. 12	No. 13	No. 14	No. 15	No. 16	No. 17	No. 18	No. 19	No. 20
	3	1	3	1	3	4	2	4	1	2

第3部	No. 21	No. 22	No. 23	No. 24	No. 25	No. 26	No. 27	No. 28	No. 29	No. 30
	3	1	1	2	4	2	3	2	4	1

一次試験　筆記　1

(1)　解答　4

訳　トレイシーは理科の授業で月についてのレポートを書く必要があった。彼女はその話題についてより多くの情報を得るためにインターネットを検索した。

第１文で「月についてのレポートを書く」とあるので，レポートを書くためにインターネットを利用することがわかる。第２文の後半に「より多くの情報を見つけるために」とあるので，正解は **4 searched「～を検索した」**。**1** noted「～に注目した」　**2** announced「～を発表した」　**3** packed「～を詰めた」

(2)　解答　3

訳　A：このスカートはきつすぎるわ。もっと大きいサイズのものはないの？
B：在庫を見てまいります，お客様。

スカートのサイズについての会話。Aが第２文で「もっと大きなサイズ」と発言しているので，スカートのサイズが小さすぎたことがわかる。正解は **3 tight「きつい」**。**1** near「近い」　**2** fair「公正な」　**4** thick「厚い」

(3)　解答　1

訳　A：パパ，オレンジジュースを全部飲んじゃった。もっとある？
B：１リットル全部？　そんなにたくさんの量を飲んだなんて信じられないよ。

Aの発言に「オレンジジュースを全部飲んだ」とあり，それに対して父親のBが「１リットル全部？」と問い返しているので，Aが飲んだ量は１リットルとわかる。それに対して父親が「そんなにたくさんの～」と言っているので，正解は **1 amount「量」**。**2** approach「接近」　**3** detail「詳細」　**4** damage「損害」

(4)　解答　2

訳　A：今学期ジャニスはすべてのテストで素晴らしい成績を収めたわね。
B：そうだね。彼女は確かに熱心に勉強しているよ。

Aの発言からジャニスが素晴らしい成績を収めたことがわかる。それに対してBが「彼女は熱心に勉強している」と述べている。このBの発言内容に対して肯定していく言葉が正解となる。正解は **2 certainly「確かに」**。**1** kindly「親切にも」　**3** lazily「だらだらと」　**4** technically「技巧的に，厳密に言えば」

(5)　解答　2

訳　森林が切り倒されるときには多くの野生動物が危険に晒される。彼らのすんでいるところは破壊されてしまい，彼らが新たにすむ場所を見つけるのは困難だ。

第１文に「野生動物が危険に晒される」とあり，第２文に「新しい家を見つけるのは困難」とあるので，正解は **2 destroyed「破壊された」**。**1** practiced「実践された」　**3** confused「困惑した」　**4** indicated「示された」

(6) 解答 2

訳 何年も前，その学校は教室での携帯電話の使用を禁止するという規則を制定した。それは生徒たちが学習により熱心に励めるようにするためだった。

空所を含む部分は「その学校は教室での携帯電話の使用を禁止するという（　　）を制定した」という意味。直後に生徒が学習しやすいようにという内容が続くので，新たな校則を制定したと考えることができる。したがって，正解は **2 rule「規則」**。なお，空所直後のthat は〈同格〉を表している。**1** host「主人」 **3** success「成功」 **4** prize「賞」

(7) 解答 4

訳 その映画の中で，英雄は剣でドラゴンを攻撃した。英雄はとても強かったので，すぐにドラゴンを殺した。

「剣で」という表現があり，また，後半に「ドラゴンを殺した」という内容が続くので，正解は **4 attacked「～を攻撃した」**。**1** gathered「～を集めた」 **2** noticed「～に気づいた」 **3** reminded「～に思い出させた」

(8) 解答 3

訳 A：このテレビ番組は退屈ね。野球の試合はやってるかしら？
B：どうだろう。他のチャンネルを見てみよう。

AとBがテレビを見ている場面。Aが「野球の試合はやってるか？」とBに対して尋ねており，それに対してBが「わからない」と答え，その後に「～を見てみよう」と述べているので，正解は **3 channels「チャンネル」**。**1** generations「世代」 **2** ribbons「リボン」 **4** distances「距離」

(9) 解答 1

訳 先生がクラスに質問をするときはいつも，サラが答えようとして一番に手を上げる。

教室で先生がクラスに質問する際の，生徒の動作を考えてみるとよい。空所の直後には her hand「彼女の手」という表現があり，その後に to answer it「それに答えるため」とあるので，「質問に答えるために手を上げる」と考える。正解は **1 raise「～を上げる」**。**2** attract「～を引きつける」 **3** follow「～の後についていく」 **4** press「～を押す」

(10) 解答 4

訳 アリスが家で祖父の幽霊を見たと言ったとき，多くの人は彼女を信じなかった。みんな彼女の空想にすぎないだろうと言った。

空所を含む部分は「彼女の祖父の（　　）を見た」という意味。後半に her imagination「彼女の空想」という表現があり，前半で「多くの人が彼女を信じなかった」と言っているので，（　　）には人が信じないものが入ると考えられる。したがって，正解は **4 ghost「幽霊」**。**1** career「経歴」 **2** record「記録」 **3** prayer「祈り」

(11) **解答** **2**

訳　グレッグは料理が大好きで，一度に食パンを4斤焼くことが**可能な**とても大きなオーブンを買ったばかりだ。そのオーブンはチキンを丸ごと調理することもできる。

オーブンに関する話。後半に can also cook「調理もできる」という表現があるので，前半は「パンを焼ける」という意味になることがわかる。正解は **2 (be) capable of (*doing*)「(～することが) 可能である」**。**1** (be) dressed for ～「～用の服装をした」 **3** (be) interested in ～「～に興味がある」 **4** (be) separate from ～「～から離された」

(12) **解答** **4**

訳　ジェニファーは今日学校に眼鏡を持ってくるのを忘れた。黒板に何が書かれているか**見え**なかったので，先生に前の方に座っていいか尋ねた。

「眼鏡を忘れた」，「前の方に座る」という内容から黒板がよく見えないということが推測できる。正解は **4 make out ～「～を見分ける」**。**1** shake up ～「～を動揺させる」 **2** push up ～「～を上へ押す」 **3** sell out「売り切れる」

(13) **解答** **2**

訳　カールの隣人は昨夜パーティーを開いていた。パーティーの騒音が原因で，カールは午前2時くらいまで**眠れ**なかった。

空所の直前に fall という動詞があり，「パーティーの騒音が原因で」という表現があるので，「眠れなかった」と考える。正解は **2 asleep「眠って」**。**1** alike「よく似た」 **3** alone「一人で」 **4** aboard「(乗り物に) 乗って」

(14) **解答** **4**

訳　A：ケイコ，この夏のどこかで遊びにいっていいかしら？　いつ夏の予定**がわかる**の？
B：今週には決めようと思っているの。

BがAの問いかけに対し，「今週決める」と答えているので，AはBに夏の予定がわかるのがいつか尋ねたと考えられる。正解は **4 (be) sure about ～「～を確信する」**。**1** (be) eager for ～「～を熱望して」 **2** (be) open to ～「～を受け入れて」 **3** (be) fond of ～「～を好んで」

(15) **解答** **2**

訳　ある一家が飼っている犬を助けるために，その消防士は自らの命**の危険を冒して**，燃える建物の中へと走っていった。彼が犬を抱えて出てきたとき，近隣の住民は彼の勇敢さをほめたたえた。

火事の場面。空所を含む部分は「消防士は犬を助けるために命（　　）燃える建物に入った」という内容。したがって，正解は **2 at the risk of ～「～の危険を冒して」**。**1** by the side of ～「～のそばに」 **3** in the course of ～「～の間に」 **4** on the edge of ～「～が差し迫って」

(16) **解答　1**

訳　昔，多くの人がこの世界は平らだと考えていた。しかし，彼らは間違っているということが明らかになった。実際にはこの世界は丸いのだ。

最終文に「この世界は丸い」と述べられているので，この世界が平らだと思っていた人々が間違っていたことになる。したがって，正解は **1 turned out「判明した」**。**2** looked up「見上げた」 **3** watched out「気をつけた」 **4** came up「生じた」

(17) **解答　1**

訳　A：新しい自転車のためのお金は十分たまったの？
B：まだなんだ。今までのところ 60 ドルしかたまってないんだよ。1 年くらいはかかりそうだよ。

Aの「お金がたまったのか」という問いかけに対し，Bは「まだ」と答えており，その後に具体的な金額を答えている。最後に「1 年はかかる」と述べているので，60 ドルという金額は現在までの貯金額だとわかる。正解は **1 far**。so far で「今までのところ」という意味。**2**（so）long「（とても）長い間」 **3**（so）well「（とても）上手に」 **4**（so）little「（とても）少ない」

(18) **解答　2**

訳　ジェイソンは就職面接においてうまくいく方法についての授業を受けた。彼は準備の仕方，何を着ていくべきか，質問への答え方を学んだ。

空所の直後に job interviews という表現があるので，この名詞と結びついて意味の通る修飾表現を作る前置詞が入るとわかる。正解は **2 in「～において」**。do well in ～「～でうまくいく，～で成功する」 **1** over「～を越えて」，**3** behind「～の後ろに」，**4** to「～へ」はどれも文意に合わない。

(19) **解答　4**

訳　A：数学のテストでこんなにひどい点数をとったなんて信じられないよ。もっと勉強するべきだったよ。
B：そうだね。もう今さらくよくよしてもしょうがないよ。今度もっといい点数がとれるように努力しないと。

テストの点数が悪かったと嘆くAに対してBが励ましている場面。it's no use *doing* で「～しても仕方がない」という意味を表す表現。したがって，正解は **4 worrying** となる。

(20) **解答　3**

訳　A：ヨーロッパでの休暇は素晴らしかったよね？　パリとローマがとても気に入ったわ。
B：そうだね，とても良かったね。でも，僕はロンドンが一番楽しかったな。いつかまた行ってみたいよ。

休暇でヨーロッパへ行った二人の会話。パリとローマが気に入ったというAに対してBはロンドンが一番楽しかったと言っている。空所の直前に the があるので，最上級だとわかる。したがって，正解は **3 most** である。

一次試験　筆記　2

(21) **解答**　**1**

訳　A：サリー，クッキーの味はどう？　私が作ったの。
B：美味しいわよ。チェリー味が本当に美味しいわ。
A：ありがとう。もう少しいかが？
B：ありがとう，でも遠慮しておくわ。もうお腹いっぱいなの。

クッキーについての二人の会話。空所はAがBに質問しているところ。Aの質問に対して，BがNo, thank you.「もういらない」と答えているので，AがBにクッキーをさらに勧めたことがわかる。したがって，正解は**1**「もう少しいかが（？）」。**2**「いくつか売りたいの（？）」 **3**「それらをすべて買ったの（？）」 **4**「もうそれらを作ったの（？）」

(22) **解答**　**4**

訳　A：ハーベイ写真館へようこそ。どのようなご用件でしょうか？
B：携帯電話の写真を印刷したいのですが。どれくらい時間がかかりますか？
A：あちらの機械をご利用になられたら，すぐに印刷できます。
B：素晴らしい，すぐに欲しかったの。ありがとう。

写真館での店員と客の会話。空所はBの問いかけに対してAが答えているところ。Bは「どのくらい時間がかかるか」と尋ねている。また，Aの答えに対して，「素晴らしい」と答え，写真がすぐに必要だと述べているので，Aの答えの内容は「時間があまりかからない」というニュアンスになると推測できる。したがって，正解は**4**「すぐに印刷できます」。**1**「それの方が安く済みます」 **2**「数日かかります」 **3**「それらを注文できます」

(23) **解答**　**2**

訳　A：リジー，今週何か一緒にしない？
B：いいわよ。週末は忙しいけれど，他の日なら大丈夫よ。
A：わかったわ。金曜日にテニスをするのはどう？
B：いいわね。運動しなきゃと思ってたのよ。

友人同士の会話。AがBに一緒に何かしようと誘っている場面。Bが最初の発言で「週末は忙しい」と述べているので，**3**「土曜日にアイススケートに行く」，**4**「日曜日にダンスレッスンを受ける」は文脈に合わない。また，Bが2番目の発言で「運動が必要」と述べているので，**1**「木曜日に映画を見る」も文脈に合わない。したがって，正解は**2**「金曜日にテニスをする」。

(24) **解答**　**4**　(25) **解答**　**2**

訳　A：すみません，店員さん。
B：はい，どうされましたか？
A：席を変えていただきたいのですが。ここは寒すぎて。
B：あちらのテーブルはいかがでしょうか？　窓から遠いので，暖かいと思います。

A：ありがとう。…その席の方がずっといいわ。
B：承知いたしました。ご注文はお決まりでしょうか？
A：いいえ，まだなの。もう少し時間をいただけるかしら。
B：それでは，お決まりになりましたらお呼びください。

レストランで客Aと店員Bが会話をしている。

(24) 空所を含む部分はAがBに何かを頼んでいるところ。空所の直後でAが「寒すぎる」と発言しており，BがAに対して「あちらのテーブルはいかがですか？」と答えているので，Aが頼んだ内容は「寒いから席を移動したい」だと推測できる。正解は **4「席を変える」**。
1「窓のそばに座る」 **2**「食事を注文する」 **3**「毛布を買う」

(25) 空所はBの「注文はお決まりですか？」という問いかけに対してAが答えているところ。Aの返答に対してBが「決まったらお知らせください」と答えているので，注文はまだ決まっていないことがわかる。**1**「本日のおすすめは何か知りたい」，**4**「サラダをいただきたい」はBの返答に合わない。**3**「食事はいらない」はレストランの客の発言としてはおかしい。したがって，正解は **2「もう少し時間をください」**。

一次試験　筆記　3 A

訳

フィルのパーティー

今年，ジェーンは夫のフィルのために誕生日パーティーを計画することを決めた。彼女はパーティーをとても特別なものにしたかった。というのも，フィルは今年70歳になるからだ。彼女は親類や友人に密かに招待状を送り，一緒にお祝いをするために町にあるフィルのお気に入りのレストランに来るように頼んでいた。

誕生日当日，ジェーンはフィルをレストランへ連れていった。彼らがそこに着いたとき，フィルは，非常に多くの人たちが彼にお誕生日おめでとうとお祝いを述べるのを見て驚いた。最初，フィルは何が起こっているのかわからなかったが，すぐに彼は，人々がみんな彼のために駆けつけてくれたとわかった。彼は素晴らしいパーティーを計画してくれたことをみんなに，特にジェーンに感謝した。彼にとって人生で最高の誕生日になった。

語句・構文

(第1段) □ decide to *do*「～することを決める」 □ secretly「密かに」
□ invitation card「招待状」 □ celebrate「祝福する」
(第2段) □ at first「最初は」 □ thank「～に感謝する」
□ especially「特に」 □ fantastic「素晴らしい」

各段落の要旨

第1段　フィルの誕生日パーティーに向けてのジェーンの準備。
第2段　パーティー当日のフィルの様子。

(26) 解答 4

選択肢の訳
1 家で開かれる　2 ずっと安上がりな
3 普段よりも小さな　4 とても特別な

空所を含む部分は want *A* to *do* で「*A* に～してもらいたい」という形になっている。本文では *A* が the party になっているので，「パーティーを（　　）ものにしたい」という意味になる。空所の直後に because があるので，以下がその理由とわかる。そこには「フィルが今年 70 歳になる」とあるので，ジェーンは記念になるようなパーティーをしたがっていると推測できる。したがって，正解は **4 very special** である。

(27) 解答 2

選択肢の訳
1 ～と話すことに対して怒っている
2 ～を見て驚いている
3 ～と出会うことができない
4 ～を呼ぶことを喜んでいない

パーティーを訪れた際のフィルの様子が答えとなる。空所の直後には「とてもたくさんの人が彼にお誕生日おめでとうとお祝いを述べる」とあるので，それに対してフィルがどのような気持ちになったかを考える。**1**・**3** は文脈上明らかに不自然である。**4** は第 2 段最終文に「最高の誕生日」とあるので，本文の内容と矛盾する。したがって，正解は **2 surprised to see** である。パーティーはフィルに内緒で計画されたので，パーティー会場に到着したフィルは驚いたのである。

一次試験　筆記　3 B

訳

子供にとっての難題

多くの人が公園の遊び場で遊んでいた記憶を持つ。ジャングルジムに登るのが好きな子供もいれば，滑り台やブランコで遊ぶのが好きな子供もいる。しかし，1990 年代以降，遊び場はあまりにも危険だとますます多くの人々が考え始めた。その結果，アメリカの多くの都市でより安全な遊び場の建設が始まった。こうした新しい遊び場では，登り棒は以前のものよりも低くなり，地面もより柔らかくなっている。その結果，子供がけがをする可能性は低くなっている。

たとえそうだとしても，そうした変化が子供にとって良いものではないと考える人々もいる。ノルウェーにあるクイーンモード大学の教授であるエレン・サンドセターは，遊び場は子供の成長に役立つと言う。例えば，子供が高いところへ登ろうとするとき，彼らはたいてい怖がる。しかし，彼らは高いところへ登ろうとし続ける。その結果，何度も挑戦すると，怖がらないようになる。このことから，子供が難題に自ら繰り返し挑戦することで，怖がらないことを学ぶことができるということがわかる。サンドセターは現代の遊び場には十分な難題がないと考えている。

このことが親の頭を悩ませている。彼らは自分たちの子供に，難題に直面し新しいことを学んでほしいと思っているが，それと同時に，けがをしないでほしいとも思っているのだ。この問題の解決を願って，アメリカの地方自治体は遊び場の新しいデザインに目を向け始めた。彼らは，子供たちが安全な環境でワクワクして楽しく課題に挑戦できるような遊び場を建設することを望んでいる。

語句・構文

（第1段）□ more and more ～「ますます多くの～」　□ as a result「結果として」
□ get hurt「けがをする」
（第2段）□ even so「たとえそうだとしても」　□ professor「教授」
□ keep *doing*「～し続ける」　□ by themselves「彼ら自身で」
□ modern「現代の」　□ challenges「難題」
（第3段）□ cause「～を引き起こす」　□ face「～に直面する」
□ local government「地方自治体」　□ provide「～を提供する」
□ environment「環境」

各段落の要旨

第1段　アメリカの公園における遊び場の過去と現在の状況。
第2段　現在の安全な遊び場に対する反対意見。
第3段　子供が安全に難題に取り組める遊び場の建設。

(28)　**解答**　**3**

選択肢の訳　**1**　ブランコを交換する　**2**　登り棒の建設をやめる
3　より安全な遊び場を建設する　**4**　公園を閉鎖する

第1段第3文（However, from the …）で「遊び場が危険すぎる」と述べられており，そのような状況に対して，どのような対処がなされたのかが空所の答えとなる。空所直後に「こうした新しい遊び場では」とあり，さらに「登り棒がより低く」，「地面がより柔らかく」と続くので，危険な遊び場に対してより安全な遊び場が作られたとわかる。したがって，正解は**3 build safer playgrounds**となる。

(29)　**解答**　**1**

選択肢の訳　**1**　何度もした後　**2**　親の助けを得て
3　安全な場所で　**4**　彼らが注意深いときに

第2段第3文（For example, when …）で「子供は高いところに登ろうとすると怖がる」と述べられている。それに続く第4文（However, they keep …）に「子供は登り続ける」とあり，第5文（As a result …）で「怖がらなくなる」とある。ここから「子供は挑戦をしていくうちに怖がらなくなる」という論旨が読み取れる。また，第2段第6文（This shows that …）では「子供は難題に自ら繰り返し挑戦することで，怖がらないことを学ぶ」と述べられているので，論旨は一致する。この部分で「繰り返し」とあるので，正解は**1 after many times**となる。

(30)　**解答**　**4**

選択肢の訳　**1**　人々にお金を与える　**2**　子供に支払うように頼む

3 難しい問題を作る　　　　　　**4** 新しいデザインに目を向ける

第３段第３文（Hoping to solve …）の this problem は直前の「親は自分たちの子供に，難題に直面し新しいことを学んでほしいと思っているが，それと同時に，けがをしないでほしいとも思っている」という内容を指す。この問題を解決するためにとられた対策が，空所の内容となる。第３段最終文に「子供たちが安全な環境でワクワクして楽しく課題に挑戦できるような遊び場を建設する」という記述があるので，難題に挑戦することと安全性を両立させるような新しい環境を作るという内容だとわかる。したがって，正解は **4 looking at new designs** である。

一次試験　筆記　4 A

訳

差出人：ケリー・アプレビー〈kelly-applebee@hemcast.net〉
宛先：ジョン・コールマン〈j-coleman97@linenet.com〉
日付：１月21日
件名：数学の試験

こんにちは，ジョン。
今朝のサッカーの練習は楽しかった？　今週の金曜日にあなたのチームは大きな試合があると聞いたわ。準備はできてる？　その日の晩は空いているから，弟と一緒に試合を見にいこうと思っているの。勝つといいわね！
ところで，来週の数学の試験について質問したかったの。この間のテストはとても成績が悪かったから，しっかり勉強して，次のテストでは良い成績をとりたいの。あなたが数学の授業が難しいって言っていたのを思い出したの。良かったら，一緒に勉強しない？　日曜日に少し時間があるから，図書館で待ち合わせない？
もしあなたが暇なら，終わった後何か楽しいことをしましょう。パレスシアターで『ザ・マン・フロム・マーズ』っていう新しい映画が今週から始まったの。それは１年間火星に移住する宇宙飛行士についてのSF映画なの。彼が地球に戻ってくると，誰もいなくなっているの。そして彼は何があったのか突き止めようとするの。とにかく，あなたの考えを教えてね。試合，頑張ってね！
あなたの友人の
ケリーより

語句・構文

（第１段）□ have fun「楽しむ」　□ be ready for ～「～の準備ができている」
（第２段）□ anyway「ところで，とにかく」　□ do poorly「（結果が）悪い」
□ have trouble「苦労する」　□ would you like to *do*？「～しませんか？」
□ why don't we *do*？「ぜひ～しましょう」
（第３段）□ afterward「その後」　□ be gone「いなくなった」
□ find out ～「～を解明する」　□ let *A* *do*「*A* に～させる」

各段落の要旨

第1段　サッカーの試合に関して。
第2段　数学のテスト勉強へのお誘い。
第3段　テスト勉強の後，観にいく映画について。

(31)　解答　3

質問の訳　ジョンについて当てはまるのは何か？

選択肢の訳
1　彼は前回の大きな試合に勝った。
2　彼は金曜日の晩は暇だろう。
3　彼はサッカーチームに所属している。
4　彼はよく弟とテレビを見る。

第1段第1文に「サッカーの練習を楽しんだ？」という内容があり，続く第2文（I heard your …）に「あなたのチームは今週の金曜日大きな試合がある」という内容があるので，「ジョンがサッカーチームに所属している」ことがわかる。したがって，正解は **3 He plays on a soccer team.** である。なお，金曜日の晩には試合があるので **2** は不正解。

(32)　解答　1

質問の訳　ケリーはジョンに（　　　）と言っている。

選択肢の訳
1　彼女は前回の数学の試験で悪い点をとった。
2　彼女はなかなか勉強するための時間がとれない。
3　彼女は日曜日に図書館から本を借りるつもりである。
4　彼女は違う数学の授業を受けたい。

第2段第2文（I did really …）でケリーが「前回の数学のテストの成績が悪かった」と言っているので，正解は **1 she got a bad grade on her last math test.** である。なお，選択肢では did really poorly が got a bad grade という表現に置き換えられている。第2段最終文（So, why don't …）でケリーがジョンを図書館に誘っているが，これは一緒に勉強するためなので，**3** は不正解。

(33)　解答　2

質問の訳　ケリーは映画『ザ・マン・フロム・マーズ』について何と言っているか？

選択肢の訳
1　それは火星で生まれた男についての話だ。
2　それは新しいSF映画だ。
3　彼女はジョンがそれを楽しんだかどうか知りたがっている。
4　彼女は先週パレスシアターでそれを見た。

第3段第2文（There's a new …）に「新しい映画」という記述があり，続く第3文（It's a science-fiction …）に「それはSF映画で，火星に1年間移住する宇宙飛行士の物語」という内容があるので，正解は **2 It is a new science-fiction movie.** である。また，第3文には「火星に行く」という表現があるので，**1** は不正解。

一次試験　筆記　4 B

訳

リサイクル・オーケストラ

アメリカや日本といった豊かな国では，リサイクルは自然環境を保護するための一般的な方法である。しかし，多くの貧しい国では，リサイクルは人々がお金を稼ぐ大切な方法だ。大人も子供もごみの中から金属などの売ることができる価値のあるものを探す。このようにして，食べものや住居のために必要なお金を得ることができるのだ。南アメリカでは，このようにしてお金を稼ぐ人々がたくさんいる町がある。そのような町の一つがパラグアイのカテウラだ。

カテウラでの生活は時に厳しいものだ。家族にはほとんどお金がなく，ほとんどの子供たちは学校を退学し，まだ幼いうちから働きに出なければならない。しかし，ファビオ・チャベスという男がみんなの暮らしを良くしようと努力をしている。チャベスは2006年にカテウラに移住し，すぐに地域の子供たちに音楽のレッスンを提供し始めた。このレッスンはとても人気が出たが，すべての子供たちが練習できるだけの楽器を彼は持っていなかった。

チャベスは町で集められたごみを使って新しい楽器を作るために，地域の人々と協力することを決めた。まず初めに，彼はニコラス・ゴメスと協力し，古いサラダボウルやフォークを使ってバイオリンやギターを作った。次に，ティト・ロメロとともに，ビンの蓋やスプーンやボタンを使ってクラリネットを作った。熱心に作業し，丁寧に作ったので，彼らは本物の楽器と同じような音が出る楽器を作ることができた。

チャベスはカテウラで，何百人もの子供たちに楽器の演奏の仕方を教えることができた。いまでは，その子供たちの多くが，リサイクル・オーケストラと呼ばれるオーケストラで演奏している。彼らは演奏をするためにさまざまな国へ行く機会があり，自分たちが演奏で稼いだお金は学費や家計費として使っている。リサイクル・オーケストラのおかげで，子供たちとその家族は今ではより良い未来を期待できる。

語句・構文

(第1段)
- □ wealthy「裕福な」　□ recycling「リサイクル」
- □ protect「～を保護する」　□ look through ～「～を調べる」
- □ garbage「ごみ」　□ metal「金属」　□ valuable「価値がある」
- □ in this way「このようにして」　□ housing「住宅，住居」

(第2段)
- □ quit「～をやめる」　□ named「～という名前の」
- □ offer「～を提供する」　□ musical instruments「楽器」

(第3段)
- □ collected「集められた」　□ create「～を創造する」

(第4段)
- □ hundreds of ～「何百もの～」　□ orchestra「オーケストラ」
- □ have the chance to *do*「～する機会がある」
- □ give performances「演奏する」　□ support「～を支える」
- □ thanks to ～「～のおかげで」
- □ have *A* to look forward to「先に楽しみな *A* がある，この先 *A* が期待できる」

各段落の要旨

第1段　貧しい国の人々はリサイクルによって生活費を手に入れている。
第2段　カテウラでファビオ・チャベスが音楽のレッスンを始めたが，十分な数の楽器がなかった。
第3段　チャベスは町の人と協力して，ごみから楽器を作った。
第4段　リサイクル・オーケストラが子供とその家族を助けている。

(34) 解答 2

質問の訳　多くの貧しい国ではなぜリサイクルが大切なのか？

選択肢の訳
1　それは自然環境を保護する最もお金のかからない方法だ。
2　それは人々が生きるために必要なお金を稼ぐ方法だ。
3　それはその国の街を清潔に保つのに役立つ。
4　それは人々にごみを出させないのに役立つ。

第1段第2文（However, in many …）に「貧しい国々ではリサイクルは人々がお金を稼ぐ大切な方法だ」という言及があり，同段第4文（In this way, …）に「食べものや住居のために必要なお金を得ることができる」とあるので，**2 It is a way for people to make the money they need to live.** が正解。なお，第1段第1文に「自然環境を保護する」という表現があるが，これは豊かな国におけるリサイクルについて述べられているものなので，**1**は不正解。

(35) 解答 3

質問の訳　ファビオ・チャベスはカテウラに移住したとき，（　　）

選択肢の訳
1　町には子供たちのための学校がなかった。
2　町に住んでいる家庭は多くなかった。
3　彼は町に住んでいる子供たちに音楽を演奏することを教え始めた。
4　彼はあまりに忙しすぎてそれ以上音楽のレッスンができなかった。

第2段第4文（Chavez moved to …）に「チャベスは移住してすぐに地域の子供たちに音楽のレッスンを提供し始めた」という内容があるので，**3 he began to teach children there to play music.** が正解。

(36) 解答 4

質問の訳　どのようにしてチャベスは楽器を手に入れたのか？

選択肢の訳
1　彼は新しい楽器を買うために両親から受け取ったお金を使った。
2　彼は楽器を買うお金を手に入れるために不要品を売り払った。
3　彼は使わなくなった古い楽器を提供してくれるように地域の人々に頼んだ。
4　彼はごみから楽器を作るために地域の人々と協力した。

第3段第1文（Chavez decided to …）に「チャベスは，町で集められたごみを使って新しい楽器を作るために，地域の人々と協力することを決めた」という内容があるので，**4 He worked with local people to make from garbage.** が正解。

(37) 解答 1

質問の訳 リサイクル・オーケストラに所属する子供たちは（　　）

選択肢の訳 1 旅をすることや家族を助けることができる。

2 そのグループに参加するためにお金を払わなければならない。

3 学校に楽器を買うのを手助けするように頼んでいる。

4 外国に行ってそこにいる子供たちに音楽を演奏することを教える。

第4段第3文（They have the …）に「子供たちはさまざまな国に行って演奏し，稼いだお金を学費や家計を支えるために使っている」という内容があるので，**1 are able to travel and to help their families.** が正解。同じ箇所に子供たちが外国へ旅するという内容があるが，その目的は「演奏する」ことなので，**4** は不正解。

一次試験　筆記　5

解答例 **I think that fast-food restaurants are good for people because they are cheap and convenient. First, fast-food restaurants are cheap, so anybody can buy food there. Second, they are convenient. Even if you do not have time to cook, you can easily get food. That is why I think fast-food restaurants are good for people. (50〜60 語)**

訳 ファストフード店は人々にとって良いものだと思う。なぜならそれらは安くて便利だからだ。まず初めに，ファストフード店は安いので，誰もがそこで食べ物を買うことができる。次に，それらは便利だ。たとえ料理をする時間がなかったとしても，簡単に食べ物を手に入れることができる。そういうわけで，私は，ファストフード店は人々にとって良いものだと思う。

質問の訳 ファストフード店は人々にとって良いものだと思うか？

▶英文は Introduction→Body→Conclusion の構成が基本となる。自分の意見を Introduction で述べ，それに対するサポート（理由，具体例）を Body で行い，最後にもう一度自分の考えを Conclusion で述べるのが大切となる。本問の〔解答例〕の場合は，第1文（I think that …）が Introduction に該当し，第2文（First, fast-food restaurants …），第3文（Second, they are …），そして第4文（Even if you …）が Body に該当し，最終文（That is why …）が Conclusion に該当する。

▶1文目（Introduction）で良いと思うかどうかをはっきり示す必要がある。質問が Do you think ～？と Yes / No で答える疑問文になっているので，Yes, I think so. / No, I don't think so. と答えてもよいし，〔解答例〕のように，I think that fast-food restaurants are good for people として，「私は～だと思う」と意見を述べる形で答えてもよいし，In my opinion, fast-food restaurants are good for people と始めてもいいだろう。大切なのは，まずは自分の主張をはっきりと述べることである。また，語数に余裕があれば，I have two reasons for this. など，理由の数をはっきり述べる表現を入れてもよいだろう。

▶次に Body で自分の主張に対するサポートを述べていく。指定された語数にもよるが，最低でも 2 つくらいは理由を列挙しておきたい。理由を列挙する際には first，second，finally などの序数を使って表すとわかりやすくなる。

▶最後に Conclusion でもう一度自分の主張を述べる。その際には，For these reasons「こうした理由で」，That's why「そういうわけで」といった表現を用いればよいだろう。また，基本的には Introduction で述べた内容を繰り返せばよいが，可能であれば表現を置き換えるのが望ましい。

▶「良いものではない」と答えた場合の理由としては，「健康に良くない」「偏食につながる」などが考えられる。

一次試験　リスニング　第1部

No. 1　解答　3

★＝男性　☆＝女性　（以下同）

★ What are you making, honey? It smells great.

☆ It's called *schnitzel.* It's a popular food from Germany.

★ Wow. Well, I want to try some. I'm so hungry.

☆ **1**　Fine. I'll buy some at the market.

☆ **2**　Well, I didn't feel like cooking tonight.

☆ **3**　OK. It'll be ready in a few minutes.

訳

★ねぇ，何を作っているんだい？　とてもいい匂いがするけど。

☆シュニッツェルというの。ドイツの家庭料理なの。

★へぇ，すごいな。ちょっと食べてみたいなぁ。お腹ペコペコなんだよ。

☆ **1**　わかったわ。市場で買ってくるわ。

☆ **2**　そうねぇ，今夜は料理をする気分じゃないのよ。

☆ **3**　わかったわ。もう数分でできるわよ。

男性の最初の発言から，女性が料理をしているということがわかる。男性が「お腹がすいているから食べたい」というのに対して，女性の発言として適切なのは**3「わかったわ。もう数分でできるわよ」**。

No. 2　解答　1

☆ Where should we go for Christmas vacation, honey?

★ Well, we could go to my mother's house.

☆ But we went there this summer. I'd like to go somewhere warm.

★ **1**　Well, why don't we go to a tropical beach?

★ **2**　Well, why don't we stay at my mother's?

★ **3**　Well, why don't we go skiing?

訳

☆あなた，クリスマス休暇にはどこに行ったらいいかしら？

★そうだね，うちの実家に帰ってもいいね。

☆でも今年の夏行ったところよ。もっと暖かいところに行きたいわ。

★ **1**　じゃあ，熱帯のビーチに行くのはどう？

★ **2**　じゃあ，実家に泊まるのはどう？

★ **3**　じゃあ，スキーに行くのはどう？

クリスマス休暇でどこに行くかを夫婦が会話している。自分の実家に行こうという夫に対して，妻は「(夫の実家ではなく) 暖かいところに行きたい」と言っている。それに対する返答として適切なのは **1「じゃあ，熱帯のビーチに行くのはどう？」**。選択肢では warm という語の言い換えとして tropical という語が用いられている。

No. 3 解答 1

★ Excuse me. I want to buy a book for my friend's birthday.
☆ I see. What kind of book do you want ?
★ Well, that's the problem. I don't read much, so I'm not sure.

☆ 1 That's OK. I'll help you find one.
☆ 2 Hmm. I've read that already.
☆ 3 Well, my birthday's next week.

訳 ★すみません，友達の誕生日プレゼントに本を買いたいのですが。
☆わかりました。どのような種類の本をお探しですか？
★実は，それで困ってるんです。私はあまり本を読まないので，よくわからないんです。

☆ 1 わかりました。私が見つけるのをお手伝いしましょう。
☆ 2 そうですか。私はもうそれを読みました。
☆ 3 実は，私の誕生日は来週です。

友人へのプレゼントを探している客（男性）と店員（女性）の会話。店員から「どのような種類の本をお探しですか？」と問われた客は「よくわからない」と答えている。それに対する店員の応答として適切なのは **1「わかりました。私が見つけるのをお手伝いしましょう」**。

No. 4 解答 2

☆ Are you coming to the company softball game on Saturday night, Dan ?
★ Well, I love softball, but I don't know if I can go.
☆ Really ? Do you have to work ?

★ 1 No. I have a business trip then.
★ 2 No. My parents are coming for dinner.
★ 3 No. I've never played softball before.

訳 ☆ダン，土曜日の夜の，会社のソフトボールの試合には来るの？
★そうだね，ソフトボールは大好きだけど，行けるかわからないんだ。
☆そうなの？ 仕事しないといけないの？

★ 1 いいや，出張があるんだよ。
★ 2 いいや，両親がうちに夕食を食べに来るんだ。

■ ★3　いいや，今までに一度もソフトボールをしたことがないんだ。
土曜日の夜にある，会社主催の行事についての会話。来るかどうか女性に尋ねられた男性は「行けるかわからない」と答えている。それに対して女性が「仕事があるの？」と質問している。この問いかけに対しての答えを選ぶ。正解は **2「いいや，両親がうちに夕食を食べに来るんだ」**。**1**「いいや，出張があるんだよ」は「仕事があるの？」に対して No と答えているのでおかしい。

No. 5　解答　3

★ Excuse me. I'm looking for the Westlake Museum. I thought it was on this street.
☆ Well, it is on this street, but it's too far to walk to.
★ Oh no. Is there a bus?

☆ **1**　Yes, this is the Westlake Museum.
☆ **2**　No. The museum is closed today.
☆ **3**　Sure. It stops right over there.

訳
★すみません。ウエストレイク博物館はどこでしょうか。この道沿いにあると思ったのですが。
☆そうですよ，たしかにこの道沿いにあります。でも，遠すぎて歩いては行けませんよ。
★そうなんですね。バスはありますか？

☆ **1**　はい，ここがウエストレイク博物館です。
☆ **2**　いいえ，博物館は，今日は閉館しています。
☆ **3**　ありますよ。バス停はすぐそこです。

博物館への道を尋ねている場面。歩いては行けないとわかった男性が「バスはありますか？」と尋ねている。それに対する返答として適切なのは **3「ありますよ。バス停はすぐそこです」**（第 2 文の直訳は「それ（＝バス）はすぐそこに停まります」）となる。

No. 6　解答　3

Script

★ Do you know what the name of this song is?
☆ No, I don't. Why don't you look it up online?
★ But how do I look it up if I don't know the title?

☆ **1**　Just ask me the name.
☆ **2**　Just look up the title of the song.
☆ **3**　Just search for the words on the Internet.

訳 ★この歌の名前は何か知ってる？
☆知らない。ネットで調べてみたら？
★でもタイトルがわからないのにどうやって調べたらいいんだい？

☆**1**　私に名前を尋ねてみなさいよ。
☆**2**　その歌のタイトルを調べてみなさいよ。
☆**3**　インターネットで歌詞を検索してみなさいよ。

ある歌をめぐる会話。タイトルがわからないという男性に女性がネットで調べてみるように提案しているが，男性はタイトルがわからないのにどうやって調べるのかと尋ねている。それに対する女性の返答として適切なのは曲名以外のものを手がかりにする**3**「インターネットで歌詞を検索してみなさいよ」。

No. 7　解答　2

☆Dad, can you help me? I need to print my report, but I think the printer's broken.
★Sure. What's wrong with it?
☆I keep pressing the print button, but nothing happens.

★**1**　Oh. I finished writing the report.
★**2**　Oh. That's because it's out of paper.
★**3**　Oh. I'll turn the computer off, then.

訳 ☆パパ，助けてくれない？　レポートを印刷しないといけないんだけど，プリンターが壊れていると思うの。
★わかった。どこが壊れているんだい？
☆印刷ボタンを何度も押しているんだけど，何も起こらないの。

★**1**　ああ，レポートは書き終わったよ。
★**2**　おや，用紙切れだからだよ。
★**3**　それじゃあ，コンピュータの電源を切ってみよう。

娘が父にプリンターの故障について話している場面。故障している箇所を尋ねる父に対して，印刷ボタンを押しても何も起こらないと娘が訴えている。それに対する父の返答が答えとなる。会話の場面から，娘の返答の後，父親はプリンターを調べていると推測できる。**1**は全く文脈に合わない。**3**を選んでしまうかもしれないが，「コンピュータの電源を切る」のは，調べてもどこが故障しているかわからないときなので，不適切。プリンターを調べた結果について言及している**2**「おや，用紙切れだからだよ」が正解。

No. 8　解答　2

☆ Fairfax Hotel Front Desk.
★ Hi, this is Bob Goldberg in Room 705. I'm hungry. Is it too late to order food from room service?
☆ Sorry, Mr. Goldberg, but the kitchen closed at 10 p.m.

★ 1　Great. I'll call them now.
★ 2　Oh, I see. Thank you very much.
★ 3　Thanks. I'll have two chicken sandwiches.

Script

訳 ☆フェアファックスホテルのフロントです。
★すみません。705 号室のボブ・ゴールドバーグです。お腹が減っているのですが，ルームサービスは遅すぎてもう頼めませんか？
☆申し訳ありません，ゴールドバーグ様。当ホテルのキッチンは午後 10 時までの営業となっております。

★ 1　素晴らしい。すぐに彼らに電話します。
★ 2　わかりました。ありがとう。
★ 3　ありがとう。チキンサンドイッチを 2 つお願いします。

ホテルの宿泊客（男性）が，部屋からフロント（女性）へ電話をかけている場面。客がルームサービスを頼めるかと尋ねているのに対し，フロントは「キッチンは閉まっている」つまり，客の要望に応じることができないと答えている。これに対する返答として適切なのは **2「わかりました。ありがとう」**。

No. 9　解答　1

★ Hello.
☆ John. It's Jessica. Where are you? The study group started 10 minutes ago.
★ What? I'm waiting for you. We're meeting at the school gate, right?

☆ 1　No. We're meeting at the library today.
☆ 2　Well, the study group is over already.
☆ 3　Yeah, we meet every week on Tuesdays.

Script

訳 ★もしもし。
☆ジョン。ジェシカよ。どこにいるの？　勉強会は 10 分前に始まったわよ。
★なんだって？　僕は君を待っているんだよ。校門で待ち合わせだったよね？

☆ 1　いいえ，今日は図書館で待ち合わせよ。
☆ 2　そうね，もう勉強会は終わったわ。

☆3　そうよ，毎週火曜日に待ち合わせるのよ。

待ち合わせ場所に来ない男性に女性が電話をかけている場面。男性は女性に遅れていると言われて驚き，「君を待っている」と発言している。その後，待ち合わせ場所について女性に確認していることから場所を間違えていることがわかる。正解は **1「いいえ，今日は図書館で待ち合わせよ」**。文末に right を上げ調子で読むときは〈確認〉を表している。

No. 10　解答　1

★ Hello, Officer. I wasn't driving too fast, was I?

☆ No, I stopped you because your music is too loud. You're disturbing the neighborhood.

★ I'm sorry. Are you going to give me a ticket?

☆1　No, but you need to turn the music down.

☆2　Well, you need to drive slower.

☆3　Yes, I like that song, too.

訳

★すみません，おまわりさん。速度超過はしていないと思うのですが。

☆ええ，速度超過ではありません。音楽が大きすぎるので止めたんです。近隣の方々の迷惑になっています。

★すみません。違反切符を切りますか？

☆1　いいえ，でも音量を下げてください。

☆2　そうですね，もっとゆっくり運転してください。

☆3　ええ，私もその歌が好きです。

運転手（男性）と警察官（女性）との会話。速度超過で止められたのかと尋ねる運転手に，警察官は「（速度超過ではなく）音楽が大きすぎるから止めた」と答えている。それに対して「違反切符を切りますか？」と運転手が警察官に尋ねている。それに対する返答として適切なのは **1「いいえ，でも音量を下げてください」**。なお，ここでは give me a ticket は「交通違反切符を切る」という意味。

一次試験　リスニング　第2部

No. 11　**解答**　**3**

★＝男性　☆＝女性（以下同）

★ Emma, do you want to go shopping at the new mall this weekend?

☆ Sorry, but I can't. I have to go into the office on both Saturday and Sunday to help a co-worker finish a sales report.

★ That's too bad. Do you have time for dinner Sunday evening?

☆ We may not be finished by then. Sorry.

Question: What will the woman do this weekend?

Script

訳 ★エマ，今週末新しいモールへ買い物に行かない？

☆ごめんなさい，行けないわ。土曜日も日曜日も会社に出て，同僚が営業報告書を仕上げるのを手伝わないといけないの。

★それは残念。日曜日の晩，夕食を一緒に食べる時間はある？

☆それまでには終わらないと思うわ。ごめんなさい。

質問：女性は今週末何をするか？

選択肢の訳　**1**　友達と勉強する。　**2**　その男性と夕食をとる。
3　会社で仕事をする。　**4**　モールへ買い物に行く。

男性が週末に遊びにいこうと女性を誘っている場面。質問は，女性が今週末に何をするかを尋ねている。女性の最初の発言に I have to go into the office on both Saturday and Sunday「土曜日も日曜日も会社に出ないといけない」とあるので，正解は **3**「会社で仕事をする」。女性の最後の発言の then は直前の男性の質問の Sunday evening を指す。このときまでに終わらないと言っているので，**2** は不正解となる。

No. 12　**解答**　**1**

★ Tradewinds Travel Agency.

☆ Hello. I'd like to go to the flower festival in Jamestown on March 6th. It's too far to drive, but I'm afraid of flying.

★ I recommend taking the train. There's a night bus that goes there, but it's not very comfortable. Plus, train tickets are discounted at that time of year. Shall I reserve you one?

☆ That sounds great.

Question: How will the woman probably travel to the flower festival?

Script

訳 ★トレードウインド旅行代理店でございます。
☆すみません。3月6日にジェームスタウンで開催されるフラワーフェスティバルに行きたいのですが。車で行くには遠すぎるのですが，飛行機に乗るのは怖いのです。
★電車で行くのはいかがでしょうか。そこに行く深夜バスもありますが，あまり快適とは言えません。さらに，この時期には電車のチケットは割引になります。予約いたしましょうか？
☆ぜひお願いします。

質問：女性はどうやってフラワーフェスティバルに行く可能性が高いか？

選択肢の訳 **1** 彼女は電車で行く。 **2** 彼女は深夜バスで行く。
3 彼女は自分の車で行く。 **4** 彼女は飛行機で行く。

旅行会社の係員（男性）と客（女性）の会話。質問は，どうやって女性がフラワーフェスティバルに行くかを尋ねている。客が最初に It's too far to drive, but I'm afraid of flying.「車で行くには遠すぎるのですが，飛行機に乗るのは怖い」と発言しているので，**3**・**4** は不正解。なお，選択肢では drive, flying の代わりに car, airplane が用いられている。係員は I recommend taking the train.「電車で行くのはいかがでしょうか」，また Shall I reserve you one?「予約いたしましょうか？」と発言しており，それに対して客が That sounds great.「ぜひお願いします」と答えているので，正解は **1「彼女は電車で行く」**。

No. 13 解答 3

☆ Hello?
★ Mom, I heard from Barbara that you had an accident.
☆ Yes. I fell down and hit my head, but I'm all right.
★ Did you see a doctor about it?
☆ Oh, yes. He didn't find anything wrong, though. He just told me to stay home and relax for a few days.

Question: What did the doctor tell the woman to do?

Script

訳 ☆もしもし。
★ママ，バーバラから事故に遭ったって聞いたけど。
☆そうなの，転んで頭を打ったの。でも大丈夫よ。
★医者には診てもらったの？
☆ええ，もちろん。何も悪いところは見つからなかったけど。ただ数日の間は家で安静にしておくように言われたわ。

質問：医者は女性に何をするように言ったか？

選択肢の訳 **1** もう一度診察を受ける。 **2** 病院に入院する。
3 家で休養する。 **4** 薬を服用する。

事故に遭った女性と息子との会話。質問は，医者が女性に何をするように言ったかを尋ねている。女性の最後の発言に He just told me to stay home and relax「ただ彼は家で安静にするように言った」とあるので，3「家で休養する」が正解。なお，選択肢では relax の代わりに rest が用いられている。

No. 14 解答 1

☆ What kind of job do you want to do when you're older, Larry?
★ I want to go to Japan someday and work for a company that makes video games.
☆ That sounds interesting, but won't you have to learn some Japanese first?
★ Yeah, so I'm going to start taking lessons this summer.

Question: What will the boy do this summer?

Script

訳
☆ラリー，大きくなったらどんな職業に就きたいの？
★いつか日本に行って，テレビゲームを作る会社で働きたいんだ。
☆面白そうね。でもまずは日本語を勉強する必要があるんじゃない？
★そうなんだ。だから，この夏レッスンを受講し始めるつもりなんだ。

質問：この夏少年は何をするか？

選択肢の訳
1 日本語を勉強し始める。 **2** 日本に旅行する。
3 夏に行うスポーツをする。 **4** テレビゲームを作る。

母親と息子の会話と思われる。質問は，この夏少年がすることを尋ねている。少年が最後の発言で I'm going to start taking lessons this summer「この夏レッスンを受講し始めるつもり」と言っており，ここでの lessons は直前の母親の発言 learn some Japanese「日本語を学ぶ」を受けたものなので，正解は 1「日本語を勉強し始める」。

No. 15 解答 3

☆ Excuse me, sir. Could you put your camera away? Taking photos is not allowed inside the museum.
★ I'm sorry. I didn't know.
☆ You can buy postcards of the paintings in the gift shop, if you like.
★ OK. I won't take any more photos.

Question: What does the woman ask the man to do?

Script

訳
☆すみませんお客様，カメラをしまっていただけますか？ 博物館では写真撮影は禁止されています。
★すみません。知らなかったもので。

☆ご入用でしたら，絵画のポストカードはギフトショップで購入できます。
★ありがとう。もう写真は撮りません。

質問：女性は男性に何をするように頼んだのか？

選択肢の訳　**1**　博物館に電話する。　**2**　ポストカードを販売する。
3　カメラをしまう。　**4**　絵を描く。

博物館の係員（女性）と客（男性）の会話。質問は，係員が客にお願いしたことを尋ねている。係員の最初の発言に **Could you put your camera away?**「カメラをしまっていただけますか？」とあるので，正解は **3「カメラをしまう」**。

No. 16　解答　4

★ Joanne, are you coming to watch my volleyball game after school? It starts at four o'clock in the gym.
☆ I don't know, Gary. I really have to study for next week's math exam.
★ Oh, you still have lots of time. Please come and watch.
☆ All right. I'll be there at four.

Question: What does Joanne decide to do this afternoon?

Script

訳
★ジョアン，放課後僕のバレーボールの試合を見に来る？　体育館で4時からだよ。
☆わからないわ，ゲイリー。来週の数学のテストに向けてしっかり勉強しないといけないの。
★えー，まだ時間はたっぷりあるじゃないか。見に来てよ。
☆わかったわ。4時に行くわ。

質問：ジョアンは午後に何をすると決めたのか？

選択肢の訳　**1**　バレーボールの練習をする。　**2**　テストに向けて勉強する。
3　体育館で運動する。　**4**　ゲイリーの試合を見にいく。

男性が女性に試合を見に来るように誘っている場面。質問は，女性が午後に何をすると決めたかを尋ねている。男性が2番目の発言で Please come and watch.「見に来てよ」と言っているのに対し，女性が All right.「わかった」と答えているので，正解は **4「ゲイリーの試合を見にいく」**。

No. 17　解答　2

☆ Here's your bill, sir. How was your meal today?
★ It was delicious, thank you. I especially liked the chicken pasta. Is white wine used in the sauce?
☆ Yes, it is. That's one of our most popular dishes.
★ Well, it was excellent. I'll definitely be coming back soon.

Question: What is one thing the man says?

Script

訳
☆伝票です。本日のお食事はいかがでしたでしょうか？
★美味しかったです，ありがとう。チキンパスタが特に気に入りました。ソースに白ワインを使っているのですか？
☆さようでございます。当店でもっとも人気のある料理の一つでございます。
★そうですか，素晴らしかったです。またすぐに必ず来ます。

質問：男性が言っていることの一つは何か？

選択肢の訳
1　彼は白ワインを飲みたい。
2　彼は食事を楽しんだ。
3　彼の注文したパスタが冷たかった。
4　彼の食事の代金が高すぎた。

レストランでの客（男性）と店員（女性）の会話。質問は，男性の発言内容を尋ねている。店員が最初の発言で How was your meal today?「本日のお食事はいかがでしたでしょうか？」と尋ねているのに対し，It was delicious「美味しかったです」と答えているので，正解は **2「彼は食事を楽しんだ」**。なお，選択肢では「美味しかった」を表現するのに enjoyed his meal という形が用いられている。

No. 18　解答　4

★ Excuse me. I think I left my bag somewhere in the mall yesterday.
☆ I'm sorry, sir. We didn't find any bags yesterday.
★ Are you sure? That bag had an important report in it.
☆ Yes, I'm sure. You could try asking at the mall's information desk.

Question: What is the man's problem?

Script

訳
★すみませんが，昨日モールにカバンを忘れたと思うのですが。
☆申し訳ありません，昨日カバンは一つも届いておりません。
★本当ですか？　大切なレポートが入っていたのですが。
☆はい，一つも届いておりません。案内所にお問い合わせしてみてはいかがでしょうか。

質問：男性は何に困っているのか？

選択肢の訳　**1**　モールのセールは昨日終わった。
2　今日はモールが営業していない。
3　彼はモールの案内所の場所がわからない。
4　彼はモールでカバンをなくした。

男性が，落とし物がなかったかを係員（女性）に尋ねている場面。質問は，男性が何に困っているかを尋ねている。男性が最初の発言で I left my bag「カバンを忘れた」と言って係員に尋ねている。それに対して係員は We didn't find any bags「カバンは届いていない」と答えているので，男性のカバンが見つかっていないとわかる。したがって，正解は **4**「彼はモールでカバンをなくした」。

No. 19　解答　**1**

☆ Welcome to the Showtime Theater.
★ Hi. Are you still showing the movie *Bubbles the Dancing Bear*? I didn't see the title on the sign. My grandson and I would like to see it.
☆ Sorry, sir. We stopped showing that movie two weeks ago.
★ Oh, that's too bad. I guess we'll have to wait for the DVD.

Question : Why is the man disappointed?

Script

訳
☆ショータイムシアターへようこそ。
★こんにちは。まだ『バブルス・ザ・ダンシングベア』は上映していますか？　看板にタイトルがなかったので。孫も私もそれを観たいのです。
☆申し訳ありません，お客様。その映画は2週間前に上映を終了いたしました。
★ああ，それは残念だ。DVDが発売されるまで待たないといけないようですね。

質問：なぜ男性は失望しているのか？

選択肢の訳　**1**　彼は観たかった映画を観られない。
2　彼は孫のためにDVDを借りられなかった。
3　『バブルス・ザ・ダンシングベア』はつまらなかった。
4　ショータイムシアターの閉店時刻が迫っている。

男性が映画館の窓口係（女性）に話しかけている。質問は，男性が失望している理由を尋ねている。男性の最初の発言に My grandson and I would like to see it.「孫も私もそれを観たい」とあるので，映画を観たがっていることがわかる。これに対して窓口係が We stopped showing that movie two weeks ago.「その映画は2週間前に上映を終了した」と答えているので，正解は **1**「彼は観たかった映画を観られない」。

No. 20　解答　**2**

☆ Here's your present, Leonard. Happy birthday!
★ Wow, a camera! This looks like it cost a lot of money. I can't believe you bought me this.
☆ It's not only from me. Everyone in the family helped. We all paid a little bit. We know how much you like taking photos.
★ It's perfect. Thanks so much.

Question : Why is the boy surprised to receive the camera?

Script

訳　☆レオナルド，プレゼントよ。お誕生日おめでとう！
★うわぁ，カメラだ！　高そうだね。こんなものを買ってくれたなんて信じられないよ。
☆私だけじゃないわ。家族のみんなが協力してくれたの。みんなが少しずつお金を出したの。あなたがどれほど写真を撮るのが好きかみんな知っているからね。
★最高だよ。どうもありがとう。

質問：なぜ男の子はカメラを受け取って驚いているのか？

選択肢の訳　**1**　彼の誕生日は今日ではない。
2　それは高かったように見える。
3　彼は同じようなものをもうすでに持っている。
4　誰も彼は写真が好きと知らなかった。

母親が息子に誕生日プレゼントを渡している場面と思われる。質問は，男の子が驚いている理由を尋ねている。男の子が最初の発言で This looks like it cost a lot of money. I can't believe you bought me this.「高そうだね。こんなものを買ってくれたなんて信じられない」と言っているので，正解は **2「それは高かったように見える」**。なお，Wow は驚きを表す感嘆詞。

一次試験　リスニング　第3部

No. 21　解答　**3**

Robert is an American who lives in South Korea. On Saturday evenings, he usually calls his parents in the United States. Last Saturday, however, he had to go to work. He was too tired to talk to his parents afterward, so he sent them an e-mail to say he would talk to them on Wednesday instead.

Question : What did Robert do on Saturday?

Script

訳　ロバートは韓国に住むアメリカ人だ。土曜の晩には，彼はたいていアメリカに住む両親に電話する。しかし，先週の土曜日，彼は仕事に行かなければならなかった。とても疲れていて仕事の後に両親と話すことはできなかったので，代わりに水曜日に電話するというメールを彼らに送った。

質問：ロバートは土曜日に何をしたか？

選択肢の訳
1 彼は韓国に旅行した。
2 彼は両親に電話した。
3 彼は仕事に行った。
4 彼は家でくつろいだ。

第3文（Last Saturday, however, …）に he had to go to work「彼は仕事に行かなければならなかった」とあり，第4文に He was too tired to talk to his parents afterward「とても疲れていて仕事の後に両親と話すことはできなかった」とあるので，正解は **3「彼は仕事に行った」**。第2文に On Saturday evenings, he usually calls his parents「土曜の晩には，彼はたいてい両親に電話する」とあるが，それは普段のことなので，**2** は不正解となる。South Korea という単語は第1文にのみ出てくるが，これは彼が住んでいる場所なので，**1** も不正解。

No. 22　解答　1

Script

OK, everyone, let's begin. In today's lesson, let's learn about the animals of Africa. First, open your textbook to page 50. We'll read about the African elephant, what it eats, and its enemies in the wild, such as lions. After that, I will write some questions on the blackboard. Please answer them before the bell rings.

Question : Where is this announcement probably taking place ?

訳　それでは皆さん，始めましょう。今日の授業ではアフリカの動物について学びましょう。まず，教科書の50ページを開けてください。アフリカゾウについて読みましょう。それが何を食べるのかということや，野生の世界での天敵，例えばライオンについて。その後，黒板にいくつか質問を書きます。チャイムが鳴る前にその質問に答えてください。

質問：この発言はどこで行われている可能性が高いか？

選択肢の訳
1 教室で。
2 サファリツアーで。
3 本屋の外で。
4 ペットショップで。

第2文に In today's lesson「今日の授業では」，第3文（First, open your …）に open your textbook「教科書を開ける」，第5文（After that, I …）に on the blackboard「黒板に」という表現があるので，正解は **1「教室で」**。

No. 23　解答　1

Mary works in a shop that sells pens and greeting cards. In her free time, she likes drawing. At Christmastime, she often designs her own Christmas cards. Mary's friends say her cards are very beautiful, so she wants to start her own business and sell her cards someday. Mary hopes she will make people happy with them.

Question : What is one thing that Mary wants to do someday ?

Script

訳　メアリーはペンとグリーティングカードを売る店で働いている。暇なときには，絵を描くのが好きだ。クリスマスの時期には，彼女はよく自分でクリスマスカードをデザインする。メアリーの友人たちは彼女のカードはとても美しいと言うので，いつか彼女は起業し，自分のカードを売りたいと思っている。メアリーは自分のカードで人々を幸せにすることを望んでいる。

質問：メアリーが将来したいと思っていることの一つは何か？

選択肢の訳
1　起業する。
2　デザインの学校に行く。
3　新しい種類のペンをデザインする。
4　友達の店で働く。

第 4 文（Mary's friends say …）に she wants to start her own business and sell her cards someday「いつか彼女は起業し，自分のカードを売りたい」とあるので，**1**「起業する」が正解。pen という単語は第 1 文に出てくるだけなので，**3** は不正解。

No. 24　解答　2

Paul went on vacation to India last summer. He hiked in the mountains with his friends for two weeks. He ate new and interesting foods and saw many different places. Although Paul loved everything about his trip, he thought the best thing was meeting so many kind and friendly people in the places he visited.

Question : What did Paul like the most about his trip ?

Script

訳　ポールは去年の夏，休暇でインドへ行った。2 週間の間，友達と一緒にハイキングをして山を巡った。彼は口にしたことのない面白い食べ物を食べ，さまざまな場所を見物した。旅行のすべてがとても気に入ったが，最も良かったのは，訪れた場所でとても多くの優しくて友好的な人々に出会ったことだと思った。

質問：旅行で最もポールが気に入ったことは何か？

選択肢の訳　**1**　一人でハイキングに行ったこと。
2　多くの素敵な人々に出会ったこと。
3　新しい食べ物に挑戦したこと。
4　友達と旅行したこと。

第 4 文（Although Paul loved …）に the best thing was meeting so many kind and friendly people「最も良かったのはとても多くの優しくて友好的な人々に出会ったことだった」とあるので，**2「多くの素敵な人々に出会ったこと」**が正解。第 2 文（He hiked in…）に with his friends とあるので，**1** は不正解。第 3 文に He ate new and interesting foods「彼は新しくて面白い食べ物を食べた」という表現があるが，これが一番良かったということは述べられていないので，**3** は不正解。

No. 25　解答　4

In North America, there is a kind of race called a chuck-wagon race. Chuck wagons were first used by cowboys for carrying food. They have four wheels and are pulled by horses. Today, they are used for racing. The drivers must put heavy things in their chuck wagons and then drive around a track at high speeds.

Question : What is one thing that we learn about chuck wagons ?

Script

訳　北アメリカには，チャックワゴンレースと呼ばれる一種のレースがある。チャックワゴンは最初，カウボーイが食べ物を運ぶのに使用されていた。4 つの車輪がついていて，馬がそれを引いた。今日では，それらはレースに使用されている。運転手は重いものをチャックワゴンに載せ，速いスピードでトラックを周回するのだ。

質問：チャックワゴンについて私たちがわかることの一つは何か？

選択肢の訳　**1**　カウボーイがその中で眠った。
2　それらの車輪はよく外れた。
3　それらは多くの人を運ぶことができる。
4　それらは最初，食べ物を運ぶのに使われた。

第 2 文に Chuck wagons were first used by cowboys for carrying food.「チャックワゴンは最初，カウボーイが食べ物を運ぶのに使用されていた」とあるので，**4「それらは最初，食べ物を運ぶのに使われた」**が正解。

No. 26 解答 2

Yesterday, Nick was looking at some files on his computer when he found some old photos of his family. The photos were taken 10 years ago, when his daughter was a young child. Nick decided to have a large copy of one of the photos made. He plans to put it on the wall in the living room.

Question : What is one thing that Nick decided to do ?

Script

訳 昨日，ニックがコンピュータでいくつかのファイルを見ていると，彼は家族の古い写真を何枚か見つけた。写真は 10 年前に撮られたもので，そのとき，彼の娘は幼い子供だった。ニックは写真のうちの 1 枚を大きくコピーしてもらうことを決めた。それをリビングの壁に飾ろうと思っている。

質問：ニックがしようと決めたことの一つは何か？

選択肢の訳
1 新しいコンピュータを買う。
2 写真を大きくコピーしてもらう。
3 家族の写真を撮る。
4 娘に新しいカメラを買う。

第 3 文に Nick decided to have a large copy of one of the photos made.「ニックは写真のうちの 1 枚を大きくコピーしてもらうことを決めた」とあるので，**2「写真を大きくコピーしてもらう」**が正解。have *A done*「*A* を～してもらう」

No. 27 解答 3

Jeremy is 16 years old, and he likes taking care of his family and friends. When someone is sick, he makes them food. He also wants to become a doctor one day, but he will need to study at medical school. It is expensive to study to be a doctor, so he has already started saving money.

Question : Why is Jeremy saving money ?

Script

訳 ジェレミーは 16 歳で，彼は家族や友達の世話をするのが好きだ。誰かの具合が悪くなると，彼は彼らに食事を作ってあげる。彼はまた将来医者になりたい。しかしそのためには医学部で学ぶ必要がある。医者になるための勉強にはお金がかかるので，彼はもうすでに貯金を始めている。

質問：なぜジェレミーは貯金をしているのか？

選択肢の訳
1 友達を助けるため。
2 そのお金を病気の人々に与えるため。
3 医学部の学費を払うため。
4 貧しい人々に食べ物を買うため。

最終文の so he has already started saving money「なので彼はもうすでに貯金を始めている」を聞き取れるかがポイント。この so の前 It is expensive to study to be a doctor「医者になるための勉強にはお金がかかる」がお金を貯めている理由になる。また，第 3 文（He also wants …）に he will need to study at medical school「医学部で学ぶ必要がある」とあるので，正解は **3「医学部の学費を払うため」**。

No. 28　解答　2

Limburger is a kind of cheese. It is a soft cheese and has a unique flavor. However, some people say that it smells bad, so they do not want to eat it. Others say that Limburger cheese tastes delicious, but they recommend that you try not to smell it when you eat it.

Question : What do some people say about Limburger cheese ?

Script

訳　リンバーガーはチーズの一種だ。それは柔らかいチーズで独特の風味がする。しかし，その臭いが嫌だと言う人もいて，そうした人々は食べたがらない。リンバーガーチーズは美味しいという人もいるが，彼らも食べるときには臭いをかがない方がいいと言う。

質問：人々がリンバーガーチーズについて言っていることは何か？

選択肢の訳
1　それは冷やした方が美味しい。
2　それはいい臭いはしない。
3　それは食べるには安全ではない。
4　それは柔らかすぎる。

第 3 文（However, some people …）に some people say that it smells bad「その臭いが嫌だと言う人々もいる」とあるので，正解は **2「それはいい臭いはしない」**。第 2 文に It is a soft cheese「それは柔らかいチーズだ」という内容は述べられているが，柔らかすぎるとは述べられていないので，**4** は不正解。

No. 29　解答　4

Ladies and gentlemen, thank you for flying with us. I'm sorry to say that we will arrive in Tokyo 15 minutes later than we planned. The time in Tokyo is one hour later than the time in Singapore. We'll arrive at 9 a.m., and it'll be sunny today. We hope you will enjoy your stay.

Question : What is one thing that the announcement says ?

Script

訳　皆様，空の旅に私どもの会社をご利用いただきありがとうございます。残念なお知らせですが，東京に到着するのが予定よりも 15 分遅れます。東京の時刻はシンガポールの時刻よりも 1 時間遅くなっています。当機は午前 9 時に到着予定で，本日は晴れの予報です。皆様のご滞在が素敵なものになることを願っております。

質問：放送が言っていることの一つは何か？

選択肢の訳　**1**　東京の空港は混み合っている。

2　シンガポールの天気は悪い。

3　フライトは9時間かかる。

4　飛行機の到着が遅れる。

第2文（I'm sorry to …）に we will arrive in Tokyo 15 minutes later than we planned「東京に到着するのが予定よりも15分遅れます」とあるので，正解は**4**「飛行機の到着が遅れる」。

No. 30　解答　1

Mark is a high school student. Last month, he did poorly on his math test. Even though he had studied hard, he could not understand the questions. His brother told him about a study program at the library. There, college students help high school students with studying. Mark joined the program and got a good score on his test this month.

Question : How did Mark get a good score on his test this month ?

Script

訳　マークは高校生だ。先月，彼は数学のテストの成績が悪かった。一生懸命勉強したのだが，問題の答えがわからなかった。彼の兄が図書館での勉強プログラムについて彼に話した。そこでは，大学生が高校生に勉強を教えている。マークはそのプログラムに加わり，今月のテストで良い成績をとった。

質問：マークはどうやって今月のテストで良い成績をとったのか？

選択肢の訳　**1**　彼は勉強プログラムに参加した。

2　彼は大学の教科書を見つけた。

3　彼は兄に勉強を教えてくれるように頼んだ。

4　彼は数学についての本を読んだ。

最終文に Mark joined the program and got a good score「マークはそのプログラムに加わり良い成績をとった」とある。この the program は第4文（His brother told …）に出てくる a study program のことなので，正解は**1**「彼は勉強プログラムに参加した」。

二次試験　面接　問題カードA

訳

図書館でのボランティア

最近，多くの生徒が自分たちの住む地域のボランティア活動に参加している。例えば，図書館でのボランティア活動が注目を集めている。学生ボランティアは子供に読み聞かせをし，そうすることで子供たちが本にもっと興味を持つよう手助けしている。そのような活動は，おそらく将来もっと広がっていくだろう。

語句・構文

□ take part in ～「～に参加する」
□ volunteer activity［vὰləntíər æktívəti］「ボランティア活動」
□ community［kəmjúːnəti］「地域，自治体」　□ probably「おそらく」

質問の訳

No. 1　本文によれば，学生ボランティアはどのようにして子供たちが本にもっと興味を持つように手助けしていますか？

No. 2　さて，イラストAの人々を見てください。それぞれが色々なことをしています。彼らがしていることをできるだけたくさん私に伝えてください。

No. 3　さて，イラストBの女性を見てください。状況を説明してください。

No. 4　あなたは，町や都市は今よりも多くの図書館を持つべきだと思いますか？

No. 5　最近，花や野菜を育てるのを好む人がたくさんいます。あなたはガーデニングに興味がありますか？

No. 1　解答例　**By reading stories to children.**

訳　子供に読み聞かせをすることによって。

第3文（Student volunteers read …）に and by doing so they help them to become more interested in books「そうすることで子供たちが本にもっと興味を持つよう手助けしている」とある。この doing so の内容が質問の答えになるが，これは and の直前の内容を受けているので，正解は Student volunteers read stories to children の内容になる。なお，how で手段を問われたときには，By *doing*「～することによって」と動名詞を用いて答えるとよい。また They do so by reading ～と，答えの文に SV を補足して答えてもよいだろう。その際には，代動詞 do を用いると簡単に答えられる。

No. 2　解答例　**A man is closing the window. / A girl is drawing a picture. / A boy is throwing away trash. / A woman is pushing a cart. / A girl is using a photocopy machine.**

訳　男の人が窓を閉めている。／女の子が絵を描いている。／男の子がごみを捨てている。／女の人がカートを押している。／女の子がコピー機を使っている。

イラストの中には5人の人物が描かれている。説明しやすいものから順番にすべて説明するようにしよう。質問文には Tell me as much as you can about what they are doing. とあるので，答えるときも現在進行形を用いるとよいだろう。a photocopy machine がわからなければ，a machine だけにするなど，自分の知っている単語を用いてできるだけ表現することが大切。

No. 3 解答例 **She can't open the door because she's carrying many books.**

訳 彼女はたくさんの本を運んでいるので，ドアを開けられない。

まずはイラストをよく見て，どのような状況なのかをしっかりと考えよう。本問では，①女の人が本をたくさん手に持っている，②吹き出しの中で，女の人がドアを開ける絵に×がされている，という二つの情報から「本をたくさん持っているので，ドアを開けられない」という状況をつかめるかがポイントとなる。〔解答例〕は because を用いているが，She is carrying many books, so she can't open the door. と理由を表す so を用いてもよいだろう。また，is carrying がわからなければ，has many books でもよい。

No. 4 解答例 （Yes. → Why ?） **Libraries are good places for people to study. Also, we can borrow not only books but also music and movies.**

（No. → Why not ?） **Building libraries is very expensive. Towns and cities should use that money for other services.**

訳 **（Yes. の場合）**図書館は人々が勉強するのに良い場所だ。また，本だけでなく，音楽や映画も借りることができる。

（No. の場合）図書館を建設するのにはとてもお金がかかる。町や都市はそのお金を他のサービスに使うべきだ。

まずは，Yes. / No. で賛成か反対かを明確に述べる。どちらで答えるにしても，自分がなぜそう考えるかの根拠を少なくとも 2 つは挙げておきたい。根拠を挙げる際には，〔解答例〕のように Also, ～「また～」を用いたり，for example を用いたりして具体例を挙げるのもよいだろう。また，日頃からさまざまなことに自分なりの意見を持ち，その根拠を考える訓練をしておくことも大切である。

No. 5 解答例 （Yes. → Please tell me more.） **Taking care of flowers is very relaxing. I often help my family in the garden.**

（No. → Why not ?） **I don't like getting my hands dirty. It's hard work to grow vegetables.**

訳 **（Yes. の場合）**花を育てると，とてもリラックスできる。私はよく庭で家族の手伝いをする。

（No. の場合）私は手が汚れるのが好きではない。野菜を育てるのは大変だ。

Yes. / No. のどちらかをまずははっきりさせる。Yes. の場合は，自分の経験を交えて答えるとよいだろう。No. の場合は，やはり根拠を少なくとも 2 つは挙げておきたい。

二次試験　面接　問題カードD

訳

言語学習

人々は外国語を学習するとき，たいてい辞書を使う。こうした辞書は大体大きくて，持ち運ぶには重い。しかし，今ではインターネット上に辞書がある。人々はスマートフォンでネット上の辞書を利用し，そうすることでいつでも簡単に単語を調べることができる。技術が私たちの言語学習の方法を変えつつある。

語句・構文

□ Internet［íntərnèt］「インターネット」　□ online「ネットの」
□ look up ～「～を辞書で調べる」　□ technology［teknálədʒi］「技術」

質問の訳

No. 1　本文によれば，人々はどのようにしていつでも簡単に単語の意味を調べることができるのですか？
No. 2　さて，イラストAの人々を見てください。それぞれが色々なことをしています。彼らがしていることをできるだけたくさん私に伝えてください。
No. 3　さて，イラストBの男の子を見てください。状況を説明してください。
No. 4　あなたは，将来的には今よりも多くの人々がインターネットで買い物をすると思いますか？
No. 5　最近，外国でプレーするプロの日本人のスポーツ選手がたくさんいます。あなたはこうした選手たちをテレビで見ますか？

No. 1　解答例　By using online dictionaries with their smartphones.

訳　スマートフォンでネット上の辞書を利用して。

第 4 文（People use online …）に and by doing so they can easily look up words anytime「そうすることでいつでも簡単に単語を調べることができる」とある。この doing so の内容が質問の答えになるが，これは and の直前の内容を受けているので，正解は People use online dictionaries with their smartphones の内容になる。なお，how で手段を問われたときには，By *doing*「～することによって」と動名詞を用いて答えるとよい。また They do so by using ～ と，答えの文に SV を補足して答えてもよいだろう。その際には，代動詞 do を用いると簡単に答えられる。

No. 2　解答例　A man is reading a book. / A woman is pouring coffee. / A man is writing a price on a piece of paper. / A woman is returning a tray〔putting her tray on the counter〕. / A woman is watering some flowers.

訳　男の人が本を読んでいる。／女の人がコーヒーを注いでいる。／男の人が紙に値段を書いている。／女の人がトレイを返却している〔自分のトレイをカウンターに乗せている〕。／女の人が花に水をやっている。

イラストの中には 5 人の人物が描かれている。説明しやすいものから順番にすべて説明するようにしよう。質問文には Tell me as much as you can about what they are doing. とあるので，答えるときも現在進行形を用いるとよいだろう。water「水をやる」がわからなければ give water to flowers を用いてもよい。単語を思いつかなくても，自分の知っている単語を用いてできるだけ表現することが大切。

No. 3 解答例 **He found a watch on a bench and is thinking of taking it to a police officer.**

訳 彼はベンチの上に腕時計を見つけたので，警察に届けようと思っている。

まずはイラストをよく見て，どのような状況なのかをしっかりと考えよう。本問では，①男の子がベンチの上にある腕時計を見つける，②吹き出しの中に，警察官に腕時計を渡す男の子の絵がある，という二つの情報から「忘れ物の時計を見つけた男の子が，それを警察に届けることを考えている」という状況をつかめるかがポイントとなる。

No. 4 解答例 （Yes. → Why ?） **People can buy things more cheaply online. Also, many kinds of goods are sold on the Internet.**

（No. → Why not ?） **Many people want to look at things in stores. Also, they can ask questions about the products.**

訳 **（Yes. の場合）**ネットではより安く買い物ができる。また，たくさんの種類のものがインターネットでは売られている。

（No. の場合）多くの人々がお店でものを見たがる。また，その商品について質問することもできる。

まずは，Yes. / No. で賛成か反対かを明確に述べる。どちらで答えるにしても，自分がなぜそう考えるかの根拠を少なくとも２つは挙げておきたい。根拠を挙げる際には，〔解答例〕のように Also, ～「また～」を用いたり，for example を用いたりして具体例を挙げるのもよいだろう。また，「多くの人々が…と思いますか？」と問われているので「私は外に出るのが好きでないので，これからネットで買い物することが多くなると思います」といった個人の好みや経験を語らないように注意しよう。

No. 5 解答例 （Yes. → Please tell me more.） **I like to watch American baseball on TV. Many popular teams have Japanese players.**

（No. → Why not ?） **I'm not interested in sports in foreign countries. Also, foreign sports aren't shown on TV very often.**

訳 **（Yes. の場合）**私はテレビでアメリカの野球を見るのが好きだ。多くの有名なチームに日本人選手がいる。

（No. の場合）私は外国でのスポーツに興味はない。また，外国のスポーツはあまりテレビで放送されていない。

Yes. / No. のどちらかをまずははっきりさせる。Yes. の場合は，自分の経験を交えて答えるとよいだろう。No. の場合は，見ない理由を少なくとも２つは挙げておきたい。

NOTE

NOTE

別冊問題編

教学社

CONTENTS

英検®赤本シリーズ
2021 年度版
英検®準 2 級 過去問集　問題編

（注 1）本書に掲載している問題は，公益財団法人 日本英語検定協会より提供されたものです。一次試験は本会場で実施されたもの，二次試験は試験ごとに，提供された 2 種類を掲載しています。
（注 2）音声は専用サイトにて配信しています。2018 年度第 2 回以降のリスニングテストの音声は許諾を得たうえで，公益財団法人 日本英語検定協会提供のものを使用しています。それ以外は，提供された資料および公表された音声を参考に，小社独自にレコーディングしたものです。

2020 年度 第 2 回

Grade Pre-2

試験内容		試験時間	掲載ページ
一次試験	筆記（リーディング・ライティング）	75 分	2020-2　P. 2〜14
	リスニング	約 25 分	2020-2　P. 15〜18
二次試験	面接（スピーキング）	約 6 分	2020-2　P. 19〜22

リスニングテスト・面接の音声について

音声は専用サイトにて配信しています。

▷ 専用サイトのご利用方法：

1 本冊（解答編）の袋とじ（音声配信のご案内）をキリトリ線に沿って開封。

2 袋とじの内側に印刷されている QR コードをスマートフォンなどで読み取る。QR コードを読み取れない場合は，アドレスを入力。
➡専用サイトのトップページに。

3 音声を聞きたい試験のボタンを押す。
➡該当の試験の音声再生ページに。
※試験 1 回分を通して聞くことも，1 問ずつ聞くこともできます。
※面接の解答時間（無音部分）は実際の試験とは異なります。

▷ 配信内容：本書に掲載のリスニングテストおよび面接の音声
※面接の音声は，音読の指示と質問英文だけでなく，音読問題のモデルリーディングも配信。

専用サイト トップページ
（イメージ）

一次試験

1 次の *(1)*から *(20)*までの（　　　）に入れるのに最も適切なものを **1**，**2**，**3**，**4** の中から一つ選び，その番号を解答用紙の所定欄にマークしなさい。

---

(1) ***A*** **:** I thought the play would be more exciting. I almost fell asleep.
B **:** I know. It was really (　　　), wasn't it ?
1 dull　**2** dramatic　**3** natural　**4** brave

(2) Keisuke has been reading a novel in Spanish for three months. He is now on the (　　　) chapter of the book and only has a few pages left.
1 final　**2** common　**3** foreign　**4** national

(3) After Thomas hurt his knee in a skiing accident, his doctor told him to (　　　) playing sports for at least two months.
1 protect　**2** admit　**3** avoid　**4** master

(4) Susan is having a lot of trouble with her car these days, so her friends are (　　　) her to sell it and buy a new one.
1 selecting　**2** advising
3 measuring　**4** threatening

(5) ***A*** **:** There'll be a (　　　) in the afternoon, so take your raincoat to school, Julie.
B **:** OK, Dad. But if it rains too hard, I may need you to come and pick me up.
1 mirror　**2** drop　**3** border　**4** storm

(6) ***A*** **:** Excuse me. Can you tell me the difference between these two stereo systems ?
B **:** They're (　　　) the same, but this one has slightly bigger speakers.
1 especially　**2** sharply　**3** basically　**4** easily

(7) **A** : Mom, I think my camera is broken. Can you (　　　) it for me?

B : Hmm. No, I can't. But I'll take it to the camera shop later this afternoon.

1 pour　**2** discover　**3** cause　**4** fix

(8) Mrs. Andrews told John's parents that she was worried about John's (　　　) in class. She said that he talked to his friends too much instead of studying.

1 reason　**2** design
3 behavior　**4** convenience

(9) Helen saw a man trying to (　　　) a bike from the parking lot. She called the police right away.

1 solve　**2** waste　**3** steal　**4** wrap

(10) Medical students have to study about many kinds of (　　　). They must learn how to take care of sick people.

1 matches　**2** diseases　**3** engines　**4** reasons

(11) **A** : Could you pass me my sweater, Dave? I'm a little cold.

B : Well, it's (　　　) that you're cold, Jan. The window is open.

1 some help　**2** with luck
3 no wonder　**4** one thing

(12) **A** : Mrs. Rowland, what should we bring for our trip to the museum tomorrow?

B : (　　　) a pencil and paper to take notes, you should bring some sandwiches for lunch.

1 Along with　**2** Because of
3 Near to　**4** Less than

(13) Every afternoon, Ken puts on his team uniform and his cap to (　　　) for baseball practice.

1 speak up　**2** get ready　**3** stand out　**4** feel sorry

(14) At first, Bill planned to take a taxi to the airport, but then he thought (　　　) of it. He realized that he had a lot of time and the bus would be much cheaper.

1 better　　2 less　　3 greater　　4 fewer

(15) The firefighters worked all night to (　　　) the forest fire before it could damage the town.

1 put out　　2 fall off　　3 set up　　4 attach to

(16) *A*: I wonder where Joyce is. She said she was going to be here at eight o'clock.

B: She's always late, so don't worry about her. I'm sure she'll (　　　) in a few minutes.

1 carry out　　2 turn on　　3 go down　　4 show up

(17) When Reika's grandmother fell down in the train station, Reika called (　　　) help. Luckily, the station staff heard her and came right away.

1 for　　2 over　　3 off　　4 in

(18) Gerry does not want anyone to come into his house, so he always keeps his front door (　　　).

1 locked　　2 locking　　3 is locked　　4 to lock

(19) *A*: Linda, let's watch the movie we rented.

B: Sorry, but I'm too sleepy (　　　) it tonight. How about tomorrow?

1 in watching　　2 by watching

3 to have watched　　4 to watch

(20) Jimmy prefers salty food (　　　) sweet food. When he gets home from school, he often eats potato chips.

1 about　　2 to　　3 at　　4 into

次の四つの会話文を完成させるために，*(21)*から*(25)*に入るものとして最も適切なものを**1**，**2**，**3**，**4**の中から一つ選び，その番号を解答用紙の所定欄にマークしなさい。

---

(21) ***A*** : Lydia, you look like you've lost weight. Are you on a diet?

B : No. I've been doing kickboxing three times a week.

A : Oh wow. If you're taking so many classes, it must be very expensive.

B : Actually, it isn't. I (*21*). I always watch free online lessons.

1 pay $100 a week **2** stopped it last week

3 wanted to gain weight **4** practice at home

---

(22) ***A*** : I want to go to see a musical sometime soon. (*22*), Tom?

B : I'm going camping at Greenville Lake.

A : Really? So, you'll be busy on both days.

B : Yeah, but I'll be free on Tuesday after work. Let's go then.

1 Are you free on Monday

2 What will you do this weekend

3 How is work going

4 Where are you going on Tuesday

---

(23) ***A*** : Cindy, I'm excited about the picnic with our friends tomorrow. What are you going to bring?

B : I think I'll (*23*).

A : Oh, that sounds great. You're such a good cook, so I'm sure it'll be delicious.

B : You're too kind. I'll try my best.

1 buy some fried chicken

2 bake a cheesecake

3 take a badminton set

4 get a mat for people to sit on

A **:** Welcome to Sally's Clothes Shop. Can I help you, ma'am ?

B **:** I want to try on some shoes. I really like the ones in that poster on the wall.

A **:** Do you mean the black ones on the right ?

B **:** No, I (*24*). I think they'll look good with my new dress.

A **:** I'm sorry, but we just sold the last pair.

B **:** Oh, that's too bad. They look really nice.

A **:** We can ask the salespeople at our other store if they have a pair. If they do, (*25*).

B **:** Thanks, but I need them for a wedding next week. I'll look online to see if I can get a pair sooner.

(24) **1** didn't see the shoes in the picture
2 don't think they are my size
3 like the red ones
4 want the black dress

(25) **1** it'll take two weeks to arrive
2 it'll cost $5 extra to send
3 the shoes will be size 24
4 we'll deliver them to your home

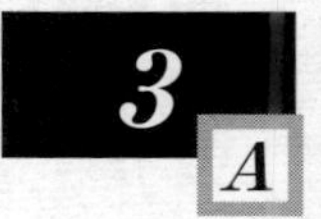

次の英文[A]，[B]を読み，その文意にそって*(26)*から*(30)*までの（　　　）に入れるのに最も適切なものを**1**，**2**，**3**，**4**の中から一つ選び，その番号を解答用紙の所定欄にマークしなさい。

Local Activities

Every year, Sarah's town holds a big volunteer event. People of all ages living in the town get together to clean up local parks. This year, Sarah (*26*). Early on Saturday morning, Sarah gathered at Memorial Park with the other volunteers. She was on a team with five other people. The team's job was to paint the fence around the park.

While she was talking to one of the volunteers, she found out that her town holds many exciting events. For example, they have summer concerts in the park and a fashion show in the winter. She also learned that her town has a basketball team, and there are games every month at a local gym. Sarah (*27*) these activities. Now, she is planning on participating in more activities in her community.

(26) **1** joined the event **2** played with her friends
3 visited the town hall **4** checked the weather

(27) **1** saw news about **2** enjoyed planning
3 became interested in **4** paid money for

3 **B**

Working Longer

When people get older, it becomes more and more difficult for them to work for long hours. As a result, many people stop working for their company between the ages of 60 and 65 years old. This is called retirement. However, nowadays, the age when people start retirement is changing. For example, a U.S. government survey shows more and more people between 65 and 69 years old are (*28*). In 1984, only about 18 percent of such people were still working. However, by 2014 this was almost 32 percent.

Many older people enjoy working and want to keep earning money. They also want to spend more time with their families, do hobbies, and go to see their doctors. To make their workers happy, some companies have started a new style of working called "phased-in retirement." In such companies, workers can work fewer hours and choose their own schedule. This way, older workers can easily work and (*29*).

Phased-in retirement can be good for companies, too. Erda, a company that produces handbags, has many older workers who participate in the company's phased-in retirement plan. Because these workers stay at the company longer, they can share their knowledge with younger staff. Susan Nordman, one of the owners, says that this has made her company's products better, and now she can sell more handbags. This shows that phased-in retirement can actually help companies (*30*) and also make their workers happier.

(28) **1** living near their companies
2 looking for difficult jobs
3 asking about retirement
4 continuing to work

(29) **1** meet new workers quickly
2 stay at the office longer
3 do other things as well
4 share their job with their families

(30) **1** find new workers **2** make more money
3 save some time **4** buy more supplies

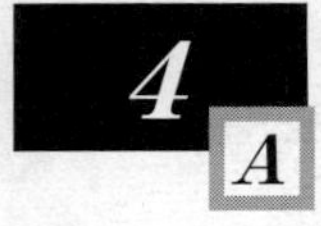

次の英文[A]，[B]の内容に関して，*(31)*から*(37)*までの質問に対して最も適切なもの，または文を完成させるのに最も適切なものを**1**，**2**，**3**，**4**の中から一つ選び，その番号を解答用紙の所定欄にマークしなさい。

From : Ann Shutler 〈a-shutler9@pmail.com〉
To : Pete Shutler 〈pshutler135@umail.edu〉
Date : October 3
Subject : Winter break

Hi Pete,

How are you doing at college? Everyone was happy to see you when you came home last month. Also, your sister said thank you for helping her with her science project while you were home. Her project won first place at the school science fair today! Also, she's very excited that you're going to come home for three weeks for winter break.

Anyway, I wanted to tell you about some family plans for Christmas. This year Grandma and Grandpa will be staying at our house for the holiday. They usually go to Aunt Paula's place, but this year she'll be visiting her son in Hawaii. Grandma and Grandpa will be staying in your room for a few days, so you'll have to share a room with your sister.

For New Year's Eve, we'll be having a big party at our house. Everyone is invited, but Grandma and Grandpa will be going home to Ohio on December 27. That's because Grandma has a doctor's appointment on December 28. Grandpa is a little sad, but he says he can't stay awake until midnight anyway! Good luck on your college exams, and we hope to hear from you soon.

Love,
Mom

(31) What did Pete do last month?

1 He visited his sister at school for a few weeks.
2 He helped his sister with a project for school.
3 He took a three-week break from school.
4 He won a prize for his science project.

---

(32) For Christmas, Pete's grandparents will

1 stay at Pete's family's house.
2 visit Aunt Paula's son in Hawaii.
3 go to Aunt Paula's place.
4 share a room with Pete's sister.

---

(33) What will happen on December 27?

1 Pete's grandmother will go to the doctor.
2 Pete's grandparents will go back to Ohio.
3 Pete's family will have a party.
4 Pete's college will have exams.

Australian Success Story

In the 1900s, the population of Australia started growing quickly. Many people moved there from other countries. They started families and built new homes. Because most families did their laundry by themselves, they needed places to hang wet clothes at their homes. The solution was to make a long line with rope called a clothesline in every garden on which laundry could be hung to dry.

The first clotheslines were straight, and they could not be moved. They took up a lot of space, so people could not see the plants and flowers that they had planted. Many people felt that the clotheslines did not look good in their gardens. In addition, people had to walk up and down the clotheslines carrying heavy, wet clothes, which was hard work. Later, smaller devices for hanging clothes were made that people could spin around. These new types of clotheslines were more convenient and took up less space in the garden.

The most popular spinning clothesline is called the Hills Hoist. It was made by a car mechanic named Lancelot Leonard Hill in 1945. Hill's design was a big success. Every family with a small garden wanted a Hills Hoist because it was easy to use. By 1994, 5 million Hills Hoists had been sold, making it the most popular clothesline in the country.

The Hills Hoist became so famous in Australia that it was printed on a postage stamp in 2009. These days, more Australian families are living in apartments that do not have gardens. As a result, fewer Hills Hoists are used in modern cities. However, for many Australians, seeing such a clothesline still brings back memories of their childhood, and many people still use one in their daily lives.

(34) People use clotheslines to

1 keep more space to build large gardens.
2 show people what country they came from.
3 help to keep their gardens clean.
4 dry the laundry that they have washed.

(35) What problem did people have with the first clotheslines ?

1 They did not look good and were not easy to use.
2 They often damaged plants in people's gardens.
3 They were not light enough for people to carry.
4 They would spin quickly and hurt people.

(36) What is true about Hills Hoists ?

1 Lancelot Leonard Hill became rich by selling them in his garden.
2 Lancelot Leonard Hill sold 5 million of them in 1994.
3 They were more popular than any other clothesline in Australia.
4 They were first made to help people who repair cars.

(37) What happened to Hills Hoists ?

1 It became easier to sell them after people began living in cities.
2 Most Australians have forgotten what they look like.
3 They were sold for the same price as a postage stamp.
4 People stopped using them when they started living in apartments.

5 ライティング

●あなたは，外国人の知り合いから以下の **QUESTION** をされました。
● **QUESTION** について，あなたの意見とその理由を2つ英文で書きなさい。
●語数の目安は50語〜60語です。
●解答は，解答用紙のB面にあるライティング解答欄に書きなさい。なお，解答欄の外に書かれたものは採点されません。
●解答が **QUESTION** に対応していないと判断された場合は，0点と採点されることがあります。**QUESTION** をよく読んでから答えてください。

QUESTION
Do you think parents should take their children to museums ?

Listening Test

準2級リスニングテストについて

❶このリスニングテストには，第1部から第3部まであります。

★英文はすべて一度しか読まれません。

第1部……対話を聞き，その最後の文に対する応答として最も適切なものを，放送される**1**，**2**，**3**の中から一つ選びなさい。

第2部……対話を聞き，その質問に対して最も適切なものを**1**，**2**，**3**，**4**の中から一つ選びなさい。

第3部……英文を聞き，その質問に対して最も適切なものを**1**，**2**，**3**，**4**の中から一つ選びなさい。

❷ *No. 30* のあと，10秒すると試験終了の合図がありますので，筆記用具を置いてください。

第1部

No. 1〜*No. 10*（選択肢はすべて放送されます。）

第2部

No. 11
1 He studied Spanish with a tutor.
2 He studied abroad in Spain.
3 He memorized a dictionary.
4 He watched Spanish TV shows.

No. 12
1 To ask her about a restaurant.
2 To invite her to a dinner party.
3 To borrow a few DVDs.
4 To get a dessert recipe.

No. 13
1 Read stories about monsters.
2 Tell secrets to each other.
3 Meet an actor.
4 Watch a movie.

No. 14
1 The Penguin House is not open.
2 The Penguin House was boring.
3 The zoo will be closed next week.
4 The zoo does not have many animals.

No. 15
1 Trying on a jacket.
2 Getting ready for a trip.
3 Shopping for a raincoat.
4 Washing her hiking clothes.

No. 16
1 Have lunch with Billy.
2 Go to a video store.
3 Invite Billy to his house.
4 Play video games with his mother.

No. 17
1 Her steak tastes bad.
2 Her food has not arrived.
3 The waiter brought the wrong drink.
4 The food is too expensive.

No. 18
1 Letting her borrow some money.
2 Telling her about a restaurant in Ikebukuro.
3 Helping her to buy a train ticket.
4 Taking her to the station office.

No. 19
1 She does not want to wait a long time.
2 She does not like to eat noodles.
3 She has been standing in line for too long.
4 She has been planning to eat at the noodle shop.

No. 20
1 Rent a tennis racket.
2 Teach tennis.
3 Buy some tennis balls.
4 Take a tennis lesson.

第3部

No. 21
1 Help her father.
2 Study for school.
3 Exercise for two hours.
4 Spend time with her parents.

No. 22
1 She worked for her uncle.
2 She got a job at a gardening store.
3 Her uncle gave her his old one.
4 Her parents gave her more money.

No. 23
1 By getting on a bus.
2 By driving on Bayside Street.
3 By using Coast Avenue.
4 By taking a train.

No. 24
1 Her skin could be damaged by the sun.
2 Her uncle's umbrella could be lost.
3 It might rain over the weekend.
4 It might be too expensive to go to Australia.

No. 25
1 It is made with long pieces of bread.
2 It is named after a type of fruit.
3 It looks like a crown for a king.
4 It was created by a king.

No. 26
1 Speak to some Americans.
2 Travel to South America.
3 Stop learning English.
4 Learn Spanish.

No. 27
1 All food in the park is free with it.
2 People can get on rides quickly with it.
3 It costs 10 percent more than a Silver Ticket.
4 The park can be entered for one year with it.

No. 28
1 He wants to work outdoors.
2 He could not study computer programming.
3 His friends could not enter his college.
4 His friends' college is in another city.

No. 29
1 It does not move fast.
2 It is easy to catch.
3 It is not afraid of snakes.
4 It helps people to hunt animals.

No. 30
1 She ate at a new restaurant.
2 She started a new job.
3 She got some money.
4 She met someone she knew.

二次試験

受験者用問題カードA

Helping People with Shopping

Today, some companies have started selling fresh foods in new ways. These companies use trucks that are called "mobile supermarkets." Mobile supermarkets stop in different areas around towns, and in this way they help people do their daily shopping more easily. In the future, mobile supermarkets will probably become more common.

B

問題カードA　Questions

No. 1　According to the passage, how do mobile supermarkets help people do their daily shopping more easily?

No. 2　Now, please look at the people in Picture A. They are doing different things. Tell me as much as you can about what they are doing.

No. 3　Now, look at the woman wearing glasses in Picture B. Please describe the situation.

No. 4　Do you think young people today should eat more vegetables?
Yes. → Why?
No. → Why not?

No. 5　Today, many Japanese people work in foreign countries. Would you like to work abroad?
Yes. → Please tell me more.
No. → Why not?

編集部注：本ページの質問英文は問題カードには印刷されていません。

受験者用問題カードD

Helping Foreign Children

These days, there are many foreign families living in Japan. The children of these families usually go to local schools. However, they sometimes have language problems when they begin to go to school. Some cities offer Japanese language classes, and in this way they help foreign children do better in Japanese schools.

A

B

問題カードD　Questions

No. 1　According to the passage, how do some cities help foreign children do better in Japanese schools?

No. 2　Now, please look at the people in Picture A. They are doing different things. Tell me as much as you can about what they are doing.

No. 3　Now, look at the boy in Picture B. Please describe the situation.

No. 4　Do you think it is a good idea for schools to take their students to foreign countries on school trips?
Yes. → Why?
No. → Why not?

No. 5　Today, some people like to travel with their pets. Would you like to travel with a pet?
Yes. → Please tell me more.
No. → Why not?

編集部注：本ページの質問英文は問題カードには印刷されていません。

2020 年度 第 1 回

Grade Pre-2

試験内容		試験時間	掲載ページ
一次試験	筆記（リーディング・ライティング）	75 分	2020-1　P. 2～14
	リスニング	約 25 分	2020-1　P. 15～18
二次試験	面接（スピーキング）	約 6 分	2020-1　P. 19～22

リスニングテスト・面接の音声について

音声は専用サイトにて配信しています。

▷　専用サイトのご利用方法：

1. 本冊（解答編）の袋とじ（音声配信のご案内）をキリトリ線に沿って開封。
2. 袋とじの内側に印刷されている QR コードをスマートフォンなどで読み取る。QR コードを読み取れない場合は，アドレスを入力。
   ➡専用サイトのトップページに。
3. 音声を聞きたい試験のボタンを押す。
   ➡該当の試験の音声再生ページに。
   ※試験 1 回分を通して聞くことも，1 問ずつ聞くこともできます。
   ※面接の解答時間（無音部分）は実際の試験とは異なります。

▷　配信内容：本書に掲載のリスニングテストおよび面接の音声
   ※面接の音声は，音読の指示と質問英文だけでなく，音読問題のモデルリーディングも配信。

専用サイト トップページ
（イメージ）

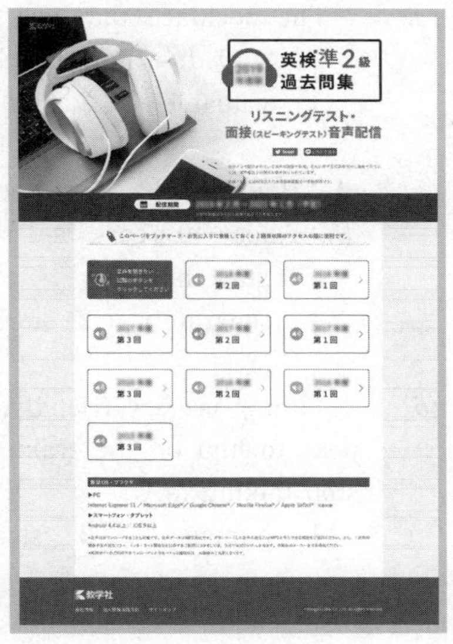

一次試験

1 次の(1)から(20)までの（　　　）に入れるのに最も適切なものを**1**，**2**，**3**，**4**の中から一つ選び，その番号を解答用紙の所定欄にマークしなさい。

---

(1) Each year, students at Bradley High School (　　　) for a student president. This year, they chose a girl named Sally Burton.

1 vote　**2** pack　**3** save　**4** arrange

(2) Jason paid $700 for his new computer. The same computer was $900 in another store, so Jason thought he had gotten a good (　　　).

1 deal　**2** track　**3** wish　**4** sink

(3) At the soccer game, many fans from Japan (　　　) Japanese flags in the air. There was red and white everywhere in the stadium.

1 traded　**2** stepped　**3** explained　**4** waved

(4) The necklace that was stolen from the jewelry store was very (　　　). It was worth $70,000.

1 valuable　**2** innocent　**3** private　**4** familiar

(5) ***A*:** How long has Lisa been living in Germany?

***B*:** About 10 years, and she just bought a house there. I think she will stay there (　　　).

1 separately　**2** forever　**3** loudly　**4** outdoors

(6) Timmy is very friendly, and he sometimes talks to people sitting next to him on the train or bus. However, his mother told him to stop talking to (　　　).

1 humans　**2** strangers　**3** rulers　**4** patients

(7) ***A*** **:** Kim, what's wrong with your leg?
B **:** I broke it when I was skiing, so I had an (　　　) at the hospital last week.
1 escalator **2** entrance **3** origin **4** operation

(8) ***A*** **:** What's your favorite class this year, Ellie?
B **:** I really like (　　　). We're learning the names of different countries and cities around the world.
1 geography **2** chemistry **3** literature **4** economics

(9) Charlotte volunteered at a marathon. Her job was to (　　　) water into cups and hand the cups to the runners.
1 lock **2** steal **3** pour **4** fail

(10) Jennifer (　　　) moving to a new apartment in the city. However, in the end, she decided to keep living in the same apartment.
1 released **2** solved **3** considered **4** promoted

(11) Pete asked Jan not to tell anyone in the office that he was getting married, but she could not (　　　) the news secret. She told one person, and soon everyone knew.
1 open **2** keep **3** choose **4** send

(12) Brenda's company just hired two new college graduates. Brenda is happy because she is (　　　) the youngest employee in the company.
1 at once **2** if possible **3** no longer **4** with ease

(13) Tony asked his sister to lend him $10 because he was (　　　) of money.
1 heavy **2** deep **3** cold **4** short

(14) When Diane got home after a long day at work, she tried to watch a movie. She was so tired that she (　　　) in the middle of it.

1 fell asleep　**2** took turns　**3** stood out　**4** hung up

(15) When David's dog died suddenly, it took David a long time to get (　　　) the shock. Finally, he began to feel better.

1 over　**2** in　**3** below　**4** between

(16) ***A*** : Derrick is late.

B : I know. He should have been here (　　　). I'll call him on his cell phone.

1 under control　**2** at times

3 by now　**4** in return

(17) The box was (　　　) cookies, so Carol took some. She hoped that her mother would not notice that there were fewer cookies.

1 pleased with　**2** full of

3 absent from　**4** based on

(18) ***A*** : Brian, do you want to come to the gym with me tonight?

B : Sorry, but I can't go. I'm busy (　　　) my history report.

1 will write　**2** wrote　**3** written　**4** writing

(19) Some students liked to study in a group, while (　　　) preferred to study alone.

1 others　**2** other

3 the other　**4** such others

(20) ***A*** : Thank you very much, Stuart. It was kind of you (　　　) me home.

B : No problem. I'll stop the car in front of your apartment building.

1 drove　**2** have driven

3 drive　**4** to drive

次の四つの会話文を完成させるために，*(21)*から*(25)*に入るものとして最も適切なものを**1**，**2**，**3**，**4**の中から一つ選び，その番号を解答用紙の所定欄にマークしなさい。

---

(21) ***A*** : Excuse me. I'd like to sell my computer game. I heard that this store buys old ones.

B : Let me check our computer to see the price. All right, we can pay you $5 for it.

A : Really? Is that all? I paid $75 for it when the game was new.

B : I'm sorry, but (*21*). It isn't popular anymore, so people won't pay a lot for it.

1 we don't buy games **2** the game is broken
3 it's an old game **4** I can't send you a coupon

---

(22) ***A*** : Welcome to Cowboy's Great Steaks. May I take your order?

B : We'd like to order one Great Steak Set. My wife and I are not very hungry, so we will share it.

A : I'm sorry, but every person at the table must order at least one meal.

B : Oh. In that case, (*22*).

1 we need some sauce
2 we'll order the Chicken Set, too
3 she wants a cup of tea, too
4 she'll eat some of my fries

---

(23) ***A*** **:** I heard you're going to join a new team when you start high school, John. (*23*)?

B **:** I haven't decided yet. There are many different ones that I want to play.

A **:** Why don't you try rugby?

B **:** I'm afraid that I'll get hurt, but it does sound like fun.

1 What sport will you play
2 What games will you play today
3 Which sport are you watching now
4 Which match do you want to go to

A **:** Are you ready for our trip to New Zealand tomorrow, honey?

B **:** Not yet. I'm still trying to decide what to take. What's the weather going to be like there?

A **:** Let me check. My phone says that it'll be quite cold and snowy.

B **:** I see. (*24*), but it's so big and takes up a lot of space.

A **:** Is your bag big enough?

B **:** I don't think so. Can I (*25*)?

A **:** Sorry, mine is already full. Maybe you should take another bag.

B **:** OK. I'll bring my backpack.

(24) **1** I must find another T-shirt
2 I need to bring my phone charger
3 I'll have to take a sweater
4 I'll need to turn on the air conditioner

(25) **1** borrow your coat
2 put some things in your bag
3 buy a new suitcase
4 drive your car there

次の英文A，Bを読み，その文意にそって*(26)*から*(30)*までの(　　)に入れるのに最も適切なものを**1**，**2**，**3**，**4**の中から一つ選び，その番号を解答用紙の所定欄にマークしなさい。

Getting a Pet

Michelle has lived in a small house by herself for two years. She sometimes felt a little lonely, so she had been thinking about getting a pet. Last year, her neighbor's dog had five puppies, and he was looking for people to give them homes. Michelle went to her neighbor's house to see the puppies. She really liked a small, brown one, and she decided to name him Albert. A few weeks later, when Albert was old enough, she (*26*). After that, she really enjoyed taking him for walks and playing with him at parks on the weekends.

However, Michelle later realized how hard it was to look after a pet. She often did not know what to do or how to help him. She soon started (*27*). She thinks they are very helpful because they have a lot of information she needs. Michelle hopes that doing this will help her become a good dog owner.

(26)
1 brought him home　**2** met her neighbor
3 wrote about him　**4** went shopping

(27)
1 giving him many toys　**2** building a doghouse
3 reading pet magazines　**4** washing him every day

3

B Underwater National Park

In the United States, there is a special park called Dry Tortugas National Park. Although it has a few small islands, 99 percent of the 262-square-kilometer park is under the ocean. It has one of the largest coral reefs* in the world, and many rare types of sharks, turtles, and other animals live and have their babies there. As a national park, Dry Tortugas (*28*). First, it gives people the chance to see a unique environment. Second, it protects the animals and plants in the area, and third, it gives scientists a place to study these animals and plants.

Every year, about 63,000 people visit the park. However, the park is (*29*). There are no roads, so people must access it by plane, ferry, or boat. Ferries and boats can damage the coral and underwater environment when they drop their heavy anchors* to the ocean floor. Therefore, the park has special wood platforms where people can tie their boats instead. Once they are at the park, visitors can enjoy activities like swimming, snorkeling, and scuba diving.

The only people living in the park are rangers, who protect and study the environment there. They stop people from fishing in the wrong areas or killing animals. They also help scientists to study the environment. Rangers put tags on birds and fish to see how they live, and they record lots of information about the coral reef. By learning (*30*), rangers and scientists hope to protect this unique environment for the future.

*coral reefs：サンゴ礁(しょう)
*anchors：錨(いかり)

(28) **1** supports three types of people
2 has three goals
3 helps many local animals
4 needs a lot of money

(29) **1** far from water **2** near a large city
3 hard to get to **4** easy to see

(30) **1** where to find tourists **2** how to fish
3 more about these things **4** less about their visitors

次の英文A，Bの内容に関して，(31)から(37)までの質問に対して最も適切なもの，または文を完成させるのに最も適切なものを**1**，**2**，**3**，**4**の中から一つ選び，その番号を解答用紙の所定欄にマークしなさい。

From : Kelly Nelson 〈k-nelson@housemail.com〉
To : Fumiko Kobayashi 〈f-kobayashi@readmail.co.jp〉
Date : May 31
Subject : Thank you !

Hi Mrs. Kobayashi,

Thank you for being my host mother last summer. I really enjoyed my trip to Japan. I had so much fun visiting Kyoto with your daughter, Aya. It's such a beautiful city. Also, thank you for taking me to your Japanese flower arrangement show. I hope Aya can come and stay with me in New York this summer and study English !

I really miss Japan a lot, and I've been writing on my website about the great time that I had. In fact, my Japanese teacher at my high school has asked me to tell the class about my stay in Japan. She wants me to give a presentation next Friday and show the class my photos. I'm going to share some photos of me wearing a kimono.

I was wondering if I could introduce you to my class. Could you do a five-minute video chat with my class at the beginning of my presentation ? My class is at 9 a.m. here in New York, so it would be early evening in Japan. Please let me know if you can do it. If not, it's OK. Hope to talk to you soon !

All the best,

Kelly

(31) What did Kelly do last summer?

1 She went to Kyoto with Mrs. Kobayashi.
2 She stayed with a host family in Japan.
3 She took a flower-arrangement class.
4 She helped Aya study English.

---

(32) What did Kelly's teacher ask her to do?

1 Give her class some presents.
2 Give a presentation about her trip.
3 Put some photos on the class website.
4 Put on a kimono for her Japanese class.

---

(33) Kelly asks Mrs. Kobayashi

1 to talk to her Japanese class.
2 to help her practice her speech.
3 how she should start her presentation.
4 when she can come to New York.

4 B

Female Airline Pilots

Flying a plane is a challenging job. Because of the long hours and stress, not many people want to become pilots. In particular, it is hard to find female pilots. Even though the number of women working in most fields is increasing these days, the number of female pilots is low. In fact, in 2016, only about 5 percent of the world's airline pilots were female. Many airlines are now trying to increase the number of female pilots.

According to research, every year more and more people are traveling by plane. It is believed that in the near future, about 7 billion people will travel by plane each year. Therefore, airlines are trying to hire more pilots. However, it is not easy to find new pilots. Training costs a lot of money, and pilots usually work long hours and are often away from home. Because of this, few people are interested in becoming a pilot.

One way to get more pilots is to hire more women. Hoping more women will apply for the job, one major airline in the United Kingdom is showing more pictures of women on its website to hire pilots. Also, an airline in Vietnam is trying to create flexible work schedules and offering childcare for female pilots who have children. They hope to be able to support women who want to work and have families.

Female pilots have another challenge, though. Some passengers do not trust female pilots. That means that female pilots have another important role—changing people's views. For example, Sophia Kuo, a pilot in Taiwan, says that passengers often seem surprised that a woman is their pilot, but slowly people are getting used to seeing her. Kim Noakes, an American pilot, says that when young girls ride on her planes, they realize that they, too, can become pilots. She hopes that one day more girls will dream of being pilots.

(34) What is true about flying planes as a job?

1 More and more men are interested in doing it.
2 Only about 5 percent of people have the skills to do it.
3 There are not many people who are interested in doing it.
4 The number of women who want to do it increased in 2016.

---

(35) What is one problem airlines have?

1 They need more pilots because more people travel by plane.
2 They do not have an easy way to find new customers.
3 It takes a lot of time to build more planes for their pilots to fly.
4 It costs too much money to hire pilots with a lot of experience.

---

(36) One airline in Vietnam

1 is trying to make it easier for women with children to work as pilots.
2 uses pictures of female pilots on its website to hire female pilots.
3 has made it easier for families with children to fly on planes.
4 pays less money to women who want to become pilots.

---

(37) What is one role that female pilots have?

1 They share new information with passengers.
2 They teach young girls how to fly planes.
3 They show passengers views from the plane.
4 They help passengers to see that women can be pilots.

5 ライティング

●あなたは，外国人の知り合いから以下の **QUESTION** をされました。
● **QUESTION** について，あなたの意見とその理由を2つ英文で書きなさい。
●語数の目安は50語～60語です。
●解答は，解答用紙のB面にあるライティング解答欄に書きなさい。なお，解答欄の外に書かれたものは採点されません。
●解答が **QUESTION** に対応していないと判断された場合は，0点と採点されることがあります。**QUESTION** をよく読んでから答えてください。

QUESTION
Do you think it is important for people to eat breakfast every day?

Listening Test

準2級リスニングテストについて

❶このリスニングテストには，第1部から第3部まであります。

★英文はすべて一度しか読まれません。

第1部……対話を聞き，その最後の文に対する応答として最も適切なものを，放送される**1**，**2**，**3**の中から一つ選びなさい。

第2部……対話を聞き，その質問に対して最も適切なものを**1**，**2**，**3**，**4**の中から一つ選びなさい。

第3部……英文を聞き，その質問に対して最も適切なものを**1**，**2**，**3**，**4**の中から一つ選びなさい。

❷*No. 30*のあと，10秒すると試験終了の合図がありますので，筆記用具を置いてください。

第1部

No. 1〜*No. 10*（選択肢はすべて放送されます。）

第2部

No. 11

1 Celebrate his birthday.
2 Look for a present.
3 Meet their friend at the mall.
4 Plan a surprise party.

No. 12

1 Lisa is going shopping.
2 Lisa has a dance class.
3 Jack will be studying French.
4 Jack will be working.

No. 13

1 It was canceled because of rain.
2 It is being repaired.
3 It has already ended.
4 It is at a different museum.

No. 14
1 In his wife's car.
2 In the closet.
3 At his office.
4 At the dry cleaner's.

No. 15
1 It will get a new coach.
2 It needs taller members.
3 It has too many players.
4 It is looking for new players.

No. 16
1 Making reservations for a trip.
2 Flying to Singapore.
3 Exchanging money.
4 Checking into a hotel.

No. 17
1 He found her wallet.
2 He lent her his backpack.
3 He bought her a present.
4 He picked up her scarf.

No. 18
1 Meeting the people there.
2 Trying the local food.
3 Seeing the old buildings.
4 Enjoying the good weather.

No. 19
1 Go to her ice-skating lesson.
2 Start cooking dinner.
3 Clean the living room.
4 Talk to her parents.

No. 20
1 Talking with his wife.
2 Using the phone.
3 Having lunch.
4 Repairing shoes.

第3部

No. 21
1 She forgot about her speech contest.
2 She does not write well in Japanese.
3 She had trouble understanding her teacher.
4 She has no topic for her speech.

No. 22
1 A famous chef from Italy.
2 A good way to cook pasta.
3 A newly opened restaurant.
4 A popular Italian radio program.

No. 23
1 His mother did not let him.
2 His friend has already seen it.
3 He wanted to see another movie.
4 He does not like violent movies.

No. 24
1 He does not wait for her by the door.
2 He does not want to go for walks.
3 He follows her to school.
4 He barks loudly at night.

No. 25
1 They cannot live in the desert.
2 They take a long time to grow.
3 They grow all around the world.
4 They do not need much sunlight.

No. 26
1 She bought some clothes.
2 She designed some clothes.
3 She went to a job interview.
4 She quit her old job at a store.

No. 27
1 By checking on the Internet.
2 By going to a local music school.
3 By searching at guitar stores in her area.
4 By asking her brother to introduce her to one.

No. 28
1 It will not arrive on time.
2 It will not stop at Hayton Station.
3 It will only stop at two stations.
4 It will have more passengers than usual.

No. 29
1 It is a traditional pie.
2 It is only served hot.
3 It is only made in Peru.
4 It is a drink made from corn.

No. 30
1 The job was easy to do.
2 The job was in his hometown.
3 He could get a lot of money.
4 He could travel while he worked.

二次試験

受験者用問題カードA

Enjoying New Foods

Today, many people enjoy cooking food from other countries. As a result, there are now many websites about foreign dishes. Some websites offer videos about preparing foreign foods, and by doing so they help people learn to make new meals. Foreign dishes can teach people about important parts of other cultures.

A

B

問題カードA　Questions

No. 1　According to the passage, how do some websites help people learn to make new meals?

No. 2　Now, please look at the people in Picture A. They are doing different things. Tell me as much as you can about what they are doing.

No. 3　Now, look at the woman in Picture B. Please describe the situation.

No. 4　Do you think it is a good idea to live near a large shopping mall?
Yes. → Why?
No. → Why not?

No. 5　Today, a lot of students go to foreign countries on homestays. Would you like to go on a homestay in a foreign country?
Yes. → Please tell me more.
No. → Why not?

編集部注：本ページの質問英文は問題カードには印刷されていません。

受験者用問題カードD

Animals in Hospitals

Some children are afraid to stay at hospitals. Because of this, hospitals are always looking for ways to make them comfortable. Some hospitals have pets that children can play with, and by doing so they try to help children to feel more relaxed. Animals are helpful to people in many different ways.

A

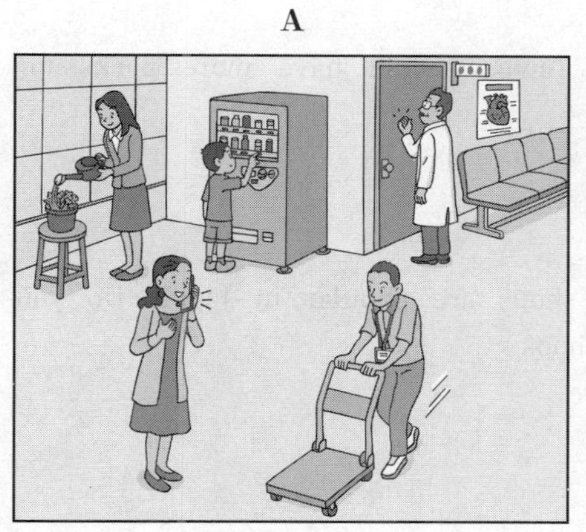

B

問題カードD　Questions

No. 1　According to the passage, how do some hospitals try to help children to feel more relaxed?

No. 2　Now, please look at the people in Picture A. They are doing different things. Tell me as much as you can about what they are doing.

No. 3　Now, look at the woman in Picture B. Please describe the situation.

No. 4　Do you think cities and towns should have more parks for children to play in?
Yes. → Why?
No. → Why not?

No. 5　These days, hundred-yen shops are popular in Japan. Do you often buy things at these shops?
Yes. → Please tell me more.
No. → Why not?

編集部注：本ページの質問英文は問題カードには印刷されていません。

2019年度 第3回

Grade Pre-2

試験内容		試験時間	掲載ページ
一次試験	筆記（リーディング・ライティング）	75分	2019-3　P. 2～13
	リスニング	約25分	2019-3　P. 14～17
二次試験	面接（スピーキング）	約6分	2019-3　P. 18～21

リスニングテスト・面接の音声について

音声は**専用サイト**にて配信しています。

専用サイト トップページ
（イメージ）

▷ **専用サイトのご利用方法**：

1. 本冊（解答編）の**袋とじ**（音声配信のご案内）をキリトリ線に沿って開封。
2. 袋とじの内側に印刷されている**QRコード**をスマートフォンなどで読み取る。QRコードを読み取れない場合は，**アドレス**を入力。
   ➡専用サイトのトップページに。
3. 音声を聞きたい試験のボタンを押す。
   ➡該当の試験の音声再生ページに。
   ※試験1回分を通して聞くことも，1問ずつ聞くこともできます。
   ※面接の解答時間（無音部分）は実際の試験とは異なります。

▷ **配信内容**：本書に掲載のリスニングテストおよび面接の音声

※面接の音声は，音読の指示と質問英文だけでなく，音読問題のモデルリーディングも配信。

一次試験

1

次の *(1)* から *(20)* までの（　　　）に入れるのに最も適切なものを **1**，**2**，**3**，**4** の中から一つ選び，その番号を解答用紙の所定欄にマークしなさい。

---

(1) Flowers need insects to survive. They (　　　) insects in many ways, such as making a smell some insects like.

1 guard　**2** warn　**3** combine　**4** attract

(2) Diane always wanted to write a novel. After three years, she finally (　　　) her goal. It will be published this spring.

1 accomplished　**2** debated
3 confused　**4** explored

(3) ***A*** : Melissa, I think there's a festival going on. How are we going to get through this (　　　) of people?
B : Let's just go a different way.

1 total　**2** crowd　**3** stick　**4** poem

(4) ***A*** : Can you (　　　) what life was like 500 years ago?
B : No, I can't. I think it must have been so different without the technology we have today.

1 imagine　**2** skip　**3** complain　**4** manage

(5) Many scientists say that the climate is changing, and that the earth's (　　　) is becoming warmer. The hotter air may cause a lot of problems.

1 tournament　**2** situation
3 atmosphere　**4** harmony

(6) Sean started running three years ago. It was hard for him at first, but now he can (　　　) run for an hour without stopping.

1 deeply　**2** kindly　**3** softly　**4** easily

(7) **A :** I heard that Ms. Daniels is getting married.
B : I also heard that ( ). However, when I asked her about it, she said it wasn't true.
1 measure **2** custom **3** rumor **4** sketch

(8) Ron's sister had a baby boy on Thursday. He could not wait to meet his new ( ).
1 cousin **2** nephew **3** author **4** mayor

(9) **A :** What are you going to do during summer vacation, Steve ?
B : I'm going to work part time. I hope to ( ) enough money to buy a new computer.
1 announce **2** rent **3** ignore **4** earn

(10) When Tom got home from work at 2 a.m., he was surprised that his wife was still ( ). She said that she could not sleep because she was worried about him.
1 awake **2** equal **3** personal **4** correct

(11) **A :** The weather is starting to get warmer. I guess we won't be able to go skiing anymore this year.
B : Yeah. I wish we could ski all year ( ).
1 last **2** round **3** past **4** full

(12) **A :** Hey, Jessica. I heard that you're Canadian. Which part of Canada do you come ( ) ?
B : Well, I was born in Toronto, but I grew up in Vancouver.
1 from **2** by **3** in **4** to

(13) The tennis match has been ( ) until next weekend because five members of the tennis team are sick.
1 put off **2** brought out
3 torn off **4** given out

(14) **A**: Do you have anything to ( ) my presentation?
B: No, I think you've explained everything clearly.

1 break up **2** add to **3** pick up **4** hang on

(15) Dorothy kept ( ) her brother's baby while he went to the supermarket. She made sure that the baby was safe.

1 an eye on **2** a secret from
3 away from **4** her word to

(16) **A**: Robin, your dog is scary. He's barking at me.
B: I'm sorry. He's ( ) like this. He's excited right now because he's meeting new people.

1 no longer **2** no more
3 not always **4** nothing but

(17) **A**: It ( ) like it's going to rain, and we don't have an umbrella.
B: Yeah. We'd better hurry home.

1 works **2** drives **3** thinks **4** looks

(18) **A**: Last Sunday, my brother and I went to the beach on our bicycles.
B: Wow! That's a long way. It must have taken a long time ( ) so far.

1 have ridden **2** to ride
3 ride **4** rode

(19) Roger went to a local park yesterday afternoon. He ran around the park ( ) to music.

1 listening **2** listen
3 listened **4** has listened

(20) People now use computers to do most things. As a result, they have been using paper less ( ) less.

1 for **2** on **3** or **4** and

次の四つの会話文を完成させるために，*(21)*から*(25)*に入るものとして最も適切なものを **1**，**2**，**3**，**4** の中から一つ選び，その番号を解答用紙の所定欄にマークしなさい。

---

(21) ***A*** **:** Billy, stop using your phone. I told you to study for your history test.

B **:** But I'm using my phone to study, Mom.

A **:** Please don't lie to me. I can see that you (*21*).

B **:** That's true, but I didn't understand something in the textbook, so I was asking them for help.

1 are chatting with your friends
2 are playing games online
3 called me today
4 took the test yesterday

---

(22) ***A*** **:** Hi, I'd like a ticket to Madrid, please.

B **:** Sorry, there are no more buses today. The last one left 15 minutes ago.

A **:** Oh no. I really need to get there tonight.

B **:** (*22*). The station is not far from here, and the last one leaves in an hour.

1 You'll have to stay here tonight
2 You can take a train instead
3 My friend is driving there
4 The bus costs more

---

(23) ***A*** **:** Hi, Belinda. I heard you're taking a cooking class.

B **:** That's right. I'm going to (*23*) tomorrow. Would you like to taste it ?

A **:** Oh, that sounds nice. You can bring it to the party on Wednesday, and we can have it for dessert.

B **:** That's a good idea. It'll taste better when it's hot, so I'd like to warm it up in the oven before we eat it.

1 try to make a curry
2 try to make ice cream
3 learn how to bake some bread
4 learn how to bake an apple pie

A **:** Excuse me, I'd like to buy this suit.

B **:** Certainly, sir. (*24*).

A **:** That's too long. Why can't I get it today ? I need it for a job interview next week.

B **:** Sorry, but this is one of our order-made suits. However, the suits in that corner can be taken home today.

A **:** Oh, that's better, but I don't see any black suits. Do you have any ?

B **:** I'm sorry, we don't have any in this shop now. However, we have (*25*).

A **:** Really ? Where is it ?

B **:** It's on Bank Street across from the post office.

(24)
1 It'll be ready in three weeks
2 It's not made in black
3 We're closing soon
4 We don't have any large suits

(25)
1 one suit left in your size
2 a few brown suits
3 another store in the city
4 a new place for meetings

次の英文[A], [B]を読み，その文意にそって(26)から(30)までの(　　)に入れるのに最も適切なものを1，2，3，4の中から一つ選び，その番号を解答用紙の所定欄にマークしなさい。

Changing Plans

Erin and her best friend Hannah are high school students. They try to do something new together every month, and they spend a lot of time talking about what to do and where to go next. This summer, they planned to go to an outdoor music festival. They had never (*26*). They started reading a lot of information about it online to prepare for it because they had no idea what the festival would be like.

However, on the day of the event, it rained heavily, and the festival was canceled. They were very unhappy because they had spent so much time getting ready for it. They had even bought new T-shirts for the event. They were upset that they would not have a chance to (*27*). They thought about what to do instead. In the end, they put on the T-shirts and went to see a movie. It was not as special as going to the festival, but they had a good time.

(26)
1 played the guitar
2 been to one before
3 taken classes together
4 invited anyone

(27)
1 wear the T-shirts
2 buy more T-shirts
3 design posters
4 call each other

3

B

Talking Animals

One of the biggest differences between humans and other animals is that humans can use language. However, there are some animals that can also "talk." In fact, many birds are good at copying the sounds that humans make. Parrots, which many people keep as pets, are one example of a bird that is famous for being able to copy human language. There are also stories about sea animals such as whales and seals that make sounds like they are talking. There is even an elephant named Koshik who (*28*). Koshik, who lives in a zoo in South Korea, has started to say a few Korean words.

At first, experts did not believe this story because of the shape of elephants' mouths. To learn more about Koshik, Angela Stoeger, an Austrian researcher, asked a group of Korean people to listen to Koshik. The people then wrote down (*29*). Most of the people wrote down the same words, saying that they could hear words like "hello," "sit down," and "good."

In order to "speak" Korean, Koshik does something other elephants never do when making sounds. He puts his trunk* inside his mouth. When Koshik was young, he was the only elephant at the zoo where he lived. Stoeger believes that Koshik found this special way to make sounds because he (*30*). Therefore, Koshik decided to find a way to communicate with his trainers. Stoeger says that these abilities may have developed because animals want to make friends.

*trunk：(象(ぞう)の) 鼻(はな)

---

(28) **1** is much larger **2** has the same skill
3 can write letters **4** copies the birds

(29) **1** what they heard **2** what they saw
3 why they visited **4** why they left

(30) **1** lived in a zoo **2** talks to elephants
3 knows his name **4** was very lonely

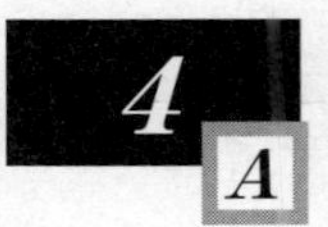

次の英文A, Bの内容に関して, *(31)*から*(37)*までの質問に対して最も適切なもの, または文を完成させるのに最も適切なものを**1**, **2**, **3**, **4**の中から一つ選び, その番号を解答用紙の所定欄にマークしなさい。

From : Anna Keyser 〈a-keyser@hurra.com〉
To : Melissa Fletcher 〈mfletcher81@wnet.com〉
Date : January 26
Subject : Haircut

Hi Melissa,

I have a question for you. I got a haircut yesterday at Staci's Salon. I really don't like it, so I want to find a stylist who can fix it for me. I remember you said that the hair salon you go to is good. Could you tell me the name of it? Also, is there a good stylist that you recommend?

By the way, I have some good news. Our friend Liz and her husband John are going to have a baby boy! I'm so excited for them. I hope that their daughter doesn't get too jealous, though. I'm sure she'll enjoy being a big sister, but it may take some time for her to get used to sharing her things with her new brother.

Anyway, we are going to have a party for Liz. I'm going to plan it. I'll be inviting all her friends as well as the family, and everyone will bring a small gift for the baby. That way, Liz and John won't have to buy everything by themselves. Babies need so many things like toys, clothes, and bottles. I'll be sending you an invitation in the mail soon.

Your friend,
Anna

(31) What happened to Anna yesterday ?

1 She got a bad haircut.
2 She found a good stylist.
3 She broke something important.
4 She started working at a hair salon.

---

(32) Anna tells Melissa that

1 the baby is jealous of Liz.
2 John needs to learn how to share.
3 her older sister has been busy.
4 their friend will have a baby.

---

(33) What will Anna do soon ?

1 Buy a gift for her family.
2 Have a party for Melissa.
3 Mail an invitation to Melissa.
4 Send some clothes to her friends.

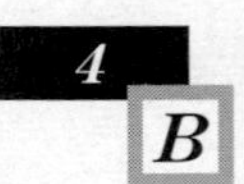

Plastic-Bottle Schools

Plastic garbage is a problem around the world. There is not enough space to keep it, and it damages the environment. It is also difficult and expensive to recycle. In Guatemala in Central America, many towns have trouble collecting garbage, so large amounts of plastic garbage are left in the streets. A woman named Susanne Heisse came up with an idea to help solve this problem.

Her idea was to help communities work together to build plastic-bottle schools. First, people collect plastic bottles, and then they fill the bottles with plastic garbage. By pushing a large amount of garbage tightly into the bottle, the bottle becomes strong. These bottles are then used to make walls. Eventually, an entire school can be built.

One group in Guatemala, Hug It Forward, has started using this idea in its projects. Students and other members of the community join in and are an important part of each project. They are asked to collect garbage and fill bottles. In many cases, each class competes to prepare more plastic bottles than the other classes. The class that wins gets a small prize, and everyone is happy that they helped build a part of their school.

Hug It Forward works with small, poor communities around Guatemala. Between 2009 and 2018, it helped build classrooms in about 100 communities. Because plastic-bottle schools are cheaper than schools built in the traditional way, other groups have started similar projects around the world. Now, plastic-bottle schools can be found in places such as South Africa, Cambodia, and the Philippines. Through such projects, garbage is turned into something useful.

(34) What problem do many towns in Guatemala have?

1 They cannot collect all the garbage in the town.

2 They do not have enough space to build schools.

3 The people who visit there make too much garbage.

4 The people who live there have to pay for recycling.

---

(35) What is special about plastic-bottle schools?

1 People use the money from recycling plastic bottles to build schools.

2 Walls are made from plastic bottles that are filled with garbage.

3 Students use plastic bottles to decorate their schools.

4 The building is the same shape as a plastic bottle.

---

(36) At some schools that join the Hug It Forward project,

1 each classroom is designed by a different community.

2 each classroom is built using a different type of garbage.

3 students who create the best building in their town can receive a prize.

4 students can win a prize if their class prepares the most plastic bottles.

---

(37) Why can plastic-bottle schools be found around the world?

1 The amount of garbage that people produce is going up.

2 They cost less to build than traditional school buildings.

3 Hug It Forward has worked to create new projects around the world.

4 Poor communities have built 100 new classrooms in different countries.

5 ライティング

●あなたは，外国人の知り合いから以下の **QUESTION** をされました。
● **QUESTION** について，あなたの意見とその理由を 2 つ英文で書きなさい。
●語数の目安は 50 語～60 語です。
●解答は，解答用紙の B 面にあるライティング解答欄に書きなさい。なお，解答欄の外に書かれたものは採点されません。
●解答が **QUESTION** に対応していないと判断された場合は，0 点と採点されることがあります。**QUESTION** をよく読んでから答えてください。

QUESTION
Do you think it is good for children to watch TV?

Listening Test

準2級リスニングテストについて

❶このリスニングテストには，第1部から第3部まであります。

★英文はすべて一度しか読まれません。

第1部……対話を聞き，その最後の文に対する応答として最も適切なものを，放送される**1**，**2**，**3**の中から一つ選びなさい。

第2部……対話を聞き，その質問に対して最も適切なものを**1**，**2**，**3**，**4**の中から一つ選びなさい。

第3部……英文を聞き，その質問に対して最も適切なものを**1**，**2**，**3**，**4**の中から一つ選びなさい。

❷ *No. 30* のあと，10秒すると試験終了の合図がありますので，筆記用具を置いてください。

第1部

No. 1～*No. 10*（選択肢はすべて放送されます。）

第2部

No. 11

1 Make breakfast.
2 Eat lunch.
3 Go to bed.
4 Visit Italy.

No. 12

1 Leaving Seattle.
2 Buying a train ticket.
3 Complaining about a train.
4 Meeting a friend.

No. 13

1 To get the station address.
2 To report a strange car outside.
3 To ask them to rescue her pet.
4 To ask if they have seen her cat.

No. 14 **1** At an airport.
2 At Greg's house.
3 In a plane.
4 In a car.

No. 15 **1** Looking after them is easy.
2 It is nice to have fresh eggs.
3 It is fun to watch them play.
4 She likes the taste of chicken.

No. 16 **1** To visit Chicago.
2 To drive his friend to the station.
3 To see relatives from Chicago.
4 To pick up his friend.

No. 17 **1** Borrow a new novel.
2 Read a different novel.
3 Return to Barney's.
4 Find another bookstore.

No. 18 **1** He wants the girl to buy snacks.
2 He watched an exciting movie.
3 He took the wrong bus.
4 He is going to be late.

No. 19 **1** Summer vacation will be starting soon.
2 Summer school will not be held today.
3 They did not have fun on their vacation.
4 They wish summer vacation were longer.

No. 20 **1** Stretch before playing football.
2 Stop playing with his children.
3 Watch more sports on TV.
4 Learn a new sport.

第3部

No. 21

1 She gave Patrick a guitar.
2 She became a music teacher.
3 She started playing the guitar.
4 She paid for Patrick's music lessons.

No. 22

1 He will go by car with a teammate.
2 He will walk with a teammate.
3 He will ride his bicycle.
4 He will take an early bus.

No. 23

1 Snacks are ready to be eaten.
2 New flavors of drinks are available.
3 A new coffee shop will open.
4 Dinner will be served soon.

No. 24

1 Watch a new TV drama.
2 Buy some tickets for a show.
3 See some of her favorite actors.
4 Go to her friend's talk show.

No. 25

1 Repairs will not finish on time.
2 Buses will not be running.
3 A new station will be opened.
4 The Blue Line will be closed for repairs.

No. 26

1 The number of planets was changed.
2 The planet Pluto became smaller.
3 Some scientists traveled into space.
4 Pictures of the sun were taken from space.

No. 27

1 He did not have time to cook.
2 He did not know how to cook.
3 His guests did not like his food.
4 His guests did not bring enough food.

No. 28

1 Taking her son to the wedding.
2 Canceling the wedding.
3 Getting a baby-sitter.
4 Becoming a baby-sitter.

No. 29

1 Ask her father for more pet dogs.
2 Take care of animals without homes.
3 Spend more time with her father at home.
4 Look for another apartment.

No. 30

1 They are given with red roses.
2 They are difficult to develop.
3 They are easily found in nature.
4 They are sold cheaply in flower shops.

二次試験

受験者用問題カードA

Helping Parents

Parents use bicycles to do many things such as taking their children to places or doing the shopping. Because of this, parents' bicycles can become heavy and difficult to ride. Now, some companies are selling many kinds of electric bicycles for parents, and by doing so they are making parents' lives easier.

A

B

問題カードA　Questions

No. 1　According to the passage, how are some companies making parents' lives easier?

No. 2　Now, please look at the people in Picture A. They are doing different things. Tell me as much as you can about what they are doing.

No. 3　Now, look at the woman in Picture B. Please describe the situation.

No. 4　Do you think it is a good idea for people to buy things on the Internet?
Yes. → Why?
No. → Why not?

No. 5　Many foreign people come to Japan to study the Japanese language. Would you like to teach Japanese to them?
Yes. → Please tell me more.
No. → Why not?

編集部注：本ページの質問英文は問題カードには印刷されていません。

受験者用問題カードD

Students and Jobs

In the past, many students did not know what they wanted to do after finishing school. This was because most students did not have experience in the workplace. Now, many schools let students get work experience, and by doing so they help students plan for their futures. Student work programs have become popular.

A

B

問題カードD　Questions

No. 1　According to the passage, how do many schools help students plan for their futures?

No. 2　Now, please look at the people in Picture A. They are doing different things. Tell me as much as you can about what they are doing.

No. 3　Now, look at the girl in Picture B. Please describe the situation.

No. 4　Do you think students should do volunteer work in their communities?
Yes. → Why?
No. → Why not?

No. 5　Today, a lot of people like to grow flowers or vegetables. Do you like gardening?
Yes. → Please tell me more.
No. → Why not?

編集部注：本ページの質問英文は問題カードには印刷されていません。

2019年度 第2回

Grade Pre-2

試験内容		試験時間	掲載ページ
一次試験	筆記（リーディング・ライティング）	75分	2019-2　P. 2〜14
	リスニング	約24分	2019-2　P. 15〜18
二次試験	面接（スピーキング）	約6分	2019-2　P. 19〜22

リスニングテスト・面接の音声について

音声は専用サイトにて配信しています。

専用サイト トップページ
（イメージ）

▷ 専用サイトのご利用方法：

1. 本冊（解答編）の袋とじ（音声配信のご案内）をキリトリ線に沿って開封。
2. 袋とじの内側に印刷されているQRコードをスマートフォンなどで読み取る。QRコードを読み取れない場合は，アドレスを入力。
   ➡専用サイトのトップページに。
3. 音声を聞きたい試験のボタンを押す。
   ➡該当の試験の音声再生ページに。
   ※試験1回分を通して聞くことも，1問ずつ聞くこともできます。
   ※面接の解答時間（無音部分）は実際の試験とは異なります。

▷ **配信内容**：本書に掲載のリスニングテストおよび面接の音声

※面接の音声は，音読の指示と質問英文だけでなく，音読問題のモデルリーディングも配信。

一次試験

1

次の *(1)* から *(20)* までの（　　　）に入れるのに最も適切なものを **1**，**2**，**3**，**4** の中から一つ選び，その番号を解答用紙の所定欄にマークしなさい。

---

(1) ***A*** : Did you know that the singer Kim Ellis (　　　) in a movie?
B : Yes. She played a nurse in the movie *Grand City Hospital.*

1 traded　　**2** wondered
3 acted　　**4** received

(2) ***A*** : Scott, it's (　　　) outside. Put on a warm jacket.
B : I will, Mom. I'm going to wear my gloves and hat, too.

1 emotional　　**2** freezing
3 delicious　　**4** complete

(3) Most customers at Anthony's restaurant (　　　) nonsmoking tables, so he made the restaurant nonsmoking only.

1 handled　　**2** requested
3 doubled　　**4** crashed

(4) ***A*** : They have so many pretty dresses in this shop. Which one are you going to buy?
B : That's a difficult (　　　). I like a lot of them.

1 surprise　　**2** partner　　**3** custom　　**4** decision

(5) ***A*** : Excuse me. Are there any special events at this art museum right now?
B : Yes. We're having an (　　　) of paintings by Russian artists of the 20th century.

1 exhibition　　**2** environment
3 explosion　　**4** encounter

(6) The car company's newest car became very popular, and the company made a huge ( ). The president gave a large bonus to the car's designer.

1 border **2** profit **3** harvest **4** matter

(7) Monica saw a beautiful statue of a horse on her trip to Paris. She walked around it to take pictures from different ( ).

1 angles **2** ranks **3** trades **4** values

(8) Andrew cooked his steak for too long. When he started eating it, it was dry and difficult to ( ).

1 shoot **2** draw **3** chew **4** weigh

(9) Cindy's son knows a lot about computers. Whenever Cindy's computer needs to be ( ), she asks him for help.

1 repaired **2** guessed
3 exercised **4** greeted

(10) ***A*** : Please fill out this application form carefully. If you don't write everything ( ), you'll have to fill out a new one.
B : OK. I'll be careful to do it right the first time.

1 lately **2** physically
3 mainly **4** correctly

(11) ***A*** : Why are you reading that book on European history, Jasmine? Is it for a class?
B : No. I'm just reading it ( ). I love history.

1 with luck **2** on time
3 by heart **4** for fun

(12) Peter was worried about starting his new job, but his co-workers were so friendly that they made him feel ( ) home right away.

1 in **2** at **3** on **4** for

(13) Alice (　　　) a book on the top shelf, but she was not tall enough to get it. She asked her father to help her.

1 came out　　**2** turned off
3 took over　　**4** reached for

(14) **A**: I don't like it when Jim talks about his favorite soccer team.
B: I know. He doesn't seem to understand that we don't (　　　) soccer. I wish he would talk about something else.

1 search for　　**2** look after
3 care about　　**4** hear from

(15) **A**: Alex, I told the class to stop writing. Why is your pencil still in your hand? Please (　　　) on your desk.
B: I'm sorry, Mr. Smith. I just wanted to finish one more question on the test.

1 lay it down　　**2** run it over
3 make it out　　**4** show it off

(16) **A**: Excuse me. Can you tell me where the library is?
B: Sure. You just (　　　) by it. It's behind you, on the right.

1 tried　**2** passed　**3** knew　**4** rose

(17) **A**: Are you ready to go? We're going to be late for school.
B: Could you (　　　) on? I need to finish my breakfast.

1 take　**2** come　**3** hold　**4** keep

(18) Carol wanted to keep swimming in the ocean. However, (　　　) it was getting dark, her mother told her that it was time to go home.

1 as　**2** unless　**3** though　**4** until

(19) Jeremy collected $20 from all the members of his class to pay for the graduation party, but it was not enough. He is going to ask them all to pay (　　　) dollar.

1 each other　　**2** the other
3 another　　**4** other

(20) The news report said that the police found the stolen diamonds ( ) inside the man's bag. He was trying to get on a plane to Mexico.

1 hidden **2** hid **3** hide **4** to hide

2

次の四つの会話文を完成させるために，*(21)*から*(25)*に入るものとして最も適切なものを**1**，**2**，**3**，**4**の中から一つ選び，その番号を解答用紙の所定欄にマークしなさい。

---

(21) ***A*** **:** Are you ready to go to the beach, Gary?
B **:** (*21*), Susie. I need to find my towel.
A **:** We were planning to leave an hour ago. Why aren't you ready yet?
B **:** Oh, I was making some sandwiches to take with us.

1 Let's get lunch first　　**2** I went there already
3 Help yourself　　**4** Just a minute

---

(22) ***A*** **:** Welcome to the Oregon Hotel. How can I help you?
B **:** Well, I don't have a reservation, but I'd like to stay here.
A **:** All right. We still have some rooms available. (*22*)?
B **:** I'm here for some business meetings, so I need to stay for a night.

1 How long will you stay
2 When did you book a room
3 Where are you staying
4 What type of room do you want

---

(23) ***A*** **:** Hi, Julia. I heard that you (*23*).
B **:** Yes, that's right. I'm going to start next week.
A **:** Where is your new office?
B **:** It's on Scarlet Street, next to the hospital.

1 are going to study online　　**2** moved to a new house
3 got a new job　　**4** will buy a new car

A：Welcome to Taco Reina. What would you like to eat?

B：First, (*24*). What's in the Taco Super Combo?

A：You get two tacos, one bag of chips, and a drink.

B：That sounds good. I'll get that.

A：OK, sir. And what drink would you like?

B：I think (*25*).

A：I'm sorry, sir. You can only get a cold drink.

B：I see. I'll have a cola, then.

(24) **1** I bought some tacos **2** I have a question
3 I've already ordered **4** I'll just get a drink

(25) **1** I'll have a cup of coffee **2** I'll try the frozen juice
3 I'm very thirsty **4** I have no money

次の英文A，Bを読み，その文意にそって*(26)*から*(30)*までの（　　）に入れるのに最も適切なものを**1**，**2**，**3**，**4**の中から一つ選び，その番号を解答用紙の所定欄にマークしなさい。

Trying a New Recipe

Julie went to her friend Linda's house for dinner last month. Linda is an excellent cook, and she makes many kinds of dishes from all over the world. She often invites her friends over and lets them try her food. When Julie went to Linda's house, Linda had made lasagna. Julie thought it was delicious, and she wanted to (*26*). She asked Linda for the recipe so that she could cook it for her family.

On the weekend, Julie made the lasagna in her kitchen. Although she followed the recipe carefully, her lasagna did not taste as good as Linda's lasagna. She called Linda and asked for her advice. Linda said the lasagna needed to be (*27*). So, Julie put it back in the oven and took it out again 20 minutes later. This time, it tasted much better.

(26)
1 help to cook it
2 make it herself
3 study about it
4 heat it up

(27)
1 in a big pot
2 at her house
3 eaten faster
4 cooked longer

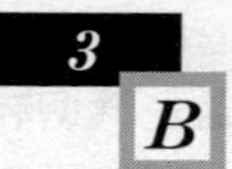

School for Shepherds

A shepherd is a person who takes care of sheep. Shepherds work long hours in all kinds of weather. They watch sheep to protect them from wolves and other animals while the sheep are eating or sleeping. It is a hard job. When the sheep have finished eating all of the grass in one place, they move to a different place (*28*). This way, the sheep always have enough food to eat.

In the mountains of Catalonia in Spain, shepherds have worked for many centuries. Traditionally, shepherds taught their sons how to take care of sheep, and the same families have been working in the same areas for many years. However, nowadays, (*29*). Many young people do not want to work on their family's land, so shepherds are not able to teach their children important skills. In fact, in 2009, there were only 12 shepherds in Catalonia.

In order to attract more people, a school for shepherds was opened in 2009. Students spend several months studying about sheep. Then, they move out to the mountains to work with and learn skills from an experienced shepherd. Many of these students have already graduated from regular universities and worked at well-paying jobs in the city. However, they want to (*30*). They are interested in finding a job where they can work in nature and learn more about producing food. Hopefully, this will help to keep old traditions alive.

---

(28)
1 to stay safe from wolves　**2** with many animals
3 when it is easier to move　**4** where there is more grass

(29)
1 there are fewer shepherds
2 young people are moving there
3 sheep are getting older
4 more farms are being built

(30)
1 learn easy tasks　**2** work in the city
3 try something new　**4** make more money

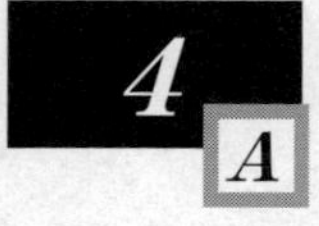

次の英文[A]，[B]の内容に関して，(31)から(37)までの質問に対して最も適切なもの，または文を完成させるのに最も適切なものを**1**，**2**，**3**，**4**の中から一つ選び，その番号を解答用紙の所定欄にマークしなさい。

From : David Masters 〈dmasters88@ymail.com〉
To : Bethany Masters 〈b-masters@intermail.com〉
Date : October 6
Subject : Lifeguard

Hi Aunt Bethany,

How have you been? I've really missed you since you moved to Washington. I've been busy at college. You know that I've been on the swim team for a few years, and I've become really good at swimming. This year, I applied for a job at a swimming pool. I'll be a lifeguard, so it'll be my job to keep swimmers safe.

One of my teammates suggested the job to me. In order to get it, I had to take a swimming test. It was actually very hard. I had to swim 400 meters without stopping. I also had to get a 5-kilogram brick from the bottom of the other end of the pool. It was very heavy, and I had to carry it back in only one minute.

Anyway, I hope you get the chance to visit us soon. Dad really misses you. He talks a lot about things you used to do together when you were kids. Some of the stories are so funny! I hope you can tell me some stories the next time I see you. Also, Mom says that she liked the gardening book you sent her for her birthday last month.

Your nephew,

David

(31) David tells Aunt Bethany that he
1 will work at a swimming pool.
2 joined the swim team this year.
3 is going to move to Washington.
4 has a lot of free time these days.

---

(32) What did David have to do in his swimming test?
1 Find a way to keep his teammates safe.
2 Win a race against all the other swimmers.
3 Show that he can swim while carrying something heavy.
4 Work together with his team to reach the bottom of the pool.

---

(33) What does David's father often do?
1 Tell stories about what he and Bethany did.
2 Visit his friends and family back in Washington.
3 Spend time playing with his children.
4 Read books about gardening for work.

4

B A Fruit from a Different Time

The avocado grows on trees in warm countries like Mexico and Brazil. On the outside, avocados are dark, but on the inside they are bright green and have a large seed in the center. People enjoy eating them in salads or in other dishes. Because avocados are not sweet, many people think they are vegetables. However, according to scientists, they are a type of fruit since they have a seed inside.

The fruit and seed are important for plants such as avocados. When animals eat a fruit, they usually eat its seeds, too. They carry the seeds around in their stomachs. This is how seeds are spread from one place to the next. However, the avocado has a large seed that is too big for modern animals to eat. Daniel Janzen, a biology professor at the University of Pennsylvania, wanted to find the reason for this. In ancient times, there were huge elephants and horses. Janzen found out that these large animals ate avocados and spread the seeds around Central and South America.

Around 13,000 years ago, though, these large animals all died, so avocado seeds were not spread by them anymore. Then, around 10,000 years ago, a group of humans moved to these areas and began eating avocados. They enjoyed the taste, and soon, they started growing them on farms. Over time, avocados became one of the most important foods in Central and South America.

There are now over 500 types of avocados grown around the world. However, the Hass avocado is the most common. It was first grown in California by a man named Rudolph Hass. His avocado trees were popular because the avocados tasted good and each tree grew a large number of avocados. As a result, many farmers started to grow his trees. Now, around 80 percent of all avocados that are grown around the world are Hass avocados.

(34) What do many people believe about avocados?

1 They should eat ones that are dark on the inside.

2 They should buy ones that are grown in Mexico and Brazil.

3 They think that they are vegetables because of their taste.

4 They think that their seeds are too big to be eaten in salads.

---

(35) Daniel Janzen discovered that

1 plant seeds are spread by the animals that eat them.

2 large animals used to spread avocado seeds.

3 elephants and horses prefer seeds to vegetables.

4 many modern animals enjoy eating fruit with large seeds.

---

(36) What happened around 10,000 years ago?

1 Large animals stopped eating avocados.

2 Humans began to produce avocados for food.

3 The avocado plant was brought to Central and South America.

4 Many animals died because they had trouble finding food.

---

(37) What is true about the Hass avocado?

1 It does not taste as good as other types of avocados.

2 It is the most popular type of avocado.

3 Its trees can only be grown in California.

4 Its trees cannot produce as many avocados as other trees.

5 ライティング

●あなたは，外国人の知り合いから以下の **QUESTION** をされました。
● **QUESTION** について，あなたの意見とその理由を２つ英文で書きなさい。
●語数の目安は 50 語～60 語です。
●解答は，解答用紙のＢ面にあるライティング解答欄に書きなさい。なお，解答欄の外に書かれたものは採点されません。
●解答が **QUESTION** に対応していないと判断された場合は，０点と採点されることがあります。**QUESTION** をよく読んでから答えてください。

QUESTION
What is the best age for people to start learning English ?

Listening Test

準2級リスニングテストについて

❶このリスニングテストには，第1部から第3部まであります。
★英文はすべて一度しか読まれません。
第1部……対話を聞き，その最後の文に対する応答として最も適切なものを，放送される**1**，**2**，**3**の中から一つ選びなさい。
第2部……対話を聞き，その質問に対して最も適切なものを**1**，**2**，**3**，**4**の中から一つ選びなさい。
第3部……英文を聞き，その質問に対して最も適切なものを**1**，**2**，**3**，**4**の中から一つ選びなさい。

❷*No. 30*のあと，10秒すると試験終了の合図がありますので，筆記用具を置いてください。

第1部

No. 1〜*No. 10*（選択肢はすべて放送されます。）

第2部

No. 11
1 Make dinner.
2 Go to the store.
3 Call her husband.
4 Eat some ice cream.

No. 12
1 She likes hot weather.
2 She is good at cooking.
3 She will stay in a beautiful hotel.
4 She plans to take photos in France.

No. 13
1 It will move across the street.
2 It has sold out of *Fashion World* magazine.
3 It does not sell magazines.
4 It will not be getting any more books.

No. 14
1 By car.
2 By plane.
3 By bus.
4 By train.

No. 15
1 She was lost.
2 She sells maps.
3 She lives on Grant Street.
4 She works near a park.

No. 16
1 Change her plane ticket.
2 Make some cookies.
3 Buy some gifts.
4 Take two suitcases to China.

No. 17
1 To ask her what she wants to eat.
2 To give her a message from her mother.
3 To ask about a hair salon.
4 To find out why she is late.

No. 18
1 She is staying there.
2 She is meeting a guest.
3 She wants to work there.
4 She wants to see the lobby.

No. 19
1 To ask about the restaurant's menu.
2 To get directions to the restaurant.
3 To make a reservation for dinner.
4 To order some special food items.

No. 20
1 Buy Jill a new pencil case.
2 Give Jill more homework.
3 Lend Jill an eraser.
4 Go to the computer room with Jill.

第3部

No. 21
1 Find a good pet shop.
2 Promise to take care of it.
3 Get better grades in school.
4 Walk with her parents every day.

No. 22
1 Try some new hobbies.
2 Travel to China.
3 Buy a computer.
4 Teach a cooking class.

No. 23
1 They must not take pictures of animals.
2 They are not allowed to leave the bus.
3 Giraffes are safe to touch.
4 Buses can be dangerous for animals.

No. 24
1 She read books about skiing.
2 She practiced by herself.
3 She trained all winter.
4 She had a lesson.

No. 25
1 A star was added for Hawaii.
2 More cities became stars on the flag.
3 Its colors were changed.
4 Numbers were put on the flag.

No. 26
1 She knows him very well.
2 She is a new student.
3 He seemed lonely.
4 He asked her to.

No. 27
1 There are no rivers near their house.
2 There is not enough time to go fishing.
3 They are not allowed to fish in the river.
4 They have not caught many fish lately.

No. 28

1 People must not take pictures.
2 People may use their phones at any time.
3 The performance will not start on time.
4 The performance will be recorded on video.

No. 29

1 He lost his soccer tickets.
2 He watched a soccer match.
3 He visited a soccer stadium.
4 He met a famous soccer player.

No. 30

1 He was the youngest orchestra member.
2 He could play music from memory.
3 He never went to a concert.
4 He never listened to music.

二次試験

受験者用問題カードA

Coffee Shops with Animals

It is often difficult for people living in apartments to keep pets. Today, however, these people can experience playing with animals at special coffee shops. Some coffee shops keep a variety of animals to play with, and by doing so they attract many customers. These places will probably become even more common.

B

問題カードA　Questions

No. 1　According to the passage, how do some coffee shops attract many customers?

No. 2　Now, please look at the people in Picture A. They are doing different things. Tell me as much as you can about what they are doing.

No. 3　Now, look at the man and the woman in Picture B. Please describe the situation.

No. 4　Do you think people will eat at restaurants more often in the future?
Yes. → Why?
No. → Why not?

No. 5　There are many different kinds of housework. Do you do any housework?
Yes. → Please tell me more.
No. → Why not?

編集部注：本ページの質問英文は問題カードには印刷されていません。

受験者用問題カードD

Visiting Islands

Many Japanese islands have plants and trees that cannot be found in other places. Because of this, they are popular places for visitors. Some nature guides offer tours of their islands, and by doing so they help visitors learn about special environments. These places will attract more people in the future.

A

B

問題カードD　Questions

No. 1　According to the passage, how do some nature guides help visitors learn about special environments?

No. 2　Now, please look at the people in Picture A. They are doing different things. Tell me as much as you can about what they are doing.

No. 3　Now, look at the boy in Picture B. Please describe the situation.

No. 4　Do you think traveling in a group is better than traveling alone?
Yes. → Why?
No. → Why not?

No. 5　Many people enjoy going to amusement parks on weekends. Do you like to go to amusement parks?
Yes. → Please tell me more.
No. → Why not?

編集部注：本ページの質問英文は問題カードには印刷されていません。

2019 年度 第 1 回

Grade Pre-2

試験内容		試験時間	掲載ページ
一次試験	筆記（リーディング・ライティング）	75 分	2019-1　P. 2〜13
	リスニング	約 25 分	2019-1　P. 14〜17
二次試験	面接（スピーキング）	約 6 分	2019-1　P. 18〜21

リスニングテスト・面接の音声について

音声は**専用サイト**にて配信しています。

▷ **専用サイトのご利用方法：**

1. 本冊（解答編）の**袋とじ**（音声配信のご案内）をキリトリ線に沿って開封。
2. 袋とじの内側に印刷されている **QR コード**をスマートフォンなどで読み取る。QR コードを読み取れない場合は，**アドレス**を入力。
   ➡専用サイトのトップページに。
3. 音声を聞きたい試験のボタンを押す。
   ➡該当の試験の音声再生ページに。
   ※試験 1 回分を通して聞くことも，1 問ずつ聞くこともできます。
   ※面接の解答時間（無音部分）は実際の試験とは異なります。

▷ **配信内容**：本書に掲載のリスニングテストおよび面接の音声
※面接の音声は，音読の指示と質問英文だけでなく，音読問題のモデルリーディングも配信。

専用サイト トップページ
（イメージ）

一次試験

1

次の *(1)* から *(20)* までの（　　　）に入れるのに最も適切なものを **1**，**2**，**3**，**4** の中から一つ選び，その番号を解答用紙の所定欄にマークしなさい。

---

(1) Josh and Samantha wanted to do their homework together this weekend, but they could not find a time to meet. They decided to work (　　　) and check their answers before class on Monday.

1 noisily　**2** exactly　**3** clearly　**4** separately

(2) Last Saturday, Pete and his family drove to the beach. In order to avoid the heavy (　　　) on the highway, they left early in the morning.

1 traffic　**2** pride　**3** rhythm　**4** temple

(3) ***A*** : I left my notebook somewhere. Do you have a (　　　) of paper I could use to take notes?
B : Yes. Here you are.

1 board　**2** flash　**3** sheet　**4** part

(4) Because William was gaining a lot of weight, his doctor (　　　) him to start exercising and to eat healthier food.

1 stretched　**2** planted　**3** trusted　**4** advised

(5) The teacher told the students to (　　　) their chairs in a circle so that they would all be able to see each other while they talked.

1 arrange　**2** block　**3** skip　**4** offer

(6) Mike has lived in Seattle for two years. He enjoys living there, but he does not like the cool, rainy (　　　).

1 climate　**2** surface　**3** excuse　**4** design

(7) Ms. Kirshman was surprised at the large number of people who ( ) her lecture on gardening. There were almost no empty seats in the room.

1 sailed **2** attended **3** guarded **4** failed

(8) ***A*** : Brad, what ( ) of music do you usually listen to?
B : I like hip-hop, but I also listen to jazz.

1 position **2** price **3** sort **4** shape

(9) The street outside Lisa's apartment building is very ( ). It is only wide enough for one car, and trucks cannot enter at all.

1 balanced **2** careful **3** narrow **4** suitable

(10) Everyone says that Kathy ( ) her mother. They have the same large eyes and smile in the same way.

1 instructs **2** bothers **3** seeks **4** resembles

(11) ***A*** : Hello, Jane. Where are you? The movie will start soon.
B : Sorry, I'll be there before ( ). Please wait for me for five more minutes.

1 long **2** little **3** less **4** late

(12) Mark started playing a new video game. It was really exciting, so he played it all ( ) the night. The next day, he was really tired.

1 across **2** on **3** down **4** through

(13) James asked his father to lend him the money to go on a trip with his friends. His father said it was ( ) the question and told James to get a part-time job instead.

1 except for **2** out of **3** all about **4** next to

(14) ***A*** : Let's have a barbecue in the park.
B : No, that would be ( ) the park's rules. We can have one in our backyard, though.

1 behind **2** against **3** under **4** with

(15) Sam studied for his math test every evening last week. His hard work ( ) a very good score on the test.

1 looked up　　2 resulted in
3 dropped by　　4 turned off

(16) Helen took someone else's jacket ( ) when she left school. She went back later to return it.

1 for sure　　2 in part
3 at heart　　4 by mistake

(17) Reiko told her parents that she would call them as soon as she got to Vancouver, but she did not keep her ( ). Her parents were worried about her.

1 mind　　2 place　　3 promise　　4 sight

(18) ( ) the train home last night, Amy remembered that it was her grandfather's birthday. She went to a store by the station to buy a present for him.

1 Ridden　　2 Ride　　3 Rode　　4 Riding

(19) ***A*** : Have you read that book I lent you?
B : I'm still reading it, but I ( ) it by tomorrow morning. I'll give it back to you then.

1 will have finished　　2 had finished
3 would be finished　　4 was finishing

(20) Emily has three children and works every day, so she is very busy. She likes to watch TV ( ) she has a chance to relax.

1 whenever　　2 whichever
3 whoever　　4 whatever

次の四つの会話文を完成させるために，*(21)*から*(25)*に入るものとして最も適切なものを**1**，**2**，**3**，**4**の中から一つ選び，その番号を解答用紙の所定欄にマークしなさい。

---

(21) ***A*：** Thank you for calling Edgy Hair Salon. How can I help you?

***B*：** Hello, I got a haircut at your salon yesterday, and I think I left my blue scarf there.

***A*：** OK, we found one last night. When (*21*)?

***B*：** My office is nearby, so I'll stop by after I finish work at 5 p.m.

1 will you go to work　　**2** do you want a haircut
3 did you buy a new one　　**4** can you come to get it

---

(22) ***A*：** I was thinking about driving to the movie theater tomorrow. Do you want to meet me there?

***B*：** I want to, but I don't have a car, and the bus doesn't go there from my house.

***A*：** Well, (*22*).

***B*：** That's perfect. I get home from work at 5:45.

1 I can meet you there at 6:15
2 I can pick you up at 6:00
3 you could ride a bus at 5:45
4 you could take a taxi at 5:30

---

(23) ***A*：** Mina, you're performing at the jazz music festival at Bluebird Park this weekend, right?

***B*：** I was planning to, but (*23*).

***A*：** Oh, really? Why? I thought it was a popular event.

***B*：** It is, but the weather report says a storm is coming.

1 I don't like jazz music much
2 you're a wonderful performer
3 the event might be canceled
4 the weather will be sunny

A **:** Hello. Citrus Club Restaurant.

B **:** Hello, my name is Sarah Dunlop. I'd like to make a reservation for Friday evening.

A **:** All right. (*24*)?

B **:** It may change, but I think there will be four adults and five children.

A **:** Thank you. We have a table for nine people available at 6:30 p. m. Is that OK?

B **:** Great. Oh, and it's a birthday dinner. Can we (*25*)?

A **:** Certainly, we can keep it in the refrigerator for you. We'll serve it after you finish your meal.

B **:** That sounds great. Thank you!

(24) **1** How many people will there be
2 What is your phone number
3 When will you come
4 Where is the party going to be

(25) **1** cancel the reservation
2 bring our own cake
3 change the time
4 invite more people

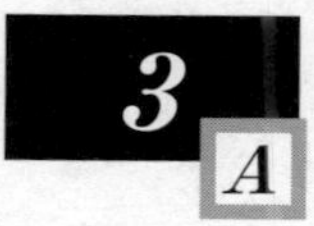

次の英文[A]，[B]を読み，その文意にそって(26)から(30)までの（　　）に入れるのに最も適切なものを**1**，**2**，**3**，**4**の中から一つ選び，その番号を解答用紙の所定欄にマークしなさい。

Running Hard

After Jason graduated from college, he began working at a large company. Every day, he worked late and was very tired, so on weekends he usually rested at home. After a few years, he had gained a lot of weight. He decided to (*26*). He wanted to run a marathon, so he began training before work. It was difficult at first, but he started to enjoy it and lost a lot of weight.

However, one day when Jason was running, his left foot began to hurt. He went to the doctor, and the doctor told him to do some special exercises to make his foot stronger. Jason tried, but his foot still hurt. Then, Jason had an idea. He decided to (*27*). He found a special pair that was made for people who have pain in their feet. He wore them every day. After a few weeks, his foot stopped hurting, and Jason was happy.

---

(26)
- **1** eat healthier food
- **2** find a new job
- **3** start exercising more
- **4** take a vacation

(27)
- **1** buy some new shoes
- **2** stop running
- **3** go to the doctor again
- **4** try a different sport

3 B

Goldfish in the Wild

Goldfish are small, colorful fish that are popular pets. Goldfish originally lived only in China. However, these days, many live in rivers all around the world. These goldfish (*28*). This happened because some people did not want to keep their pets anymore. They took the goldfish to a nearby river, and it became the goldfish's new home.

In 2003, a team of scientists began to study the goldfish living in the Vasse River in Australia. The scientists found that goldfish travel long distances up and down the river. Along the way, they eat many plants at the bottom of the river. However, these plants are (*29*) the river's environment. The plants keep the water in the river clean, and they are also food for the other fish and animals that live there. After the goldfish eat many of the plants, the river becomes dirty and many other animals die.

However, the scientists believe that they may have found a way to solve the problem. Usually, the goldfish travel alone in different parts of the river. However, once a year, they all (*30*). This is where they lay their eggs. The scientists say that it is an easy time to catch a large group of goldfish and take them out of the river. They now hope to use this method to stop the goldfish from damaging rivers.

---

(28)
1 were very friendly to people
2 were put there by humans
3 lived in China
4 needed more food

(29)
1 made by　　**2** far from
3 important for　　**4** given to

(30)
1 leave the river　　**2** search for eggs
3 gather in one spot　　**4** swim in different ways

次の英文A，Bの内容に関して，*(31)*から*(37)*までの質問に対して最も適切なもの，または文を完成させるのに最も適切なものを**1**，**2**，**3**，**4**の中から一つ選び，その番号を解答用紙の所定欄にマークしなさい。

From : Nicole Hoover 〈nhoover@summerfun.com〉
To : Jeremy Dobbs 〈j-dobbs77@housemail.com〉
Date : May 31
Subject : Summer Fun's Music Camp

Hi Jeremy,

This is Nicole from Summer Fun. Thanks for your e-mail. You asked about the dates of this year's music camps for teenagers and how to apply. Summer Fun has two music camps for teenagers. This year, the first camp is for singing and will be from June 24 to July 7, and the second one is for people who play instruments. It will be from July 22 to August 4. The fee for each camp is $1,500 per person.

Also, you said your younger brother would like to join you this year. Is he at least 13 years old? If so, he can also join. If not, he can still go to Summer Fun's Kid Camp. Those only last for one week. I can tell you the dates for those, too, if you want.

The application form is available on our website. Please print it out and mail it back to us by June 10. Please make sure to have your parents sign the application for you. Payments for the camp must be made by June 15. The explanation for how to pay is on the application. If you have any more questions, please let me know.

Thank you.

Sincerely,

Nicole Hoover

(31) Why is Nicole Hoover writing to Jeremy?

1 To ask him what instrument he learned to play.

2 To check his schedule for his music lessons.

3 To answer the questions he asked about camps.

4 To invite him to an event for teenagers.

---

(32) What does Nicole Hoover say about children under 13?

1 Their camp lasts one week longer.

2 Their camp fee is not expensive.

3 They cannot go to any Summer Fun camps.

4 They can join a camp for kids.

---

(33) To apply for camp, one thing Jeremy must do is

1 send an e-mail to Nicole Hoover.

2 mail his application form by June 15.

3 get his parents to sign a form.

4 pay the fees by the end of June.

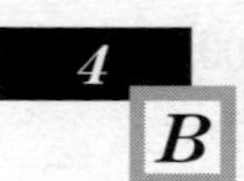

The History of Firefighting

Nowadays, most towns and cities have firefighters to put out fires, but it was very different in the past. In early U.S. history, as towns started to grow into larger cities, fires were very dangerous. In the 1700s, most houses were made out of wood. Once a fire started, it could spread very quickly, putting thousands of people in danger. There were no fire departments, so neighbors and volunteers worked together to put out any fire that started in a neighborhood.

In order to put out a fire, people would make a line between the nearest river and the place where the fire was. They passed buckets of water that were collected at the river from one person to the next. Then, the people closest to the fire threw the buckets of water over it. They continued to do this until the fire was put out.

In the 1800s, there were many new inventions to fight fires. Although these tools helped put out fires, they were difficult to use. This meant that people needed to get special training to use them. As a result, special teams of men began to learn to use these tools. They were called firefighters.

By 1910, another important invention changed the way firefighters did their work. This was the fire engine —— a type of truck that firefighters use. By using fire engines that carry water, it became faster and easier to put out fires. Because of this, fewer people were needed and the number of firefighters on a team got smaller. Today, firefighters do much more than just put out fires. They are trained for many kinds of emergencies. In fact, firefighters provide help in 70 percent of all emergency medical calls in the United States.

(34) What is one problem people had in U.S. cities in the 1700s?

1 Houses that were made of wood easily caught on fire.

2 People did not learn how to put out fires in their cities.

3 Nobody wanted to work as volunteers at fire departments.

4 It was difficult to find the wood that people needed to build fires.

---

(35) In the past, neighbors and volunteers

1 lived close to rivers so that there would be fewer fires.

2 bought buckets for firefighters to use for training.

3 collected water from rivers and used it to put out fires.

4 passed buckets to firefighters to help stop fires.

---

(36) Why did special groups start to train to be firefighters in the 1800s?

1 People thought it was better for men to put out fires than women.

2 New inventions began to cause fires that were difficult to put out.

3 Workers needed a lot of strength to use heavy firefighting tools.

4 It was difficult for people to learn how to use the new firefighting tools.

---

(37) The number of firefighters on a team became smaller because

1 trucks that carried water made their job easier.

2 the number of emergencies began to go down.

3 people began to call other groups for help.

4 an important invention stopped fires from happening.

5 ライティング

●あなたは，外国人の知り合いから以下の **QUESTION** をされました。
● **QUESTION** について，あなたの意見とその理由を２つ英文で書きなさい。
●語数の目安は 50 語～60 語です。
●解答は，解答用紙の B 面にあるライティング解答欄に書きなさい。なお，解答欄の外に書かれたものは採点されません。
●解答が **QUESTION** に対応していないと判断された場合は，０点と採点されることがあります。**QUESTION** をよく読んでから答えてください。

QUESTION

Do you think it is better for people to live in a house or in an apartment?

Listening Test

準2級リスニングテストについて

❶このリスニングテストには，第1部から第3部まであります。

★英文はすべて一度しか読まれません。

第1部……対話を聞き，その最後の文に対する応答として最も適切なものを，放送される**1**，**2**，**3**の中から一つ選びなさい。

第2部……対話を聞き，その質問に対して最も適切なものを**1**，**2**，**3**，**4**の中から一つ選びなさい。

第3部……英文を聞き，その質問に対して最も適切なものを**1**，**2**，**3**，**4**の中から一つ選びなさい。

❷ *No. 30*のあと，10秒すると試験終了の合図がありますので，筆記用具を置いてください。

第1部

No. 1～*No. 10*（選択肢はすべて放送されます。）

第2部

No. 11

1 Find a bus stop.
2 Call her hotel.
3 Go to the information desk.
4 Get on her airplane.

No. 12

1 Go shopping for him.
2 Help him cook dinner.
3 Finish her homework.
4 Clean up her room.

No. 13

1 It is not the chef's recipe.
2 It is not very popular.
3 He helped to create it.
4 Its recipe is a secret.

No. 14
1 By traveling around the world.
2 By learning to speak Italian.
3 By writing a story.
4 By training her dog.

No. 15
1 He usually sits there.
2 He heard the seats are better there.
3 His friends are sitting there.
4 There are no other seats available.

No. 16
1 Have lunch with Carl.
2 Eat French food for lunch.
3 Talk to an exchange student.
4 Go to France as an exchange student.

No. 17
1 Mr. Kay will announce the new play.
2 New members will exchange ideas.
3 He will give a speech.
4 A famous actor will come.

No. 18
1 To start his first day of work.
2 To get a job-application form.
3 To ask about a lost item.
4 To buy some food.

No. 19
1 Listen to her speech.
2 Check her spelling.
3 Call her tomorrow.
4 Come to a speech contest.

No. 20
1 Go to a restaurant.
2 Make dinner.
3 Work late.
4 Call Doug.

第3部

No. 21

1 She likes to study foreign languages.
2 She wants to become a Japanese teacher.
3 She is planning to go back to China soon.
4 She will enter an English speech contest next year.

No. 22

1 Playing soccer at a park.
2 Spending time with her father.
3 Practicing with her soccer team.
4 Taking cooking classes with her father.

No. 23

1 How to type on a keyboard.
2 How to turn on a computer.
3 How to use a mouse.
4 How to send e-mails.

No. 24

1 He eats at her house.
2 He enjoys fishing.
3 He goes swimming in a pool.
4 He goes to the aquarium.

No. 25

1 He saw his friend in a bicycle race.
2 He won a cycling race at his school.
3 He watched a movie about cycling.
4 He bought a bicycle he liked at a shop.

No. 26

1 It was afraid of going into battle.
2 Only Alexander could ride it.
3 Other horses were afraid of it.
4 It was more famous than Alexander.

No. 27

1 His friend works at an electronics store.
2 His grandparents told him to get one.
3 He wants to buy a present for his grandparents.
4 He needs more money for a smartphone.

No. 28

1 Play sports indoors.
2 Buy water bottles at school.
3 Use paper fans during class.
4 Stay in their classrooms.

No. 29

1 They made pizza for dinner.
2 They looked online for a restaurant to go to.
3 They wrote a review about a restaurant.
4 They planned a dinner party for their friends.

No. 30

1 They have a long tooth.
2 They eat other whales.
3 They cannot swim long distances.
4 They do not like cold water.

二次試験

受験者用問題カードA

Students' Health

It is often said that breakfast is the most important meal of the day. However, many students go to school without eating breakfast, so they feel tired during their classes. Now, some schools are offering breakfast before classes begin. They hope that this will give students the energy they need for the day.

A

B

問題カードA Questions

No. 1 According to the passage, why do many students feel tired during their classes?

No. 2 Now, please look at the people in Picture A. They are doing different things. Tell me as much as you can about what they are doing.

No. 3 Now, look at the boy in Picture B. Please describe the situation.

No. 4 Do you think junior high schools should have more cooking classes for their students?
Yes. → Why?
No. → Why not?

No. 5 Today, there are many convenience stores in Japan. Do you often use these stores?
Yes. → Please tell me more.
No. → Why not?

編集部注：本ページの質問英文は問題カードには印刷されていません。

受験者用問題カードD

Active Lifestyles

These days, more and more people are interested in exercising. However, many have trouble exercising because of their busy lifestyles. Now, some fitness centers stay open 24 hours a day, and by doing so they help people find time for exercise. It is important for people to try to live active lifestyles.

A

B

問題カードD　Questions

No. 1　According to the passage, how do some fitness centers help people find time for exercise?

No. 2　Now, please look at the people in Picture A. They are doing different things. Tell me as much as you can about what they are doing.

No. 3　Now, look at the man in Picture B. Please describe the situation.

No. 4　Do you think children should spend more time playing outside?
Yes. → Why?
No. → Why not?

No. 5　These days, there are many ways to learn English on the Internet. Do you use the Internet to learn English?
Yes. → Please tell me more.
No. → Why not?

編集部注：本ページの質問英文は問題カードには印刷されていません。

2018年度 第3回

Grade Pre-2

試験内容		試験時間	掲載ページ
一次試験	筆記（リーディング・ライティング）	75分	2018-3　P. 2〜13
	リスニング	約24分	2018-3　P. 14〜17
二次試験	面接（スピーキング）	約6分	2018-3　P. 18〜21

リスニングテスト・面接の音声について

音声は専用サイトにて配信しています。

▷ 専用サイトのご利用方法：

1. 本冊（解答編）の袋とじ（音声配信のご案内）をキリトリ線に沿って開封。
2. 袋とじの内側に印刷されているQRコードをスマートフォンなどで読み取る。QRコードを読み取れない場合は，アドレスを入力。
   ➡専用サイトのトップページに。
3. 音声を聞きたい試験のボタンを押す。
   ➡該当の試験の音声再生ページに。
   ※試験1回分を通して聞くことも，1問ずつ聞くこともできます。
   ※面接の解答時間（無音部分）は実際の試験とは異なります。

▷ 配信内容：本書に掲載のリスニングテストおよび面接の音声

※面接の音声は，音読の指示と質問英文だけでなく，音読問題のモデルリーディングも配信。

専用サイト トップページ（イメージ）

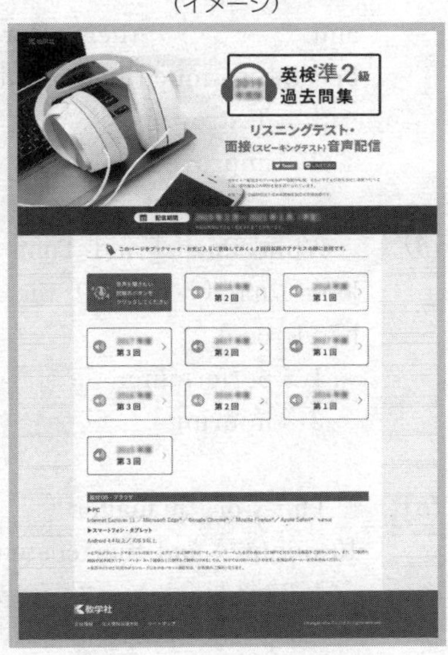

一次試験

1

次の *(1)* から *(20)* までの（　　　）に入れるのに最も適切なものを **1**，**2**，**3**，**4** の中から一つ選び，その番号を解答用紙の所定欄にマークしなさい。

---

(1) Randy was going too fast on his motorbike, and he crashed into a tree. Randy's doctor told him that it was a (　　　) that he had not been hurt badly.

1 miracle　**2** discussion　**3** protest　**4** license

(2) ***A*** : Would you like something to drink, Dana?
B : Yes, I would. I'm really (　　　).

1 noisy　**2** proud　**3** familiar　**4** thirsty

(3) Vanessa is a successful (　　　) at a large automobile company. She helps design and build new cars.

1 author　**2** pilot　**3** lawyer　**4** engineer

(4) Sarah's grades were not very good last year, but she studied hard and (　　　) them. Her parents were surprised that her grades became so much better this year.

1 destroyed　**2** located
3 improved　**4** selected

(5) While Rachel and Tony were on vacation in Hawaii, they spent a long time (　　　) the beautiful view from the balcony of their hotel room.

1 performing　**2** admiring
3 injuring　**4** sailing

(6) The store manager (　　　) that the store would be closing in 10 minutes and that customers should finish their shopping.

1 traded　**2** explored　**3** repaired　**4** announced

(7) **A** : I'm having a dinner party on Friday, Brian. Do you have any ( ) about what food I should serve?
B : How about pizza? It tastes great and is fun to make.

1 suggestions **2** characters **3** puzzles **4** figures

(8) When the weather is very hot and dry, there is the ( ) of a forest fire starting in some places.

1 danger **2** opinion **3** respect **4** silence

(9) Tracy did not have any purple paint, so she ( ) red and blue paint together to make that color.

1 followed **2** combined **3** accepted **4** rescued

(10) While Judy was on her way to meet her friend, it suddenly started to rain. ( ), she had an umbrella with her.

1 Simply **2** Gradually **3** Luckily **4** Fairly

(11) **A** : Mom, where are we going to celebrate my birthday?
B : It's ( ) to you, Tim. It's your birthday, so you can decide.

1 off **2** out **3** in **4** up

(12) William worked as a volunteer in Cambodia for a year. There was no electricity in his village, so he had to ( ) his computer while he was there.

1 line up **2** do without
3 drop by **4** take after

(13) **A** : How have you been since you retired from work, Jack?
B : Well, sometimes I feel bored, but it's nice to be ( ) worries about work now.

1 sorry for **2** good at **3** found in **4** free from

(14) The president has decided to ( ) problems with the environment in his speech tomorrow. He will not have time to talk much about other subjects.

1 focus on **2** apply for
3 come from **4** hold up

(15) Although Bill tried to run fast, he could not ( ) up with the other runners. He ended up in last place for the race.

1 speak **2** keep **3** grow **4** trip

(16) Jessica was offered a job at a marketing company, but she decided to ( ) the offer because the pay was not very good.

1 turn down **2** stand in
3 fall over **4** lead on

(17) Ben's classmates do not like the way he ( ) all his expensive clothes. They want him to stop talking about how rich his family is.

1 shows off **2** breaks off
3 fills up **4** cheers up

(18) ***A*** : Tony, I'll be at the east side of the station at 8:30. ( ) you can't find me, call me on my cell phone.
B : OK, Jim. See you tomorrow.

1 As if **2** In case **3** So that **4** Not only

(19) ***A*** : How long have you lived in this town, Mrs. Griffith?
B : I moved here ( ) I was 25. That was 20 years ago.

1 why **2** that **3** where **4** when

(20) ***A*** : Kelly, how old is your son?
B : He's one. He can't talk yet, but he seems ( ) what I say to him.

1 has understood **2** to understand
3 understands **4** understanding

2

次の四つの会話文を完成させるために，*(21)*から*(25)*に入るものとして最も適切なものを**1**，**2**，**3**，**4**の中から一つ選び，その番号を解答用紙の所定欄にマークしなさい。

---

(21) ***A*** : I haven't been sleeping well lately, Dave.
B : Why is that, Megan? Are you (*21*)?
A : Yeah. I've studied a lot, but I still don't think I'll pass it.
B : I'm sure you'll do fine.

1 using your smartphone too much
2 drinking too much coffee
3 scared about the movie we watched
4 worried about the science test

---

(22) ***A*** : What did you do last weekend, Jane?
B : (*22*) at my grandma's house.
A : Wow, you must have been very tired.
B : Yes, but grandma needed my help.

1 I played basketball
2 I took care of the garden
3 I watched the news
4 I made some cookies

---

(23) ***A*** : Welcome to Bob's Bakery. How can I help you?
B : Hi. Do you have any strawberry shortcakes?
A : I'm sorry, but (*23*). We only make 10 a day.
B : All right. I guess I'll buy an apple pie instead.

1 we've sold out
2 we don't make them
3 they're too expensive
4 they don't have any strawberries

A **:** Excuse me. I need some help.
B **:** Yes ? What can I do for you ?
A **:** Well, I'm looking for a pair of skis, but (*24*).
B **:** That's easy to find out. How tall are you ?
A **:** I'm 170 centimeters.
B **:** All right. Then, these should fit you.
A **:** Thank you. (*25*) ?
B **:** I'm sorry, but our machine is broken. You need to pay by cash.

(24) **1** I don't know my size **2** I don't have much money
3 I already have some boots **4** I already found a nice pair

(25) **1** Can I pay by credit card
2 Can you fix them for me
3 Do I need to show you
4 Do you know where they are

次の英文[A], [B]を読み，その文意にそって*(26)*から*(30)*までの（　　　）に入れるのに最も適切なものを**1**，**2**，**3**，**4**の中から一つ選び，その番号を解答用紙の所定欄にマークしなさい。

Study Abroad

Taro is a high school student who wanted to study abroad in Australia. He asked his parents, but they said no. They (*26*). They thought that Taro could not speak English very well, so he would have many problems. He told them that he really wanted to go abroad because he wanted to learn English and make new friends from other countries. His parents finally decided to let him study abroad for a year.

In Australia, Taro tried very hard to communicate with his classmates. At first, it was not easy, and he needed to use his dictionary often. However, he kept practicing and spoke with his classmates every day. After a few months, he began to (*27*). He did not need to use his dictionary anymore, which made it easier for him to talk to people. He made many friends, and by the time he returned to Japan, he was happy with his success.

---

(26) **1** started studying English　**2** were worried about him
3 did not like Australia　**4** did not have much money

(27) **1** watch TV shows　**2** miss his parents
3 call his school　**4** speak English well

3

B An Italian Shoe Shiner

Italian people are famous for wearing high-quality clothing and shoes. In particular, shoes and purses made from leather are popular in Italy. However, leather needs to be cleaned regularly, which is expensive and takes a lot of effort. Many people (*28*) to do this. As a result, they pay other people to clean their shoes. These people are called shoe shiners.

In the past, shoe shiners were poor men or boys who needed to make money to help their families. Nowadays, most men think that the job is too hard, so they do not want to become shoe shiners. However, recently, (*29*) have started taking over these jobs. One example is Rosalina Dallago, who used to be a fashion model. In 2000, she found an old man who was selling his shoe shining shop in Rome, and she bought it from him.

Since then, Dallago's business has grown. She says that some of her success is thanks to the location of her first shop. Because it is near government buildings, many politicians come and use her services. She later opened two more shops in Rome. Now, Dallago wants to help other businesswomen. Her new goal is to teach them how to (*30*). She works together with them to create new services, and she teaches classes to women who have started new businesses.

---

(28)
1 do not have time
2 do not have money
3 have learned how
4 have many tools

(29)
1 fewer young people
2 more and more men
3 a number of women
4 a group of old people

(30)
1 contact the government
2 build successful businesses
3 become strong politicians
4 take care of shoes

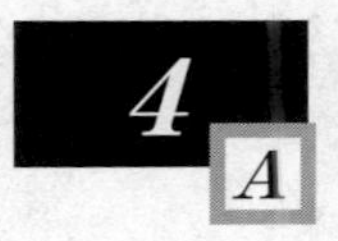

次の英文A，Bの内容に関して，*(31)*から*(37)*までの質問に対して最も適切なもの，または文を完成させるのに最も適切なものを**1**，**2**，**3**，**4**の中から一つ選び，その番号を解答用紙の所定欄にマークしなさい。

From : Christina Taylor 〈christina568@gotmail.com〉
To : Betty Taylor 〈b-taylor8@thismail.com〉
Date : January 27
Subject : Career day

Hi Aunt Betty,
How are you? I enjoyed seeing you last weekend at Grandma's house for dinner. She's a great cook, isn't she? I really liked the chicken that she made. Did you? And the cheesecake that you brought was delicious. I want you to show me how to make it someday.
Anyway, can I ask you for a favor? Next month, we're going to have a "career day" at my high school. The school is inviting people with different jobs to come and talk to the students. My teacher said that she wanted to find a nurse to come. She asked if anyone knew a nurse, and I told her about you.
You've been a nurse for five years, right? Would you like to come to the school and talk about your job? The career day will be held in the school gym on February 28. There will be different tables in the gym, and each table will have information about a different job. The students will go around to the tables and ask the people there about each job. For example, students might ask you about what you studied in college, or what you do at the hospital. Please let me know if you can help us!
Your niece,
Christina

(31) What did Aunt Betty do last weekend?

1 She learned how to make cheesecake.
2 She cooked chicken for dinner.
3 She gave Christina a recipe.
4 She had dinner with Christina.

---

(32) What will happen at Christina's school next month?

1 There will be an event where students learn about jobs.
2 There will be a health check with a nurse for students.
3 The students will take a field trip to a hospital.
4 The students will have the chance to try different jobs.

---

(33) Christina asked Aunt Betty to

1 help her find a job at a hospital.
2 recommend a good college for her.
3 come to her school to talk to the students.
4 set up tables in the gym.

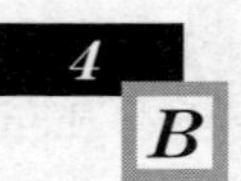

White Rhinoceros Hero

The white rhinoceros lives in southern Africa and is one of the largest animals in the world. In the past, a lot of people believed that rhinoceros horns* had special powers, so the horns were used for medicine. As a result, many white rhinoceroses were killed. Scientists were worried that all the white rhinoceroses in the world would die. However, a man named Ian Player worked to save the white rhinoceros.

Player was born in South Africa in 1927. He loved sports, and in 1951, he took part in a special boat race. Although he traveled over 120 kilometers along a river, there were fewer wild animals than he thought he would see. He decided to do something to protect the animals living in South Africa. A year later, he started working at a national park called the Imfolozi Game Reserve, where he looked after wild animals.

The Imfolozi Game Reserve was set up in 1890 because people were worried about the small number of white rhinoceroses that were left. When Player arrived in 1952, there were only about 430 white rhinoceroses, and hunters were still killing them. Player began a breeding* program called "Operation Rhino" with zoos around the world. Thanks to the zoos' hard work, the number of white rhinoceroses quickly went up. Some of the young rhinoceroses were returned to the park.

At first, many local people did not like Player's program. Farmers often said that rhinoceroses killed their cows, sheep, and other animals, so they lost money. However, Player showed them that saving white rhinoceroses could help humans, too. He encouraged tourists to visit Imfolozi to see the rhinoceroses and other wild animals. As a result, more and more people began to pay money to go on tours, stay in hotels, and eat at restaurants in the area. This has helped people understand the value of white rhinoceroses.

*horns：角（つの）
*breeding：繁殖（はんしょく）

(34) Why were white rhinoceroses being killed ?

1 People thought that killing rhinoceroses would give them special powers.

2 People wanted a part of them so that they could make medicine.

3 Their meat could be used to feed a large number of people.

4 They caused many problems and killed a number of people.

---

(35) Ian Player began to work at the Imfolozi Game Reserve because he

1 was worried about how few wild animals were left in South Africa.

2 enjoyed working outdoors and riding his boat along a river.

3 could live in South Africa and join more boat races there.

4 wanted a chance to play with many different kinds of animals.

---

(36) What did Player do at the Imfolozi Game Reserve ?

1 He taught people in the area the best way to hunt white rhinoceroses.

2 He learned special skills to take care of sick white rhinoceroses.

3 He started a program with zoos around the world to save white rhinoceroses.

4 He sold 430 white rhinoceroses to get money to protect the animals in the reserve.

---

(37) Player taught local people that

1 white rhinoceroses were used to save many people's lives.

2 there were many ways to stop rhinoceroses from killing farm animals.

3 they could make money if tourists came to see the white rhinoceroses.

4 people could use other types of animals to make medicine.

5 ライティング

●あなたは，外国人の知り合いから以下の **QUESTION** をされました。
● **QUESTION** について，あなたの意見とその理由を 2 つ英文で書きなさい。
●語数の目安は 50 語～60 語です。
●解答は，解答用紙の B 面にあるライティング解答欄に書きなさい。なお，解答欄の外に書かれたものは採点されません。
●解答が **QUESTION** に対応していないと判断された場合は，0 点と採点されることがあります。**QUESTION** をよく読んでから答えてください。

QUESTION
Do you think it is important for students to learn how to give presentations at school?

Listening Test

準2級リスニングテストについて

❶このリスニングテストには，第1部から第3部まであります。
★英文はすべて一度しか読まれません。
第1部……対話を聞き，その最後の文に対する応答として最も適切なものを，放送される**1**，**2**，**3**の中から一つ選びなさい。
第2部……対話を聞き，その質問に対して最も適切なものを**1**，**2**，**3**，**4**の中から一つ選びなさい。
第3部……英文を聞き，その質問に対して最も適切なものを**1**，**2**，**3**，**4**の中から一つ選びなさい。
❷ *No. 30* のあと，10秒すると試験終了の合図がありますので，筆記用具を置いてください。

第1部

No. 1〜*No. 10*（選択肢はすべて放送されます。）

第2部

No. 11
1 She watched softball on TV.
2 She went to Washington.
3 Her cousin hurt her leg.
4 Her team needs another player.

No. 12
1 Invite more friends.
2 Go shopping.
3 Celebrate with Becky later.
4 Bake a cake with him.

No. 13
1 Help her cook dinner.
2 Call his grandfather.
3 Move a chair to the dining room.
4 Clean his bedroom.

No. 14
1 He should not give up on math.
2 He should study by himself.
3 He is not good at math.
4 He is studying too much.

No. 15
1 Write a book.
2 Go to a book sale.
3 Sell her old books.
4 Borrow a library book.

No. 16
1 Leave Chicago.
2 Go to the gate.
3 Look for gifts.
4 Reserve a different flight.

No. 17
1 She prefers to play the trumpet.
2 She wants to try another sport.
3 She is not good at tennis.
4 She has friends in the school band.

No. 18
1 By giving him directions to another shop.
2 By telling him how he can get a discount.
3 By ordering a copy of *Sporting Life*.
4 By contacting other stores.

No. 19
1 The waiter forgot to bring ketchup.
2 The waiter brought the wrong order.
3 She does not like French fries.
4 She cannot find a seat.

No. 20
1 He went outside with his brother.
2 He went to volleyball practice.
3 He is out with his dog.
4 He is watching a game on TV.

第3部

No. 21

1 By cooking at a restaurant.
2 By going to a cooking class.
3 By watching cooking shows.
4 By teaching his classmates to cook.

No. 22

1 It can become very big in size.
2 It can move very quickly.
3 It does not like cold water.
4 It does not eat other jellyfish.

No. 23

1 By going to many parties.
2 By joining a club at her college.
3 By moving to a different college.
4 By visiting her high school friend.

No. 24

1 Shoppers can buy new paintings.
2 New art books have just arrived.
3 Cute pets are now sold there.
4 There is a sale on calendars.

No. 25

1 It is a type of vegetarian salad.
2 It is a drink made from lime juice.
3 People think it is a healthy dish.
4 People in Thailand eat it instead of rice.

No. 26

1 Go to the library to find a book.
2 Listen to a doctor talk about his job.
3 Read something she wrote to the class.
4 Start writing a story with her classmates.

No. 27

1 She did not enjoy the music.
2 She ate too many sausages.
3 The bands did not perform.
4 The food was too expensive.

No. 28
1 They are having a baby.
2 They are getting married soon.
3 Pete will be starting a new job.
4 Sarah's parents will be visiting them.

No. 29
1 She fell off her bike.
2 She was feeling sick.
3 Her son had an accident.
4 Her doctor told her to go.

No. 30
1 Get tickets to see the band next month.
2 Buy the band's brand-new CD.
3 Sing a song with the band.
4 Hear the band's new song.

二次試験

受験者用問題カードA

Helpful Machines

Today at supermarkets, a new kind of machine called a self-checkout machine has become popular. Customers can pay for items by themselves with these machines. More and more supermarkets use self-checkout machines, and by doing so they are helping customers pay quickly. Such services will probably be used at other stores, too.

A

B

問題カードA　Questions

No. 1　According to the passage, how are more and more supermarkets helping customers pay quickly?

No. 2　Now, please look at the people in Picture A. They are doing different things. Tell me as much as you can about what they are doing.

No. 3　Now, look at the girl and the boy in Picture B. Please describe the situation.

No. 4　Do you think supermarkets should stay open 24 hours a day?
Yes. → Why?
No. → Why not?

No. 5　Today, many people enjoy buying and selling things at flea markets. Do you often go to flea markets to buy things?
Yes. → Please tell me more.
No. → Why not?

編集部注：本ページの質問英文は問題カードには印刷されていません。

受験者用問題カードD

Smartphones and Health

These days, many young people have smartphones. They can use them to look for information or to communicate with their friends. However, some people spend a long time using smartphones at night, so they have difficulty getting enough sleep. Many doctors say that people should turn off their smartphones at night.

A

B

問題カードD　Questions

No. 1　According to the passage, why do some people have difficulty getting enough sleep?

No. 2　Now, please look at the people in Picture A. They are doing different things. Tell me as much as you can about what they are doing.

No. 3　Now, look at the boy and his mother in Picture B. Please describe the situation.

No. 4　Do you think buying things on the Internet is a good idea?
Yes. → Why?
No. → Why not?

No. 5　Today, there are concerts for many different kinds of music. Do you go to concerts?
Yes. → Please tell me more.
No. → Why not?

編集部注：本ページの質問英文は問題カードには印刷されていません。

2018年度 第2回

Grade Pre-2

試験内容		試験時間	掲載ページ
一次試験	筆記	75分	2018-2　P. 2～13
	リスニング	約25分	2018-2　P. 14～18
二次試験	面接	約6分	2018-2　P. 19～22

リスニングテスト・面接の音声について

音声は専用サイトにて配信しています。

▷ 専用サイトのご利用方法：

1. 本冊（解答編）の袋とじ（音声配信のご案内）をキリトリ線に沿って開封。
2. 袋とじの内側に印刷されているQRコードをスマートフォンなどで読み取る。QRコードを読み取れない場合は，アドレスを入力。
   ➡専用サイトのトップページに。
3. 音声を聞きたい試験のボタンを押す。
   ➡該当の試験の音声再生ページに。
   ※試験1回分を通して聞くことも，1問ずつ聞くこともできます。
   ※面接の解答時間（無音部分）は実際の試験とは異なります。

▷ **配信内容**：本書に掲載のリスニングテストおよび面接の音声

※面接の音声は，音読の指示と質問英文だけでなく，音読問題のモデルリーディングも配信。

専用サイト トップページ
（イメージ）

一次試験

1

次の*(1)*から*(20)*までの（　　　）に入れるのに最も適切なものを**1**，**2**，**3**，**4**の中から一つ選び，その番号を解答用紙の所定欄にマークしなさい。

---

(1) When Wendy came out of the movie theater, the sunshine was so (　　　) that it hurt her eyes.

1 square　　**2** handsome
3 bright　　**4** serious

(2) ***A***：I'm going to my first driving lesson, Mom.
B：OK, Gary. Please drive (　　　). Driving can be very dangerous.

1 safely　　**2** lately　　**3** barely　　**4** clearly

(3) Moraine Lake in Canada is famous for its natural (　　　). Many people go there to see the pure blue water and the green trees around it.

1 beauty　　**2** knowledge
3 license　　**4** gesture

(4) ***A***：That was a great tennis match, Joseph. But I'm too thirsty to play again right now.
B：Here's some lemonade. It will (　　　) you so we can play another match.

1 refresh　　**2** compare　　**3** advertise　　**4** sweep

(5) ***A***：Sometimes, I like to just sit at home and read a book. The (　　　) is relaxing.
B：I don't agree. I enjoy talking to people.

1 liquid　　**2** silence　　**3** opinion　　**4** reality

(6) The teacher told her students to (　　　) the poem in their textbooks. The students were able to do it easily because the poem was short.

1 offer　**2** require　**3** memorize　**4** advise

(7) Doctors are always looking for new medicines to stop (　　　) from killing people.

1 topics　**2** journeys　**3** comedies　**4** diseases

(8) Lisa wants to buy a new table and some chairs, so she will go to a (　　　) store this weekend to look at some.

1 clothing　**2** magic　**3** grocery　**4** furniture

(9) When Charles gave a speech at his daughter's wedding, he was so nervous that his hands were (　　　) the whole time.

1 pressing　**2** shaking　**3** brushing　**4** melting

(10) Justin is going to finish college in two months. After he (　　　), he will travel around Asia.

1 records　**2** graduates　**3** continues　**4** provides

(11) Trent moved to a new town last year. He soon (　　　) friends with some of the students at his new school.

1 sent　**2** gave　**3** kept　**4** made

(12) ***A*** : I don't want to do the art project with Maggie. She never likes the colors that I use or the pictures that I draw.
B : I know. She complains (　　　) everything.

1 until　**2** with　**3** about　**4** down

(13) ***A*** : I can't believe Evan is so late. Are you sure you told him to meet us at six?
B : Yes, I'm (　　　) it because I wrote it in my schedule book.

1 sorry for　**2** grateful for　**3** typical of　**4** certain of

(14) **A** : My job is so stressful these days. I think I'll take a vacation.

B : That's a good idea, Victor. Sometimes you just need to (　　　) work.

1 stand across from　　**2** get away from
3 go out with　　**4** keep up with

(15) There will be a meeting at City Hall next week to discuss the plans for a new sports stadium. The meeting will take (　　　) on Friday at 3 p.m.

1 place　**2** note　**3** orders　**4** turns

(16) When Amy rode a bicycle (　　　) the first time, she fell off of it a few times.

1 over　**2** for　**3** in　**4** at

(17) Martin had planned to travel to India next summer, but his friend (　　　) that the weather would be nicer in spring. Martin decided to go there in March instead.

1 pointed out　**2** lined up　**3** cut off　**4** ran across

(18) **A** : Do you think it's fair (　　　) Jenny can come to work late every day?

B : She has to drive her children to school in the morning, so I think it's fair.

1 whom　**2** which　**3** what　**4** that

(19) Mark's computer broke last week, but he does not have much money right now. He wishes that he (　　　) rich, so he could buy a new one.

1 are　**2** were　**3** being　**4** have been

(20) **A** : Sorry I'm late, Kenji. Did I make you (　　　) for a long time?

B : Don't worry. I just got here five minutes ago.

1 to wait　　**2** waiting
3 wait　　**4** to have waited

次の四つの会話文を完成させるために，*(21)*から*(25)*に入るものとして最も適切なものを**1**，**2**，**3**，**4**の中から一つ選び，その番号を解答用紙の所定欄にマークしなさい。

---

(21) ***A*:** Dad, Sarah asked me to go camping with her family next week. Can I go?

***B*:** I don't know. I think that you need to (*21*).

***A*:** Yes, but that's on Thursday. Sarah's family is going camping on Saturday.

***B*:** All right. Just make sure that you study hard and get a good grade.

1 ask her parents first　　**2** go camping every week
3 get ready for your test　　**4** clean your desk

---

(22) ***A*:** Mom, I'm trying to finish my German homework, but I don't know this word.

***B*:** Why don't you just look it up?

***A*:** Well, I want to, but (*22*).

***B*:** All right. We can go to the bookstore to get one tonight.

1 my book isn't interesting　　**2** my computer is broken
3 I lost my dictionary　　**4** I don't have time

---

(23) ***A*:** Excuse me. Can you tell me how to get to the Hillbury Art Museum?

***B*:** Sure. You should take the No. 50 bus over there.

***A*:** Is the museum really that far? I thought (*23*).

***B*:** It's possible, but it takes 45 minutes if you go on foot.

1 I could take the train　　**2** I could walk
3 it was near here　　**4** it was a different bus

A **:** Welcome to the Oceanside Hotel. How can I help you?

B **:** I'd like to check in. I reserved a room online last week.

A **:** All right. (*24*)?

B **:** Umm ... I think I have it on my phone. Let me check. Yes, it's 432773.

A **:** Thank you, Ms. Parker. It says that you will be staying for three nights.

B **:** That's right. The room has a view of the ocean, right?

A **:** Of course. (*25*).

B **:** That's great. I didn't know that.

(24)
1 Can you tell me your name
2 When did you make the reservation
3 Do you have your passport
4 What's your reservation number

(25)
1 Every room has an ocean view
2 Every room has a phone
3 The ocean is far away
4 The beach is used by guests

次の英文[A], [B]を読み，その文意にそって *(26)* から *(30)* までの（　　）に入れるのに最も適切なものを **1**, **2**, **3**, **4** の中から一つ選び，その番号を解答用紙の所定欄にマークしなさい。

A Family Vacation

Martha and Bill Wilson go on vacation with their two sons every summer. They want their sons to learn about the places that they visit, so Martha and Bill spend a lot of time looking up information about the places before they go. Last year, they were so tired from planning their vacation that they could not enjoy it. This year, they decided to (*26*). They looked online and found a tour to Italy.

In August, the family flew to Rome and met their tour guide for a one-week tour. He took them to many important sites in Italy and taught them about Italian history. Although the Wilsons learned a lot, (*27*). They enjoyed visiting many interesting places but did not have enough time to spend at each one. Next year, they will try going on a tour again but will choose one with fewer activities.

(26) **1** stay at home **2** go to the same town
3 try something new **4** ask their sons to study

(27) **1** they were very busy **2** the sons felt bored
3 the weather was bad **4** their bus was crowded

3 B

Pink and Blue

When we walk through a toy store, we often notice that there are two sections for toys—a pink section and a blue section. The pink section is filled with dolls, stuffed animals, and cooking sets. The blue section has cars, building blocks, and science sets. From a very early age, girls and boys are told to (*28*). Girls should choose toys from the pink section, and boys should pick ones from the blue section.

Recently, some people have begun to worry about this. They say that toys help children learn important things. For example, when children play with dolls, they learn to take care of people and to be kind. On the other hand, children who play with science sets and building blocks become more interested in science. Many parents want (*29*) all these things. They want their daughters to be interested in science and their sons to be kind. Therefore, more and more parents want all their children to play with both "girls' toys" and "boys' toys."

Some toy companies are listening to these parents' concerns. In the United States, one large chain store has stopped separating toys into a girls' section and a boys' section. In Europe, one toy company's catalogs show boys playing with baby dolls and girls playing with cars. Many parents are happy (*30*). This is because they believe that it is making the world a better place for boys and girls.

---

(28)
1 talk to each other nicely　**2** finish homework quickly
3 play with different toys　**4** visit toy stores together

(29)
1 their daughters to stop doing
2 their sons to stop doing
3 both boys and girls to learn
4 teachers and schools to prepare

(30)
1 to help their child　**2** to buy less
3 with the old way　**4** with this change

次の英文[A]，[B]の内容に関して，*(31)*から*(37)*までの質問に対して最も適切なもの，または文を完成させるのに最も適切なものを**1**，**2**，**3**，**4**の中から一つ選び，その番号を解答用紙の所定欄にマークしなさい。

From : Ellen Cole 〈ellen-cole@abcweb.com〉
To : Paul Clark 〈p.clark6@raymail.com〉
Date : October 7
Subject : Pie-baking contest

Hi Paul,

How was your science test last week? I remember you said you were having trouble with that subject and were studying a lot for it. Well, last week was good for me. Our class had a math test. It was easy, and I got an A on it. Also, since we had our school festival, our teacher didn't give us much homework.

By the way, my brother is a really good baker, and he owns a bakery in Timbertown. Next weekend, he is going to take part in a pie-baking contest at Riverfront Park. There will be about 30 bakers in the contest. The winner will go to the national contest in Washington, D. C.

During the contest, judges will try a bit of pie from each baker and choose a winner at the end of the day. Anyone can go to the contest to try some pie, too. It costs $15 to enter and each person gets five food tickets. They then use those tickets to try pie from five different bakers. I'm planning to go, so call me soon and tell me if you want to come.

Your friend,
Ellen

(31) Last week, Ellen

1 did well on a test at school.
2 visited her friend's school festival.
3 studied hard for her science class.
4 got a lot of homework from her teacher.

---

(32) What will Ellen's brother do next weekend?

1 He will open a new bakery.
2 He will take part in a contest.
3 He is going to go to Washington, D. C.
4 He is going to bake a pie for his family.

---

(33) What does Ellen ask Paul to do?

1 Lend her $15 to buy the things she needs to bake a pie.
2 Help the judges to choose the winner of the contest.
3 Tell her if he is interested in going to a pie-baking contest.
4 Call one of the bakers to get some food tickets.

The Bajau

In the Pacific Ocean around the Philippines, Malaysia, and Indonesia, there is a group of people known as the Bajau. In the past, these people did not live on land. Instead, they spent their whole lives on small boats in the ocean. These days, many Bajau live in homes built on wooden poles in the sea, but they still spend a lot of their time on boats. They only sometimes go on land to buy things that they need.

The ocean is very important to the Bajau. They dive deep into the water to hunt for fish or collect seaweed to eat. Sometimes they catch extra fish, which they trade on land for rice, water, and other household goods. They also collect oysters so that they can get pearls, which they then sell for high prices.

Recent research on the Bajau language shows that the Bajau may have come from the island of Borneo in the 11th century. However, nobody is sure why the Bajau originally began to live on the ocean instead of on land. According to an old story, a princess from Borneo got lost in the ocean during a storm. Her father, the king, told some people living in his land that they must search for her in the ocean. He also said that they must not return until they found her. Because the princess was never found, those people stayed on the ocean forever.

Although the Bajau have a long history of living at sea, their way of life has started to change. One of the main reasons for this is damage to the environment. The ocean has become dirtier, and the number of fish is decreasing. As a result, the Bajau cannot get enough food, so they have to look for other ways to get it. By protecting the environment, we can also protect the Bajau's unique culture.

(34) What is true about the Bajau?

1 They are afraid of traveling in small boats.

2 They build houseboats and sell them to visitors.

3 They use wooden poles to catch fish in the sea.

4 They spend most of their time on the ocean.

---

(35) Why is the ocean important to the Bajau?

1 They are able to get most of the things that they need from it.

2 They use water from it to grow rice and other food.

3 They have special boats where they keep household goods.

4 They swim and dive in the ocean on their days off.

---

(36) What has recent research found about the Bajau?

1 Their princess brought them to the ocean during a storm many years ago.

2 Their first king thought that life would be better if they lived on the sea.

3 They learned how to speak a new language when they moved to Borneo.

4 They might have come from the island of Borneo around 1,000 years ago.

---

(37) The Bajau need to look for new ways to find food because

1 many young people do not like to eat fish any more.

2 damage to the ocean is causing the number of fish to go down.

3 their culture is changing quickly which makes it difficult to find food.

4 they do not want to hurt the environment of the ocean by catching fish.

5 ライティング

●あなたは，外国人の知り合いから以下の **QUESTION** をされました。
● **QUESTION** について，あなたの意見とその理由を２つ英文で書きなさい。
●語数の目安は 50 語～60 語です。
●解答は，解答用紙のＢ面にあるライティング解答欄に書きなさい。なお，解答欄の外に書かれたものは採点されません。
●解答が **QUESTION** に対応していないと判断された場合は，０点と採点されることがあります。**QUESTION** をよく読んでから答えてください。

QUESTION

Do you think it is better for students to study alone or in a group?

Listening Test

準2級リスニングテストについて

❶このリスニングテストには，第1部から第3部まであります。

★英文はすべて一度しか読まれません。

第1部……対話を聞き，その最後の文に対する応答として最も適切なものを，放送される **1**，**2**，**3** の中から一つ選びなさい。

第2部……対話を聞き，その質問に対して最も適切なものを **1**，**2**，**3**，**4** の中から一つ選びなさい。

第3部……英文を聞き，その質問に対して最も適切なものを **1**，**2**，**3**，**4** の中から一つ選びなさい。

❷ *No. 30* のあと，10 秒すると試験終了の合図がありますので，筆記用具を置いてください。

第1部

No. 1 ～ *No. 10* （選択肢はすべて放送されます。）

第2部

No. 11

1 When to buy camping goods.
2 Where to stay in California.
3 What to do this summer.
4 Whether to sell their car.

No. 12

1 Help the man.
2 Go to the theater.
3 Watch a movie.
4 Find the police station.

No. 13
1 She wants him to buy his own.
2 She wants him to keep playing soccer.
3 She thinks he needs a new pair of soccer shoes.
4 She thinks he should use his old one.

No. 14
1 He found a useful website.
2 He called the library for help.
3 He borrowed some new magazines.
4 He used some old books.

No. 15
1 To tell him his car is fixed.
2 To tell him the dentist is sick.
3 To ask if he can work overtime.
4 To ask why he is late.

No. 16
1 Get his camera fixed.
2 Show the woman a letter.
3 Meet the gallery's director.
4 Buy a copy of *Art Today* magazine.

No. 17
1 Eat at a nearby restaurant.
2 Attend their meeting together.
3 Have lunch at 1:30.
4 Call their office.

No. 18
1 She has never cooked before.
2 She does not like spaghetti.
3 She is learning how to cook.
4 She is writing a cookbook.

No. 19
1 She does not like her teacher.
2 She cannot take the Tuesday class.
3 She cannot find the language school.
4 She has forgotten how to speak Italian.

No. 20

1 Buy movie tickets.

2 Send someone to fix the TV.

3 Find a different hotel.

4 Help her check in.

第3部

No. 21
1 After tennis practice ends.
2 After she eats lunch.
3 Before classes begin.
4 Before she goes to bed.

No. 22
1 They are very dangerous.
2 They are afraid of humans.
3 People sometimes eat them.
4 People like to keep them as pets.

No. 23
1 Read stories about Santa Claus.
2 Take a photo with Santa Claus.
3 Send some Christmas cards.
4 Put decorations on a Christmas tree.

No. 24
1 He cannot rent ski boots.
2 He forgot where he put his skis.
3 His ski boots are too small.
4 His friend cannot go on a ski trip.

No. 25
1 They moved to a smaller house.
2 They went on a beach vacation.
3 They gave their sofa to Melanie.
4 They stayed at Melanie's house.

No. 26
1 They must be cooked with sugar.
2 They look like carrots in shape.
3 They are not very sweet.
4 They are not usually eaten in Europe.

No. 27
1 Tom forgot her birthday.
2 Tom gave her some food.
3 Tom invited her to a party.
4 Tom came to her house early.

No. 28
1 Meet a famous golfer.
2 Get a discount on golf balls.
3 Become a member of the club.
4 Make a reservation for the restaurant.

No. 29
1 By watching a movie.
2 By traveling to Mexico.
3 By going to a restaurant.
4 By having a party at home.

No. 30
1 She goes to a yoga class.
2 She works at a restaurant.
3 She exercises with her children.
4 She eats dinner with her husband.

二次試験

受験者用問題カードA

Food Displays

In Japan, many restaurants have displays of their food at the entrance. The items in these displays are made of colorful plastic. Many visitors to Japan do not know much about Japanese food, so they find food displays a helpful way to choose dishes. These displays help restaurants get more customers.

A

B

問題カードA　Questions

No. 1　According to the passage, why do many visitors to Japan find food displays a helpful way to choose dishes？

No. 2　Now, please look at the people in Picture A. They are doing different things. Tell me as much as you can about what they are doing.

No. 3　Now, look at the man wearing glasses in Picture B. Please describe the situation.

No. 4　Do you think it is good for people to eat fast food？
Yes. → Why？
No. → Why not？

No. 5　These days, many students use the Internet to learn new things. Do you use the Internet when you study？
Yes. → Please tell me more.
No. → Why not？

編集部注：本ページの質問英文は問題カードには印刷されていません。

受験者用問題カードD

Guide Dogs

Some people who cannot see use dogs when they go outside. These dogs are called guide dogs. Training dogs to guide people costs a lot of money. Now, some groups are collecting money for training guide dogs, and by doing so they are trying to make these dogs more common.

A

B

問題カードD　Questions

No. 1　According to the passage, how are some groups trying to make guide dogs more common?

No. 2　Now, please look at the people in Picture A. They are doing different things. Tell me as much as you can about what they are doing.

No. 3　Now, look at the girl in Picture B. Please describe the situation.

No. 4　Do you think it is good for children to have a pet?
Yes. → Why?
No. → Why not?

No. 5　Today, many people in Japan enjoy going to watch fireworks. Do you like to go to watch fireworks?
Yes. → Please tell me more.
No. → Why not?

編集部注：本ページの質問英文は問題カードには印刷されていません。

2018 年度 第 1 回

Grade Pre-2

試験内容		試験時間	掲載ページ
一次試験	筆記	75 分	2018-1　P. 2〜13
	リスニング	約 25 分	2018-1　P. 14〜17
二次試験	面接	約 6 分	2018-1　P. 18〜21

リスニングテスト・面接の音声について

音声は専用サイトにて配信しています。

▷ 専用サイトのご利用方法：

1. 本冊（解答編）の袋とじ（音声配信のご案内）をキリトリ線に沿って開封。
2. 袋とじの内側に印刷されている QR コードをスマートフォンなどで読み取る。QR コードを読み取れない場合は，アドレスを入力。
   ➡専用サイトのトップページに。
3. 音声を聞きたい試験のボタンを押す。
   ➡該当の試験の音声再生ページに。
   ※試験 1 回分を通して聞くことも，1 問ずつ聞くこともできます。
   ※面接の解答時間（無音部分）は実際の試験とは異なります。

▷ 配信内容：本書に掲載のリスニングテストおよび面接の音声

※面接の音声は，音読の指示と質問英文だけでなく，音読問題のモデルリーディングも配信。

専用サイト トップページ
（イメージ）

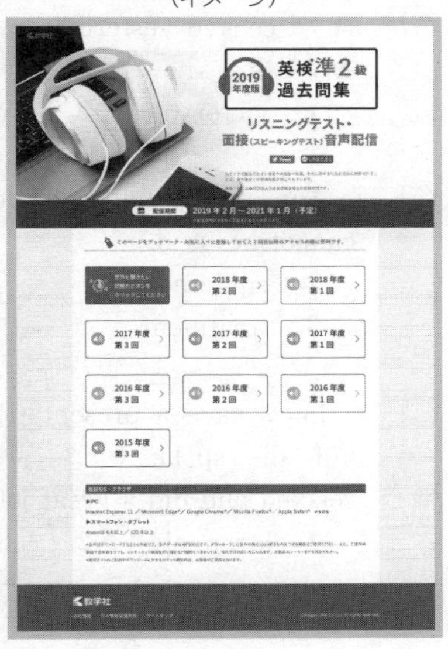

一次試験

1

次の *(1)* から *(20)* までの（　　　）に入れるのに最も適切なものを **1**，**2**，**3**，**4** の中から一つ選び，その番号を解答用紙の所定欄にマークしなさい。

---

(1) ***A*** **:** Excuse me. Do you have any books about the history of Cambodia?

B **:** We only have two, but we have (　　　) books about the history of Southeast Asia.

1 active　**2** tight　**3** confident　**4** several

(2) After Allen finished painting the house, his back (　　　). He took a warm bath to make it feel better.

1 ached　**2** knitted　**3** filled　**4** replied

(3) ***A*** **:** Does the price of the hotel room (　　　) breakfast?

B **:** No, I'm afraid not, but you can add breakfast for an extra $10.

1 trust　**2** bother　**3** include　**4** observe

(4) ***A*** **:** I cooked yesterday, so it's your (　　　) to cook tonight, Phil.

B **:** Yes, I know.

1 victory　**2** cover　**3** turn　**4** lie

(5) The restaurant only accepts (　　　) in cash. Credit cards cannot be used.

1 equipment　**2** achievement

3 treatment　**4** payment

(6) Lucy gave a presentation yesterday. She was nervous during it, but she spoke (　　　). Everyone told her that she seemed relaxed and did a great job.

1 strangely　**2** calmly　**3** wrongly　**4** partly

(7) Kumiko flew from Tokyo to San Francisco last week. During the long flight, she often walked up and down the ( ) to stretch her legs.

1 object **2** origin **3** audience **4** aisle

(8) ***A*** : Maggie, when you met Jack, what was your first ( ) of him?

B : Well, he seemed nice but really shy.

1 emergency **2** employee **3** impression **4** injury

(9) ***A*** : I ( ) what time the movie starts.

B : Let's check online to find out.

1 wonder **2** gather **3** hope **4** prefer

(10) Even though many Japanese schools do not have any classes in August, they ( ) open so that students can do club activities.

1 explore **2** divide **3** form **4** remain

(11) Greg read the manual for his new camera for an hour, but he could not ( ) of it. In the end, he called the company and asked how to use it.

1 lose control **2** make sense
3 take care **4** get tired

(12) Ann goes running three times a week. She is ( ) great shape, and she feels very healthy.

1 in **2** for **3** over **4** at

(13) The movie company put posters for its new movie near many high schools. They thought it would ( ) young people.

1 suffer from **2** decide on **3** appeal to **4** bring up

(14) **A :** Have a nice business trip, honey. Don't forget to (　　　) some presents for the children.

B : OK. I'll buy them something at the airport.

1 add to　**2** bring back　**3** depend on　**4** stand by

(15) Ms. Jones is a kindergarten teacher, and she is (　　　) a class of 25 children. She often meets with parents to tell them how their children are doing.

1 jealous of　**2** poor at
3 responsible for　**4** due to

(16) Tom (　　　) to eat dinner, but his sister called and said that their mother was in the hospital. He left his dinner on the table and went there quickly.

1 was about　**2** was forced
3 had no right　**4** had no reason

(17) **A :** Do you know how to cook, Victoria?

B : Well, I'm not an expert, but I know how to make pastas, soups, and so (　　　).

1 by　**2** on　**3** out　**4** under

(18) Jill's house is on an island, and she drives (　　　) a big bridge every day to go to work. She enjoys the view from the bridge.

1 around　**2** across　**3** between　**4** inside

(19) Today, Alice went to the library to study with her friends. They stayed there (　　　) their homework until 5 p.m.

1 do　**2** did　**3** doing　**4** done

(20) **A :** I don't remember where the restaurant is.

B : (　　　) do I. Let's call and ask for directions.

1 Neither　**2** Either　**3** So　**4** Also

次の四つの会話文を完成させるために，*(21)*から*(25)*に入るものとして最も適切なものを**1**，**2**，**3**，**4**の中から一つ選び，その番号を解答用紙の所定欄にマークしなさい。

---

(21) **A**：Tanya, I didn't see you at Adam's party last weekend. Where were you?
B：Oh, (*21*), so I couldn't go.
A：Really? Where did you go?
B：We went to Hawaii. My parents and I went swimming every day.

1 I went to school　　**2** I went on a family trip
3 my mother visited me　　**4** my train was late

---

(22) **A**：Welcome to the Mapleton Airport Gift Shop. Can I help you?
B：Yes. I want to get a present for my little brother before I go home to Japan, but I only have $15 left.
A：Let's see. How about this (*22*)?
B：That's perfect. My bag is full, so I wanted something small and easy to carry.

1 stamp collection for $20　　**2** special pen for $15.50
3 large teddy bear for $15　　**4** postcard set for $14.50

---

(23) **A**：White Dental Clinic. Can I help you?
B：My name is Abbie West. I'm calling because (*23*).
A：I see. The dentist should check it as soon as possible. Can you come in today?
B：Yes, thank you. I can come this afternoon.

1 my tooth hurts　　**2** my daughter is sick
3 I need some medicine　　**4** I'm too busy today

A **:** Hello. Sammy's Sandwich Shop. How can I help you?

B **:** Hello. I'm having a party, and I'd like to order some sandwiches.

A **:** What kind would you like?

B **:** I'd like to order 10 tuna sandwiches, 5 chicken sandwiches, and (*24*).

A **:** I'm sorry. We don't sell any drinks.

B **:** I see. Just the sandwiches, then. By the way, (*25*)?

A **:** I'm sorry. You have to pick up your order at the store.

B **:** All right. I guess I'll come before the party, then.

(24) **1** some fruit salad **2** some french fries
3 five bottles of tea **4** two cakes

(25) **1** do you deliver
2 do I need to call again
3 can I pay by credit card
4 can I order another sandwich

次の英文A，Bを読み，その文意にそって(26)から(30)までの(　　)に入れるのに最も適切なものを**1**，**2**，**3**，**4**の中から一つ選び，その番号を解答用紙の所定欄にマークしなさい。

Volunteer Activity

Last month, Sarah went to the beach with her friends. The weather was wonderful, and the water was warm. However, they were disappointed because (*26*). Sarah wanted to do something about the problem. She talked to her parents, and they suggested that she organize an event to clean up the beach.

Sarah and her friends decided to hold an event on May 20. They worked together to make posters. Then, they put the posters up around their town. On the day of the event, Sarah and her friends met at the beach. However, (*27*). When Sarah looked at the posters, she noticed that they had made a mistake. They had written May 27. Sarah and her friends went back to the beach again on the 27th to clean up.

(26) **1** the water was too cold　　**2** the beach was dirty
3 it was raining　　**4** it was cloudy

(27) **1** their teachers were there　　**2** their parents were angry
3 no one else came　　**4** nothing was left

3 B

Online Mapmaking

In the past, most people owned paper maps. They used these to find the places that they wanted to go to. People needed one map for each place that they wanted to visit, and they had to carefully plan which roads or trains to take. However, after the Internet was invented, people were able to use online maps. As a result, traveling (*28*). People could quickly look up directions to go anywhere in the world.

At first, online maps only showed the same information that paper maps did. Then, in 2005, some websites began to let people use their maps for other purposes. People began to add extra information to the maps. (*29*), some people added the best restaurants in their cities to maps. Other people made maps that showed where all the public toilets were in a city. These maps helped people find things that they wanted.

Nowadays, it is easy for anybody to add information to online maps. People can add new places, give details about them, or write reviews from their smartphones. Although most people are happy that they are able to add information to maps or create their own, some people are worried about this trend. They say that these maps may have (*30*). Sometimes the opening hours of shops are different from what is written on the map, and sometimes people tell lies when they write reviews. Because of this, some people believe that online maps should only be made by professional mapmakers.

---

(28) **1** cost more　**2** became easier　**3** caused problems　**4** took time

(29) **1** Besides　**2** However　**3** After all　**4** For example

(30) **1** the best places　**2** the wrong information　**3** some dangerous messages　**4** many good points

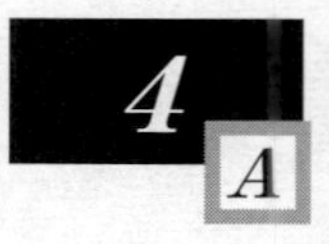

次の英文[A]，[B]の内容に関して，*(31)*から*(37)*までの質問に対して最も適切なもの，または文を完成させるのに最も適切なものを**1**，**2**，**3**，**4**の中から一つ選び，その番号を解答用紙の所定欄にマークしなさい。

From : Veronica Helms 〈v-helms5@onenet.com〉
To : Kevin Kovak 〈kevin. kovak@truemail. com〉
Date : June 3
Subject : Concert

Hi Kevin,

Guess what! Last week, my sister won two tickets to a classical music concert. The concert is this Thursday evening. She can't go because she's a nurse and she works in the evenings at the hospital. She gave the tickets to me because she knows I love classical music. I even studied it in college. Do you want to go with me?

I'm trying to decide what to wear. These days, people can wear what they want to concerts. Some people like to dress up in nice clothes, but other people go in jeans and a T-shirt. If we go, what do you want to wear? I'd like to dress nicely, but if you want, we could dress in more comfortable clothes. Let me know!

The concert starts at 7 p.m. and will be at the Taylorsville Theater. That's on Main Street, and there are some nice restaurants nearby. We could go for dinner before the concert starts, if you like. Anyway, give me a call and let me know if you can come. If not, I'll have to ask someone else soon. See you!

Your friend,
Veronica

(31) What is true about Veronica?

1 She won a music contest.
2 She is a nurse at a hospital.
3 She bought tickets to a concert.
4 She studied music in college.

(32) Veronica says that, when people go to concerts, they

1 can wear anything that they want to.
2 have to wear something comfortable.
3 should not wear jeans and T-shirts.
4 must not wear nice clothing there.

(33) What does Veronica suggest doing before the concert?

1 Getting their tickets nearby.
2 Eating dinner at a restaurant.
3 Taking a walk on Main Street.
4 Asking some friends to go with them.

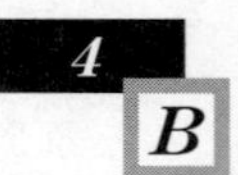

The History of a Doll

In Russia, there are sets of dolls called *matryoshka*. Each set usually has seven dolls that are all different sizes. The biggest doll in the set is usually around 15 centimeters tall. It can be opened, and inside there is another smaller doll. This can also be opened, and there is another doll inside of it. Except for the biggest doll, each of the dolls fits inside a larger one. The *matryoshka* is a famous part of Russian culture. However, the idea came from outside of Russia.

For nearly 1,000 years, the Chinese have made wood boxes that fit inside each other. People use them to keep important items or as decorations. In the 18th century, some of these boxes were made into dolls. These dolls were called nesting dolls, and they became popular with wealthy people. At that time, China and Japan traded many things, and these dolls were probably brought from China and sold in Japan.

Before nesting dolls were brought to Japan, there were already many types of Japanese dolls made from wood. Traditional doll makers used Japanese wood and special painting techniques to make dolls such as *daruma* and *kokeshi*. Then, in the 19th century, they began to use these techniques to make a new type of nesting doll. This was a set of seven dolls that were painted to look like the seven lucky gods. Like the Chinese nesting dolls, each doll could fit inside a larger one.

In the 1890s, a wealthy Russian man named Savva Mamontov received a set of Japanese nesting dolls. He loved traditional Russian culture and wanted to find a way to share it with more people. He asked a group of Russian artists to design a similar set of dolls. However, he wanted these dolls to wear traditional Russian clothing. This is how the first *matryoshka* was made.

(34) What is true about *matryoshka*?

1 The dolls are not sold outside of Russia.
2 The dolls are much smaller than Russian people think.
3 The idea for the dolls did not actually come from Russia.
4 The idea for the dolls came from a famous Russian story.

---

(35) What may have happened in the 18th century?

1 Chinese people started using wood boxes as decorations.
2 Chinese nesting dolls began to be sold in Japan.
3 Japanese people began to make more money.
4 Japanese things started to become popular in China.

---

(36) In the 19th century, Japanese doll makers

1 first started making *daruma* using different kinds of wood.
2 used traditional techniques to make a new kind of doll.
3 learned special techniques for painting on wood.
4 sold *kokeshi* that were larger than the old types.

---

(37) Savva Mamontov asked artists to make a set of dolls because he wanted to

1 find a way to let people know about Russian culture.
2 give them to the Japanese people he was visiting.
3 see what traditional Russian clothing looked like.
4 learn more about traditional Japanese culture.

5 ライティング

●あなたは，外国人の知り合いから以下の **QUESTION** をされました。
● **QUESTION** について，あなたの意見とその理由を２つ英文で書きなさい。
●語数の目安は 50 語～60 語です。
●解答は，解答用紙のＢ面にあるライティング解答欄に書きなさい。なお，解答欄の外に書かれたものは採点されません。
●解答が **QUESTION** に対応していないと判断された場合は，０点と採点されることがあります。**QUESTION** をよく読んでから答えてください。

QUESTION
Do you think parents should let their children play video games?

Listening Test

準 2 級リスニングテストについて

❶このリスニングテストには，第 1 部から第 3 部まであります。

★英文はすべて一度しか読まれません。

第 1 部……対話を聞き，その最後の文に対する応答として最も適切なものを，放送される **1**，**2**，**3** の中から一つ選びなさい。

第 2 部……対話を聞き，その質問に対して最も適切なものを **1**，**2**，**3**，**4** の中から一つ選びなさい。

第 3 部……英文を聞き，その質問に対して最も適切なものを **1**，**2**，**3**，**4** の中から一つ選びなさい。

❷ *No. 30* のあと，10 秒すると試験終了の合図がありますので，筆記用具を置いてください。

第 1 部

No. 1～*No. 10*　（選択肢はすべて放送されます。）

第 2 部

No. 11
1 A kind of pasta to buy.
2 A bakery on Third Street.
3 A place to go for dinner.
4 A supermarket downtown.

No. 12
1 Go home to get money.
2 Choose some more items.
3 Put back all of his food.
4 Pay by credit card.

No. 13
1 It has a new dolphin.
2 It has few animals.
3 It will have a special show.
4 It will be closing next week.

No. 14
1 The weather was bad.
2 The neighbors were loud.
3 She had to study for an exam.
4 She was reading a library book.

No. 15
1 Whether there are cheap rooms available.
2 Whether they have a pool there.
3 Whether it is near a concert hall.
4 Whether a singer is staying there.

No. 16
1 He wants to buy a train ticket.
2 He got off at the wrong train station.
3 He missed the train to Toronto.
4 He found a wallet on a train.

No. 17
1 On a bus.
2 On foot.
3 By taxi.
4 By subway.

No. 18
1 She wants to sell used toys.
2 She is looking for a present.
3 She needs a poster.
4 She lost her *Space Race* DVD.

No. 19
1 They saw their friend from Italy.
2 The man will take a business trip.
3 They can take a vacation.
4 The man will change jobs.

No. 20
1 He was born in America.
2 He likes his baseball coach.
3 He thinks his English class is easy.
4 He wants to play baseball in America.

第3部

No. 21

1 His car was broken.
2 The trains had stopped.
3 He wanted to explore the town.
4 The highway was damaged.

No. 22

1 Many people wear green clothes.
2 Many people clean up their local areas.
3 Many people have the day off.
4 Many people take pictures of flowers and trees.

No. 23

1 Work at a bank.
2 Study at a university.
3 Show tourists around.
4 Visit his granddaughter.

No. 24

1 Buy her a car.
2 Find her a job.
3 Take her to college.
4 Teach her to drive.

No. 25

1 Swim teams cannot use the indoor pool today.
2 High school students must not use the outdoor pool.
3 The indoor pool will be closed tomorrow morning.
4 The outdoor pool will be repaired at 12 p.m.

No. 26

1 They will go to see many hotels.
2 They will ask people at Natalie's church.
3 They will talk to some wedding planners.
4 They will get advice from Ted's sister.

No. 27

1 It is good at hiding in trees.
2 It eats the leaves of trees.
3 It rests for a short time.
4 It can change its color.

No. 28

1 Send an e-mail to his daughter.
2 Take pictures of the local library.
3 Get better at using his computer.
4 Borrow a book about computers.

No. 29

1 He left their sandwiches on a bus.
2 He forgot to buy tickets for the zoo.
3 He damaged the bus seat.
4 He lost their lunch money.

No. 30

1 Drive a car.
2 Take a break.
3 Learn about road rules.
4 Meet the instructors.

二次試験

受験者用問題カードA

Students and the Internet

Students have many chances to use the Internet in class. For example, they collect information to write reports. However, some of this information is not true. Many students check online information carefully, and by doing so they are able to write better reports. There will probably be more classes about using online information.

A

B

問題カードA　Questions

No. 1　According to the passage, how are many students able to write better reports?

No. 2　Now, please look at the people in Picture A. They are doing different things. Tell me as much as you can about what they are doing.

No. 3　Now, look at the boy in Picture B. Please describe the situation.

No. 4　Do you think schools should have more sports activities for their students?
Yes. → Why?
No. → Why not?

No. 5　Today, many people take a shopping bag when they go to the supermarket. Do you take your own shopping bag to the supermarket?
Yes. → Please tell me more.
No. → Why not?

編集部注：本ページの質問英文は問題カードには印刷されていません。

受験者用問題カードD

Wild Plants

In Japan, many people like eating wild plants from the mountains because they are delicious and healthy. For this reason, more people are collecting these plants to use for cooking. However, some wild plants can make people sick, so they should not be eaten. People need to study wild plants before picking them.

A

B

問題カードD　Questions

No. 1　According to the passage, why should some wild plants not be eaten?

No. 2　Now, please look at the people in Picture A. They are doing different things. Tell me as much as you can about what they are doing.

No. 3　Now, look at the man in Picture B. Please describe the situation.

No. 4　Do you think more people will make cookies and cakes at home in the future?
Yes. → Why?
No. → Why not?

No. 5　These days, there are a lot of news programs on TV. Do you watch news programs on TV?
Yes. → Please tell me more.
No. → Why not?

編集部注：本ページの質問英文は問題カードには印刷されていません。

2017年度 第3回

Grade Pre-2

試験内容		試験時間	掲載ページ
一次試験	筆記	75分	2017-3　P. 2～14
	リスニング	約25分	2017-3　P. 15～18
二次試験	面接	約6分	2017-3　P. 19～22

リスニングテスト・面接の音声について

音声は専用サイトにて配信しています。

▷　専用サイトのご利用方法：

1. 本冊（解答編）の袋とじ（音声配信のご案内）をキリトリ線に沿って開封。
2. 袋とじの内側に印刷されている QR コードをスマートフォンなどで読み取る。QR コードを読み取れない場合は，アドレスを入力。
   ➡専用サイトのトップページに。
3. 音声を聞きたい試験のボタンを押す。
   ➡該当の試験の音声再生ページに。
   ※試験 1 回分を通して聞くことも，1 問ずつ聞くこともできます。
   ※面接の解答時間（無音部分）は実際の試験とは異なります。

▷　**配信内容**：本書に掲載のリスニングテストおよび面接の音声

※面接の音声は，音読の指示と質問英文だけでなく，音読問題のモデルリーディングも配信。

専用サイト トップページ
（イメージ）

一次試験

1

次の *(1)* から *(20)* までの (　　　) に入れるのに最も適切なものを **1**, **2**, **3**, **4** の中から一つ選び，その番号を解答用紙の所定欄にマークしなさい。

---

(1) Tracy had to write a paper about the moon for science class. She (　　　) the Internet to find more information about the topic.

1 noted　**2** announced　**3** packed　**4** searched

(2) ***A*** : This skirt is too (　　　). Do you have one in a larger size?
B : I'll just have a look for you, ma'am.

1 near　**2** fair　**3** tight　**4** thick

(3) ***A*** : I drank all the orange juice, Dad. Can we get some more?
B : The whole liter? I can't believe you drank such a large (　　　).

1 amount　**2** approach　**3** detail　**4** damage

(4) ***A*** : Janice got excellent scores on all of her exams this semester.
B : Well, she (　　　) studies hard.

1 kindly　**2** certainly　**3** lazily　**4** technically

(5) Many wild animals are put in danger when forests are cut down. Their homes are (　　　), and it is hard for them to find new places to live.

1 practiced　**2** destroyed　**3** confused　**4** indicated

(6) Many years ago, the school made a (　　　) that cell phones were not allowed in classrooms. This was to help the students study better.

1 host　**2** rule　**3** success　**4** prize

(7) In the movie, the hero ( ) the dragon with his sword. The hero was very strong, and he killed the dragon quickly.

1 gathered **2** noticed **3** reminded **4** attacked

(8) ***A*** **:** This TV show is boring. Isn't there a baseball game on?
B **:** I don't know. Let's check the other ( ).

1 generations **2** ribbons
3 channels **4** distances

(9) Whenever the teacher asks the class a question, Sarah is always the first person to ( ) her hand to answer it.

1 raise **2** attract **3** follow **4** press

(10) Many people did not believe Alice when she said she saw the ( ) of her grandfather in her house. They said that it was probably her imagination.

1 career **2** record **3** prayer **4** ghost

(11) Greg loves cooking, and he has just bought a very large oven that is ( ) baking four loaves of bread at one time. The oven can also cook a whole chicken.

1 dressed for **2** capable of
3 interested in **4** separate from

(12) Jennifer forgot to bring her glasses to school today. She could not ( ) what was written on the blackboard, so she asked her teacher if she could sit closer to it.

1 shake up **2** push up **3** sell out **4** make out

(13) Carl's neighbors were having a party last night. Because of the noise, Carl could not fall ( ) until about two o'clock in the morning.

1 alike **2** asleep **3** alone **4** aboard

(14) **A** : I'd like to visit you sometime this summer, Keiko. When will you be (　　　) your summer plans?

B : I'll decide on them this week.

1 eager for　**2** open to　**3** fond of　**4** sure about

(15) The firefighter ran into the burning building (　　　) his own life to save a family's dog. When he came out with the dog, people in the neighborhood praised him for being so brave.

1 by the side of　**2** at the risk of

3 in the course of　**4** on the edge of

(16) A long time ago, many people thought the world was flat. However, they (　　　) to be wrong. The world is actually round.

1 turned out　**2** looked up　**3** watched out　**4** came up

(17) **A** : Have you saved enough money for your new bike?

B : Not yet. I've only saved $60 so (　　　). It'll take me about a year.

1 far　**2** long　**3** well　**4** little

(18) Jason took a class on how to do well (　　　) job interviews. He learned about ways to prepare, what to wear, and how to answer questions.

1 over　**2** in　**3** behind　**4** to

(19) **A** : I can't believe I did so badly on the math test. I should have studied harder.

B : Well, it's no use (　　　) about it now. Just try to do better next time.

1 worried　**2** worry　**3** worries　**4** worrying

(20) **A** : Our vacation to Europe was great, wasn't it? I liked Paris and Rome a lot.

B : Yeah, they were nice, but I enjoyed London the (　　　). I want to go back there sometime.

1 many　**2** more　**3** most　**4** much

次の四つの会話文を完成させるために，*(21)*から*(25)*に入るものとして最も適切なものを**1**，**2**，**3**，**4**の中から一つ選び，その番号を解答用紙の所定欄にマークしなさい。

---

(21) ***A*** **:** Sally, how do you like the cookies? I made them myself.
B **:** They're delicious. I really like the cherry ones.
A **:** Thank you. (*21*)?
B **:** No, thank you. I'm already full.

1 Do you want some more
2 Do you want to sell some
3 Have you bought all of them
4 Have you made them yet

---

(22) ***A*** **:** Welcome to Harvey's Photo Shop. How can I help you?
B **:** I'd like to print some photos from my cell phone. How long will it take?
A **:** If you use the machine over there, (*22*).
B **:** That's perfect because I really need them soon. Thank you.

1 it'll cost less money
2 it'll take a few days
3 you can order them
4 you can print them right away

---

(23) ***A*** **:** Lizzy, do you want to do something together this week?
B **:** Sure. I'm busy on the weekend, but any other day is OK.
A **:** All right. Why don't we (*23*)?
B **:** That sounds great. I really need some exercise.

1 watch a movie on Thursday
2 play tennis on Friday
3 go ice-skating on Saturday
4 take a dance class on Sunday

A **:** Excuse me, waiter.

B **:** Yes. How can I help you ?

A **:** We'd like to (*24*). It's too cold here.

B **:** How about that table over there ? It's far from the window, so it'll be warmer.

A **:** Thank you. ... These seats are much better.

B **:** All right. Are you ready to order ?

A **:** No. (*25*).

B **:** OK. Please let me know when you've decided.

(24) **1** sit near the window **2** order our food
3 buy a blanket **4** change our seats

(25) **1** We'd like to know today's special
2 We need a few more minutes
3 I don't want any food
4 I'd like to get the salad

次の英文A，Bを読み，その文意にそって(26)から(30)までの(　　　)に入れるのに最も適切なものを**1**，**2**，**3**，**4**の中から一つ選び，その番号を解答用紙の所定欄にマークしなさい。

Phil's Party

This year, Jane decided to plan a birthday party for her husband, Phil. She wanted the party to be (*26*) because Phil was turning 70 years old. She secretly sent invitation cards to their family and friends and asked them to meet at Phil's favorite restaurant in town to celebrate together.

On the day of his birthday, Jane took Phil to the restaurant. When they got there, Phil was (*27*) so many people wishing him a happy birthday. At first he did not understand what was happening, but he soon realized that they all came for him. He thanked everyone, especially Jane, for such a fantastic party. It was the best birthday he has ever had.

(26) **1** held at home　　**2** much cheaper
3 smaller than usual　　**4** very special

(27) **1** angry about talking to　　**2** surprised to see
3 not able to meet with　　**4** not glad to call

3

B *Challenges for Children*

Many people have memories of playing in playgrounds at parks. Some children like climbing on jungle gyms while others like the slides or swings. However, from the 1990s, more and more people began to think that playgrounds were too dangerous. As a result, many cities in the United States began to (*28*). In these new playgrounds, the climbing bars were lower, and the ground was softer. As a result, there were fewer chances for children to get hurt.

Even so, some people do not think that such changes are good for children. Ellen Sandseter, a professor at Queen Maud University College in Norway, says that playgrounds help children to grow. For example, when children try to climb to a high place, they often feel afraid. However, they keep trying to climb to high places. As a result, (*29*), they start to feel less scared. This shows that when children try difficult things by themselves again and again, they can learn not to be afraid. Sandseter believes that modern playgrounds do not have enough challenges.

This causes a problem for parents. They want their children to face challenges and learn new things, but they also do not want their children to get hurt. Hoping to solve this problem, local governments in the United States have started (*30*) for playgrounds. They hope to build playgrounds that will provide exciting and fun challenges for children in a safe environment.

(28) 1 change the swings 2 stop building climbing bars
3 build safer playgrounds 4 close their parks

(29) 1 after many times 2 with their parents' help
3 in a safe place 4 when they are careful

(30) 1 giving people money 2 asking children to pay
3 making different problems 4 looking at new designs

次の英文A，Bの内容に関して，(31)から(37)までの質問に対して最も適切なもの，または文を完成させるのに最も適切なものを**1**，**2**，**3**，**4**の中から一つ選び，その番号を解答用紙の所定欄にマークしなさい。

From : Kelly Applebee 〈kelly-applebee@hemcast.net〉
To : John Coleman 〈j-coleman97@linenet.com〉
Date : January 21
Subject : Math test

Hi John,

Did you have fun practicing soccer this morning ? I heard your team is going to play a big game this Friday. Are you ready for it ? I think I'll be free that evening, so I might go and watch it with my brother. I hope you win !

Anyway, I wanted to ask you about our math test next week. I did really poorly on the last test, so I want to study hard and get a good grade on the next one. I remember you said you are having trouble in math class, so would you like to study together ? I have some free time on Sunday. So, why don't we meet at the library ?

If you are free, we could also do something fun afterward. There's a new movie at the Palace Theater this week called *The Man from Mars*. It's a science-fiction movie about an astronaut who goes to live on Mars for a year. When he comes back to Earth, everyone is gone, and he tries to find out what happened. Anyway, let me know what you think, and good luck getting ready for the game !

Your friend,
Kelly

(31) What is true about John?

1 He won his last big game.
2 He will be free on Friday evening.
3 He plays on a soccer team.
4 He often watches TV with his brother.

---

(32) Kelly tells John that

1 she got a bad grade on her last math test.
2 she has trouble finding time to study.
3 she will borrow books from the library on Sunday.
4 she wants to take a different math class.

---

(33) What does Kelly say about the movie *The Man from Mars*?

1 It is about a man who was born on Mars.
2 It is a new science-fiction movie.
3 She wants to know if John enjoyed it.
4 She saw it at the Palace Theater last week.

4

B The Recycled Orchestra

In wealthy countries like the United States and Japan, recycling is a popular way to protect the environment. However, in many poorer countries, recycling is an important way for people to make money. Adults and children look through garbage to find metal and other valuable things to sell. In this way, they can make just enough money to pay for food and housing. In South America, there are towns where many of the people make their money by doing this. One such place is Cateura, Paraguay.

Life in Cateura is sometimes difficult. Families have little money, and most children have to quit school and start working when they are still young. However, a man named Favio Chavez has been trying to make their lives better. Chavez moved to Cateura in 2006 and soon started to offer music lessons to children in the area. These lessons became very popular, but he did not have enough musical instruments for all of them to practice with.

Chavez decided to work with local people to make new musical instruments using garbage collected in the town. First, he worked with Nicolas Gomez to create violins and guitars using old salad bowls and forks. Then, with Tito Romero, he created clarinets using bottle caps, spoons, and buttons. With hard work and care, the men were able to create instruments that sounded like the real ones.

Chavez was able to teach hundreds of children in Cateura how to play instruments. Now, many of the children play in an orchestra called the Recycled Orchestra. They have the chance to travel to different countries to give performances, and they use the money that they make to pay for school and to support their families. Thanks to the Recycled Orchestra, the children and their families now have a better future to look forward to.

(34) Why is recycling important in many poorer countries?

1 It is the cheapest way to help protect the environment.
2 It is a way for people to make the money they need to live.
3 It can help keep towns there clean.
4 It can help stop people from making garbage.

---

(35) When Favio Chavez moved to Cateura,

1 the town did not have a school for children.
2 the town did not have many families living there.
3 he began to teach children there to play music.
4 he was too busy to give music lessons anymore.

---

(36) How did Chavez get musical instruments?

1 He used the money that he received from parents to buy new ones.
2 He sold things that he did not need to get money to buy them.
3 He asked local people to give him old ones that they did not use.
4 He worked with local people to make them from garbage.

---

(37) Children in the Recycled Orchestra

1 are able to travel and to help their families.
2 have to pay money to take part in the group.
3 ask their schools to help them buy musical instruments.
4 go to other countries to teach other children to play music.

5 ライティング

●あなたは，外国人の知り合いから以下の **QUESTION** をされました。
● **QUESTION** について，あなたの意見とその理由を２つ英文で書きなさい。
●語数の目安は 50 語～60 語です。
●解答は，解答用紙のＢ面にあるライティング解答欄に書きなさい。なお，解答欄の外に書かれたものは採点されません。
●解答が **QUESTION** に対応していないと判断された場合は，０点と採点されることがあります。**QUESTION** をよく読んでから答えてください。

QUESTION
Do you think fast-food restaurants are a good thing for people ?

Listening Test

準2級リスニングテストについて

❶このリスニングテストには，第1部から第3部まであります。

★英文はすべて一度しか読まれません。

第1部……対話を聞き，その最後の文に対する応答として最も適切なものを，放送される**1**，**2**，**3**の中から一つ選びなさい。

第2部……対話を聞き，その質問に対して最も適切なものを**1**，**2**，**3**，**4**の中から一つ選びなさい。

第3部……英文を聞き，その質問に対して最も適切なものを**1**，**2**，**3**，**4**の中から一つ選びなさい。

❷ *No. 30* のあと，10秒すると試験終了の合図がありますので，筆記用具を置いてください。

第1部

No. 1〜*No. 10*　（選択肢はすべて放送されます。）

第2部

No. 11

1 Study with a friend.
2 Have dinner with the man.
3 Work at her office.
4 Go shopping at a mall.

No. 12

1 She will take the train.
2 She will get a night bus.
3 She will drive her car.
4 She will go by airplane.

No. 13

1 Come and see him again.
2 Stay in the hospital.
3 Rest at home.
4 Take some medicine.

No. 14
1 Start studying Japanese.
2 Travel to Japan.
3 Play summer sports.
4 Make video games.

No. 15
1 Call the museum.
2 Sell some postcards.
3 Put away his camera.
4 Draw some pictures.

No. 16
1 Practice volleyball.
2 Study for an exam.
3 Exercise in the gym.
4 Watch Gary's game.

No. 17
1 He wants to drink white wine.
2 He enjoyed his meal.
3 His pasta was cold.
4 His food was too expensive.

No. 18
1 The mall's sale ended yesterday.
2 The mall is not open today.
3 He cannot find the mall's information desk.
4 He lost his bag in the mall.

No. 19
1 He cannot see the movie he wanted to see.
2 He could not rent a DVD for his grandson.
3 *Bubbles the Dancing Bear* was boring.
4 The Showtime Theater is closing soon.

No. 20
1 His birthday is not today.
2 It looks like it was expensive.
3 He already has one just like it.
4 Nobody knew he liked photography.

第3部

No. 21
1 He traveled to South Korea.
2 He called his parents.
3 He went to work.
4 He relaxed at home.

No. 22
1 In a classroom.
2 On a safari tour.
3 Outside a bookshop.
4 At a pet shop.

No. 23
1 Start a new business.
2 Go to design school.
3 Design a new kind of pen.
4 Work at her friend's shop.

No. 24
1 Going hiking by himself.
2 Meeting many nice people.
3 Trying new kinds of food.
4 Traveling with his friends.

No. 25
1 The cowboys slept in them.
2 Their wheels often fall off.
3 They can carry many people.
4 They were first used to carry food.

No. 26
1 Get a new computer.
2 Have a large copy of a photo made.
3 Take a photo of his family.
4 Buy his daughter a new camera.

No. 27
1 To help his friend.
2 To give it to sick people.
3 To pay for medical school.
4 To buy food for poor people.

No. 28

1 It tastes better when it is cold.
2 It does not smell good.
3 It is not safe to eat.
4 It is too soft.

No. 29

1 The airport in Tokyo is crowded.
2 The weather in Singapore is bad.
3 The flight will take nine hours.
4 The plane will be late.

No. 30

1 He joined a study program.
2 He found a college textbook.
3 He asked his brother to teach him.
4 He read books about math.

二次試験

受験者用問題カードA

Volunteers at Libraries

These days, many students take part in volunteer activities for their communities. For example, volunteer activities at libraries are attracting attention. Student volunteers read stories to children, and by doing so they help them to become more interested in books. Such activities will probably become more popular in the future.

A

B

問題カードA　Questions

No. 1　According to the passage, how do student volunteers help children to become more interested in books?

No. 2　Now, please look at the people in Picture A. They are doing different things. Tell me as much as you can about what they are doing.

No. 3　Now, look at the woman in Picture B. Please describe the situation.

No. 4　Do you think towns and cities should have more libraries?
Yes. → Why?
No. → Why not?

No. 5　These days, many people like to grow flowers or vegetables. Are you interested in gardening?
Yes. → Please tell me more.
No. → Why not?

編集部注：本ページの質問英文は問題カードには印刷されていません。

受験者用問題カードD

Language Learning

People usually use dictionaries when they learn a foreign language. These dictionaries are often big and heavy to carry. Now, however, there are dictionaries on the Internet. People use online dictionaries with their smartphones, and by doing so they can easily look up words anytime. Technology is changing the way we learn languages.

A

B

問題カードD　Questions

No. 1　According to the passage, how can people easily look up words anytime ?

No. 2　Now, please look at the people in Picture A. They are doing different things. Tell me as much as you can about what they are doing.

No. 3　Now, look at the boy in Picture B. Please describe the situation.

No. 4　Do you think more people will buy things on the Internet in the future ?
Yes. → Why ?
No. → Why not ?

No. 5　These days, there are many Japanese athletes playing professional sports in foreign countries. Do you watch these players and athletes on TV ?
Yes. → Please tell me more.
No. → Why not ?

編集部注：本ページの質問英文は問題カードには印刷されていません。

A面

準2級　一次試験解答用紙

【注意事項】

① 解答にはHBの黒鉛筆（シャープペンシルも可）を使用し，解答を訂正する場合には消しゴムで完全に消してください。

② 解答用紙は絶対に汚したり折り曲げたり，所定以外のところへの記入はしないでください。

③ マーク例

良い例	悪い例
●	⊙ ⊗ ◓

◯ これ以下の濃さのマークは読めません。

解答欄					
問題番号		1	2	3	4
1	(1)	①	②	③	④
	(2)	①	②	③	④
	(3)	①	②	③	④
	(4)	①	②	③	④
	(5)	①	②	③	④
	(6)	①	②	③	④
	(7)	①	②	③	④
	(8)	①	②	③	④
	(9)	①	②	③	④
	(10)	①	②	③	④
	(11)	①	②	③	④
	(12)	①	②	③	④
	(13)	①	②	③	④
	(14)	①	②	③	④
	(15)	①	②	③	④
	(16)	①	②	③	④
	(17)	①	②	③	④
	(18)	①	②	③	④
	(19)	①	②	③	④
	(20)	①	②	③	④

解答欄					
問題番号		1	2	3	4
2	(21)	①	②	③	④
	(22)	①	②	③	④
	(23)	①	②	③	④
	(24)	①	②	③	④
	(25)	①	②	③	④
3	(26)	①	②	③	④
	(27)	①	②	③	④
	(28)	①	②	③	④
	(29)	①	②	③	④
	(30)	①	②	③	④
4	(31)	①	②	③	④
	(32)	①	②	③	④
	(33)	①	②	③	④
	(34)	①	②	③	④
	(35)	①	②	③	④
	(36)	①	②	③	④
	(37)	①	②	③	④

5の解答欄はB面（裏面）にあります。

リスニング解答欄					
問題番号		1	2	3	4
	例題	①	②	●	
第1部	No. 1	①	②	③	
	No. 2	①	②	③	
	No. 3	①	②	③	
	No. 4	①	②	③	
	No. 5	①	②	③	
	No. 6	①	②	③	
	No. 7	①	②	③	
	No. 8	①	②	③	
	No. 9	①	②	③	
	No. 10	①	②	③	
第2部	No. 11	①	②	③	④
	No. 12	①	②	③	④
	No. 13	①	②	③	④
	No. 14	①	②	③	④
	No. 15	①	②	③	④
	No. 16	①	②	③	④
	No. 17	①	②	③	④
	No. 18	①	②	③	④
	No. 19	①	②	③	④
	No. 20	①	②	③	④
第3部	No. 21	①	②	③	④
	No. 22	①	②	③	④
	No. 23	①	②	③	④
	No. 24	①	②	③	④
	No. 25	①	②	③	④
	No. 26	①	②	③	④
	No. 27	①	②	③	④
	No. 28	①	②	③	④
	No. 29	①	②	③	④
	No. 30	①	②	③	④

編集部注：実際の解答用紙とは，デザイン・サイズが異なります。

B面

5 ライティング解答欄

・指示事項を守り，文字は，はっきりと分かりやすく書いてください。
・太枠に囲まれた部分のみが採点の対象です。

編集部注：実際の解答用紙とは，デザイン・サイズが異なります。

A面

準2級　一次試験解答用紙

【注意事項】

① 解答にはHBの黒鉛筆（シャープペンシルも可）を使用し，解答を訂正する場合には消しゴムで完全に消してください。

② 解答用紙は絶対に汚したり折り曲げたり，所定以外のところへの記入はしないでください。

③ マーク例

良い例	悪い例
●	⊙ ⊠ ◓

○ これ以下の濃さのマークは読めません。

問題番号		1	2	3	4
1	(1)	①	②	③	④
	(2)	①	②	③	④
	(3)	①	②	③	④
	(4)	①	②	③	④
	(5)	①	②	③	④
	(6)	①	②	③	④
	(7)	①	②	③	④
	(8)	①	②	③	④
	(9)	①	②	③	④
	(10)	①	②	③	④
	(11)	①	②	③	④
	(12)	①	②	③	④
	(13)	①	②	③	④
	(14)	①	②	③	④
	(15)	①	②	③	④
	(16)	①	②	③	④
	(17)	①	②	③	④
	(18)	①	②	③	④
	(19)	①	②	③	④
	(20)	①	②	③	④

問題番号		1	2	3	4
2	(21)	①	②	③	④
	(22)	①	②	③	④
	(23)	①	②	③	④
	(24)	①	②	③	④
	(25)	①	②	③	④
3	(26)	①	②	③	④
	(27)	①	②	③	④
	(28)	①	②	③	④
	(29)	①	②	③	④
	(30)	①	②	③	④
4	(31)	①	②	③	④
	(32)	①	②	③	④
	(33)	①	②	③	④
	(34)	①	②	③	④
	(35)	①	②	③	④
	(36)	①	②	③	④
	(37)	①	②	③	④

5の解答欄はB面（裏面）にあります。

リスニング解答欄

問題番号		1	2	3	4
	例題	①	②	●	
第1部	No. 1	①	②	③	
	No. 2	①	②	③	
	No. 3	①	②	③	
	No. 4	①	②	③	
	No. 5	①	②	③	
	No. 6	①	②	③	
	No. 7	①	②	③	
	No. 8	①	②	③	
	No. 9	①	②	③	
	No. 10	①	②	③	
第2部	No. 11	①	②	③	④
	No. 12	①	②	③	④
	No. 13	①	②	③	④
	No. 14	①	②	③	④
	No. 15	①	②	③	④
	No. 16	①	②	③	④
	No. 17	①	②	③	④
	No. 18	①	②	③	④
	No. 19	①	②	③	④
	No. 20	①	②	③	④
第3部	No. 21	①	②	③	④
	No. 22	①	②	③	④
	No. 23	①	②	③	④
	No. 24	①	②	③	④
	No. 25	①	②	③	④
	No. 26	①	②	③	④
	No. 27	①	②	③	④
	No. 28	①	②	③	④
	No. 29	①	②	③	④
	No. 30	①	②	③	④

編集部注：実際の解答用紙とは，デザイン・サイズが異なります。

B面

5 ライティング解答欄

・指示事項を守り，文字は，はっきりと分かりやすく書いてください。
・太枠に囲まれた部分のみが採点の対象です。

編集部注：実際の解答用紙とは，デザイン・サイズが異なります。

A面

準2級　一次試験解答用紙

【注意事項】

① 解答にはHBの黒鉛筆（シャープペンシルも可）を使用し，解答を訂正する場合には消しゴムで完全に消してください。

② 解答用紙は絶対に汚したり折り曲げたり，所定以外のところへの記入はしないでください。

③ マーク例

良い例	悪い例
●	⊙ ⊗ ◓

これ以下の濃さのマークは読めません。

解答欄					
問題番号		1	2	3	4
1	(1)	①	②	③	④
	(2)	①	②	③	④
	(3)	①	②	③	④
	(4)	①	②	③	④
	(5)	①	②	③	④
	(6)	①	②	③	④
	(7)	①	②	③	④
	(8)	①	②	③	④
	(9)	①	②	③	④
	(10)	①	②	③	④
	(11)	①	②	③	④
	(12)	①	②	③	④
	(13)	①	②	③	④
	(14)	①	②	③	④
	(15)	①	②	③	④
	(16)	①	②	③	④
	(17)	①	②	③	④
	(18)	①	②	③	④
	(19)	①	②	③	④
	(20)	①	②	③	④

解答欄					
問題番号		1	2	3	4
2	(21)	①	②	③	④
	(22)	①	②	③	④
	(23)	①	②	③	④
	(24)	①	②	③	④
	(25)	①	②	③	④
3	(26)	①	②	③	④
	(27)	①	②	③	④
	(28)	①	②	③	④
	(29)	①	②	③	④
	(30)	①	②	③	④
4	(31)	①	②	③	④
	(32)	①	②	③	④
	(33)	①	②	③	④
	(34)	①	②	③	④
	(35)	①	②	③	④
	(36)	①	②	③	④
	(37)	①	②	③	④

5の解答欄はB面（裏面）にあります。

リスニング解答欄					
問題番号		1	2	3	4
	例題	①	②	●	
第1部	No. 1	①	②	③	
	No. 2	①	②	③	
	No. 3	①	②	③	
	No. 4	①	②	③	
	No. 5	①	②	③	
	No. 6	①	②	③	
	No. 7	①	②	③	
	No. 8	①	②	③	
	No. 9	①	②	③	
	No. 10	①	②	③	
第2部	No. 11	①	②	③	④
	No. 12	①	②	③	④
	No. 13	①	②	③	④
	No. 14	①	②	③	④
	No. 15	①	②	③	④
	No. 16	①	②	③	④
	No. 17	①	②	③	④
	No. 18	①	②	③	④
	No. 19	①	②	③	④
	No. 20	①	②	③	④
第3部	No. 21	①	②	③	④
	No. 22	①	②	③	④
	No. 23	①	②	③	④
	No. 24	①	②	③	④
	No. 25	①	②	③	④
	No. 26	①	②	③	④
	No. 27	①	②	③	④
	No. 28	①	②	③	④
	No. 29	①	②	③	④
	No. 30	①	②	③	④

編集部注：実際の解答用紙とは，デザイン・サイズが異なります。

B面

5 ライティング解答欄

・指示事項を守り，文字は，はっきりと分かりやすく書いてください。
・太枠に囲まれた部分のみが採点の対象です。

編集部注：実際の解答用紙とは，デザイン・サイズが異なります。

A面

準2級　一次試験解答用紙

【注意事項】

① 解答にはHBの黒鉛筆（シャープペンシルも可）を使用し，解答を訂正する場合には消しゴムで完全に消してください。

② 解答用紙は絶対に汚したり折り曲げたり，所定以外のところへの記入はしないでください。

③ マーク例

良い例	悪い例
●	⊙ ⊗ ◓

⓪ これ以下の濃さのマークは読めません。

解答欄					
問題番号		1	2	3	4
1	(1)	①	②	③	④
	(2)	①	②	③	④
	(3)	①	②	③	④
	(4)	①	②	③	④
	(5)	①	②	③	④
	(6)	①	②	③	④
	(7)	①	②	③	④
	(8)	①	②	③	④
	(9)	①	②	③	④
	(10)	①	②	③	④
	(11)	①	②	③	④
	(12)	①	②	③	④
	(13)	①	②	③	④
	(14)	①	②	③	④
	(15)	①	②	③	④
	(16)	①	②	③	④
	(17)	①	②	③	④
	(18)	①	②	③	④
	(19)	①	②	③	④
	(20)	①	②	③	④

解答欄					
問題番号		1	2	3	4
2	(21)	①	②	③	④
	(22)	①	②	③	④
	(23)	①	②	③	④
	(24)	①	②	③	④
	(25)	①	②	③	④
3	(26)	①	②	③	④
	(27)	①	②	③	④
	(28)	①	②	③	④
	(29)	①	②	③	④
	(30)	①	②	③	④
4	(31)	①	②	③	④
	(32)	①	②	③	④
	(33)	①	②	③	④
	(34)	①	②	③	④
	(35)	①	②	③	④
	(36)	①	②	③	④
	(37)	①	②	③	④

5の解答欄はB面（裏面）にあります。

リスニング解答欄					
問題番号		1	2	3	4
	例題	①	②	●	
第1部	No. 1	①	②	③	
	No. 2	①	②	③	
	No. 3	①	②	③	
	No. 4	①	②	③	
	No. 5	①	②	③	
	No. 6	①	②	③	
	No. 7	①	②	③	
	No. 8	①	②	③	
	No. 9	①	②	③	
	No. 10	①	②	③	
第2部	No. 11	①	②	③	④
	No. 12	①	②	③	④
	No. 13	①	②	③	④
	No. 14	①	②	③	④
	No. 15	①	②	③	④
	No. 16	①	②	③	④
	No. 17	①	②	③	④
	No. 18	①	②	③	④
	No. 19	①	②	③	④
	No. 20	①	②	③	④
第3部	No. 21	①	②	③	④
	No. 22	①	②	③	④
	No. 23	①	②	③	④
	No. 24	①	②	③	④
	No. 25	①	②	③	④
	No. 26	①	②	③	④
	No. 27	①	②	③	④
	No. 28	①	②	③	④
	No. 29	①	②	③	④
	No. 30	①	②	③	④

編集部注：実際の解答用紙とは，デザイン・サイズが異なります。

B面

5 ライティング解答欄

・指示事項を守り，文字は，はっきりと分かりやすく書いてください。
・太枠に囲まれた部分のみが採点の対象です。

編集部注：実際の解答用紙とは，デザイン・サイズが異なります。

A面

準2級　一次試験解答用紙

【注意事項】

① 解答にはHBの黒鉛筆（シャープペンシルも可）を使用し，解答を訂正する場合には消しゴムで完全に消してください。

② 解答用紙は絶対に汚したり折り曲げたり，所定以外のところへの記入はしないでください。

③ マーク例

良い例	悪い例
●	⊙ ⊠ ◓

⓪ これ以下の濃さのマークは読めません。

解答欄					
問題番号		1	2	3	4
1	(1)	①	②	③	④
	(2)	①	②	③	④
	(3)	①	②	③	④
	(4)	①	②	③	④
	(5)	①	②	③	④
	(6)	①	②	③	④
	(7)	①	②	③	④
	(8)	①	②	③	④
	(9)	①	②	③	④
	(10)	①	②	③	④
	(11)	①	②	③	④
	(12)	①	②	③	④
	(13)	①	②	③	④
	(14)	①	②	③	④
	(15)	①	②	③	④
	(16)	①	②	③	④
	(17)	①	②	③	④
	(18)	①	②	③	④
	(19)	①	②	③	④
	(20)	①	②	③	④

解答欄					
問題番号		1	2	3	4
2	(21)	①	②	③	④
	(22)	①	②	③	④
	(23)	①	②	③	④
	(24)	①	②	③	④
	(25)	①	②	③	④
3	(26)	①	②	③	④
	(27)	①	②	③	④
	(28)	①	②	③	④
	(29)	①	②	③	④
	(30)	①	②	③	④
4	(31)	①	②	③	④
	(32)	①	②	③	④
	(33)	①	②	③	④
	(34)	①	②	③	④
	(35)	①	②	③	④
	(36)	①	②	③	④
	(37)	①	②	③	④

5の解答欄はB面（裏面）にあります。

リスニング解答欄					
問題番号		1	2	3	4
	例題	①	②	●	
第1部	No. 1	①	②	③	
	No. 2	①	②	③	
	No. 3	①	②	③	
	No. 4	①	②	③	
	No. 5	①	②	③	
	No. 6	①	②	③	
	No. 7	①	②	③	
	No. 8	①	②	③	
	No. 9	①	②	③	
	No. 10	①	②	③	
第2部	No. 11	①	②	③	④
	No. 12	①	②	③	④
	No. 13	①	②	③	④
	No. 14	①	②	③	④
	No. 15	①	②	③	④
	No. 16	①	②	③	④
	No. 17	①	②	③	④
	No. 18	①	②	③	④
	No. 19	①	②	③	④
	No. 20	①	②	③	④
第3部	No. 21	①	②	③	④
	No. 22	①	②	③	④
	No. 23	①	②	③	④
	No. 24	①	②	③	④
	No. 25	①	②	③	④
	No. 26	①	②	③	④
	No. 27	①	②	③	④
	No. 28	①	②	③	④
	No. 29	①	②	③	④
	No. 30	①	②	③	④

編集部注：実際の解答用紙とは，デザイン・サイズが異なります。

B面

5 ライティング解答欄

・指示事項を守り，文字は，はっきりと分かりやすく書いてください。
・太枠に囲まれた部分のみが採点の対象です。

編集部注：実際の解答用紙とは，デザイン・サイズが異なります。

A面

準2級　一次試験解答用紙

【注意事項】

① 解答にはHBの黒鉛筆（シャープペンシルも可）を使用し，解答を訂正する場合には消しゴムで完全に消してください。

② 解答用紙は絶対に汚したり折り曲げたり，所定以外のところへの記入はしないでください。

③ マーク例

良い例	悪い例
●	⊙ ⊠ ◓

これ以下の濃さのマークは読めません。

解答欄					
問題番号		1	2	3	4
1	(1)	①	②	③	④
	(2)	①	②	③	④
	(3)	①	②	③	④
	(4)	①	②	③	④
	(5)	①	②	③	④
	(6)	①	②	③	④
	(7)	①	②	③	④
	(8)	①	②	③	④
	(9)	①	②	③	④
	(10)	①	②	③	④
	(11)	①	②	③	④
	(12)	①	②	③	④
	(13)	①	②	③	④
	(14)	①	②	③	④
	(15)	①	②	③	④
	(16)	①	②	③	④
	(17)	①	②	③	④
	(18)	①	②	③	④
	(19)	①	②	③	④
	(20)	①	②	③	④

解答欄					
問題番号		1	2	3	4
2	(21)	①	②	③	④
	(22)	①	②	③	④
	(23)	①	②	③	④
	(24)	①	②	③	④
	(25)	①	②	③	④
3	(26)	①	②	③	④
	(27)	①	②	③	④
	(28)	①	②	③	④
	(29)	①	②	③	④
	(30)	①	②	③	④
4	(31)	①	②	③	④
	(32)	①	②	③	④
	(33)	①	②	③	④
	(34)	①	②	③	④
	(35)	①	②	③	④
	(36)	①	②	③	④
	(37)	①	②	③	④

5の解答欄はB面（裏面）にあります。

リスニング解答欄					
問題番号		1	2	3	4
第1部	例題	①	②	●	
	No. 1	①	②	③	
	No. 2	①	②	③	
	No. 3	①	②	③	
	No. 4	①	②	③	
	No. 5	①	②	③	
	No. 6	①	②	③	
	No. 7	①	②	③	
	No. 8	①	②	③	
	No. 9	①	②	③	
	No. 10	①	②	③	
第2部	No. 11	①	②	③	④
	No. 12	①	②	③	④
	No. 13	①	②	③	④
	No. 14	①	②	③	④
	No. 15	①	②	③	④
	No. 16	①	②	③	④
	No. 17	①	②	③	④
	No. 18	①	②	③	④
	No. 19	①	②	③	④
	No. 20	①	②	③	④
第3部	No. 21	①	②	③	④
	No. 22	①	②	③	④
	No. 23	①	②	③	④
	No. 24	①	②	③	④
	No. 25	①	②	③	④
	No. 26	①	②	③	④
	No. 27	①	②	③	④
	No. 28	①	②	③	④
	No. 29	①	②	③	④
	No. 30	①	②	③	④

編集部注：実際の解答用紙とは，デザイン・サイズが異なります。

B面

5 ライティング解答欄

・指示事項を守り，文字は，はっきりと分かりやすく書いてください。
・太枠に囲まれた部分のみが採点の対象です。

編集部注：実際の解答用紙とは，デザイン・サイズが異なります。

A面

準2級　一次試験解答用紙

【注意事項】

① 解答にはHBの黒鉛筆（シャープペンシルも可）を使用し，解答を訂正する場合には消しゴムで完全に消してください。

② 解答用紙は絶対に汚したり折り曲げたり，所定以外のところへの記入はしないでください。

③ マーク例

良い例	悪い例
●	⊙ ⊠ ◓

◎ これ以下の濃さのマークは読めません。

解答欄					
問題番号		1	2	3	4
1	(1)	①	②	③	④
	(2)	①	②	③	④
	(3)	①	②	③	④
	(4)	①	②	③	④
	(5)	①	②	③	④
	(6)	①	②	③	④
	(7)	①	②	③	④
	(8)	①	②	③	④
	(9)	①	②	③	④
	(10)	①	②	③	④
	(11)	①	②	③	④
	(12)	①	②	③	④
	(13)	①	②	③	④
	(14)	①	②	③	④
	(15)	①	②	③	④
	(16)	①	②	③	④
	(17)	①	②	③	④
	(18)	①	②	③	④
	(19)	①	②	③	④
	(20)	①	②	③	④

解答欄					
問題番号		1	2	3	4
2	(21)	①	②	③	④
	(22)	①	②	③	④
	(23)	①	②	③	④
	(24)	①	②	③	④
	(25)	①	②	③	④
3	(26)	①	②	③	④
	(27)	①	②	③	④
	(28)	①	②	③	④
	(29)	①	②	③	④
	(30)	①	②	③	④
4	(31)	①	②	③	④
	(32)	①	②	③	④
	(33)	①	②	③	④
	(34)	①	②	③	④
	(35)	①	②	③	④
	(36)	①	②	③	④
	(37)	①	②	③	④

5の解答欄はB面（裏面）にあります。

リスニング解答欄					
問題番号		1	2	3	4
	例題	①	②	●	
第1部	No. 1	①	②	③	
	No. 2	①	②	③	
	No. 3	①	②	③	
	No. 4	①	②	③	
	No. 5	①	②	③	
	No. 6	①	②	③	
	No. 7	①	②	③	
	No. 8	①	②	③	
	No. 9	①	②	③	
	No. 10	①	②	③	
第2部	No. 11	①	②	③	④
	No. 12	①	②	③	④
	No. 13	①	②	③	④
	No. 14	①	②	③	④
	No. 15	①	②	③	④
	No. 16	①	②	③	④
	No. 17	①	②	③	④
	No. 18	①	②	③	④
	No. 19	①	②	③	④
	No. 20	①	②	③	④
第3部	No. 21	①	②	③	④
	No. 22	①	②	③	④
	No. 23	①	②	③	④
	No. 24	①	②	③	④
	No. 25	①	②	③	④
	No. 26	①	②	③	④
	No. 27	①	②	③	④
	No. 28	①	②	③	④
	No. 29	①	②	③	④
	No. 30	①	②	③	④

編集部注：実際の解答用紙とは，デザイン・サイズが異なります。

B面

5 ライティング解答欄

・指示事項を守り，文字は，はっきりと分かりやすく書いてください。
・太枠に囲まれた部分のみが採点の対象です。

編集部注：実際の解答用紙とは，デザイン・サイズが異なります。

A面

準2級　一次試験解答用紙

【注意事項】

① 解答にはHBの黒鉛筆（シャープペンシルも可）を使用し，解答を訂正する場合には消しゴムで完全に消してください。

② 解答用紙は絶対に汚したり折り曲げたり，所定以外のところへの記入はしないでください。

③ マーク例

良い例	悪い例
●	⊙ ⊠ ◓

◯ これ以下の濃さのマークは読めません。

解答欄					
問題番号		1	2	3	4
1	(1)	①	②	③	④
	(2)	①	②	③	④
	(3)	①	②	③	④
	(4)	①	②	③	④
	(5)	①	②	③	④
	(6)	①	②	③	④
	(7)	①	②	③	④
	(8)	①	②	③	④
	(9)	①	②	③	④
	(10)	①	②	③	④
	(11)	①	②	③	④
	(12)	①	②	③	④
	(13)	①	②	③	④
	(14)	①	②	③	④
	(15)	①	②	③	④
	(16)	①	②	③	④
	(17)	①	②	③	④
	(18)	①	②	③	④
	(19)	①	②	③	④
	(20)	①	②	③	④

解答欄					
問題番号		1	2	3	4
2	(21)	①	②	③	④
	(22)	①	②	③	④
	(23)	①	②	③	④
	(24)	①	②	③	④
	(25)	①	②	③	④
3	(26)	①	②	③	④
	(27)	①	②	③	④
	(28)	①	②	③	④
	(29)	①	②	③	④
	(30)	①	②	③	④
4	(31)	①	②	③	④
	(32)	①	②	③	④
	(33)	①	②	③	④
	(34)	①	②	③	④
	(35)	①	②	③	④
	(36)	①	②	③	④
	(37)	①	②	③	④

5の解答欄はB面（裏面）にあります。

リスニング解答欄					
問題番号		1	2	3	4
	例題	①	②	●	
第1部	No. 1	①	②	③	
	No. 2	①	②	③	
	No. 3	①	②	③	
	No. 4	①	②	③	
	No. 5	①	②	③	
	No. 6	①	②	③	
	No. 7	①	②	③	
	No. 8	①	②	③	
	No. 9	①	②	③	
	No. 10	①	②	③	
第2部	No. 11	①	②	③	④
	No. 12	①	②	③	④
	No. 13	①	②	③	④
	No. 14	①	②	③	④
	No. 15	①	②	③	④
	No. 16	①	②	③	④
	No. 17	①	②	③	④
	No. 18	①	②	③	④
	No. 19	①	②	③	④
	No. 20	①	②	③	④
第3部	No. 21	①	②	③	④
	No. 22	①	②	③	④
	No. 23	①	②	③	④
	No. 24	①	②	③	④
	No. 25	①	②	③	④
	No. 26	①	②	③	④
	No. 27	①	②	③	④
	No. 28	①	②	③	④
	No. 29	①	②	③	④
	No. 30	①	②	③	④

編集部注：実際の解答用紙とは，デザイン・サイズが異なります。

B面

5 ライティング解答欄

・指示事項を守り，文字は，はっきりと分かりやすく書いてください。

・太枠に囲まれた部分のみが採点の対象です。

編集部注：実際の解答用紙とは，デザイン・サイズが異なります。

A面

準2級　一次試験解答用紙

【注意事項】

① 解答にはHBの黒鉛筆（シャープペンシルも可）を使用し，解答を訂正する場合には消しゴムで完全に消してください。

② 解答用紙は絶対に汚したり折り曲げたり，所定以外のところへの記入はしないでください。

③ マーク例

良い例	悪い例
●	⊙ ⊠ ◓

◯ これ以下の濃さのマークは読めません。

解答欄					
問題番号		1	2	3	4
1	(1)	①	②	③	④
	(2)	①	②	③	④
	(3)	①	②	③	④
	(4)	①	②	③	④
	(5)	①	②	③	④
	(6)	①	②	③	④
	(7)	①	②	③	④
	(8)	①	②	③	④
	(9)	①	②	③	④
	(10)	①	②	③	④
	(11)	①	②	③	④
	(12)	①	②	③	④
	(13)	①	②	③	④
	(14)	①	②	③	④
	(15)	①	②	③	④
	(16)	①	②	③	④
	(17)	①	②	③	④
	(18)	①	②	③	④
	(19)	①	②	③	④
	(20)	①	②	③	④

解答欄					
問題番号		1	2	3	4
2	(21)	①	②	③	④
	(22)	①	②	③	④
	(23)	①	②	③	④
	(24)	①	②	③	④
	(25)	①	②	③	④
3	(26)	①	②	③	④
	(27)	①	②	③	④
	(28)	①	②	③	④
	(29)	①	②	③	④
	(30)	①	②	③	④
4	(31)	①	②	③	④
	(32)	①	②	③	④
	(33)	①	②	③	④
	(34)	①	②	③	④
	(35)	①	②	③	④
	(36)	①	②	③	④
	(37)	①	②	③	④

5の解答欄はB面（裏面）にあります。

リスニング解答欄					
問題番号		1	2	3	4
	例題	①	②	●	
第1部	No. 1	①	②	③	
	No. 2	①	②	③	
	No. 3	①	②	③	
	No. 4	①	②	③	
	No. 5	①	②	③	
	No. 6	①	②	③	
	No. 7	①	②	③	
	No. 8	①	②	③	
	No. 9	①	②	③	
	No. 10	①	②	③	
第2部	No. 11	①	②	③	④
	No. 12	①	②	③	④
	No. 13	①	②	③	④
	No. 14	①	②	③	④
	No. 15	①	②	③	④
	No. 16	①	②	③	④
	No. 17	①	②	③	④
	No. 18	①	②	③	④
	No. 19	①	②	③	④
	No. 20	①	②	③	④
第3部	No. 21	①	②	③	④
	No. 22	①	②	③	④
	No. 23	①	②	③	④
	No. 24	①	②	③	④
	No. 25	①	②	③	④
	No. 26	①	②	③	④
	No. 27	①	②	③	④
	No. 28	①	②	③	④
	No. 29	①	②	③	④
	No. 30	①	②	③	④

編集部注：実際の解答用紙とは，デザイン・サイズが異なります。

B面

5 ライティング解答欄

・指示事項を守り，文字は，はっきりと分かりやすく書いてください。
・太枠に囲まれた部分のみが採点の対象です。

編集部注：実際の解答用紙とは，デザイン・サイズが異なります。

A面

準2級　一次試験解答用紙

【注意事項】

① 解答にはHBの黒鉛筆（シャープペンシルも可）を使用し，解答を訂正する場合には消しゴムで完全に消してください。

② 解答用紙は絶対に汚したり折り曲げたり，所定以外のところへの記入はしないでください。

③ マーク例

良い例	悪い例
●	⊙ ⊠ ◓

これ以下の濃さのマークは読めません。

解答欄

問題番号		1	2	3	4
1	(1)	①	②	③	④
	(2)	①	②	③	④
	(3)	①	②	③	④
	(4)	①	②	③	④
	(5)	①	②	③	④
	(6)	①	②	③	④
	(7)	①	②	③	④
	(8)	①	②	③	④
	(9)	①	②	③	④
	(10)	①	②	③	④
	(11)	①	②	③	④
	(12)	①	②	③	④
	(13)	①	②	③	④
	(14)	①	②	③	④
	(15)	①	②	③	④
	(16)	①	②	③	④
	(17)	①	②	③	④
	(18)	①	②	③	④
	(19)	①	②	③	④
	(20)	①	②	③	④

解答欄

問題番号		1	2	3	4
2	(21)	①	②	③	④
	(22)	①	②	③	④
	(23)	①	②	③	④
	(24)	①	②	③	④
	(25)	①	②	③	④
3	(26)	①	②	③	④
	(27)	①	②	③	④
	(28)	①	②	③	④
	(29)	①	②	③	④
	(30)	①	②	③	④
4	(31)	①	②	③	④
	(32)	①	②	③	④
	(33)	①	②	③	④
	(34)	①	②	③	④
	(35)	①	②	③	④
	(36)	①	②	③	④
	(37)	①	②	③	④

5の解答欄はB面（裏面）にあります。

リスニング解答欄

問題番号		1	2	3	4
	例題	①	②	●	
第1部	No. 1	①	②	③	
	No. 2	①	②	③	
	No. 3	①	②	③	
	No. 4	①	②	③	
	No. 5	①	②	③	
	No. 6	①	②	③	
	No. 7	①	②	③	
	No. 8	①	②	③	
	No. 9	①	②	③	
	No. 10	①	②	③	
第2部	No. 11	①	②	③	④
	No. 12	①	②	③	④
	No. 13	①	②	③	④
	No. 14	①	②	③	④
	No. 15	①	②	③	④
	No. 16	①	②	③	④
	No. 17	①	②	③	④
	No. 18	①	②	③	④
	No. 19	①	②	③	④
	No. 20	①	②	③	④
第3部	No. 21	①	②	③	④
	No. 22	①	②	③	④
	No. 23	①	②	③	④
	No. 24	①	②	③	④
	No. 25	①	②	③	④
	No. 26	①	②	③	④
	No. 27	①	②	③	④
	No. 28	①	②	③	④
	No. 29	①	②	③	④
	No. 30	①	②	③	④

編集部注：実際の解答用紙とは，デザイン・サイズが異なります。

B面

5 ライティング解答欄

・指示事項を守り，文字は，はっきりと分かりやすく書いてください。
・太枠に囲まれた部分のみが採点の対象です。

編集部注：実際の解答用紙とは，デザイン・サイズが異なります。

A面

準2級　一次試験解答用紙

【注意事項】

① 解答にはHBの黒鉛筆（シャープペンシルも可）を使用し，解答を訂正する場合には消しゴムで完全に消してください。

② 解答用紙は絶対に汚したり折り曲げたり，所定以外のところへの記入はしないでください。

③ マーク例

良い例	悪い例
●	⊙ ⊗ ◓

⓪ これ以下の濃さのマークは読めません。

解答欄					
問題番号		1	2	3	4
1	(1)	①	②	③	④
	(2)	①	②	③	④
	(3)	①	②	③	④
	(4)	①	②	③	④
	(5)	①	②	③	④
	(6)	①	②	③	④
	(7)	①	②	③	④
	(8)	①	②	③	④
	(9)	①	②	③	④
	(10)	①	②	③	④
	(11)	①	②	③	④
	(12)	①	②	③	④
	(13)	①	②	③	④
	(14)	①	②	③	④
	(15)	①	②	③	④
	(16)	①	②	③	④
	(17)	①	②	③	④
	(18)	①	②	③	④
	(19)	①	②	③	④
	(20)	①	②	③	④

解答欄					
問題番号		1	2	3	4
2	(21)	①	②	③	④
	(22)	①	②	③	④
	(23)	①	②	③	④
	(24)	①	②	③	④
	(25)	①	②	③	④
3	(26)	①	②	③	④
	(27)	①	②	③	④
	(28)	①	②	③	④
	(29)	①	②	③	④
	(30)	①	②	③	④
4	(31)	①	②	③	④
	(32)	①	②	③	④
	(33)	①	②	③	④
	(34)	①	②	③	④
	(35)	①	②	③	④
	(36)	①	②	③	④
	(37)	①	②	③	④

5の解答欄はB面（裏面）にあります。

リスニング解答欄					
問題番号		1	2	3	4
第1部	例題	①	②	●	
	No. 1	①	②	③	
	No. 2	①	②	③	
	No. 3	①	②	③	
	No. 4	①	②	③	
	No. 5	①	②	③	
	No. 6	①	②	③	
	No. 7	①	②	③	
	No. 8	①	②	③	
	No. 9	①	②	③	
	No. 10	①	②	③	
第2部	No. 11	①	②	③	④
	No. 12	①	②	③	④
	No. 13	①	②	③	④
	No. 14	①	②	③	④
	No. 15	①	②	③	④
	No. 16	①	②	③	④
	No. 17	①	②	③	④
	No. 18	①	②	③	④
	No. 19	①	②	③	④
	No. 20	①	②	③	④
第3部	No. 21	①	②	③	④
	No. 22	①	②	③	④
	No. 23	①	②	③	④
	No. 24	①	②	③	④
	No. 25	①	②	③	④
	No. 26	①	②	③	④
	No. 27	①	②	③	④
	No. 28	①	②	③	④
	No. 29	①	②	③	④
	No. 30	①	②	③	④

編集部注：実際の解答用紙とは，デザイン・サイズが異なります。

B面

5 ライティング解答欄

・指示事項を守り，文字は，はっきりと分かりやすく書いてください。
・太枠に囲まれた部分のみが採点の対象です。

編集部注：実際の解答用紙とは，デザイン・サイズが異なります。

A面

準2級　一次試験解答用紙

【注意事項】

① 解答にはHBの黒鉛筆（シャープペンシルも可）を使用し，解答を訂正する場合には消しゴムで完全に消してください。

② 解答用紙は絶対に汚したり折り曲げたり，所定以外のところへの記入はしないでください。

③ マーク例

良い例	悪い例
●	⊙ ⊠ ◓

⓪ これ以下の濃さのマークは読めません。

解答欄					
問題番号		1	2	3	4
1	(1)	①	②	③	④
	(2)	①	②	③	④
	(3)	①	②	③	④
	(4)	①	②	③	④
	(5)	①	②	③	④
	(6)	①	②	③	④
	(7)	①	②	③	④
	(8)	①	②	③	④
	(9)	①	②	③	④
	(10)	①	②	③	④
	(11)	①	②	③	④
	(12)	①	②	③	④
	(13)	①	②	③	④
	(14)	①	②	③	④
	(15)	①	②	③	④
	(16)	①	②	③	④
	(17)	①	②	③	④
	(18)	①	②	③	④
	(19)	①	②	③	④
	(20)	①	②	③	④

解答欄					
問題番号		1	2	3	4
2	(21)	①	②	③	④
	(22)	①	②	③	④
	(23)	①	②	③	④
	(24)	①	②	③	④
	(25)	①	②	③	④
3	(26)	①	②	③	④
	(27)	①	②	③	④
	(28)	①	②	③	④
	(29)	①	②	③	④
	(30)	①	②	③	④
4	(31)	①	②	③	④
	(32)	①	②	③	④
	(33)	①	②	③	④
	(34)	①	②	③	④
	(35)	①	②	③	④
	(36)	①	②	③	④
	(37)	①	②	③	④

5の解答欄はB面（裏面）にあります。

リスニング解答欄					
問題番号		1	2	3	4
	例題	①	②	●	
第1部	No. 1	①	②	③	
	No. 2	①	②	③	
	No. 3	①	②	③	
	No. 4	①	②	③	
	No. 5	①	②	③	
	No. 6	①	②	③	
	No. 7	①	②	③	
	No. 8	①	②	③	
	No. 9	①	②	③	
	No. 10	①	②	③	
第2部	No. 11	①	②	③	④
	No. 12	①	②	③	④
	No. 13	①	②	③	④
	No. 14	①	②	③	④
	No. 15	①	②	③	④
	No. 16	①	②	③	④
	No. 17	①	②	③	④
	No. 18	①	②	③	④
	No. 19	①	②	③	④
	No. 20	①	②	③	④
第3部	No. 21	①	②	③	④
	No. 22	①	②	③	④
	No. 23	①	②	③	④
	No. 24	①	②	③	④
	No. 25	①	②	③	④
	No. 26	①	②	③	④
	No. 27	①	②	③	④
	No. 28	①	②	③	④
	No. 29	①	②	③	④
	No. 30	①	②	③	④

編集部注：実際の解答用紙とは，デザイン・サイズが異なります。

B面

5 ライティング解答欄

・指示事項を守り，文字は，はっきりと分かりやすく書いてください。
・太枠に囲まれた部分のみが採点の対象です。

編集部注：実際の解答用紙とは，デザイン・サイズが異なります。

2021年度版

英検®準2級過去問集